Arbeitslehre 2
Hessen

herausgegeben von
Dietmar Krafft
Heinrich Meyer

erarbeitet von
Renate Harter-Meyer
Heinrich Meyer

in Zusammenarbeit mit
der Verlagsredaktion

Cornelsen

Redaktion: Jürgen Grabowski
Bildassistenz: Elke Schirok
Layout: hawemannundmosch, Berlin
Technische Umsetzung: CMS – Cross Media Solutions GmbH, Würzburg
Collagen, Grafik, Illustrationen: Anette Schamuhn, Berlin
Infografiken: Christoph Berten, Berlin
Fotos: Peter Wirtz, Dormagen
Karikaturen: Detlev Schüler, Berlin
Umschlaggestaltung: Klein & Halm Grafikdesign, Berlin
Titelfoto: Corbis/zefa

www.cornelsen.de

1. Auflage, 3. Druck 2017

Alle Drucke dieser Auflage können im Unterricht nebeneinander verwendet werden.

Druck und Bindung: Livonia Print, Riga

ISBN 978-3-06-064192-5

PEFC/12-31-006

PEFC zertifiziert
Dieses Produkt stammt aus nachhaltig bewirtschafteten Wäldern und kontrollierten Quellen.

www.pefc.de

Inhalt

Lernfeld: Zukunft der Arbeit

Berufsorientierung – ein spannender Prozess

1 Im Labyrinth deiner Lebenschancen

Jetzt geht's richtig los: dein Start in den jahrelangen Prozess der Wahl eines Berufes.

Was sind eure Träume zu Arbeit und Beruf?

SASCHA: „Pilot im Airbus. Das ist cool. Da kommt man viel rum."

TINA: „In einer Kleintierpraxis zu arbeiten. Die Tiere sind so süß."

AYLA: „Egal, Hauptsache, es bringt richtig Kohle."

Was wollt ihr aus eurem Leben einmal machen?

SANDU: „Möglichst in der Welt rumkommen, was erleben."

PABLO: „So weit denke ich nicht; muss erst mein Problem Schule lösen."

ANALIZ: „Red ich nicht drüber; habe sowieso keine Chance."

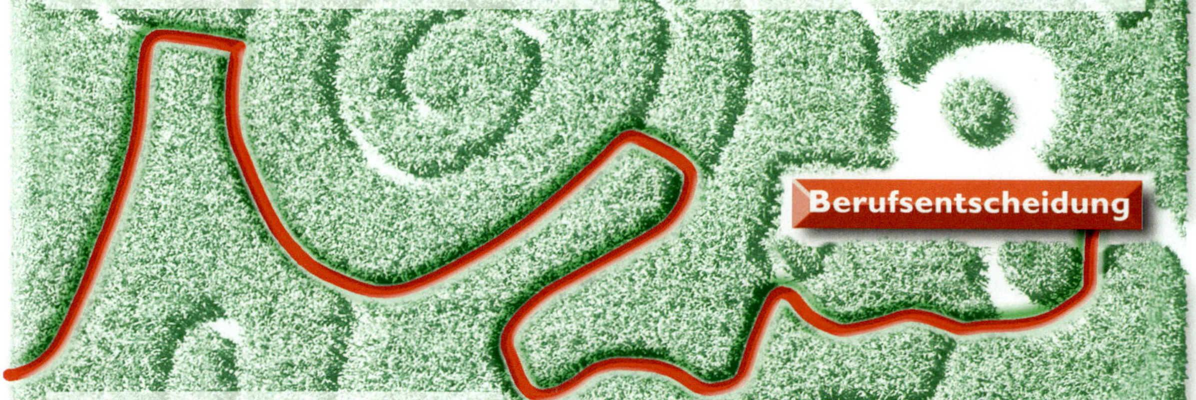

Was sind eure Interessen und Vorstellungen?

CARLO: „Weiß ich nicht, ist noch viel Zeit."

ABBI: „Mir macht Technik und Elektronik Spaß."

DORITH: „Tolle Mode verkaufen – das wäre was."

▸ **Leitauftrag** Setzt euch mit eigenen beruflichen Interessen und Zielen auseinander – lasst zu, was euch wichtig ist! Bezieht auch ein: Wo stehe ich? Was sind jetzt meine Voraussetzungen? Wie kann ich meine Chancen fördern?

B Auf einen Blick

Ihr beschreibt eure Interessen und Fähigkeiten und lasst diese von anderen einschätzen.

Ihr setzt euch schulische Ziele, um eure beruflichen Chancen zu verbessern.

Ihr beurteilt, warum gleiche Berufschancen für Mädchen und Jungen wichtig sind.

Ihr nutzt Methoden, euch für die Berufsorientierung wichtige Informationen zu erschließen und ein Betriebspraktikum durchzuführen.

Ihr erklärt, wie euer Weg zur Wahl einer Ausbildung bzw. eines weiterführenden Schulbesuchs in den nächsten Jahren ablaufen könnte.

2 Eigenen Interessen und Fähigkeiten auf der Spur

„Hallo, ich bin **MALEEN.**
In meinem ersten Schulpraktikum war ich im Restaurant POP1. Junges Team, total coole Gäste – ein paarmal durfte ich Speisen raustragen. Den Praktikumsplatz wählte ich, weil ich gern koche.
Bei POP1 habe ich aber meist vorgefertigte Produkte zubereitet, z.B. panierte Schnitzel. Ob man dort Köchin lernen sollte? Überhaupt – man muss körperlich gut drauf sein und arbeiten, wenn andere Freizeit haben."

„Ich bin **ALEX.**
Ich habe gerade die Webseite aktualisiert.
Von der Klassenfahrt gibt's heiße Bilder.
Überhaupt: Computertechnik, Webdesign ..., das als Beruf wär doch was. In Kunst bin ich gut, aber in Mathe und Physik? Unser Klassenlehrer sagte: ‚Mach den Quali' – zutrauen würde er mir das.
Und dann meine Augen ... Mutter meint: ‚Du darfst nicht dauernd vor dem Bildschirm hocken.'"

A Aufgaben

1 Prüft für die Fälle oben Berufsinteressen, -fähigkeiten und -voraussetzungen.
- Was würdet ihr Maleen empfehlen?
- Was muss Alex bedenken?

2 Legt eine Tabelle mit Merkmalen zur Ausbildungsreife an (nach folgendem Muster):

Merkmale	Zuverlässigkeit	Sorgfalt
ganz	?	?
teilweise	?	?
gar nicht	?	?

Kreuzt an, wie ihr euch einschätzt. Tauscht mit dem Sitznachbarn und tragt in anderer Farbe für ihn die Einschätzung ein. Überlegt, wie ihr eure Ausbildungsreife verbessern könnt.

3 WER oder WAS hat Einfluss auf die Berufswahl?

Checkliste der eigenen Fähigkeiten

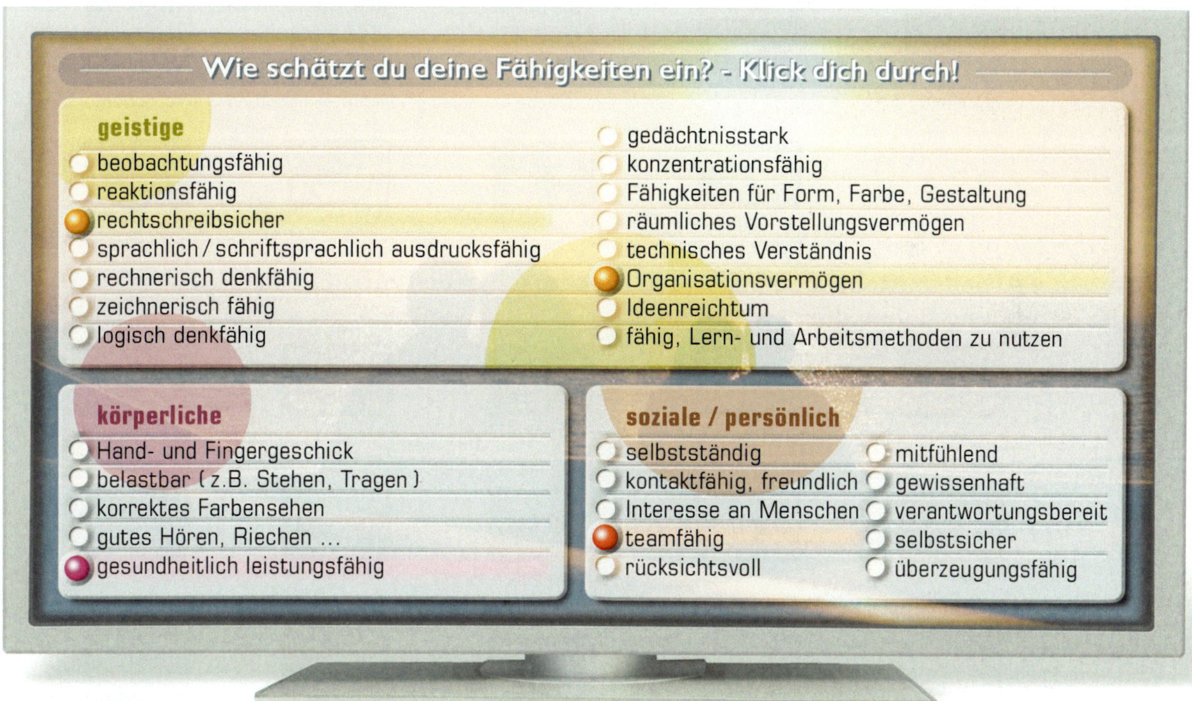

A

Aufgaben

1 Prüft einen Beruf, der euch interessiert, mit der Checkliste der eigenen Fähigkeiten.

2 Vergleicht Faktoren, die auf die Berufswahl einwirken, mit dem Recht auf freie Berufswahl.

3 Befragt Schüler von Abgangsklassen zur Berufswahl. Nutzt die Methode Befragung.

4 Sprecht mit euren Eltern über deren Berufswahlentscheidungen und den Berufsverlauf.

4 WAS? WO? und WOMIT? – eigene Interessen ermitteln

Es geht um die Vorbereitung deiner Lebenschancen. Überlege dir, was du willst. Setze dir Ziele. Sei aktiv dabei, dich für deine Interessen bei der Berufswahl einzusetzen.

Welche Tätigkeiten interessieren mich?

Wo möchte ich arbeiten?

Mit welchen Arbeitsmitteln/-gegenständen möchte ich arbeiten? Welche Bedeutung haben dabei Menschen?

Bundesagentur für Arbeit:
MACH'S RICHTIG. Meine Interessen.
Ausgabe 2005/06, Nürnberg, S.24

Wegweiser im Labyrinth des Berufswahlprozesses

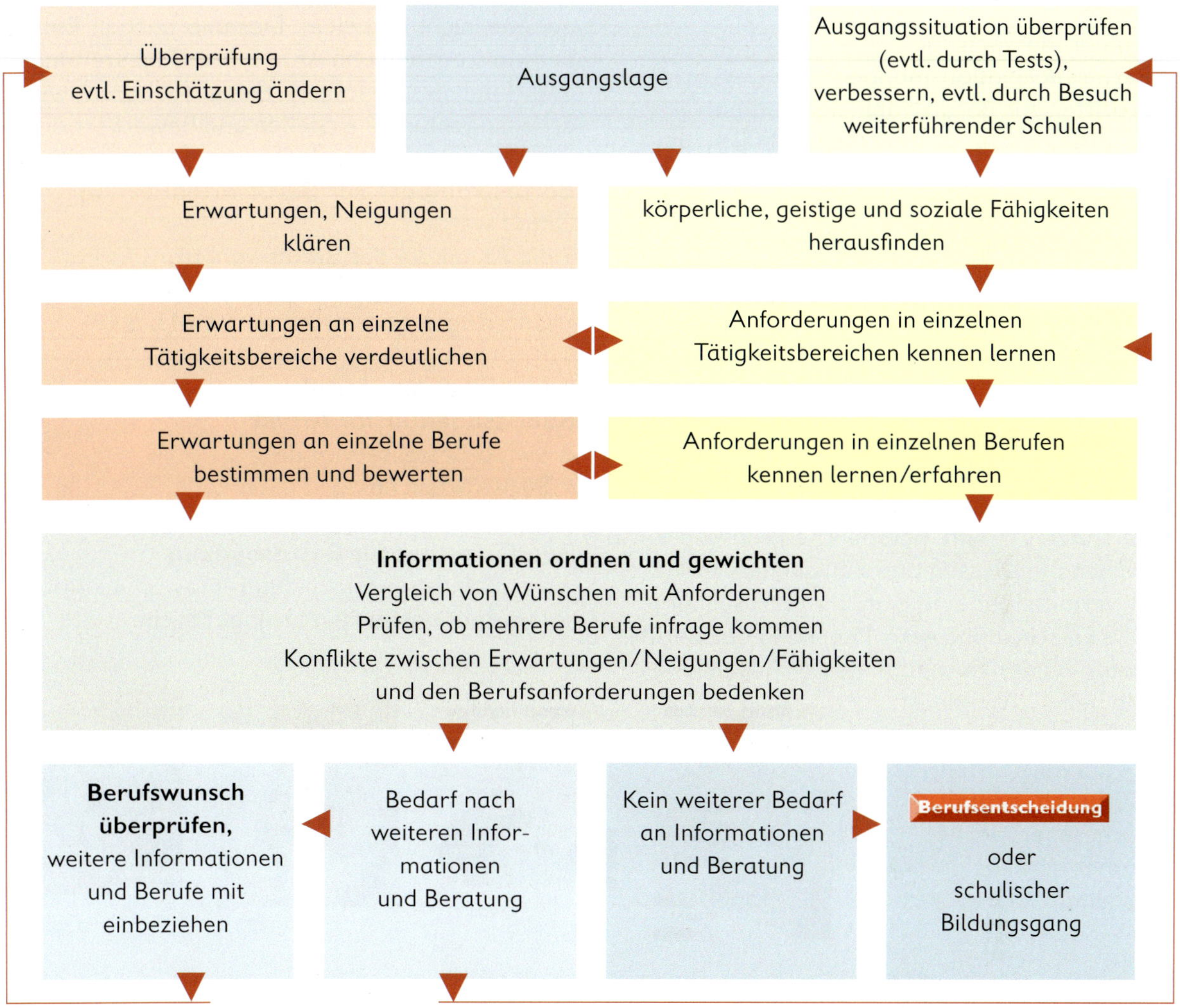

Informationen gewinnen und nutzen

Der Berufswahlunterricht hilft, Informationen zu erschließen und Entscheidungen vorzubereiten. Daneben ist viel Eigeninitiative notwendig.
Fragt dazu auch Eltern, Freunde, Auszubildende, Erwerbstätige, Lehrer.
Nutzt die Angebote von Kammern, Gewerkschaften, Wirtschaftsverbänden, Ministerien, Schulämtern.
Verfolgt, was Rundfunk, Fernsehen und Zeitungen zum Thema bringen.

Beteiligt euch aktiv an den schulischen Angeboten zur Berufsorientierung wie Betriebserkundungen und Betriebspraktika.
Entscheidend sind auch eure methodischen Fähigkeiten. Dabei helfen die Methoden:
- Texte verstehen und hinterfragen,
- Informationen gewinnen – Internet nutzen.

Eine wichtige Anlaufstelle für Information und Beratung sind das BIZ der → Bundesagentur für Arbeit und ihre Agenturen vor Ort.

Berufsinformationszentrum (BIZ)

Es bietet:
- Einführungsvorträge
- Berufsinformationsmappen
- Schriften zur Berufswahl (siehe unten)
- berufskundliche, audiovisuelle Medien und Computerprogramme
- Datenbanken zur Aus- und Weiterbildung
- Einzelberatung nach Anmeldung
- Klassenbesprechungen mit Berufsberatern

Nach **Bundesagentur für Arbeit:** http://berufswahl.lernnetz.de ▸ Beratung und … ▸ Informationen ▸ Informationsangebot im BIZ

Individuelle Berufsberatung

Das persönliche Gespräch mit dem Berufsberater kann die eigene Entscheidung für einen Beruf unterstützen. Er hilft, persönliche Wünsche sowie berufliche Interessen und Fähigkeiten zu klären. Evtl. vermittelt er eine Eignungsuntersuchung. Ist die Entscheidung getroffen, kann der Berufsberater bei der Vermittlung einer Ausbildungsstelle helfen. Wichtig ist:
- rechtzeitig anmelden (evtl. Wartefristen)
- Gespräch sorgfältig vorbereiten, vorher planet-beruf.de durcharbeiten

Anzeigen

Viele Ausbildungsstellen werden der Arbeitsagentur nicht gemeldet. Deshalb auch in Betrieben vorsprechen und Anzeigen in Tageszeitungen und Internet verfolgen. Siehe Jobbörse www.arbeitsagentur.de ▸ Stellen und Bewerberbörsen

Berufswahlpass zur Berufsorientierung

Damit werden
- die Angebote der Berufswahl transparent
- der eigene Weg zur Berufswahl dokumentiert
- Unterlagen gesammelt (siehe **M3**, S.19)

Informationsmaterial

Bundesagentur für Arbeit
www.ba-bestellservice.de
▸ Stichwortsuche
▸ Berufsorientierung ▸ Berufswahl
Bundesinstitut für Berufsbildung
www.bibb.de/de/ausbildungsinfos-online.htm
▸ Informationsquellen für Jugendliche

A Aufgaben

1 Setze dich damit auseinander, welche Tätigkeiten du magst, wo und womit du arbeiten willst.

Fülle eine Tabelle mit folgenden Spalten aus:

sehr wichtig	wichtig	unwichtig

2 Erstelle deinen persönlichen Berufswahlordner. Nimm dazu das Schaubild „Wegweiser im Labyrinth des Berufswahlprozesses". Die darin genannten Schritte kannst du erledigen und deine Ergebnisse im Ordner sammeln.

3 Interviewt Schüler von Abgangsklassen zu ihren Erfahrungen bei der Berufswahl.

4 Informiert euch über die Angebote der Bundesagentur für Arbeit. Beschafft euch wichtige Angaben und nutzt sie für eure Berufsfindung.

5 Erkundet euren Wunschberuf (Methoden: Befragung, Arbeitsplatzerkundung). Befragt Arbeitnehmer, die diesen Beruf ausüben.

6 Erkundet das BIZ. Bereitet euch darauf vor. Nutzt dazu die Website des BIZ.

7 Prüft, ob ihr die Berufsberatung in Anspruch nehmen solltet. Bereitet euch umfassend vor.

5 Frauen- und Männerberufe: Unterscheidung noch zeitgemäß?

Mädchen sollten sich jeden Beruf zutrauen

Jährlich entscheiden sich zehntausende Schülerinnen für typische Frauenberufe – damit für weniger Geld und schlechte Aufstiegschancen. ... N. Holzapfel fragte für die Süddeutsche Zeitung (SZ) U. Nissen, Deutsches Jugendinstitut ....

SZ: Was versteht man unter einem „Frauenberuf"?

N.: Als typisch ... gelten z.B. Krankenschwester oder Erzieherin. ... das heißt, es gibt zwischen 80 und 100 % weibliche Auszubildende.

Diese Berufe gelten als familiennah, weil man hier soziale Kompetenzen einsetzen kann, die man auch in der Familie braucht. ... Viele junge Mädchen ... denken, sie könnten dann Arbeit und Familie besser vereinbaren. ... Technikberufe sind zum Beispiel sehr viel familien- und arbeitszeitfreundlicher als Berufe in der Krankenpflege oder im Handel. Und bei Frauenberufen ist häufig kein Aufstieg möglich. Wer Medizinische Fachangestellte geworden ist, bleibt es auch. ...

SZ: Wie könnte man Mädchen für technische Berufe interessieren?

N.: ... Einer Berufswahl geht die Berufsfindung voraus. ... Dabei spielen die Eltern eine ganz große Rolle. Und zwar durch das, was sie ihren Kindern vorleben.
... Viele Eltern sind der Meinung, dass Mädchen in techniknahen Berufen durchaus Chancen haben, glauben aber, dass das für ihre Tochter nicht zutrifft. Für die Berufsberatung heißt das, dass sie den familiären Hintergrund mit einbeziehen müsste. ...

SZ: Was ist mit der Schule?

N.: ... Mädchen unterschätzen ihre Fähigkeiten in den mathematisch-naturwissenschaftlichen Fächern immer noch. ... In diesen Fächern und immer da, wo es um Computer und Internet geht, bräuchten die Mädchen besondere Förderung. ... Die Frauen, die Technikberufe erlernen, müssen später auch Entwicklungs- und Aufstiegschancen haben. Mädchen sollten lernen, sich jeden Beruf zuzutrauen. ...

Süddeutsche Zeitung v. 29.01.2004, gekürzt und aktualisiert
http://www.sueddeutsche.de/karriere/berufswahl-maedchen-sollten-dahin-kommen-sich-jeden-beruf-zuzutrauen-1.551698

Monatliche Bruttoverdienste 2010*

Industriemechaniker/-in	2545 €
Industriekaufmann/-frau	2750 €
Bankkaufmann/-frau	2189 €
Bürokaufmann/-frau	1808 €
Einzelhandelskaufmann/-frau	1680 €
Arzthelfer/-in	1424 €
Friseur/-in	1326–1500 €

*Verdienst im 1. Berufsjahr; Tarifentgelt bei 35 Std. wöchentlich inklusive Leistungszulagen und tariflicher Sonderzahlungen
Gesamtmetall: http://me-vermitteln.de/ ▶ M+E-Arbeitswelt ▶ M+E-Industrie im Überblick ▶ Verdienstmöglichkeiten (02.02.2012)

A Aufgaben

1 Sprecht darüber, dass Mädchen und Jungen sich wenige Berufe wählen (s. Schaubild S. 19).

2 Nennt Gründe für die Wahl traditioneller Frauenberufe durch Mädchen. Sprecht in eurer Klasse über erste Berufswünsche.

3 Vergleicht die Verdienste in der Tabelle. Ermittelt Verdienste in euren Wunschberufen. Nutzt www.boeckler.de ▶ WSI-Tarifarchiv.

4 Sprecht mit euren Eltern über Berufe, die sie euch empfehlen. Hinterfragt Begründungen.

Methode Informationen gewinnen – Internet nutzen

1 Darum geht es

Für manche Daten in diesem Schulbuch liegen bei der Erstellung keine aktuellen Zahlen vor. Andere Informationen benötigt ihr, die hier nicht behandelt werden.
Diese findet ihr in Lexika und Fachbüchern, in Presse, Rundfunk, Fernsehen und Internet. Fachleute (Experten), Behörden, statistische Ämter, Verbände und Unternehmen bieten eine Fülle von Informationen an.

Das Internet ist eine Quelle von aktuellen und leicht zugänglichen Informationen. Wer hier erfolgreich finden will, muss Routine beim Surfen haben. Wer schon die Internet-Adresse kennt, kommt schnell zum Ergebnis. Nützliche Adressen findet ihr auf dem hinteren Klappendeckel des Buches.
Wer nach Themen oder Begriffen sucht, nutzt Suchmaschinen. Wie das geht, lernt ihr hier.

2 So läuft es ab

Planung

Vereinbart in der Klasse, welche Informationen ihr benötigt. Untergliedert in Teilaufgaben. Bestimmt, wer was bis wann erarbeitet.

Wählt die Informationsquellen aus, die ihr nutzen möchtet. Bezieht das Internet ein. Überprüft, was in eurer Schule möglich ist.

Legt fest, wie die Informationen dargestellt und der Klasse vorgestellt werden sollen.

Auswertung und Präsentation

Bedenkt dazu Folgendes:
Welche der Informationen werden gebraucht? Wie lässt sich aus der Fülle auswählen? Kann die Suche genauer eingegrenzt werden?

Welche digitalen Informationen sollen wo gespeichert werden (Festplatte, USB-Stick ...)?

Welchen Medien stehen für die Präsentation bereit (z.B. Beamer und Präsentationsprogramm, Tageslichtprojektor)?

Eure Arbeit solltet ihr gemeinsam auswerten (siehe Hinweise zur Methode Gruppenarbeit).
Reflektiert dazu folgende Fragen:

- Wobei traten Schwierigkeiten auf, z.B. Finden treffsicherer Suchbegriffe, Auswahl von Suchergebnissen? Was sollte noch geübt werden?
- Wie wirkt sich unterschiedliches Vorwissen aus? Welche Unterschiede zwischen Jungen und Mädchen gab es? Wie habt ihr euch unterstützt? Wann lohnt das Internet zur Suche?

3 Ein Beispiel zur Nutzung von Suchmaschinen

Die Klasse 8 b hat einen Suchauftrag im Internet:
„Wunschberufe erkunden“
Kleingruppen sollen notwendige Fähigkeiten für je einen Beruf herausfinden und Anforderungen zusammenstellen.
Die Gruppe nutzt die Suchmaschine GOOGLE.
Es wird nach einem **Suchbegriff** gefragt.
Das Grundwissen aus der durchgeführten *Arbeitsplatzerkundung* hilft, treffende Suchbegriffe zu bestimmen.
Sie starten mit dem Suchbegriff **Berufswahl**.
Ergebnis: 789 000 Nennungen.
Klar, dass nicht alle gesichtet werden können. GOOGLE ist eine Suchmaschine, die die Treffer nach Bedeutung ordnet.

Die Schüler klicken einen der ersten Treffer an: www.arbeitsagentur.de
Die Seite **Informationen der Bundesagentur für Arbeit – Für Bürgerinnen und Bürger** öffnet sich. Jetzt wird der folgende Pfad verfolgt:
→ Ausbildungskampagne 2010

Methode Texte verstehen und hinterfragen

So läuft es ab

Leitfragen	Aktivitäten
1 Vorüberlegungen	
Warum ziehe ich gerade diese Information heran?	Gründe klären, z.B. wegen des Verfassers evtl. zusätzliche Quellen suchen
2 Erstes Lesen	
Was erfahre ich?	Inhalt aus Überschriften erfassen Verfasser, Ort und Jahr suchen evtl. Anlass der Veröffentlichung finden
Welche Erwartungen habe ich an die Informationen?	W-Fragen notieren: Wer? Wo? Wann? Was? Wie? Warum? An wen? Auf Überschriften achten, klären, worum es geht.
3 Wiedergeben	
Was steht in der Information zu meinen Fragen?	Lesen, dabei an Fragen denken, Wichtiges hervorheben (bei einer Kopie; nicht ins Schulbuch schreiben!) Nach Abschnitt Pause machen, Gelesenes erinnern, damit es sich einprägt
Was verstehe ich nicht?	Unbekannte Begriffe z.B. mit Lexikon klären
4 Untersuchen	
Wie ist die Information gegliedert?	Aufbau erkennen, evtl. Überschriften für Abschnitte finden
Welche Schwerpunkte enthält diese?	Wichtige Aussagen aufschreiben
In welchem Zusammenhang steht die Information?	Art des Textes (Sachtext von Schulbuchautoren, aus anderer Quelle, Zeitungskommentar …)
Welche Aussagen zum sachlichen Inhalt sind enthalten? Wo werden Bewertungen deutlich?	Aussagen mit Textstellen belegen; Bewertungen können mit „gut", „schlecht", „wenig", „viel" verbunden sein. Auf Übertreibungen, Verzerrungen, Einseitigkeiten achten.
Welche Interessen verfolgt der Verfasser? Wird (einseitig) Partei genommen?	Absichten und Verhaltensziele klären
Welche Gefühle werden hervorgerufen?	Eigene Gefühle beschreiben
5 Bewerten	
Warum ist die Information richtig/falsch, (un-)vollständig bzw. aktuell veraltet?	Mit eigenem Vorwissen überprüfen, evtl. weitere Quelle heranziehen, z.B. Lexika, Internet
Was macht den Text schlüssig/nicht nachvollziebar?	Begründungen überprüfen, Widersprüche, Vorurteile benennen; Beeinflussung durch sprachliche Form bzw. Inhalt untersuchen
Wie stehe ich zu den Aussagen?	Schlussfolgerungen ziehen, Standpunkt finden und begründen

Methode Betriebspraktikum

1 Darum geht es

Ihr seid schon Schritte zur Vorbereitung der Berufswahl gegangen. Evtl. konntet ihr bereits einen Betrieb und/oder einen Arbeitsplatz erkunden und Eindrücke in der Arbeitswelt sammeln.
Das Betriebspraktikum soll euch vertiefte Einblicke in mindestens einen Beruf ermöglichen. Das kann z.B. im Einzelhandel, in der Industrie, im Handwerk oder im Pflegebereich sein. Ihr

- erfahrt, was es heißt, über mehrere Wochen an einem Arbeitsplatz mitzuarbeiten und die Arbeitsanforderungen zu erfüllen.
- erlebt das Gefühl, eine Arbeit gut zu schaffen oder auch stark gefordert zu werden.
- habt Freude an der Arbeit, empfindet evtl. auch Anspannung und Widerstände.
- lernt die Bedeutung von „Arbeitstugenden“ wie Pünktlichkeit und Pflichterfüllung kennen.

Habt ihr bereits einen Berufswunsch und euch schon über diesen Beruf informiert? Vielleicht könnt ihr einen entsprechenden Praktikumsplatz erhalten und feststellen, ob der Beruf für euch geeignet ist. Ihr vergleicht dabei eure Erwartungen und Fähigkeiten mit den Anforderungen.
Aber die Vorbereitung der Berufswahl ist nur ein Ziel des Praktikums.

Wichtig ist ebenso, die Organisation und Zusammenarbeit in einem Betrieb zu durchschauen. Ihr könnt dann Anforderungen in unterschiedlichen beruflichen Situationen kennen lernen.
Aus dieser Sicht kann ein Blick auf

- die Gestaltung der Arbeitsbedingungen,
- die Regelungen zum Umweltschutz,
- den Arbeitsschutz und
- die Vertretung von Arbeitnehmerinteressen durch den Betriebsrat

möglich werden.
Auch könnte die Stellung des Betriebs in der Region mit Beziehungen zu Kunden und Lieferanten eine Rolle spielen.
Damit gewinnt ihr einen Einblick in technische, ökologische, soziale und wirtschaftliche Strukturen der Arbeitswelt.
Auch solltet ihr eure Geschlechterrolle bedenken: Wie erlebt ihr Männer/Frauen bei der Arbeit?

In einem noch nicht vertrauten Lebensbereich könnt ihr während des Praktikums auch selbstständiger bei der Beschaffung von Informationen werden. Verbindet dies mit der Durchführung von Befragungen und Beobachtungen, deren Dokumentation und Auswertung.

So läuft es ab

Vorbereitung

Beginnt mit folgenden Aktivitäten:

- Persönliche Erwartungen an das Praktikum austauschen und untereinander vergleichen
- Ziele aus der Sicht des Faches Arbeitslehre und der Wirtschaft erörtern, auf euch beziehen und schriftlich festhalten
- Praktikumswünsche zusammenstellen

Bewerbt euch um einen Praktikumsplatz:

Anforderungen an Lernmöglichkeiten im Betrieb zusammenstellen

- Termine und Organisatorisches klären
- Beziehungen von Mitschülern und Eltern zur Suche eines Praktikumsplatzes nutzen, evtl. Schulkartei zu Betrieben nutzen; Internet einbeziehen, z.B. bei GOOGLE eingeben: Handwerk Hessen Berufwahl; Bildungsserver Hessen ▸ Berufswahl ▸ Berufsberatung öffnen ▸ Handwerk
- www.ihk-lehrstellenboerse.de
- Formen der Kontaktaufnahme zum Betrieb überlegen; Unterstützung durch die Schule klären (Merkblatt für Betriebe vorhanden?)

Stellt euch im Betrieb vor:

- Vorstellungsgespräch im Betrieb mit der Methode Rollenspiel einüben. Zu Fragen, die evtl. gestellt werden, siehe **M4**, S.20

Bereitet die Praktikumszeit inhaltlich vor:

- Fragestellung im Betrieb berücksichtigen. Dafür insbesondere die Methoden Betriebs- und Arbeitsplatzerkundung sowie Befragung nutzen. Falls nötig, Arbeitstechniken wiederholen, z.B. Protokoll einer Befragung erstellen
- Gesichtspunkte für Tagesberichte zur Arbeit, zum Arbeitsablauf zusammenstellen (Kooperation mit dem Fach Deutsch)
- Vorüberlegungen zu Schwerpunkten des Praktikumsberichts treffen (siehe **M8**, S.22). Dabei eure Interessen berücksichtigen
- Zeitungsberichte über den Betrieb sammeln
- Dokumentation der Informationen vorüberlegen, z.B. planen, Fotos und Video zu erstellen, Material- und Arbeitsproben in Absprache mit dem Betrieb einzubeziehen
- Präsentation der Ergebnisse des Praktikums für Eltern, Mitschüler planen (z.B. Wandzeitung zum Praktikumsplatz, zum Ablauf der Arbeit und zur Aufbauorganisation des Betriebs)
- Angemessenes Verhalten im Praktikum besprechen (siehe **M5**, S.20), Verhalten z.B. bei Konflikten mit betrieblichen Betreuern/Betriebsangehörigen klären.
- Rechtliche Regelungen, → Arbeitsschutz und Unfallschutz beachten (siehe **M6**, **M7**, S.21)
- Eltern über Zeitrahmen und Ziele des Praktikums informieren
- Treffen in der Schule, Termine für Lehrerbesuche und Abgabetermin für den Praktikumsbericht vereinbaren
- Fahrgelegenheit/Fahrtkosten klären

Durchführung

Einführung in den Betrieb erbitten; Überblick über Betriebsbereiche gewinnen; Praktikumsplan des Betriebs besprechen; die Unterstützung eines betrieblichen Betreuers/Vorgesetzten nutzen. Er ist weisungsberechtigt.

- übertragene Aufgaben bearbeiten
- an Treffen in der Schule teilnehmen
- Abschlussgespräch mit Betreuer und Lehrkraft durchführen
- Praktikumsbericht termingerecht anfertigen (siehe **M8**, S.22)
- Praktikum vom Betrieb bescheinigen lassen

Auswertung

- Erfahrungen mithilfe des erstellten Anschauungsmaterials präsentieren und Ergebnisse reflektieren (siehe **M9**, S.20), evtl. den Bericht ergänzen und nach Durchsicht mit dem Lehrer besprechen
- Überlegen, welche Bedeutung das Praktikum für die Berufswahl/für das Lernen in der Schule hat

6 Weiterführendes Material

M1 Was Jugendlichen bei der Wahl des Arbeitsplatzes und Berufes wichtig ist

Jugendliche konnten aus 17 Vorgaben maximal fünf ihnen wichtige auswählen. Hier ausgewählte Ergebnisse:

Die Arbeit soll interessant sein und Spaß machen.	53 %
Die Arbeit soll mir Sicherheit bieten vor Arbeitslosigkeit.	49 %
Die Arbeit soll abwechslungsreich sein und vielfältige Aufgaben beinhalten.	47 %
Ich will bei der Arbeit viel Geld verdienen.	43 %
Die Arbeit soll mir Aufstiegsmöglichkeiten bieten.	40 %
Ich will bei der Arbeit meine Fähigkeiten gut zur Geltung bringen können.	31 %
Ich will bei der Arbeit stolz darauf sein können, was ich leiste.	27 %
Ich will durch die Arbeit in meinem Privatleben nicht beeinträchtigt werden.	25 %
Ich will mich bei der Arbeit persönlich weiterentwickeln können.	25 %
Die Arbeit soll mir ermöglichen, kreativ zu sein.	23 %
Die Arbeit soll von anderen anerkannt werden.	19 %

13. Shell Jugendstudie: Jugend 2000
Bd. 1, Opladen 2000, S. 192

M2 Girls'Day: Gleiche Berufschancen für Mädchen und Jungen fördern

Am Girls'Day – Mädchen-Zukunftstag – öffnen Unternehmen mit technischen Abteilungen und Ausbildungen, Hochschulen und Forschungszentren ihre Türen für Schülerinnen der Klassen 5 bis 10. In Werkstätten, Büros und Laboren können Mädchen erste Einblicke in die Praxis der Arbeitswelt gewinnen. Sie können experimentieren und programmieren, das Innenleben eines Computers entdecken, Internetseiten erstellen, Technik verstehen und selbst ausprobieren. Es werden Aktionsmaterialien für die Durchführung des Girls'Day, z.B. Informationen für Mädchen, Schulen und Eltern, erstellt.
Die Website www.girls-day.de informiert über den Aktionstag und die Berufsorientierung in Technik, Naturwissenschaften und Handwerk.
Für viele junge Frauen hat die Zukunft in einer technischen Ausbildung oder einem Studiengang aufgrund ihrer Teilnahme am Girls'Day bereits begonnen. Evaluationsergebnisse bestätigen, dass der Girls'Day positiven Einfluss auf das Image von technischen Berufen bei den Teilnehmerinnen hat und Unternehmen entwickeln durch die Teilnahme am Girls'Day ein verstärktes Engagement bei der Ansprache von jungen Frauen für technische Berufe.
Für Jungen ab der 5. Klasse findet parallel zum Girls'Day der Boys'Day – Jungen-Zukunftstag statt. Bundesweit laden Einrichtungen, Organisationen, Schulen und Hochschulen sowie Unternehmen Schüler ab der 5. Klasse ein. Sie lernen an diesem Tag Dienstleistungsberufe z.B. in den Bereichen Erziehung, Soziales, Gesundheit und Pflege kennen sowie weitere Berufsfelder, in denen bislang wenige Männer arbeiten. Oder sie besuchen Angebote zu den Themen Lebensplanung und soziale Kompetenzen.
www.boys-day.de
Der Girls'Day –- Mädchen-Zukunftstag wird gefördert vom Bundesministerium für Bildung und Forschung (BMBF) und vom Bundesministerium für Familie, Senioren, Frauen und Jugend (BMFSFJ) sowie aus Mitteln des Europäischen Sozialfonds. Der Boys'Day und Neue Wege für Jungs werden gefördert vom Bundesministerium für Familie, Senioren, Frauen und Jugend (BMFSFJ) sowie aus Mitteln des Europäischen Sozialfonds.

Bundesweite Koordinierungsstelle Girls'Day – Mädchen-Zukunftstag: www.girls-day.de

M3 Möglichkeiten mit dem Berufswahlpass

Diesen setzen Schulen ein, die ihre Schüler mithilfe schulischer und außerschulischer Angebote auf die Arbeitswelt vorbereiten. Die Schüler arbeiten damit selbstständig und eigenverantwortlich. Sie dokumentieren ihre Schritte zur Berufswahlentscheidung und zu erworbenen Fähigkeiten. Der Berufswahlpass erleichtert es Eltern, Betrieben, Berufsberatern und Lehrkräften, diesen Prozess zu begleiten.

Was gehört zum Berufswahlpass?

Teil 1 Angebote zur Berufsorientierung
Hier stellt die Schule ihr Schulprogramm zur Berufsorientierung vor. Schülerinnen und Schüler, Eltern, Ausbildungs- oder Praktikumsbetriebe und die Berufsberatung können sich über die Angebote im Rahmen der Berufsorientierung und über die Kooperationspartner informieren.

Teil 2 Mein Weg zur Berufswahl
Die Schüler beschreiten folgenden Weg zu einer überlegten Berufsentscheidung:
- Analyse der Stärken, Interessen und Ziele
- Planung der Lernschritte zum Ziel
- Planung des Übergangs in den Beruf, das Arbeitsleben oder weitere schulische Bildung

Die einzelnen Schritte können von den Jugendlichen, den Lehrkräften, den Eltern und der Berufsberatung regelmäßig geprüft werden.

Teil 3 Dokumentation des Bildungsganges
Die Schüler sammeln Bescheinigungen und Dokumente, die für ihre berufliche Zukunft wichtig sein können, z.B. für eine Bewerbung.

Teil 4 Lebensordner
Dieser Abschnitt dient zur Lebensplanung mit Dokumenten und Unterlagen, z.B. zur Wohnungssuche, zum Umgang mit Geld, mit Ämtern.

Der Berufswahlpass in der Praxis

Der Berufswahlpass erfordert das andauernde Engagement aller Beteiligten. Eltern, Lehrkräfte, Berufsberater und Betriebe, die Betriebspraktika durchführen, nutzen den Pass, um die Schüler auf ihrem Weg in die berufliche Zukunft zu begleiten und Zwischenergebnisse festzuhalten. Dieser unterstützt das Gespräch zwischen Lehrkräften und Eltern. Praktikumsbetriebe greifen auf den Pass zurück, um sich ein Bild von den Schülern zu machen und die von den Praktikanten erbrachten Leistungen zu bestätigen. Schließlich können Schüler den Berufswahlpass gezielt bei ihrer Bewerbung verwenden.
Die Jugendlichen lernen, selbstständig und eigenverantwortlich zu handeln, indem sie ihren Lernprozess dokumentieren. Die Lernschritte können von allen Beteiligten geprüft werden. „Meilensteine“ (das nächste Ziel) können gesetzt werden.

Zusätzliche Materialien sind zu finden unter www.berufswahlpass.de.

M4 Deutschlands begehrteste Lehrstellen

Arbeiten mit den Materialien

Zu **M1** Trefft für euch selbst Entscheidungen aus den Vorgaben der Befragung. Begründet diese.

Zu **M2** Nennt Gründe für die Verleihung des Preises. Welche Maßnahmen gibt es in eurer Schule? Nutzt das Internet zur Vertiefung. Berücksichtigt auch www.respekt-jungs.de.

Zu **M3** Sprecht über das Programm des Berufswahlpasses. Gewinnt mithilfe des Internets einen Einblick in die Materialsammlung. Legt einen Ordner für euer Profil und die Aktivitäten an.

Zu **M4** Informiert euch über Möglichkeiten, „Männerberufe“ näher kennen zu lernen. Nutzt die Angebote von Girls’ Day und **M2**, S.18.

M4 Fragen im Vorstellungsgespräch für das Betriebspraktikum

Aus Sicht des Betriebes

- Erzähle was von dir. Was machst du in der Freizeit? Wofür interessierst du dich?
- Wie bist du auf unseren Betrieb gekommen? Was weißt du über den Betrieb?
- Was weißt du schon über den Beruf, welche Vor- und Nachteile hat dieser?
- Welche Arbeiten möchtest du während des Praktikums ausführen?
- Darfst du irgendwelche Arbeiten aus körperlichen Gründen nicht ausführen?
- Welche Schulfächer fallen dir am leichtesten/schwersten und warum?

Aus Sicht des Bewerbers

- Welche Erwartungen an mein Aussehen werden gestellt (Körperpflege, Haartracht, Kleidung)?
- Welche Arbeitskleidung ist notwendig, wird diese gestellt?
- Wo kann ich mittags essen?
- Wann, wo und bei wem finde ich mich beim ersten Praktikumstag ein? Welche Arbeitszeit habe ich?
- Wer ist mein Ansprechpartner?
- Was habe ich zur Schweigepflicht zu beachten?
- Wie verhalte ich mich, wenn ich einen Fehler gemacht habe?
- Wem kann ich mich anvertrauen, wenn ich mit einem Arbeitnehmer nicht zurechtkomme?

M5 Verhaltensregeln im Betriebspraktikum

1. Du erfüllst sinnvolle Aufgaben in einem Betrieb. Von dir werden Pünktlichkeit, Ordnung und Sauberkeit am Arbeitsplatz erwartet.
2. Du erwartest zu Recht, dass du höflich behandelt wirst. Also solltest auch du höflich sein.
3. Betriebe haben eine Betriebsordnung. Lies dir diese bitte genau durch und halte dich daran.
4. Pausen im Betrieb dienen der Erholung und jeder sollte sich so verhalten, dass er niemand anderen stört.
5. Unfallschutz und Sicherheit sind oberstes Gebot am Arbeitsplatz. Beachte die Schutzbestimmungen und befolge die Anweisungen.
6. Wenn du etwas nicht verstanden hast, solltest du nachfragen. Wenn du im Betrieb vernünftig fragst, bekommst du auch eine Antwort.
7. Behandle die dir anvertrauten Gegenstände und Werkzeuge sorgfältig. Lasse dir den Umgang damit genau erklären.
8. Achte auf die Anweisungen, die man dir gegeben hat. Mutwillig zerstörte Gegenstände, Geräte und Maschinen musst du bezahlen.
9. Plaudere Betriebsgeheimnisse nicht aus. Sprich nicht mit anderen über Dinge, die dir vertraulich mitgeteilt worden sind.
10. Wenn du dich ungerecht behandelt fühlst, sprich offen mit dem Anleiter. In dringenden Fällen rufe deinen Betreuungslehrer an.
11. Während des Praktikums erhältst du Besuch von deinem Betreuungslehrer. Erinnere deinen Anleiter am Tag vorher an den Besuch, damit er/sie die Zeit für das Gespräch einplanen kann.
12. Falls du aus triftigen Gründen, z.B. Krankheit, fehlst, musst du sofort den Betrieb und die Schule benachrichtigen.

Westdeutscher Handwerkskammertag (Hrsg.): Leitfaden für Lehrerinnen und Lehrer. Gestaltung und Durchführung von Praktika im Handwerk. Düsseldorf o.J., S.24
Siehe auch http://www.handwerk-nrw.de ▶ Aus- und Weiterbildung ▶ Ausbildung im Handwerk? ▶ Praktika im Handwerk ▶ Informationsmaterial

M6 Rechtliche Regelungen für das Schülerbetriebspraktikum

Für Schulen gelten neben dem Jugendarbeitsschutzgesetz und der Kinderarbeitsschutzverordnung folgende Regelungen:

1 Das Schülerbetriebspraktikum ist eine Schulveranstaltung. Es besteht Versicherungsschutz.
2 Unfälle während des Praktikums/auf dem Weg zwischen Praktikumsstelle und Wohnung deckt die Unfallversicherung der Schule ab.
3 Die tägliche Beschäftigungszeit beträgt 7 Stunden. Dabei geht es um die reine Arbeitszeit. Pausen sind noch nicht eingerechnet.
4 Praktikanten (P.) dürfen höchstens 4½ Stunden ohne Ruhepause arbeiten. Arbeiten sie über 4½/6 Stunden, dann steht ihnen eine Ruhezeit von 30/60 Minuten zu.
5 Normalerweise gilt, dass P. nur zwischen 6:00 Uhr und 20:00 Uhr arbeiten dürfen. Ausnahmen sind für P. über 16 Jahre z.B. Gaststätten, mehrschichtige Betriebe, Landwirtschaft, Bäckereien.
6 P. arbeiten 5 Tage pro Woche. Grundsätzlich ist Samstags- und Sonntagsarbeit verboten. Das gilt für gesetzliche Feiertage (§17 Jugendarbeitsschutzgesetz). Ausnahmen gelten für einzelne Branchen, z.B. Pflegeheime.
7 P. dürfen nur mit leichten und für sie geeigneten Arbeiten beschäftigt werden, die sie nicht körperlich oder seelisch belasten, z.B. Arbeit mit schweren Lasten, gefährlichen oder giftigen Stoffen sowie Akkordarbeit.
8 Vor Beginn des Praktikums ist eine Unterweisung zum Unfall- und Gesundheitsschutz erforderlich.
9 Es muss immer eine erwachsene, fachkundige Person die Arbeit beaufsichtigen.
10 P. müssen die Schweigepflicht beachten.

M7 Unfallschutz im Betriebspraktikum

Warnzeichen (schwarz/gelb)

Warnung vor gefährlicher elektrischer Spannung

Warnung vor radioaktiven Stoffen

Gebotszeichen (blau)

Gehörschutz tragen

Schutzschuhe tragen

Verbotszeichen (schwarz/rot)

Feuer, offenes Licht und Rauchen verboten

Rauchen verboten

Für bestimmte Tätigkeiten gelten spezielle Regelungen, z.B. Arbeit an Bildschirmgeräten. Mehr dazu unter www.schule-dgb.de/materialien/bil_mat.htm ▸ Bildungspolitische Materialien ▸ Das Schülerbetriebspraktikum, S.17 ff.

1. Lass dich über Gefahren am Arbeitsplatz … unterweisen (Notschalter).
2. Trage zweckmäßige Kleidung. An Maschinen muss sie eng anliegen.
3. Uhren, Schals, Schmuckstücke dürfen nicht getragen werden, wenn sie zur Gefahr werden können (z.B. hängen zu bleiben).
4. Lange Haare können eine Gefahr sein. Sichere sie durch Kappe, Band oder Knoten.
5. Informiere dich über die betrieblichen Unfallverhütungsvorschriften.
6. Nimm jeden Tipp in Sachen Sicherheit an. Vorgesetzte haben ein Weisungsrecht.
7. Achte auf Verbotsschilder, die unbefugten Zutritt untersagen.
8. Setze nie Maschinen ohne Erlaubnis, Anleitung und Aufsicht in Gang!
9. Beachte Schilder mit Sicherheitszeichen, … frage nach ihrer Bedeutung!
10. Informiere dich, wie du dich im Falle eines Unfalls zu verhalten hast.

Deutsche Gesetzliche Unfallversicherung (DGUV)
Sicher durch das Betriebspraktikum, München 2004, S.17

M8 Muster einer Gliederung zum Praktikumsbericht

Bericht zum Betriebspraktikum

von ....

Betrieb ....

Betreuer im Betrieb ....

Arbeit in Abteilung ....

von .... bis ....

Arbeit in Abteilung ....

von .... bis ....

Gliederung

1. Meine Erwartungen *(Dokumentation der vorbereitenden Überlegungen)*
2. Praktikumsplan *(Überblick zur Planung mit den Schwerpunkten)*
3. Mein erster Tag *(Einführung in den Betrieb, Aufnahme durch die Beschäftigten, erste Tätigkeiten, Empfindungen zu diesen …)*
4. Wie der Betrieb organisiert ist *(Aufbau des Betriebs und Beispiel der Ablauforganisation in einer Abteilung)*
5. Darstellung des Berufes, in dem mitgearbeitet wurde *(Tätigkeitsbereiche, Anforderungen, Methode der Gewinnung von Informationen, z. B. Befragung/Beobachtung)*
6. Ausbildung im Betrieb *(Organisation, Ausbildungsberufe und -pläne, nach denen ausgebildet wird)*
7. Mein Praktikumsschwerpunkt *(z. B. Interessenvertretung durch Betriebsrat oder Unfallschutz oder Umgang mit Kunden)*
8. Wie der Betrieb wirtschaftet *(Güter, Marketing; Beziehungen zu Kunden und Lieferanten)*
9. Was ich besonders interessant fand
10. Was ich aus dem Praktikum mitnehme *(Einschätzung des Lernerfolgs, von Lernschwierigkeiten …)*
11. Wie ich die Vorbereitung und Durchführung einschätze *(Reflexion über die Arbeit in der Schule und im Betrieb, z. B. Betreuung, Möglichkeit mitzuarbeiten, Verbesserungsvorschläge …)*
12. Anlagen *(z. B. Video, gefertigtes Werkstück, Werbemittel)*

M9 Zur Auswertung des Betriebspraktikums

1. Welche Erwartungen hattest du an dein Praktikum? Welche davon haben sich erfüllt/nicht erfüllt?
2. Was hast du im Praktikum gelernt? Welche Bedeutung hat es für deinen Berufswahlprozess?
   Wie hat sich deine Sicht von Berufsarbeit verändert?
3. Vergleiche die Arbeit in der Schulzeit mit der im Praktikum. Hat sich deine Sicht schulischer Arbeit verändert? Wenn ja, inwiefern?
4. Wie schätzt du die Vorbereitung des Praktikums ein in Bezug auf die vereinbarten Ziele? Welche wurden erreicht, welche nicht? Welche Gründe hatte das?
   Was sollte verändert werden?
5. Was hat dir am Praktikum gefallen?
   Was hättest du dir anders gewünscht?
6. Wie schätzt du deine Betreuung im Praktikum durch die Schule ein?
7. Welche Bedeutung hatte die Anfertigung des Praktikumsberichtes für dein Lernen?
8. Wie würdest du deinen Praktikumsplatz darstellen, wenn andere Schüler dich um einen Rat bitten, ob sie dort ihr Praktikum machen sollten (z. B. Stichworte: Eignung des Betriebes, mögliche Erfahrungen, Anforderungen an Praktikant, Betreuung)?
9. Wie schätzt du die Bedeutung des Praktikums jetzt ein?
10. Wenn du die Möglichkeit hättest, ein zweites Praktikum zu machen: Was würdest du verändern?
11. Welche Fragen oder Probleme hast du mit deinen Eltern/Freunden besprochen?

Alles klar?

Berufsorientierung – ein spannender Prozess

1 Nenne fünf Merkmale der Ausbildungsreife, die von Betrieben gefordert wird.

2 Erkläre folgende Aspekte, die auf die Berufswahl einwirken, an je zwei Beispielen:

1	Erwartungen/Einflüsse
2	persönliche Voraussetzungen
3	Anforderungen
4	Beschäftigungs-/Verdienstmöglichkeiten
5	Ausbildung/Weiterbildung

3 Nenne je drei Beispiele für
- geistige,
- körperliche,
- soziale/persönliche

Fähigkeiten.

4 Bringe folgende Begriffe, die für die Planung der Berufswahl bedeutsam sind, in eine Abfolge. Begründe diese.
- Anforderungen in Tätigkeitsbereichen kennen lernen und mit Erwartungen in Beziehung setzen
- körperliche, geistige, soziale/persönliche Fähigkeiten und Neigungen herausfinden
- Anforderungen in einzelnen Berufen kennen lernen und mit Erwartungen vergleichen

5 Welche Hilfen kannst du im BIZ erhalten?

6 Begründe: Ist die Unterscheidung in „Frauen- und Männerberufe“ zeitgemäß?

7 Welche Vorteile kann es haben, die einzelnen Schritte im Lernprozess zur Berufswahlentscheidung in einem Berufswahlpass zu dokumentieren?

8 Begründe, welche Anforderungen bei einer Internetrecherche an die Wahl eines Stichwortes gestellt werden.

9 Nenne drei Aspekte, die dir sehr wichtig sind, und begründe deine Wahl.

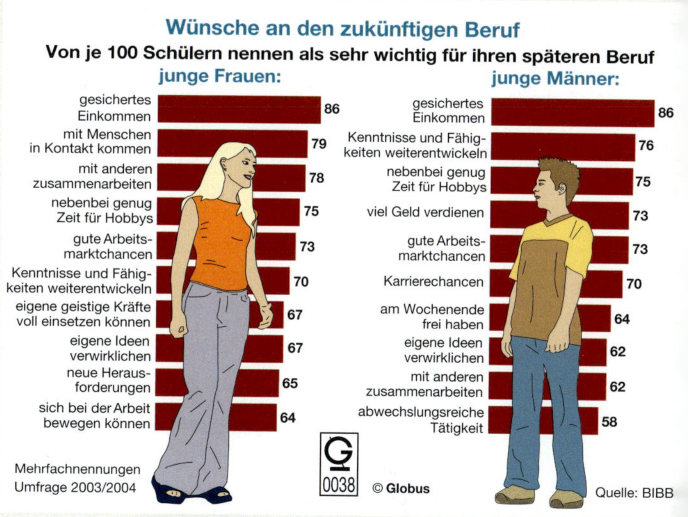

10 Welche Bedeutung hat eine sorgfältige Planung des Praktikums?

11 Erkläre an einem Beispiel aus deinem Praktikum: Warum ist die Beachtung von Vorschriften zum Unfallschutz besonders bedeutsam?

12 Sortiere folgende Symbole zum Unfallschutz nach Gruppen und erkläre ihre Bedeutung:
- Verbotszeichen
- Gebotszeichen
- Warnzeichen

13 Welchen Anforderungen sollte ein Praktikumsbetrieb genügen, damit das Praktikum gute Lernmöglichkeiten bietet?

14 Worin unterscheidet sich die Arbeit in der Schule von der im Praktikum?

Projekt: Berufswahl

1 Blickpunkt Ausbildungsplatz

In den letzten Schuljahren habt ihr euch bereits mit der Berufswahl befasst. Es ging um
- eure Voraussetzungen und Interessen
- Erkundungen der Arbeitswelt und evtl.
- ein Betriebspraktikum, vielleicht auch schon
- den Besuch des BIZ und der Berufsberatung.

Ihr wisst, dass eure Chancen bei der Berufswahl besonders von eurem Schulabschluss und dem Ausbildungsstellenmarkt abhängen.

Die Berufswahl und Ausbildungsplatzsuche bzw. die Wahl eines weiterführenden Bildungsgangs werden jetzt konkret. Bewerbungen sind angesagt.

▸ **Leitauftrag** Wo steht ihr im Berufswahlprozess? Was sind die nächsten Schritte?

B Auf einen Blick

Ihr schätzt euren Stand im Berufswahlprozess ein und überprüft eure Ziele.

Ihr schließt Lernvereinbarungen zu euren nächsten Schritten.

Ihr setzt euch vertieft mit Informationen und Erfahrungen zu eurem Wahlberuf auseinander.

Ihr nehmt Unterstützung für euren Berufswahlprozess in Anspruch.

Ihr bereitet Betriebs- oder Praxistage bzw. ein (weiteres) Betriebspraktikum vor. Ihr plant das darauf bezogene schulische Lernen.

Ihr bereitet euch darauf vor, euch auf eine Ausbildungsstelle zu bewerben und vorzustellen. Ihr führt dazu auch Rollenspiele durch.

Ihr kennt Eignungstests und setzt euch mit Testsituationen auseinander.

2 Wie kann mein Berufswahlprozess unterstützt werden?

Für die Dokumentation eurer Aktivitäten zur Berufswahl empfehlen wir euch einen Berufswahlpass (siehe www.berufswahlpass.de).

Er bietet u.a. Hilfsmittel zur Weiterführung des Berufswahlprozesses. Dazu gehören

- die Beschreibung schulischer Maßnahmen in den Fächern und die Dokumentation von Ansprechpartnern für den weiteren Prozess,
- die Darstellung eurer Entwicklung im Prozess der Berufswahl, bezogen auf ein Berufsfeld, mit Beschreibung der nächsten Schritte für eure Berufswahl,
- die Dokumentation von Leistungen, die eure Bewerbung unterstützen können, z.B. PC-Führerschein, Mitarbeit in einer Schülerfirma, soziale Tätigkeit, Engagement im Sportverein.

Wer kann mich im Berufswahlprozess unterstützen?

Betriebe
- Informationen zu beruflichen und betrieblichen Anforderungen sowie Entwicklungsmöglichkeiten nach der Ausbildung anbieten
- Praktikumsplätze bereitstellen
- Betriebserkundungen ermöglichen
- Ausbildungsplätze anbieten

Berufsinformationszentrum (BIZ)/ Berufsberatung
- Informationen über Berufe vorhalten
- Medien und Beratung anbieten
- Entscheidung für Beruf bzw. Bildungsgang unterstützen
- Bei Ausbildungsproblemen beraten
- Berufswahltests durchführen
- Ausbildungsplatz bzw. Bildungsgang vermitteln
- Über Ausbildungsförderung informieren

Ich selbst
- Über Angebote der Beteiligten informieren
- Beratung und Unterstützung organisieren
- Lernangebote der Schule nutzen, um berufliche und betriebliche Voraussetzungen zu erfüllen
- Betriebspraktika absolvieren
- Wissen über Berufs- und Arbeitswelt erwerben
- Berufliche Interessen und Vorstellungen entwickeln
- Berufliche Anforderungen mit Fähigkeiten vergleichen
- Für einen Ausbildungsberuf bzw. Bildungsgang entscheiden
- Schritte langfristig planen und rechtzeitig umsetzen

Schule
- Wissenserwerb zur Berufs- und Arbeitswelt unterstützen
- Im Betriebspraktikum beraten und unterstützen
- Lernen in der Betriebspraxis und den Fächern verbinden
- Fachliche, soziale, persönliche, methodische und auf Lernen bezogene Fähigkeiten fördern
- Berufswahlprozess begleiten und fördern

Gewerkschaften
- Informationen zu Berufen, Bewerbung, Ausbildung, Verdienst bereitstellen
- Rechte Auszubildender vertreten

Eltern/ Freunde
- Über Berufs- und Arbeitswelt informieren
- Über Berufswahl und -erfahrungen berichten
- Entwicklung begleiten und Entscheidungen fördern
- Ausbildungsplatzsuche unterstützen

A Aufgaben

1 Wo stehst du im Berufswahlprozess? Dokumentiere den Stand schriftlich. Wenn du den Berufswahlpass hast, nutze diesen dafür.

2 Woran solltest du in nächster Zeit arbeiten? Wer kann dich dabei unterstützen? Nutze das Angebot der im Schema genannten Akteure. (Weitere Hilfen siehe M4, S.34.)

3 Betriebs- oder Praxistage – Lernen in Schule und Betrieb verbinden

In einem Teil der Schulen finden an ein bis zwei Tagen in der Woche Praxislerntage in Betrieben statt, die das Schulpraktikum ersetzen oder ergänzend angeboten werden. Damit verbunden ist das Lernen in den Fächern an den anderen Tagen in der Schulwoche.

Neben Arbeitslehre können grundsätzlich alle Fächer mit der Praxis verbunden werden, also Deutsch, Englisch, Mathematik, Biologie, Gesellschaftslehre/Politik, Religion …

Was bringt das?

ROMAN: „Beim wöchentlichen Praxislerntag im Malerbetrieb musste ich die gestrichenen Flächen aufmessen. Ich habe endlich begriffen, was mir in Mathe bisher schwer fiel. Ich weiß jetzt, wozu die Flächenberechnung gut ist."

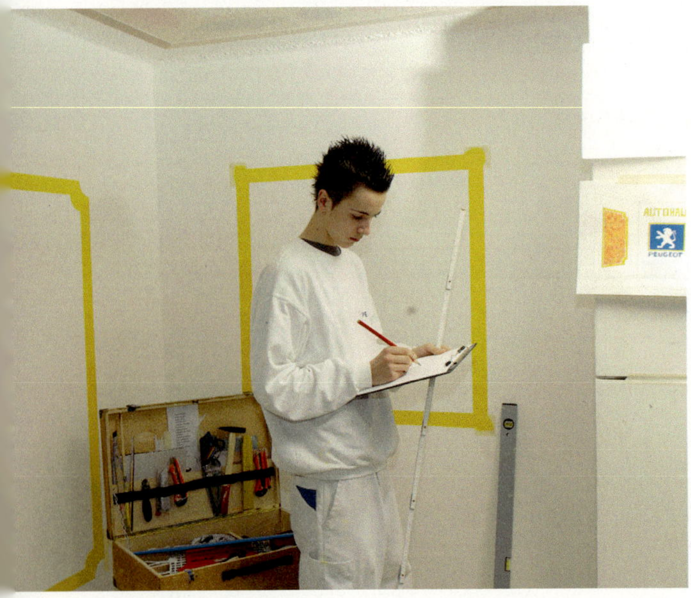

JAN: „Ich habe im Baumarkt gearbeitet. Bei Lampen kannte ich mich bald aus und habe auch Kunden beraten. Im Deutschunterricht schlug ich dann vor, in Rollenspielen Kundengespräche zu üben. Das hat Spaß gemacht, auch später, als ich das mit Kunden erprobte. Ich denke nun, Einzelhandelskaufmann liegt mir. Ich habe überlegt, ob das als Rollenspiel nicht auch auf Englisch wichtig wäre."

AILIEN: „Früher war mir egal, ob ich in der Schule zu spät kam. Im Betrieb wurde mir klar, warum Pünktlichkeit wichtig ist. Wenn einer fehlt, müssen die anderen für ihn mitarbeiten, Kunden warten. Ich habe jetzt auch begriffen, wie wichtig es ist, dass Schüler pünktlich zum Unterrichtsbeginn da sind."

MERLE: „Bisher haben die Lehrer oft gesagt: ‚Ihr lernt fürs Leben – also Lernen auf Vorrat.' Ich erstellte im Fach Deutsch eine Präsentation meiner Arbeit beim Tierarzt und führte diese vor. Jetzt kann ich Präsentationstechniken einsetzen."

Betriebs- oder Praxistage zur Erkundung des Wahlberufes nutzen

Euer Stand bei der Entscheidung für einen Beruf könnte mit dem Anforderungsprofil eures Wunschberufes verglichen werden.

Dazu könnt ihr mit eurem Lehrer in Abständen Lernplanungsgespräche führen. Als Ergebnis der Lernberatung können Zielvereinbarungen über die nächsten Lernschritte getroffen werden. Schwerpunkte sind festzulegen, um Voraussetzungen zur Bewerbung zu erreichen. Auch die Berufsberatung sollte einbezogen werden.

Die Ergebnisse sind in Zeitabständen zu analysieren und ggf. neue Vereinbarungen zu treffen.

A Aufgaben

1 Wie schätzt ihr diese Art des Lernens ein? Worin unterscheidet es sich vom bisherigen Fachlernen?

2 Entwickelt eine Praxislernaufgabe. Nutzt die Methode Betriebs- und Praxistage und **M2**, **M3**, S. 33, 34.

3 Wie kann das Praxislernen die Berufswahl unterstützen?

4 Nehmt Stellung: „Meine Eltern sind der Meinung, dass mehr Unterricht in Deutsch und Mathe wichtiger ist, als zwei Tage in einem Betrieb zu arbeiten."

Methode Betriebs- oder Praxistage

1 Darum geht es

Diese Praxislerneinheit ermöglicht euch das Kennenlernen von Berufen und der Arbeit im Betrieb. Ihr nutzt gewonnene Praxiserfahrungen, um euch notwendiges Wissen in Verbindung mit Unterrichtsfächern anzueignen. Ihr erkennt eigene Interessen und Fähigkeiten und entwickelt Fertigkeiten. Ihr werdet fähig, die Gestaltung der Berufswahl und Lebensplanung vorzunehmen.

2 So läuft eine Praxislerneinheit ab

Eine Praxislerneinheit kann sich beziehen auf praxisbezogene Projekte, ein Praktikum, Praxistage oder eine Betriebserkundung.
Zur Praxislerneinheit gehört die Vorbereitung, Durchführung und Auswertung der Praxiserfahrungen. Auch die Methoden Projektunterricht, Arbeitsplatzerkundung und Betriebspraktikum fließen mit ein.

Vorbereitung

- Auswahl des Betriebes als Praxislernort; Aspekte: Berufswunsch, Lernmöglichkeiten
- Eigene Interessen, Fähigkeiten und Fertigkeiten herausfinden
- Entwicklung von Zielen, die auf Fächer und den Wunschberuf bezogen sind
- Festlegen konkreter Praxislernaufgaben (siehe **M2**, **M3**, S. 34, 35) mit Handlungsschritten und Zeitplanung

Durchführung

- Persönliche Bildungsberatung zur Praxistätigkeit entsprechend Lernplan annehmen
- Umgang mit Konflikten üben (siehe Hinweise zum Konflikttraining auf dieser Seite)
- Praxiserfahrungen in der Schülergruppe reflektieren

Auswertung

- Präsentation der Lernergebnisse
- Bewertung nach dem persönlichen Lernplan (siehe auch Bewertungskriterien)
- Nachdenken über Bildungszuwachs, Schwächen, Stärken und Leidenschaften (siehe **M1**, S. 34)

Bewertungskriterien im Praxislernen

Die Bewertung gezeigter Fähigkeiten erfolgt durch Fremd- und Selbsteinschätzung. Beteiligt sind Ausbilder, Auszubildende, Lehrer und Schüler.

Was wird bewertet?

Lerneinstellung	Zuverlässigkeit
Selbstständigkeit	Konfliktfähigkeit
Urteilsfähigkeit	Interesse
Teamfähigkeit	Verhalten gegenüber Betreuern
Arbeitsqualität	Mappe
Tagesberichte	Präsentationen
Facharbeit	Berufswahlpass

Wie wird bewertet?

Bewertungsbogen/Punkte
Abschlussgespräch
schriftliche Bewerbung

Benotungsvorschläge
- Betreuer
- (Fach-)Lehrer
- Mitschüler

Selbstbewertungsbogen

Konflikttraining im Rollenspiel

Bereitet euch auf das Verhalten in Konfliktsituationen im Rollenspiel vor. Wählt Rollenspieler aus: z. B. Praktikant, Betreuer, Lehrkraft.

Spielt eigene Konflikte oder nutzt Folgendes:
1 An den Praxislerntagen muss ich immer dieselbe langweilige Arbeit machen.
2 Die Aufgaben sind zu schwer/zu leicht.
3 Der Betreuer ist komisch/aufdringlich.
4 Der Betrieb ist für mich nicht geeignet, weil …

Bedenkt bei der Rollenwahrnehmung als Praktikant: „Was kann ich zunächst selbst tun? Wann schalte ich die Lehrkraft ein?“

4 Bewerben und vorstellen

Ihr habt euch für einen/mehrere Ausbildungsberufe entschieden? Nun beginnt die Bewerbung auf einen Ausbildungsplatz. Vielleicht habt ihr Extras aufzuweisen, die bei der Bewerbung hilfreich sein könnten, z.B. Bewertungen aus dem Praktikum, Mitarbeit in einer Schülerfirma …

Wie finde ich Ausbildungsstellen?

- In Gesprächen mit Freunden, Eltern, Verwandten, Bekannten (der Eltern), Lehrern nach Ausbildungsstellen fragen. Vielleicht lassen sich „Beziehungen“ nutzen.
- Beim BIZ nachfragen.
- In der Jobbörse der Bundesagentur für Arbeit suchen: http://jobboerse.arbeitsagentur.de ▸ Arbeit- und Ausbildungssuchende
- Kontakt zu Kammern und zu Innungen aufnehmen, z.B. www.arbeitsgemeinschaft-hessischer-ihks.de ▸ Berufliche Bildung ▸ Lehrstellenbörsen
- Bei Betrieben direkt anfragen, dazu Branchentelefonbuch und Internet nutzen.

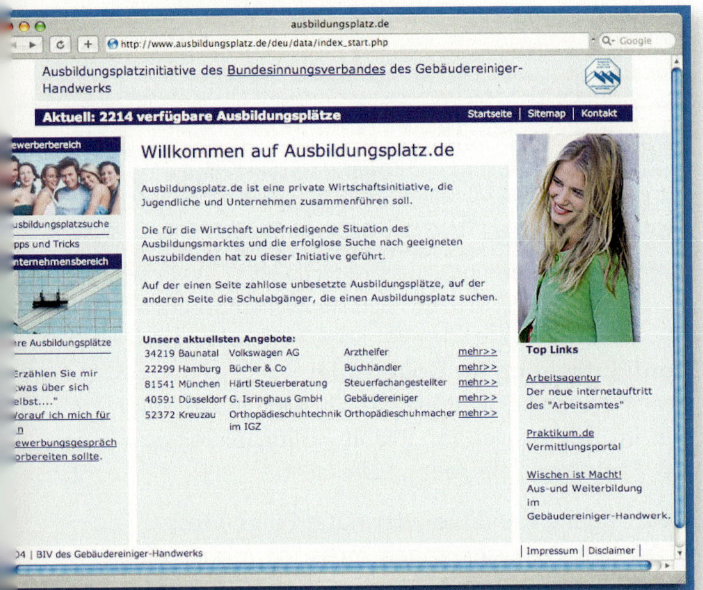

- Ausbildungsstellenbörsen im Internet suchen, z.B.: www.ausbildungsplatz.de
- Ausbildungsstellenangebote in Zeitungen auswerten
- Schulische (Berufs-)Bildungsangebote prüfen.

Wie sollte ich mich bewerben?

- Kontakt aufnehmen: persönlich, brieflich, telefonisch, per E-Mail (siehe: www.planet-beruf.de ▸ Bewerbungstraining Bewerbung/Online-Bewerbung)
- Aussagefähige Bewerbungsunterlagen fehlerfrei gestalten (Zusammenarbeit mit dem Fach Deutsch); Interesse an Ausbildungsberuf und -stelle begründen. Dafür Informationen zum Betrieb auch aus der Website auswerten.

Was gehört zu den Bewerbungsunterlagen?

- Anschreiben mit Verzeichnis der Anlagen
- Lebenslauf
- Lichtbild mit Namen und Geburtsdatum
- letztes Zeugnis (Kopie)
- Bescheinigungen, z.B. über ein Praktikum, einen PC-Kurs, zur Mitarbeit in einer Schülerfirma …

Auch dabei hilft die Website der Bundesagentur für Arbeit: s.o. oder www.dgb-jugend.de ▸ Ausbildung ▸ ohne Ausbildung ▸ Bewerbung

Wie wählen Betriebe Bewerber aus?

Zuerst erfolgt die Sichtung und Bewertung der Bewerbungsunterlagen. Neben Zeugnisnoten sind z.B. Angaben zu Fehlzeiten und Ausführungen im Berufswahlpass aufschlussreich. Danach wird entschieden, welche Bewerber in das weitere Verfahren einbezogen werden.

Oft kommen Testverfahren zum Einsatz. Teilweise werden diese (siehe Folgeseiten) zusammen mit dem Vorstellungsgespräch durchgeführt.

Zeitplaner

Bewerbungen durchführen:
- Großbetriebe, Handel, Banken
- Öffentlicher Dienst
- Kleinbetriebe (Handwerk, freie Berufe)

In Schulen anmelden:
- Gymnasium
- berufsbildende Schule

Ausbildungs- und Schulbeg

August	September	Oktober	November	Dezember	Januar	Februar	März	April	Mai	Juni	Juli	Augu

Wie läuft die Vorstellung ab?

Im Vorstellungsgespräch versucht der Betrieb, sich ein Bild vom Bewerber zu machen, die Einstellung zur Arbeit sowie das Interesse am Beruf herauszufinden.

Bereitet das Vorstellungsgespräch gründlich vor.

- Informiert euch vor dem Gespräch über den Ausbildungsberuf und das Unternehmen. (Nutzt den Internetauftritt.)
- Welche Kleidung ist angemessen?
- Beantwortet im Gespräch die Fragen ehrlich und offen.
- Verdeutlicht euer Interesse, indem ihr selbst Fragen zur Ausbildung im Betrieb stellt.

Zusage erhalten, was tun?

Bald entscheiden; andere Betriebe, bei denen ihr euch beworben habt, informieren, damit dort Mitbewerber zum Zuge kommen können.

... und bei einer Absage?

Nicht verzweifeln! Das geht vielen leider ebenso. Es gibt viele Mitbewerber, auch Glück gehört dazu! Telefonisch nach Gründen fragen, um daraus für zukünftige Bewerbungen zu lernen.

Was Mustafa gefragt wurde

Typische Fragen, die einem Bewerber zum Koch gestellt wurden:

Bewerbungsgründe

Warum möchten Sie Koch lernen?
Warum haben Sie sich bei uns beworben?
Was haben Sie für Vorstellungen vom Beruf?

Schule und beruflicher Werdegang

Wie kommen Sie mit Lehrern und Mitschülern aus?
Warum haben Sie im Fach ... eine schlechte/gute Note?
Haben Sie schon mal ein Praktikum in der Küche gemacht? Kochen Sie zu Hause?

Persönlicher und familiärer Hintergrund

Warum sollen wir gerade Sie einstellen?
Wir wollen Sie gerne kennen lernen, erzählen Sie uns etwas über sich!
Was sind Ihre Stärken/Schwächen?
Welche Hobbys haben Sie?

Gesundheit

Wie gewöhnt sind Sie körperliche Arbeit?
Wie belastbar sind Sie?
Haben Sie Lebensmittelallergien?

Allgemeinbildung

Wie heißt unser Bundeskanzler?
Wie viele Staaten hat die EU?
Wie stehen Sie zu ... (aktuelles politisches bzw. gesellschaftliches Thema, z.B. Klimapolitik)?

Was Mustafa fragte

Kann ich einen Einblick in die Küche bekommen?
Könnte ich, wenn Sie mich in die engere Wahl ziehen, mal eine Schicht mitarbeiten?
Wie viele Auszubildende haben Sie?
Wie Sie wissen, kann ich wegen der Entfernung nicht zu Hause wohnen. Steht ein Personalzimmer zur Verfügung?

A Aufgaben

1 Interviewt Auszubildende zu Erfahrungen mit Bewerbungen und Vorstellungen. Entwickelt dafür einen Fragebogen.

2 Erprobt ein Vorstellungsgespräch im Rollenspiel. Personen: Personalchef/-in; Bewerber/-in. Nutzt dazu den Fragenkatalog für Mustafa. Passt ihn an euren Wahlberuf an.

5 Einsatz von Testverfahren

Wer zum Test eingeladen wird, gehört zum engeren Kreis der Bewerber – ein erster Erfolg!

Warum testen Unternehmen?

Sie wollen die Eignung eines Bewerbers feststellen. Die Interessen, Einstellungen und Lernvoraussetzungen sollen den Anforderungen entsprechen (siehe auch S.10, 11). Er soll auch von seiner Persönlichkeit her zum Unternehmen passen.

Ziele und Inhalte der Tests sind meist auf die Anforderungen der Berufsarbeit abgestellt.

Oft erhalten Ausbildungsbetriebe eine große Anzahl von Bewerbungen. Viele Bewerber bleiben unberücksichtigt, weil die Schulnoten nicht den Mindestanforderungen entsprechen. Alle anderen werden zum Test eingeladen, um in kurzer Zeit begründet auswählen zu können.

Schulnoten sagen den Personalchefs zu wenig über die Leistung aus. Sie sind auch zwischen Klassen wenig vergleichbar. Hinzu kommt, dass Berufsarbeit auch Voraussetzungen fordert, über die Noten nichts aussagen, z.B. räumliches Vorstellungsvermögen, handwerkliches Geschick und Teamfähigkeit.

Verschiedene Testarten

Berufs- und Leistungstests
- Wissenstests, z.B. Rechtschreibung, Grundrechenarten, Bruch- und Prozentrechnung
- Konzentrationstests, die Leistungen unter Zeitdruck, Ausdauer und Belastbarkeit testen

Intelligenztests

Diese berücksichtigen Stärken und Schwächen bei beruflichen Anforderungen, wie
- Sprachgefühl, z.B. Aufsatz schreiben zur Einschätzung der Ausdrucksfähigkeit
- logisches Denken
- räumliches Vorstellungsvermögen

Fertigkeitstests

z.B. Handgeschick beim Biegen einer Figur aus Draht. Arbeitsproben sagen auch etwas über Sorgfalt und Genauigkeit bei der Arbeit aus.

Persönlichkeitstests

Diese verdeutlichen persönliche Eigenschaften. Manchmal wird ein Problem für eine Gruppe von Bewerbern zur Diskussion gestellt. Dabei soll das Verhalten des Einzelnen in der Gruppe beobachtet werden. Man nennt solche Eignungstests Assessmentcenter (assessment = Einschätzung, Bewertung). Die Beobachter schätzen ein, wie sich der Einzelne den anderen gegenüber verhält, wie aktiv er sich beteiligt, ob er den Gruppenführer spielt, ob er sich zurückzieht. Es erfolgt eine Bewertung zur Kommunikations- und Teamfähigkeit.

Tipps zu Eignungstests

- Gut ausgeschlafen sein, keine Aufputschmittel nehmen.
- Persönliches Arbeitstempo wählen. Ausnahme: Aufgaben, die ein hohes Tempo fordern.
- Lieber Aufgaben richtig lösen als alle bearbeiten. Meist sind nicht alle zu schaffen.
- Nicht an einer Aufgabe hängen bleiben, wenn sie nicht gelöst werden kann.
- Wer bei Aufgaben, bei denen Zutreffendes anzukreuzen ist, keine richtige Antwort weiß, sollte auf gut Glück ankreuzen.

Grenzen von Testergebnissen

Testergebnisse gelten nur für die Fähigkeiten, welche die Testaufgaben messen können. Damit wird wenig über Charaktereigenschaften ausgesagt, z.B. Hilfsbereitschaft.
Getestet wird der jeweilige Entwicklungsstand. Bei Jugendlichen können sich Kenntnisse, Fertigkeiten und Fähigkeiten schnell verändern.
Die Ergebnisse ermöglichen Hinweise darauf, woran der Einzelne noch arbeiten muss. Deshalb solltet ihr bei Absagen nach dem Grund fragen.

▲ Assessmentcenter für eine Ausbildungsstelle zum Mediengestalter/-in

A Aufgaben

1 Befragt Auszubildende zu ihren Erfahrungen mit Tests.

2 Beurteilt folgende Fälle in Gruppenarbeit:
A: NADINE wird zum Eignungstest eingeladen. Am Abend vorher hat sie Lampenfieber und schläft dann schlecht. Die Eltern sagen: „Nimm dich zusammen!" NADINE kann sich beim Test kaum konzentrieren. Dieser besteht auch aus Rechtschreibung und Mathematik. Später erfährt sie, dass sie da viele Fehler machte. In der Schule hatte sie gute Noten. DENNIS, ein unbekümmerter Typ, der in Rechtschreibung und Mathematik eine „3" hat, bekam den Ausbildungsplatz.
B: Klassentreffen nach 20 Jahren:
„Hallo JONAS, dich erkennt man ja kaum wieder", begrüßt ihn SILVIA. „Ja, mir geht's prima. Hab einen interessanten Job als Werkleiter. ... Ich bekam nach dem 10. Schuljahr den Dreh und bin später Ingenieur geworden."
„Kaum zu glauben", denkt Lehrer SCHMUDE. „Ein guter Schüler war der wirklich nicht. Nach dem 10. Schuljahr bekam er keine Ausbildungstelle und ist weiter zur Schule gegangen."

3 Bereite dich auf Eignungstests vor. Löse die folgenden Beispielaufgaben aus Tests (S. 32) oder suche solche im Internet; Suchbegriffe: Eignungstest, Berufseignungstest.

6 Beispielaufgaben zu Eignungstests

A1 Teste dein Wissen

Rechnen
Für zwei Textaufgaben hast du sieben Minuten Zeit.

1. Die Maße eines Hohlraumes betragen 4 m Länge, 20 cm Breite und 15 cm Höhe. Wie viel Kubikdezimeter hat der Hohlraum?
2. Ein Seil von 90 m Länge ist so zu zerschneiden, dass das eine Stück $\frac{2}{3}$ der Länge des anderen beträgt. Wie lang ist das kürzere Stück Seil?

Hinweis: Alle Lösungen stehen auf S. 252.

Rechtschreibung
Welche Schreibweise ist richtig?
Beispiel: a) Stadtverkehr b) Stattverkehr
Lösung: a)

1	a) entgültig	b) endgültig
2	a) Alphabet	b) Alfabeth
3	a) Ökonnomie	b) Ökonomie
4	a) Achzig	b) Achtzig
5	a) Kläranlage	b) Kleranlage
6	a) Einchecken	b) Einjecken
7	a) schmincken	b) schminken

A2 Teste deine Konzentration

Karteikarten sortieren
In der Abbildung siehst du ein Karteikastenschema. Nenne für jeden Kundennamen die Nummer des Karteikastens, in den der Name eingeordnet werden muss.

1. Michels **2.** Rosenberg **3.** Luetgen
4. Bschorden **5.** Slevgat **6.** Paetzold
7. Glimmer **8.** Klatten **9.** Mylental

Aa–Al 1	Am–Az 2	Ba–Bi 3	Bj–Br 4	Bs–Bz 5
Ca–Cza 6	Da–Dk 7	De–Dz 8	Ea–Ek 9	El–Ez 10
Fa–Fr 11	Fs–Fz 12	Ga–Go 13	Gp–Gz 14	Ha–Hj 15
Hk–Hz 16	Ia–Iz 17	Ja–Jz 18	Ka–Ko 19	Kp–Kz 20
La–Le 21	Lf–Lz 22	Ma–Me 23	Mf–Mo 24	Mp–Mz 25
Na–Nk 26	Nl–Nz 27	Oa–Oz 28	Pa–Pp 29	Pr–Pz 30
Qua–Quz 31	Ra–Rz 32	Sa–Si 33	Sj–Ss 34	St–Sz 35
Ta–Ti 36	Tj–Tz 37	U–V 38	Wa–Wz 39	X–Y–Z 40

Buchstaben durchstreichen
Alle d, die zwei Striche haben, müssen durchgestrichen werden.
Dabei geht es um folgende **d**: d̎ d̩̍ d͈

d, die mehr oder weniger als zwei Striche haben (oben/unten), dürfen nicht durchgestrichen werden, ebenso wenig wie alle b und q.
Für folgende Zeilen hast du 2 Minuten Zeit.

1. d̩̍ b̩̍ q̩̎ d̩ b̩̍ q̩ d̩̍ q̩ d̩̍ q̍ d̎ q̎ b̎ b̩ b̍

2. d̩ b̎ d̩ b̍ d̩̍ b̎ d̩ b̎ d̩̍ b̍ d̩̍ b̍ d͈̍ b͈̍ d͈̍

3. b͈̍ d̩̍ b̩̍ d͈̍ b̍ d͈ b̍ q d̍ q̎ d̎ q͈ d̎ q͈ d̎

4. q͈ d̍ q͈ b̎ d͈ d̍ d͈ d̎ d͈ b̍ d͈ d̎ d͈ d̍ d͈

5. d͈̎ d d͈̍ b͈̎ q͈̍ d̩̍ d͈̎ d d̩̎ d d d͈̎ d d̩ q

Rechenkonzentration
Bei folgenden Aufgaben wird die obere Zeile zuerst ausgerechnet. Das Ergebnis darf nicht aufgeschrieben werden, sondern muss „im Kopf behalten" werden. Nun ist die untere Zeile auszurechnen und auch dieses Ergebnis zu merken. Jetzt gilt die folgende Regel: Stets ist die kleinere Zahl von der größeren abzuziehen, und nur dieses Ergebnis ist aufzuschreiben. Es dürfen sonst keine Notizen gemacht werden.

Beispiel: 2 + 8 − 7
4 + 5 − 2 **Lösung:** 4

Obere Zeile: Ergebnis 3
Untere Zeile: Ergebnis 7

$7 - 3 = 4$

Nur die 4 darf als Lösung hingeschrieben werden.

Zwei sind gleich, das dritte unterscheidet sich von den beiden anderen deutlich in einem Detail (Veränderung, Hinzufügung, Weglassung). **Lösung:** b (der Mund)

Für die folgenden 4 Aufgaben hast du zwei Minuten Zeit:

a) $5 - 2 + 9$
$4 + 8 + 6$

b) $9 - 5 + 7$
$4 + 3 + 6$

c) $2 + 8 - 7$
$6 - 5 + 9$

d) $8 - 3 + 7$
$9 - 5 + 3$

Genaues Beobachten
Schau doch bitte mal diese drei Gesichter genauer an.

Löse in einer Minute möglichst viele Aufgaben.

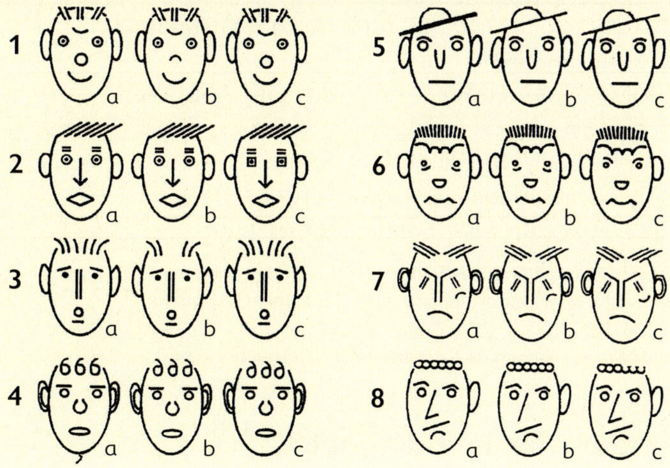

A3 Teste dein logisches Denkvermögen

Wortbedeutungen
Hier geht es darum, Wörter zu finden, die in der Bedeutung ähnlich bzw. gleich sind.

Beispiel: **Fahrzeug**
a) Karre
b) Feuerzeug
c) Flugzeug
d) Zeughaus
e) Automobil
f) Roller

Lösung: e)

Für zwei Aufgaben hast du eine Minute Zeit.

1. absurd
a) Theater
b) ungeschickt
c) abstrakt
d) unverständlich
e) widersinnig

2. Delikt
a) Delikatesse
b) Vergehen
c) Überbleibsel
d) Beschlagnahme
e) Gerichtsverhandlung

Wortverhältnisse
In den folgenden Sätzen fehlen jeweils das Anfangs- und das Endwort. Deine Aufgabe ist es, die Sätze mithilfe der aufgeführten Lösungsvorschläge so zu ergänzen, dass sie einen logischen Sinn erhalten.

Beispiel:
… verhält sich zu groß wie Maus zu …

1 Fernsehen	A hässlich
2 Elefant	B klein
3 Zeitung	C voll
4 Tasche	D langsam

Nur die Wörter „Elefant“ und „klein“ ergänzen den Satz sinnvoll. Die richtige **Lösung** ist 2B.

Für zwei Aufgaben hast du zwei Minuten Zeit.

a) … verhält sich zu faul wie tapfer zu …

1 dumm	A treu
2 fleißig	B feige
3 sorgsam	C schwach
4 fett	D mutig

b) … verhält sich zu Neujahr wie Nacht zu …

1 Weihnachtsfest	A Zeit
2 Silvester	B Sterne
3 Jahresende	C Morgen
4 Anfang	D Tag

Nach: **Wirtschaftswoche**
Januar 1996

7 Weiterführendes Material

M1 Der Kompetenzstern zur persönlichen Einschätzung

1. Wie gut ist es dir gelungen, Menschen am Praxisplatz anzusprechen?
2. Wie gut hast du die Aufgabenstellung verstanden?
3. Wie selbstständig hast du die Aufgaben gelöst?
4. Wie hoch war deine Motivation?
5. Wie viel Neues hast du erfahren?
6. Wie kreativ warst du bei der Arbeit?

Nach **Andrea Griese-Pelikan** (Hrsg.): Projektverbund Praxislernen. Handreichung zum Praxislernen, Potsdam 2006, S. 22 ff.
www.praxislernen.de/content/pdf/handreichung.pdf

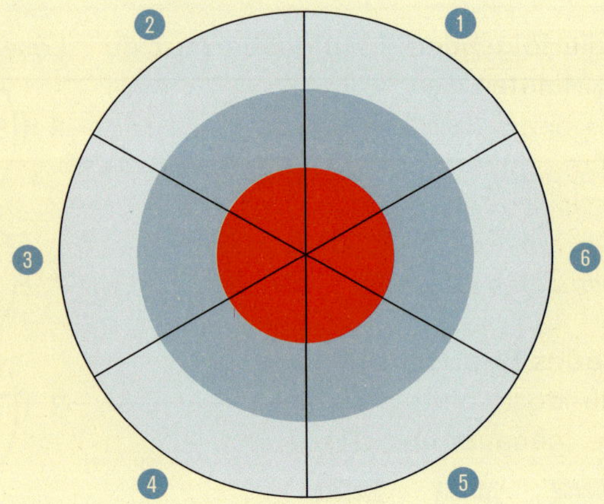

M2 Beispiele für Lernaufgaben

Praxisplatz: Zoohandlung
Viele Kunden der Zoohandlung möchten gern ein Haustier kaufen, wissen aber nicht so recht, was sie im alltäglichen Umgang mit dem Tier beachten müssen.
Wie kann man ihnen weiterhelfen?

Mögliche Bearbeitungsschritte
- Wähle ein Tier aus dem Angebot deines Praxisbetriebes aus und sammle Informationen über die Pflege, Ernährung und Haltung.
- Erarbeite gemeinsam mit einem Mitschüler ein Verkaufsgespräch (Rollenspiel), in dem du einem Kunden alles Wissenswerte über die Haltung dieses Haustieres erläuterst.
- Fertige ein Mind Map zum Thema Haustiere an. Entwickle daraus eine Sammlung von Fragen, die dir zum Thema Haustiere einfallen. (Du musst diese nicht beantworten können!)

Praxisplatz: Friseur
Friseurläden haben Preislisten, auf denen steht, was Haare schneiden und andere Dienstleistungen kosten.
Kann eine Inhaberin/ein Inhaber so viel verdienen, dass sie/er davon leben kann?

Mögliche Bearbeitungsschritte
- Erstelle eine Liste der Dienstleistungen, die im Praxisbetrieb erbracht werden. Füge die Preise hinzu.
- Erstelle eine Liste von möglichen Ausgaben des Salons, z.B. Kosten für Wasserverbrauch etc. Frage die Inhaberin/dem Inhaber des Salons, wie viel Geld monatlich für die Positionen aufgebracht werden muss.
- Addiere alle Ausgaben.
- Stelle eine Modellrechnung auf: Wie viele Kunden müssen im Monat mit welchen Leistungen bedient werden, um die Summe der Ausgaben zu verdienen? Z.B. 10 Kunden/Tag, die sich für je 30 € die Haare schneiden lassen erbringen bei 20 Tagen, an denen der Salon monatlich geöffnet ist 6000 €.
- Vergleiche Ausgaben und Einnahmen.

Praxisplatz: Baumarkt
Viele Baumärkte bieten Kunden die Möglichkeit, Holz zuzuschneiden. Wozu wird dieses benötigt und was ist dabei zu beachten?

Mögliche Bearbeitungsschritte
- Begleite einen Tag lang die Mitarbeiterin/den Mitarbeiter, die/der Zuschnitte vornimmt. Dokumentiere die Arbeitsschritte beim Holzzuschnitt mit Fotos.
- Klebe die Fotos auf ein Plakat und beschrifte die einzelnen Schritte.
- Befrage die Mitarbeiterin/den Mitarbeiter, wozu die Kunden die Zuschnitte am häufigsten benötigen.
- Stelle die Ergebnisse in einem Diagramm dar.
- Berechne für eine Platte Holz von 2,80 m mal 2,10 m wie viele Platten von 30 cm mal 65 cm sich daraus zuschneiden lassen.
- Nimm ein DIN-A4-Blatt und stelle die Zuschnitte im Maßstab 1:10 dar.

Nach: Projektverbund Praxislernen Potsdam 2011.
www.praxislernen.de ▸ Download

M3 Quellen für Informationen zum Berufswahlprozess

- **Bundesinstitut für Berufsbildung:**
  Sammlung von bewerteten Internetangeboten zum Thema „Ausbildung und Berufswahl".
  www.bibb.de/ausbildungsinfos-online.htm
- **Industrie- und Handelskammern/ Handwerkskammern**
  Internetangebote; Verzeichnis ausbildender Unternehmen, Ausbildungsberater
  www.dihk.de ▸ IHK-Finder
  www.zdh.de ▸ Handwerksorganisationen ▸ Handwerkskammern
- **Gewerkschaften**
  DGB und Einzelgewerkschaften wie IG-Metall. Infos über Berufe und Rechte Auszubildender.
  www.dgb.de ▸ DGB ▸ Gewerkschaften
  www.dgb-jugend.de ▸ Schule ▸ Berufswahl ▸ Berufsausbildung ▸ 150 Berufe im Überblick
- **Arbeitgeberverbände**
  Beispiele: Gesamtmetall mit Infos zu Berufen der Metall- und Elektroindustrie
  www.MEberufe.info und www.it-berufe.de
- **Wirtschaftsgesellschaft des Kraftfahrzeuggewerbes** mit Infos zu Berufen rund um das Auto
  www.autoberufe.de
- **Bundes-/Landesministerien für Schule/Bildung**
  www.bildungsserver.de ▸ Landesbildungsserver z.B. Infos zu neuen Ausbildungsberufen
  www.neue-Ausbildungsberufe.de
- **OloV** Strategie zur „Optimierung der Vermittlungsarbeit bei der Schaffung und Besetzung von Ausbildungsplätzen in Hessen"
  www.olov-hessen.de/index.html

Arbeiten mit den Materialien

Zu M1
Schätze deine Arbeit am eigenen Praxisplatz ein. Nutze dazu das Schema (Kompetenzstern) wie unter M1. Setze Kreuze in die jeweils passenden Segmente. Beachte dabei das Prinzip der Zielscheibe: „Je weiter nach innen, desto besser."

Zu M2 und M3
Entwirf Fragestellungen zu dem Betrieb, in dem du Praxis erlebst. Nutze die Beispiele für Anregungen. Entwickle eine Aufgabe, die du vertieft bearbeiten möchtest. Überlege, von welchem Fach du Unterstützung benötigst.

Berufliche Ausbildung und Weiterbildung

1 Ein Ausbildungsplatz oder weiter zur Schule?

Für einen Teil von euch ist schon klar, wie es nach der Schule weitergeht, bei anderen ist es noch offen. Es gibt verschiedene Wege:

- die duale Berufsausbildung durch Betrieb und Schule,
- berufsqualifizierende Bildungsgänge im Vollzeitunterricht an einer berufsbildenden Schule,
- besondere Bildungsgänge an der beruflichen Schule, die auf eine Berufsausbildung oder ein Arbeitsverhältnis vorbereiten oder für einen Beruf qualifizieren.

Ihr erfahrt auch die Bedeutung der Weiterbildung.

▸ **Leitauftrag** Teilt die angestrebten Bildungsgänge der Jugendlichen ein nach Abschlussarten:

- berufsqualifizierend,
- berufsvorbereitend und
- weiterführend allgemeinbildend.

B Auf einen Blick

Ihr setzt euch damit auseinander, wie ihr eure Berufswahlperspektiven verbessern könnt.

Ihr unterscheidet Berufsbildungsgänge nach Voraussetzungen und Abschlüssen.

Ihr begründet Aufgaben von Schule und Betrieb bei der Ausbildung.

Ihr erklärt die Bedeutung von Rechten und Pflichten in der Berufsausbildung.

Ihr begründet die Bedeutung von Weiterbildung.

2 Berufliche Bildungsgänge

Eure Möglichkeiten der Berufsbildung hängen von Schulabschluss, vorhandenen Interessen und Ausbildungsstellen ab. Mehr dazu für Hessen: www.kultusministerium.hessen.de ▸ Schule ▸ Berufliche Schule ▸ Berufsqualifizierende Bildungsgänge

Berufsschule (BS) im dualen System

Sie ist für Auszubildende, die eine Berufsausbildung (siehe Folgeseite) absolvieren. Die BS vermittelt berufsbezogene und allgemeinbildende Ziele. Die Ausbildung in Schule und Betrieb dauert 2 bis 3,5 Jahre. Der Abschluss kann als gleichwertig mit einem allgemeinbildenden Abschluss, z.B. dem Realschulabschluss, anerkannt werden.

Berufsgrundbildungsjahr (BGJ)

Die Grundstufe der Berufsschule kann bei Berufen auch als BGJ in vollzeitschulischer oder in kooperativer Form (duales System) absolviert werden. Es setzt den Hauptschulabschluss voraus, dauert ein Schuljahr und vermittelt eine Grundbildung, erweitert die allgemeine Bildung, eröffnet die Möglichkeit einer gestuften Berufswahlentscheidung und sichert damit den Übergang zwischen Schule und Arbeitswelt. Eine Anrechnung des BGJ in vollzeitschulischer Form auf die Berufsausbildung kann erfolgen.

Besondere Bildungsgänge stehen für Schüler zur Verfügung, die auf eine besondere individuelle Förderung angewiesen sind, welche für eine Berufsausbildung oder ein Arbeitsverhältnis vorbereitet oder für einen Beruf qualifizieren. Es wird ein mehrwöchiges Betriebspraktikum durchgeführt. Flächendeckend wird eine Eingliederung in die Berufs- und Arbeitswelt (EIBE) durchgeführt. www.eibe-online.de

Berufsfachschulen (Vollzeitschulen) (BFS)

Einjährige BFS bauen auf einem mittleren Abschluss auf und dienen der Vorbereitung auf eine Fachausbildung. Der Besuch wird auf die Ausbildungszeit der Berufe angerechnet.
Zweijährige BFS, Voraussetzung ist der Hauptschulabschluss, vermittelt eine berufliche Grundbildung und den mittleren Abschluss. Der Übergang in die betriebliche Berufsausbildung (mit evtl. verkürzter Ausbildungszeit) in die Jahrgangsstufe 11 einer Fachoberschule oder eines beruflichen Gymnasiums ist möglich. BFS mit schulischem Abschluss in einem Ausbildungsberuf werden nach der Vollzeitschulpflicht besucht. Die Ausbildung gliedert sich in Grundstufe (ein Schuljahr) und Fachstufe (2 oder 2 ½ Schuljahre).
Höhere BFS bauen auf einem mittleren Abschluss auf. Sie bilden Assistentinnen und Assistenten in verschiedenen Fachrichtungen aus. Bei Erfüllung bestimmter Voraussetzungen (u.a. Praktika) kann die Fachhochschulreife erreicht werden.

Fachoberschule

Die Ausbildung führt mit mittlerem Bildungsabschluss in Verbindung mit einem Praktikum in zwei Jahren, nach einer Berufsausbildung in einem Jahr, zur Fachhochschulreife.

Fachschule

Sie bietet Fachkräften mit abgeschlossener Berufsausbildung und Erfahrungen Abschlüsse, die sie für Führungsaufgaben befähigen. Daneben kann die Fachhochschulreife erworben werden.

Berufliches Gymnasium

Schüler mit mittlerem Abschluss und bestimmten Noten erlangen in drei Jahren die allgemeine Hochschulreife. Der Unterricht ist nach Fachrichtungen, z.B. Technik, differenziert.

A

Aufgaben

1 Was schlagt ihr in folgenden Fällen vor?
a) MIRKO hat keinen Hauptschulabschluss und noch kaum Ideen zum Beruf.
b) ALEX hat den mittleren Abschluss mit guten Noten. Er fand keine Ausbildungsstelle.

2 Informiert euch über regionale Möglichkeiten einer vollzeitschulischen Berufsbildung.

3 Informiert euch über Weiterbildungsmöglichkeiten nach dem Berufsabschluss (s. S.41).

3 Mareike erhält eine Berufsausbildung im dualen System

Ein Gespräch zwischen der Ausbildungsleiterin von Textil MOHR, Frau Pukies, und Mareike

MAREIKE: „Ich bin so happy. Endlich einen Ausbildungsplatz als Verkäuferin – und dann hier!"

PUKIES: „Du hast im Betriebspraktikum gezeigt, dass dir Verkaufen liegt. Du bist kontaktfähig und freundlich, du passt zu uns!"

MAREIKE: „Können Sie mir mehr zur Ausbildung bei Ihnen sagen?"

PUKIES: „Du lernst hier im Betrieb und in der Berufsschule. Dieses Zusammenwirken der Lernorte heißt duales System. In unseren Abteilungen geht es nach einem betrieblichen Ausbildungsplan vorwiegend um den Erwerb berufspraktischer Fähigkeiten, also z.B. zum Bekleidungssortiment, Umgang mit Kunden. Mehr steht im Ausbildungsberufsbild." (Siehe rechte Spalte.)

MAREIKE „Was läuft in der Berufsschule?"

PUKIES: „Dort geht es stärker um die systematische Vermittlung beruflichen Handlungswissens, z.B. zur Preiskalkulation und zu Verkaufsgesprächen. Daneben hast allgemeinbildenden Unterricht, z.B. zu politischen Themen.

Die Berufsschule soll ihren Unterricht an Anforderungen beruflicher Arbeit orientieren. Diese kommen in den Lernsituationen zum Ausdruck. Gemeinsames Ziel für Schule und Betrieb ist, dass du lernst, selbstständig zu handeln. Du sollst auch auf die Weiterbildung vorbereitet werden.

Der Unterricht findet an 1 bis 2 Tagen pro Woche oder im Block statt. Betrieb und Schule wirken bei der Ausbildung zusammen. Die Schule lädt uns Ausbilder zu Absprachen ein."

Überbetriebliche Ausbildung

Betriebe können nicht immer für die Breite eines Berufes ausbilden. Sie fassen Auszubildende für bestimmte Teile der Ausbildung in überbetrieblichen Ausbildungsstätten zusammen oder bilden im Verbund mit anderen Betrieben aus.

Weil Ausbildungsstellen fehlen, bilden auch Berufsschulen in Verbindung mit Praktika vollqualifizierend aus (siehe BFS, Vorseite).

Aus der Verordnung über die Berufsausbildung Verkäufer/Verkäuferin

... Die Fertigkeiten und Kenntnisse sollen im Betrieb so vermittelt werden, dass sie Auszubildende zur qualifizierten beruflichen Tätigkeit befähigen, die selbstständiges Planen, Durchführen und Kontrollieren einschließt. ...

§ 8 Ausbildungsberufsbild (Auszug)

(1) Gegenstand der Berufsausbildung sind:
1. Der Ausbildungsbetrieb:
1.1 Bedeutung und Struktur des Einzelhandels
1.2 Stellung ... am Markt
1.3 Organisation des Ausbildungsbetriebes
1.4 Berufsbildung, Personalwirtschaft, arbeits- und sozialrechtliche Vorschriften
1.5 Sicherheit und Gesundheitsschutz ...
1.6 Umweltschutz
2. Information und Kommunikation:
2.1 Informations-, Kommunikationssysteme
2.2 Teamarbeit, ... Arbeitsorganisation
3. Warensortiment
4. Grundlagen von Beratung und Verkauf: ...
4.1 kunden-/dienstleistungsorientiertes Verhalten
4.2 Kommunikation mit Kunden
4.3 Beschwerde und Reklamation
5. Servicebereich Kasse ...
6. Marketinggrundlagen ...
7. Warenwirtschaft ...
7.3 Wareneingang, Warenlagerung
8. Grundlagen des Rechnungswesens ...

Nach:
Bundesministerium für Wirtschaft und Technologie (2004): www.bmwi.de ▸ Ausbildung und Beruf ▸ Ausbildungsberufe ▸ Verkäufer

Lernfelder des Rahmenlehrplans
Diese enthalten die Ziele und Inhalte der Berufsschule für den Unterricht in Lernsituationen.

1 Das Einzelhandelsunternehmen repräsentieren
2 Verkaufsgespräche kundenorientiert führen
3 Kunden im Servicebereich betreuen
4 Waren präsentieren
5 Werben und den Verkauf fördern
6 Waren beschaffen
7 Waren annehmen, lagern und pflegen
8 Geschäftsprozesse erfassen und kontrollieren
9 Preispolitische Maßnahmen vorbereiten und durchführen
10 Besondere Verkaufssituationen bewältigen
11 Geschäftsprozesse erfolgsorientiert steuern
12 Mit Marketingkonzepten Kunden gewinnen und binden
13 Personaleinsatz planen und Mitarbeiter führen
14 Ein Einzelhandelsunternehmen leiten und entwickeln

Nach **KMK**: Rahmenlehrplan Kaufmann im Einzelhandel/Kauffrau im Einzelhandel, Verkäufer/Verkäuferin v. 17.06.2004, S.8, http://www.kmk.org/fildeadmin/pdf/Bildung/BeruflicheBildung/rlp/kfmEinzelhandel.pdf

Der Berufsausbildungsvertrag
Er ist der Kammer vor der Ausbildung einzureichen. Diese prüft, ob der Betrieb geeignet ist und ausbilden darf. Die Ausbildungsberater der Kammern sollen die Betriebe beraten und kontrollieren. Im Schnitt wird jeder fünfte neu abgeschlossene Ausbildungsvertrag vorzeitig gelöst.
Die Ausbildung endet mit der **Prüfung**. Sie wird vor einem Prüfungsausschuss der Kammer abgelegt. Nur 4% der Auszubildenden bestehen die Prüfung auch in der Wiederholung nicht.

Inhalte des Berufsausbildungsvertrages
- Namen und Anschriften der Vertragspartner
- Bezeichnung des Ausbildungsberufs
- Dauer der Ausbildung
- Ausbildungsmaßnahmen außerhalb der Ausbildungsstätte
- Dauer der täglichen Ausbildungszeit
- Dauer der Probezeit
- Höhe der Ausbildungsvergütung
- Zahl der Urlaubstage je Ausbildungsjahr
- Sonstiges (z.B. ein Hinweis auf Tarifverträge)
- Unterschriften der Vertragspartner

Gesetzliche Rechte und Pflichten von Ausbildenden und Auszubildenden siehe **M1**, S.42.

Aufgaben

1 Nennt Merkmale des Berufsausbildungssystems.

2 Welche Vorteile hat es, dass die Berufsbildung durch Gesetze und Verordnungen geregelt ist?

3 Beschreibt die Aufgaben des Betriebs und der Schule bei der Ausbildung.

4 Befragt Auszubildende zu ihren Erfahrungen in Schule und Betrieb. Entwickelt dazu Fragen.

5 Nehmt Stellung:
A: „Viele Betriebe richten die Ausbildung zu sehr auf eigene Interessen aus. Sie berücksichtigen zu wenig die von Auszubildenden. Darunter leidet die Qualität."
B: „Die Ausbildung in der Schule führt nicht immer zur Handlungsfähigkeit im Betrieb."

6 Nennt Gründe dafür, dass die Inhalte des Berufsausbildungsvertrages vorgegeben werden.

7 Besorgt euch ein Formular eines Berufsausbildungsvertrags: z.B. DIHK:
www.dihk.de ▸ Aus- und Weiterbildung ▸ Ausbildung ▸ Muster Berufsausbildungsvertrag.
- Welche Punkte werden darin geregelt?
- Stellt Pflichten und Rechte der Vertragspartner gegenüber. (Nutzt dazu **M1**, S.42.)

8 Lest im Berufsbildungsgesetz nach, welche Anforderungen an Ausbildungsbetriebe gestellt werden. Besorgt dazu vom BMBF: „Ausbildung und Beruf":
www.bmbf.de
▸ Service ▸ Publikationen

9 Formuliert Erklärungen für die Begriffe: Auszubildender, Ausbildender und Ausbilder.

4 Probleme der Ausbildung in Betrieb und Schule

„Schwarzbuch Ausbildung"

In der öffentlichen Meinung steht die Vermittlung von Ausbildungsplätzen mehr im Vordergrund als die Qualität der Ausbildung, die mitentscheidend ist für die Wettbewerbsfähigkeit. Und die Qualität lässt vielfach arg zu wünschen übrig.
Besonders betroffen sind Jugendliche im Einzelhandel und in Büroberufen. Auch in der Medienbranche sowie im Hotel- und Gaststättengewerbe treten gehäuft Probleme im Ausbildungsalltag auf. Auch Freiberufler, Ärzte und Rechtsanwälte werden als schwarze Schafe oft genannt.
Ich schildere Beispiele aus der Beratungspraxis: Jacqueline, 19 Jahre, im 1. Lehrjahr zur Hotelfachfrau schreibt: „Vor Monaten habe ich die Ausbildung begonnen und bis jetzt noch keinen Ausbildungsvertrag gesehen. Meinen Eltern wurde von der IHK erklärt, dass mein Chef keine Lizenz besitzt, um mich auszubilden."

Ingrid Sehrbrock, Mitglied des Geschäftsführenden DGB-Bundesvorstandes, Pressekonferenz am 19.05.05 in Berlin
www.dgb-jugend.de ▶ Presse ▶ Pressemeldungen ▶ Suchen ▶ Das Schwarzbuch Ausbildung und: ▶ Broschüren ▶ Downloads Ausbildungsreport ... „Das Schwarzbuch Ausbildung" sowie www.doktor-azubi.de

Ausbildungsreport 2010

Dieser bietet eine Übersicht der qualitativ besten Ausbildungsberufe. Wir zeigen auf, in welchen Branchen die Auszubildenden eine hochwertige Ausbildung erhalten – und wo es Mängel gibt. Die Qualität wird von denjenigen bewertet, die am besten wissen, unter welchen Umständen gelernt und gearbeitet wird – von den Auszubildenden selbst. Gefragt wurde u.a. nach:

- Einhaltung der Inhalte des Ausbildungsplans
- Verrichtung ausbildungsfremder Tätigkeiten
- fachliche Anleitung durch den Ausbilder
- Ausbildungszeiten und Überstunden
- persönliche Beurteilung der Ausbildungsqualität im Betrieb und in der Berufsschule
- faire Ausbildungsvergütung

Schlaglichter

Die Mehrzahl der Befragten (58,3 %) schätzt die Qualität des Berufsschulunterrichts gut oder sehr gut ein. 13,1 % beurteilen diese jedoch als nur ausreichend oder mangelhaft. Besonders kritisiert werden die schlechte Ausstattung, materiell wie personell.

DGB-Bundesvorstand (Hrsg.): Ausbildungsreport 2010, www.dgb-jugend.de ▶ Ausbildung ▶ Ausbildungsreport 2010

A Aufgaben

1 Beurteilt die Beispiele, die im Text oben genannt sind. Zieht dazu die Anforderungen an Ausbildungsbetriebe und die Pflichten der Auszubildenden und Ausbildenden aus dem Berufsbildungsgesetz, §§ 10, 11; 13, 14 (siehe **M1** S. 18); 27–33 heran.

2 Besorgt euch das Schwarzbuch Ausbildung sowie den aktuellen Ausbildungsreport. Besprecht Konsequenzen für Auszubildende und die Abstellung der Mängel durch Ausbildungsberater, Gewerbeaufsicht, *Jugend- und Auszubildendenvertretung/Betriebsrat*.

5 Mit Weiterbildung die berufliche Zukunft sichern

Viele *Arbeitsplätze* verändern sich grundlegend, andere fallen weg, neue entstehen. Wissen und Können veralten schneller als früher. Berufstätige müssen sich dem Wandel stellen und zur Weiterbildung oder Umschulung bereit und in der Lage sein. Mit lebenslangem (beruflichen) Lernen können sie ihre *Kompetenzen* entwickeln und sich Zukunftsberufe erschließen. Eine gute Ausbildung bereitet darauf vor.

Möglichkeiten der Weiterbildung

- Erweiterung/Vertiefung der beruflichen Handlungsfähigkeit durch Betriebswechsel
- Nutzung von Fachliteratur, des Internets
- Besuch von Fachmessen
- Weiterbildungsseminare, z.B. im Betrieb, von Kammern und Verbänden
- Fachschulen für Techniker/Fachwirte/Meister
- Erwerb der (Fach-)Hochschulreife und Studium

Vielfach schließt die Weiterbildung bereits an die Ausbildung bei der Einarbeitung an einem Arbeitsplatz an. Sie ist Voraussetzung für beruflichen Aufstieg. Oft ist damit eine interessantere, aber auch verantwortungsvollere Tätigkeit zu erreichen. Meist steigt auch der Verdienst.

In vielen Berufen ist die **Meisterprüfung** wichtig (2009: 32 686 Abschlüsse). In manchen Gewerken dürfen nur Meister einen Betrieb leiten, sich selbstständig machen und ausbilden. Auch sie müssen sich ständig fortbilden.

Für Bildungsgänge zur Meisterprüfung und zum Studium gibt es staatliche **Fördermaßnahmen**.

A Aufgaben

1 Begründet die Notwendigkeit beruflicher Weiterbildung (siehe auch S.43). Berücksichtigt dabei die Arbeitssituation in eurer Region.

2 Vergleicht die Beteiligung an der Weiterbildung zwischen den Gruppen. Welche Probleme können besonders für Arbeiter entstehen?

3 Erkundet für euren Berufswunsch Weiterbildungs- und Aufstiegsmöglichkeiten. Ermittelt den Verdienst als Facharbeiter und Meister.

Einfach-Jobs gehen weiter zurück

Der Rückgang an Jobs für geringer qualifizierte Beschäftigte hält an:
2005: 22 %
1996: 33 %
der Beschäftigten. Die Tätigkeiten werden meist ersatzlos gestrichen oder höher qualifizierten zugeschlagen. Diesen Trend zu besseren Qualifikationen für den Arbeitsprozess können die Arbeitnehmer nur mit aktivem Einsatz für mehr Allgemeinbildung, Ausbildung und Weiterbildung beantworten.

IG-Metall (Hrsg.): Beschäftigung, Arbeitsmarkt, Qualifikation, Neueinstellungen, Ausbildung, Übernahme und Weiterbildung 2005. www.igmetall-wap.de/publicdownload/IAB_Betriebsp_2005_Metall.pdf

Die Arbeitsagentur fördert bei Arbeitslosigkeit nach dem Arbeitsförderungsgesetz die berufliche Weiterbildung und Umschulung.
Die Weiterbildung ist besonders wichtig für:

- nicht ausreichend oder falsch Qualifizierte,
- Langzeitarbeitslose,
- Berufsrückkehrer (z.B. nach Kinderbetreuung),
- Migranten.

Leider fehlen für Weitergebildete oft die Arbeitsplätze. Nicht immer sind Teilnehmer den Anforderungen der Weiterbildung gewachsen.

Teilnahme an der beruflichen Weiterbildung

Gesamt	2001	2005	2007	2009
Alle Beschäftigte	18 %	21 %	22 %	25 %
Qualifizierte Besch.	21 %	23 %	29 %	32 %
Besch. in einfachen Tätigkeiten	6 %	8 %	10 %	12 %

Datenreport zum Berufsbildungsbericht 2011: Bonn, 2011, S.300

6 Weiterführendes Material

M1 Vertragsbedingungen: Pflichten der Auszubildenden und Ausbildenden

§13 Pflichten der Auszubildenden

Verhalten während der Berufsausbildung
Auszubildende haben sich zu bemühen, die berufliche Handlungsfähigkeit zu erwerben, die zum Erreichen des Ausbildungsziels erforderlich ist. Sie sind insbesondere verpflichtet,
1. die ihnen im Rahmen der Berufsausbildung aufgetragenen Aufgaben sorgfältig auszuführen,
2. an Ausbildungsmaßnahmen teilzunehmen, für die sie nach §15 freigestellt werden,
3. den Weisungen zu folgen, die ihnen im Rahmen der Berufsausbildung von Ausbildungspersonen … erteilt werden,
4. die für die Ausbildungsstätte geltende Ordnung zu beachten,
5. Werkzeug, Maschinen und sonstige Einrichtungen pfleglich zu behandeln,
6. über Betriebs- und Geschäftsgeheimnisse Stillschweigen zu wahren.

§14 Pflichten der Ausbildenden

Berufsausbildung
(1) Ausbildende haben
1. dafür zu sorgen, dass den Auszubildenden die berufliche Handlungsfähigkeit vermittelt wird, die zum Erreichen des Ausbildungsziels erforderlich ist, und die Berufsausbildung in einer angemessenen Form planmäßig, zeitlich und sachlich gegliedert so durchzuführen, dass das Ausbildungsziel … erreicht werden kann,
2. selbst auszubilden oder einen Ausbilder oder eine Ausbilderin damit zu beauftragen,
3. Auszubildenden kostenlos die Ausbildungsmittel, insbesondere Werkzeuge und Werkstoffe, zur Verfügung zu stellen, die zur Berufsausbildung und zum Ablegen von Zwischen- und Abschlussprüfungen … erforderlich sind,
4. Auszubildende zum Besuch der Berufsschule sowie zum Führen von schriftlichen Ausbildungsnachweisen anzuhalten … und diese durchzusehen,
5. dafür zu sorgen, dass Auszubildende charakterlich gefördert sowie sittlich und körperlich nicht gefährdet werden.

(2) Auszubildenden dürfen nur Aufgaben übertragen werden, die dem Ausbildungszweck dienen und ihren körperlichen Kräften entsprechen.

BMBf (Hrsg.) (2009):
www.bmbf.de ▸ Publikationen ▸ Ausbildung und Beruf

Arbeiten mit Materialien

Zu **M1**

1 Stellt die Pflichten der Vertragspartner gegenüber, die sich entsprechen.

Der Auszubildende hat die Pflicht …	Der Ausbildende hat gleichzeitig die Pflicht …

2 Warum dürfen Auszubildenden nur Aufgaben übertragen werden, die dem Ausbildungszweck dienen?

3 Warum sind Betriebsgeheimnisse geheim zu halten?

Mal Kaffee holen für den Chef?

Die IG Metall-Jugend in Nordrhein-Westfalen hat Azubis gefragt, ob sie schon mal Arbeiten machen müssen, die nicht zur Ausbildung gehören. So viel Prozent antworteten:

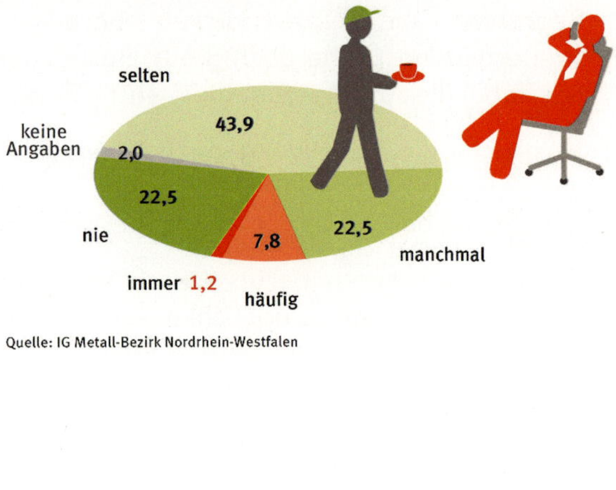

Quelle: IG Metall-Bezirk Nordrhein-Westfalen

Alles klar?

Projekt: Berufswahl

1 Welche Bedeutung hat die Planung des Prozesses der Berufswahl für dich?

2 Warum ist es sinnvoll, Zwischenschritte im Berufswahlprozess zu dokumentieren?

3 Vergleiche das Lernen im Fach mit dem Lernen an einer Praxisaufgabe.

4 Welche Bedeutung hat die Vorbereitung auf eine Bewerbung? Wie sollte diese erfolgen?

5 Warum setzen Unternehmen zur Auswahl von Ausbildungsbewerbern Tests ein?

6 Was wird in Berufseignungstests gefragt?

Berufliche Ausbildung und Weiterbildung

7 Erkläre, was ein berufsqualifizierender Bildungsgang ist.

8 Nenne Merkmale einer dualen Berufsausbildung.

9 Warum ist die Fähigkeit zum selbstständigen Planen, Durchführen und Kontrollieren bei beruflicher Facharbeit wichtig?

10 Welche Schwerpunkte bei der Berufsausbildung hat
- der Betrieb,
- die Berufsschule?

11 Warum ist es wichtig, dass für eine Berufsausbildung ein Vertrag geschlossen wird?

12 Nenne wichtige Rechte und Pflichten
- des Auszubildenden,
- des Ausbildenden

aus einem Berufsausbildungsvertrag.

13 Wer ist zuständig bei Problemen während der Ausbildung?

14 Was kann die Jugendvertretung tun, wenn im Betrieb gegen den Berufsausbildungsvertrag verstoßen wurde?

15 Nimm Stellung zu folgendem Fall. Was rätst du der Auszubildenden?

Thema: Putzfimmel?

Ich bin im 1. Lehrjahr zur medizinischen Fachangestellten und fast nur noch am Putzen, vor allem wenn wir zu viele in der Praxis sind. „Putz doch dies." „Das muss man putzen." usw. Ich hab heute fünf Stunden nur geputzt. Das ist ja nicht nur heute so. ... Ich bin mehr am Putzen als am Behandeln. Zudem rühren die andern kaum noch einen Finger, seitdem ich hier bin. Ist es normal, dass ein Azubi nur noch sauber macht und nicht mehr assistiert? Ich find's traurig. Wie kann ich das mit den Kollegen in den Griff bekommen?

DGB (Hrsg.): „Schwarzbuch Ausbildung". Düsseldorf 2005, S.25

16 Warum ist Weiterbildung für Berufstätige wichtig?

17 Bei AUTO BLITZ müssen die Mitarbeiter für die Wartung eines neuen Modells weitergebildet werden. Begründe, welche Formen aus dem Schaubild unten infrage kommen können?

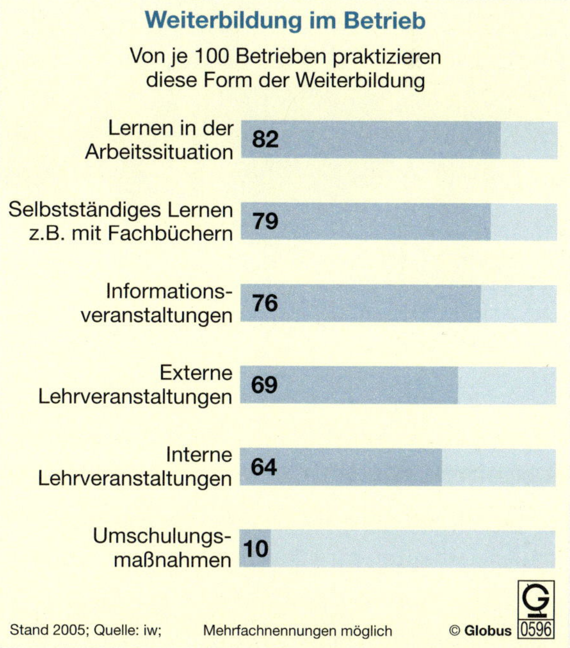

Hantieren – Mechanisieren – Automatisieren

1 Entwicklung von Maschinen – warum?

▲ Bohrvorrichtung um 5000 v. Christus

▸ **Leitauftrag** Nennt Gründe für Menschen, an der Entwicklung von Werkzeugen und Vorrichtungen – später Maschinen – zu arbeiten. Benennt Unterschiede zwischen den Antriebsformen der dargestellten Maschinen.

▲ Mühle mit Wasserrad

▲ Modell der ersten Dampfmaschine von James Watt

▲ Verbrennungsmotor

B **Auf einen Blick**

Ihr beschreibt die Entwicklung von Antriebs- und Steuerelementen für Maschinen.

Ihr erklärt die Steigerung der Arbeitsproduktivität durch Maschineneinsatz.

Ihr benennt, wie automatisch gesteuerte Maschinen funktionieren.

Ihr erklärt den Einsatz und die Nutzungsmöglichkeiten einer CNC-Maschine in der Schule.

2 Historische Entwicklung von Maschinen

Bereits in früher Vorzeit hantieren die Menschen mit Werkzeugen und Vorrichtungen, die ihre Arbeitskraft unterstützen können. Zum Antrieb dieser ersten „Maschinen" ist die Muskelkraft von Mensch und Tier notwendig.

Später werden dann Maschinen entwickelt, die zum Antreiben die Kraft von Wind und Wasser nutzen (Getreidemühlen, Schöpfwerke zur Bewässerung; ab dem Mittelalter auch als Antrieb für Schmiedewerke und Sägewerke). In technischen Museen ist dies heute noch zu sehen.

Heute werden Wind- und Wasserkraft wieder zunehmend bei der Stromerzeugung als Antrieb von Energie umsetzenden Maschinen genutzt. Diese natürlichen Antriebskräfte sind witterungsbedingt und stehen nicht immer zur Verfügung.

Dagegen bietet die Dampfkraft seit Erfindung der Dampfmaschine (James Watt 1769) einen Antrieb, der dauerhaft zur Verfügung steht. Das hatte den Bau verschiedener Werkzeug-, Textil- und Baumaschinen und die Schaffung eines leistungsfähigen Verkehrs- und Transportwesens zur Folge.

Der Einsatz der Dampfmaschine und die damit verbundene Mechanisierung der Produktion veränderte die Lebens- und Arbeitswelt der Menschen. Es kam zum Ersatz menschlicher Muskelarbeit durch den Einsatz von Maschinen. Problem dieser großen Antriebsmaschinen ist

- ein ungünstiges Masse-Leistungs-Verhältnis,
- der geringe Wirkungsgrad und
- ein hoher Wartungsaufwand.

Mit der Entdeckung des Generatorprinzips (Werner von Siemens 1866) gelingt die Erzeugung von Elektroenergie. Damit wird die Voraussetzung für den Elektromotor als Antrieb stationärer Maschinen geschaffen.

1877 hat Nikolaus August Otto den Verbrennungsmotor erfunden. Damit steht in der Folgezeit ein leistungsfähiges Antriebselement besonders für Verkehrsmittel und mobile Maschinen im Bauwesen sowie in der Landwirtschaft zur Verfügung.

Bei der Entwicklung der genannten Maschinen ging es vorrangig um die Verbesserung des Antriebs. Die Steuerung aller Maschinen ist vorwiegend durch den Menschen durchzuführen. Mit der Möglichkeit, die Maschinensteuerung computergestützt durchzuführen, gelingt der Schritt von der Mechanisierung zur Automatisierung. Dabei geht es um den Ersatz menschlicher Muskel- und Denkarbeit in Arbeitsprozessen durch computergesteuerte Maschinen.

A

Aufgaben

1 Warum werden heute wieder Windräder eingesetzt?

2 Vergleicht den Antrieb einer Dampflok mit einer Elektrolok und einer Diesellok. Nennt Vor- und Nachteile.

3 Sprecht über Vor- und Nachteile des Ersatzes von menschlicher Arbeitskraft durch Mechanisierung und Automatisierung.

4 Der Einsatz von Maschinen ist mit der wirtschaftlichen Entwicklung der Industrie, Landwirtschaft und des Handwerks verbunden. Sucht dafür Beispiele in eurer Region. Vielleicht könnt ihr eine Exkursion in ein technisches Museum unternehmen.

3 Produktivitätssteigerung durch Maschineneinsatz

Der Einsatz von Maschinen ist mit Kosten verbunden. Deshalb ist es für jedes Unternehmen wichtig zu wissen, ob sich dieser Einsatz lohnt. Eine Messgröße dafür ist die Arbeitsproduktivität. Sie misst das Arbeitsergebnis im Verhältnis zur eingesetzten Zeit bzw. Arbeitskraft.

Arbeitsproduktivität

$$= \frac{\text{produzierte Menge (Stückzahl)}}{\text{Stunden (Anzahl)}}$$

Moderne Maschinen ermöglichen, hohe Stückzahlen bei geringer Fertigungszeit mit großer Genauigkeit und guter Qualität zu fertigen. Eine hohe Arbeitsproduktivität wird somit erreicht. Sie ist auch Gradmesser für den Entwicklungsstand einer Branche. Die Steigerung der Arbeitsproduktivität wird bei Tarifverhandlungen von den Gewerkschaften ins Spiel gebracht, um höhere Lohnforderungen zu rechtfertigen.

▲ Mechanische Handbohrmaschine

Ein Schülerversuch

Jan und Jana wollen mit verschiedenen Bohrmaschinen um die Wette bohren. Jan hat eine mechanische Bohrmaschine seines Großvaters gefunden und will sie endlich ausprobieren. Sie muss mit Muskelkraft angetrieben werden. Jana nimmt die elektrische Bohrmaschine ihres Vaters. Sie starten den Versuch durch Bohren von Löchern in Holz. Wie ist das Ergebnis?

Ihr könnt es selbst ermitteln:
- Bohrt möglichst viele Löcher mit einer mechanischen und einer elektrischen Handbohrmaschine in einer vorgegebenen Zeit.
- Nutzt dazu Bohrer und Material in gleichen Abmessungen.

Beachtet die Arbeitssicherheit beim Bohren:
- lange Haare zusammenbinden, keine weite, lose Kleidung tragen,
- Schutzbrille aufsetzen, nur 1 Schüler an der Maschine, das Werkstück fest einspannen.

Übertragt die Tabelle in ein Heft und füllt sie nach dem Bohren der Werkstücke aus.

Arbeitsmittel	Mechanische Handbohrmaschine	Elektrische Handbohrmaschine
Spiralbohrer	8 mm	8 mm
Material: Holzbrett	? mm	? mm
Anzahl der gefertigten Durchgangsbohrungen/Zeiteinheit:		
Fertigungszeit/Durchgangsbohrungen:		

▲ Elektrische Handbohrmaschine

A Aufgaben

1 Berechnet die Produktivität in dem Schülerversuch für beide Fälle.

2 Die niedrigeren Tariflöhne und -gehälter in den neuen Bundesländern gegenüber den alten Bundesländern werden auch mit einer geringeren Arbeitsproduktivität in den Betrieben dort begründet (2009: 79 %). Erklärt den Zusammenhang.

4 Einsatz von Automaten zur Leistungserstellung

▲ Diese CNC-Drehmaschine arbeitet im automatischen Prozess und kann zur Fertigung von Teilen für die Autoindustrie eingesetzt werden.

▲ Zentrale am Seekanal in Warnemünde mit modernster Technik zur Steuerung des Schiffsverkehrs

Computergesteuerte Maschinen bestimmen den Ablauf in vielen Produktionsstätten und im Dienstleistungsbereich. Der Mensch wird von körperlicher Arbeit entlastet, kontrolliert die Güterherstellung und überwacht die Steuerung.
Damit verbunden sind hohe Anforderungen an Aus- und Weiterbildung, um die sich ständig verändernden Systeme zu beherrschen.

Automatisch funktionierende Maschinen garantieren gleichbleibend hohe Genauigkeit, Zuverlässigkeit und kurze Herstellungszeiten. Gleichzeitig entlasten sie den Menschen von gesundheitsschädlichen Arbeiten (z.B. Farbspritzautomaten), fordern jedoch hohe Konzentration. Sie nehmen dem Menschen monotone, wiederkehrende Aufgaben ab und erhöhen damit auch die Sicherheit des Produktionsablaufes.
Erste Automaten sind Maschinen mit einfacher mechanischer Steuerung. Die Steuerimpulse werden z.B. über Kurvenscheiben, Nocken und Lochstreifen übermittelt. Mit der Entwicklung der Elektronik und der Computertechnik wurden elektronische Steuerungen geschaffen. Über spezielle Computerausgänge (Schnittstellen) werden die Funktionen der Maschine oder Geräte angesteuert. Dies geschieht nach dem EVA-Prinzip. Spezielle Computerprogramme übernehmen die Steuerung aller Vorgänge.

Das EVA-Prinzip beschreibt die Arbeitsweise eines Computers durch seine Bestandteile zur
- Eingabe (E), z.B. Maus, Tastatur,
- Verarbeitung (V), z.B. Prozessor,
- Ausgabe (A), z.B. auf dem Monitor.

Anwendungsbeispiele sind:
- Steuerung von Werkzeugmaschinen,
- Verkehrssteuerungen (z.B. mit Ampeln),
- Prozesssteuerungen (z.B. Kraftwerke).

Nicht alle Automaten können auf störende Einflüsse während des Programmablaufes reagieren. Diese Aufgabe hat dann der Mensch zu erfüllen. Er überwacht mit Monitoren und Messinstrumenten den Vorgang und greift, wenn es notwendig wird, in den Prozess ein. Dazu sind eine gute Ausbildung, viel Erfahrung und Konzentration erforderlich.

A Aufgaben

1 Schaut euch eine Verkehrssteuerung näher an. Wie wird dabei das EVA-Prinzip angewandt?

2 Berufe, die mit Steuerung von Prozessen zu tun haben, erfordern Wissen und Können im Umgang mit Computern. Erkundet im BIZ, in welchen Bereichen solche Tätigkeiten zu finden sind. Stellt solche Berufe vor. Vielleicht kennt ihr einen Experten, den ihr befragen könnt.

5 Werkstücke mit CNC-Maschinen bearbeiten

Mit CNC-Werkzeugmaschinen können Bewegungen im dreidimensionalen Raum (Höhe, Breite und Tiefe) mithilfe eines Computerprogramms gesteuert werden. Auch für Schulen gibt es solche Automaten. Sie arbeiten nach demselben Prinzip wie vergleichbare CNC-Maschinen in der industriellen Fertigung. Mit dem „Kreuztisch-Koordinatensystem" können folgende Fertigungsverfahren durchgeführt werden:

- Fräsen,
- Bohren,
- Gravieren.

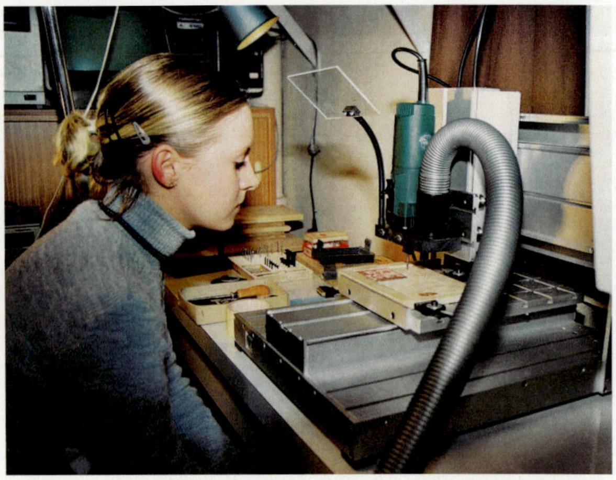

Auftrag und Vorbereitung der Programmierung

Auf einer Holzplatte sollen ein Rechteck und ein Dreieck 2 mm tief in das Holz gefräst werden. Die Holzplatte ist 95 mm lang und 70 mm breit.

Automaten können nur das ausführen, was der Nutzer ihnen eingegeben hat. Je nach Fertigungsschritt müssen alle Einzelbewegungen des Werkzeuges programmiert werden.

Dazu sollte zunächst die Bedienungsanleitung der Werkzeugmaschine studiert werden. Sie gibt Hinweise auf die Grundlagen der CNC-Programmierung.

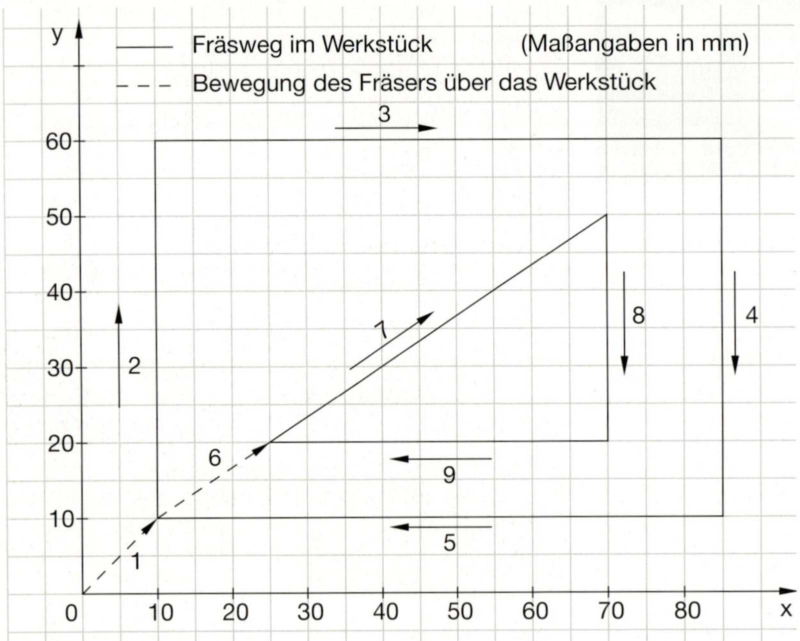

Bevor ihr das CNC-Programm für das herzustellende Werkstück schreibt und in den Computer eingebt, erstellt eine Bearbeitungsskizze. Die Darstellung wird in einem Koordinatensystem angefertigt, um später die für die Programmierung notwendigen Koordinatenpaare abzulesen. Überlegt auch den kürzesten Weg, den das Werkzeug bei der Bearbeitung zurücklegen soll. Verseht diese Wege in der Bearbeitungsskizze mit Richtungspfeilen. Eine Nummerierung der Teilwege ist für eine notwendige Fehlerkorrektur nach dem Simulationslauf hilfreich.

A Aufgaben

1 Verfolgt den Einsatz der Maschine im Beispiel. Wenn ihr an eurer Schule eine solche besitzt, wählt selbst ein Arbeitsbeispiel, an dem ihr die Schrittfolge (s. Folgeseite) ausprobieren könnt.

Ablauf bei der Programmierung

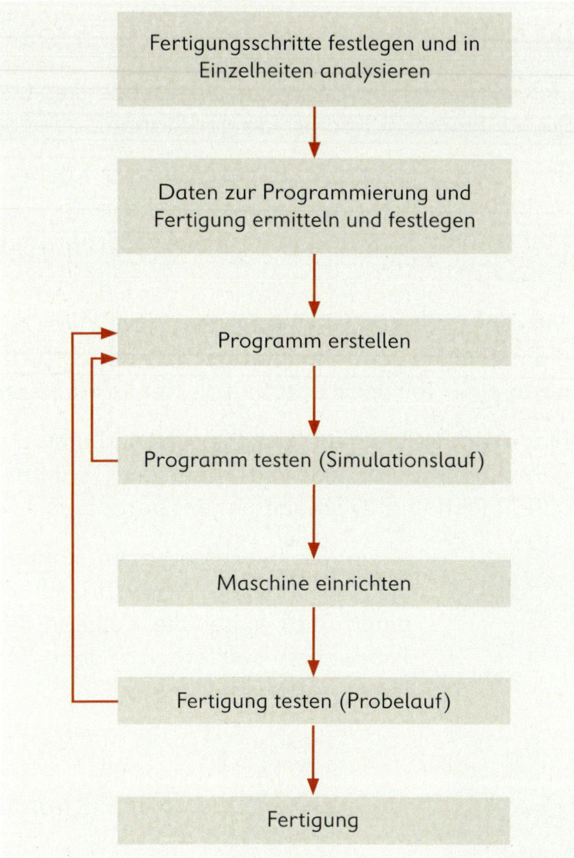

Die CNC-Grundbefehle findet ihr im Handbuch oder der Programmhilfe.
Eine Programmzeile setzt sich aus dem Maschinenbefehl (Schaltinformation) und ggf. einer Koordinatenangabe (Weginformation) zusammen. Die Programmzeilen werden ihrer notierten Reihenfolge entsprechend nacheinander abgearbeitet.

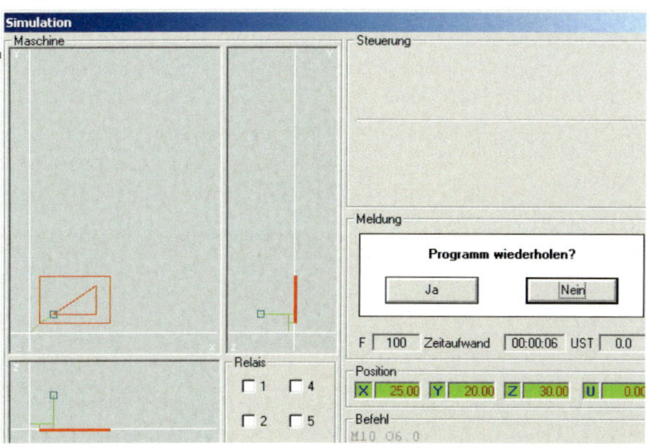

Wenn die Programmeingabe erfolgt ist, wird der Simulationslauf durchgeführt. Damit wird das Programm auf Fehler geprüft.
Ist es fehlerfrei, kann die Herstellung des Werkstückes auf der Maschine beginnen.
Vor Beginn der Fertigung muss der Referenzpunkt (Werkstück-Nullpunkt) eingestellt werden.

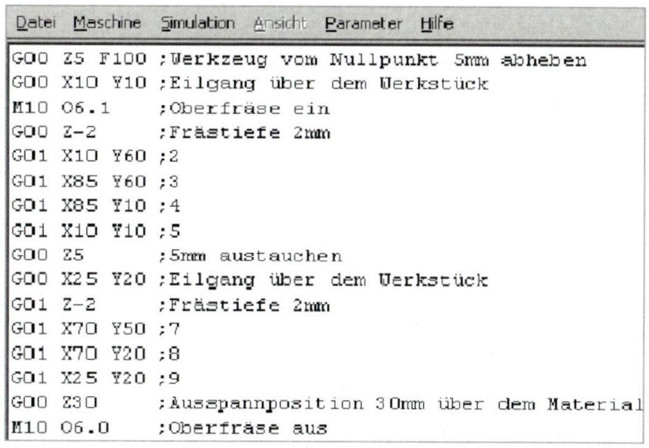


```
G00 Z5 F100 ;Werkzeug vom Nullpunkt 5mm abheben
G00 X10 Y10 ;Eilgang über dem Werkstück
M10 O6.1    ;Oberfräse ein
G00 Z-2     ;Frästiefe 2mm
G01 X10 Y60 ;2
G01 X85 Y60 ;3
G01 X85 Y10 ;4
G01 X10 Y10 ;5
G00 Z5      ;5mm austauchen
G00 X25 Y20 ;Eilgang über dem Werkstück
G01 Z-2     ;Frästiefe 2mm
G01 X70 Y50 ;7
G01 X70 Y20 ;8
G01 X25 Y20 ;9
G00 Z30     ;Ausspannposition 30mm über dem Material
M10 O6.0    ;Oberfräse aus
```

Dazu bewegt man die Werkzeugspitze mit den Cursortasten der Tastatur (Handsteuerung) auf die entsprechende Position und speichert diese ab. Dabei werden alle drei Koordinaten auf den Wert „0“ gesetzt.

Fallstudie: Betriebliches Handeln im Küchenmöbelwerk

1 Ein Auftrag an das Küchenstudio COOKMAHL

Familie Bünger bezieht eine Neubauwohnung. Sie erfüllen sich den Traum einer neuen Küche. Sie haben lange überlegt, Prospekte gewälzt und Lösungen in Küchenstudios besichtigt. Nach mehreren intensiven Beratungen „stehen" Grundriss und Ausstattung. Auch der Preis stimmt. Heute haben sie bei COOKMAHL den Kaufvertrag unterzeichnet.

„Schon in 16 Wochen steht Ihre neue Küche", sagt die Kundenberaterin, Frau Ahrweiler.

„16 Wochen sind lang. Was passiert in der Zwischenzeit?", will Herr Bünger wissen.

„Ich verstehe Ihre Ungeduld. Doch bedenken Sie: Sie kaufen keine Küche ‚von der Stange'.

Ihr Auftrag geht per E-Mail an das Küchenmöbelwerk. Hier werden unsere Absprachen zu Maßen und Ausstattung im Planungsprogramm überprüft.

Mit diesen Daten wird dann die Produktion geplant. Die Fertigung erfolgt nach neuester Technik in einer teilweise automatisierten Produktion.

Das Werk ist bekannt für sehr gute und umweltgerechte Qualität. Das wird durch ein Qualitäts- und Nachhaltigkeitsmanagement garantiert.

Wenn Sie Interesse haben, können Sie mit dieser Werksbroschüre einen Blick hinter die Kulissen der Produktion werfen. Ich gebe Sie Ihnen gerne mit."

▸ **Leitauftrag** Welche Vorteile hat es für Büngers, COOKMAHL und das Küchenmöbelwerk, den Auftrag nach einem Planungsprogramm im Rechner zu erstellen?

B Auf einen Blick

Ihr erklärt, wie ein Kundenauftrag für die Produktion vorbereitet wird und vollzieht die Stufen des Produktionsablaufs nach.

Ihr begründet Unternehmensziele.

Ihr vergleicht Anforderungen an Arbeitsplätze.

Ihr beschreibt Merkmale des Unternehmens und die Produktionsfaktoren.

Ihr erklärt Güter- und Geldströme im Unternehmen.

Ihr versteht die Betriebsorganisation.

Ihr bewertet die Bedeutung der Arbeit des Betriebsrates für Arbeitnehmerinteressen.

Ihr reflektiert die Bedeutung des Qualitätsmanagements für das Produktionsergebnis.

Ihr begründet die Bedeutung des Nachhaltigkeitsmanagements für das Unternehmen, die Mitarbeiter, die Kunden und die Gesellschaft nach.

Ihr bewertet den Einsatz des Unternehmens für nachhaltiges Handeln.

2 Das Unternehmen stellt sich vor

Das Leistungsangebot

Das Küchenmöbelwerk wurde 1973 als GmbH gegründet (siehe **M5–M7**, S. 61–63). Es gehört seit 2005 zu einer internationalen Unternehmensgruppe mit drei weiteren Betrieben der Küchenherstellung. Ca. 250 Mitarbeiter stellen hochwertige Einbauküchen der oberen Preisklasse her, die im In- und Ausland verkauft werden.

Die Kunden können aus einem breiten Angebot wählen. Lieferbar sind Schrankelemente in 60 Frontfarben (Holz-, Kunststoff- und Lackoberfläche) sowie verschiedene Arbeitsplatten und Griff- und Knopfvarianten. Die Typenliste enthält ca. 1000 Artikel.

In Zusammenarbeit mit Fachhändlern werden Kundenwünsche für komplette Küchen umgesetzt. Auch der Kundendienst ist gesichert.

Die Betriebsorganisation

Für die Verwirklichung der Ziele und die Erbringung der Leistungen sorgt auch die → Betriebsorganisation (Aufbau- und Ablauforganisation, S. 56).

Die Ziele

Ein Ziel des Unternehmens ist die Erzielung eines angemessenen Gewinns. Dazu ist die fortwährende Weiterentwicklung von Qualität und Design der Produkte und kundengerechter Dienstleistungen wichtig, um im Wettbewerb zu bestehen. Die Wünsche der Kunden stehen im Mittelpunkt.

Mitarbeiter fördern durch die Qualität ihrer Arbeit das Ansehen der Unternehmensleistungen.

Damit verbunden ist → nachhaltiges Handeln bei der Leistungserstellung. Diese erfolgt

- wirtschaftlich und sozial im Umgang mit Kunden, Lieferanten und Mitarbeitern und
- ökologisch in Verbindung mit der sparsamen Nutzung der → Ressourcen der Umwelt.

Diese Ziele sollen durch Tätigkeiten erreicht werden, die stetig gemeinsam mit Lieferanten, Fachhändlern und Kunden verbessert werden.

Insbesondere geht es darum:

- Qualität mit rationellen und ökologisch verträglichen Verfahren zu sichern,
- qualitativ hochwertige Werkstoffe kostengünstig zu beschaffen,
- Abfälle und → Emissionen zu vermindern,
- Mitarbeiter für ihre Aufgaben zu qualifizieren und zu motivieren.

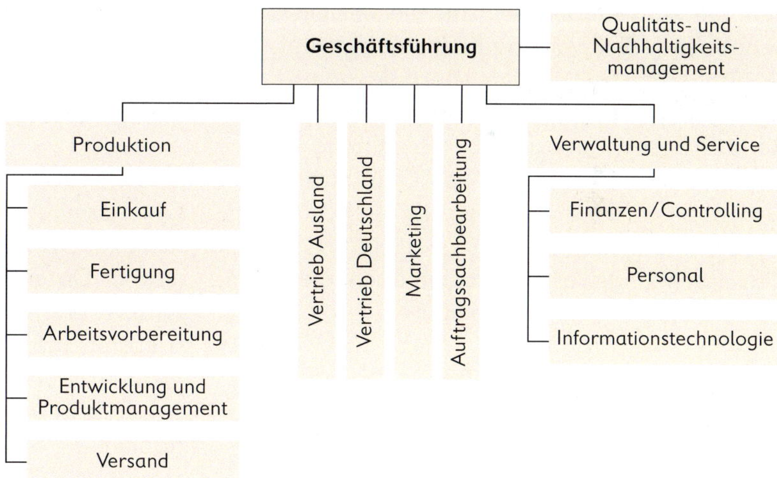

A Aufgaben

1 Erstellt einen „Steckbrief“ für das Küchenmöbelwerk. Berücksichtigt dabei die genannten Leistungen sowie die Rechtsform (siehe **M4**, **M5**, S. 60, **M6**, S. 61 und **M7**, S. 62).

2 Was heißt Nachhaltigkeit bei der Küchenproduktion? Erklärt mit Beispielen.

3 Welche Ziele privater Unternehmen (s. **M3**, S. 60) will das Küchenmöbelwerk erreichen?

4 Benennt die Abteilungen der Leitungsbereiche des Küchenmöbelwerks. In welcher Abteilung beginnt die Zusammenarbeit mit dem Küchenstudio COOKMAHL (s. auch S. 53)?

3 Aufgaben und Zusammenarbeit der Abteilungen

Beschaffung von Produktionsfaktoren

Zur Küchenmöbelherstellung werden benötigt:

Gebrauchsgüter
- Betriebsgelände sowie Gebäude
- technische Anlagen, Maschinen, Büromöbel
- Werkstoffe, z.B. Holz
- Hilfsstoffe, z.B. Leim

Verbrauchsgüter
- Betriebsstoffe, z.B. Maschinenöl, sowie Strom

Das Betriebsgelände ist der Produktionsfaktor Boden. Die anderen Ge- und Verbrauchsgüter sowie notwendige finanzielle Mittel gehören zum Produktionsfaktor → Kapital.

Die Abteilung Einkauf beschafft die sächlichen → Produktionsfaktoren. Sie kooperiert mit dem Qualitätsmanagement und dem Produktmarketing, das Anforderungen an Güter festlegt und diese prüft.

Auch die erforderlichen Arbeitskräfte, der Produktionsfaktor Arbeit, müssen beschafft und verwaltet werden. Daran sind die Personalabteilung und die Abteilungen, welche die Arbeitskräfte benötigen (z.B. Fertigung Küchen), beteiligt.

Erfassen von Geld- und Güterströmen

Bei der Beschaffung und bei Bezahlung der erbrachten Leistungen entstehen Güterströme und Geldströme. Diese werden im → Rechnungswesen verbucht.
Das Rechnungswesen erledigt auch die Lohnbuchhaltung für die Mitarbeiter.

Fertigung der Küchenmöbel

Mehr dazu folgt im Abschnitt 4 „Der Produktionsablauf bei Schrankelementen“.

Fragen bei der Beschaffung
- Was ist in welcher Qualität (z.B. ökologische Anforderungen) zu beschaffen?
- Wie viel ist wann zu beschaffen?
- Wo ist die benötigte Menge zu günstigen Preisen zu erhalten?
- Welche Liefer- und Zahlungsbedingungen sind angemessen?
- Ist der Lieferant zuverlässig, um Menge und Qualität termingerecht zu liefern?

Die richtigen Güter gut verkaufen

Aufgaben, die in diesen Bereich fallen, erledigt das Marketing.
- Das Marketing ist zuständig für Werbung und Preisgestaltung.
- Die Auftragsbearbeitung wickelt die Bestellungen der Fachhändler ab, schreibt für die erstellten Leistungen Rechnungen und leitet diese zur Buchung an das Rechnungswesen.
- Der Versand organisiert im Anschluss an die Fertigung die Auslieferung der Aufträge.
- Der Kundendienst (mit den Fachhändlern) bearbeitet Reklamationen und Reparaturen.
- Die Produkt-Entwicklung arbeitet am Sortiment, z.B. Trends zu Farbe und Material.

Organisation/EDV

Die Kommunikation zwischen den Abteilungen läuft zum großen Teil mit Unterstützung elektronischer Datenverarbeitung (EDV). Das geschieht mittels EDV-Geräten, eingebunden in ein betriebsinternes Netzwerk. Die Abteilung Organisation/EDV ist dafür zuständig, dass diese → Informationsorganisation zuverlässig funktioniert.

A Aufgaben

1 Welche Abteilungen beschaffen welche Produktionsfaktoren?

2 Nennt Beispiele für Güter- und Geldströme, die durch Aktivitäten im Küchenmöbelwerk entstehen. Orientiert euch dabei auch am Schema im Material M4, S. 60.

3 Bearbeitet folgende Fragestellung: Das Küchenmöbelwerk sucht einen neuen Lieferanten für kunststoffbeschichtete Spanplatten. Wendet die Fragen bei der Beschaffung auf diesen Fall an.

4 Der Produktionsablauf bei Schrankelementen

Der größte Teil der Fertigung erfolgt automatisiert auf einer Fertigungsstraße mit computergesteuerten Maschinen. Wünschen Kunden Naturholzfronten und Sonderanfertigungen, fällt auch Handarbeit an.

Die Auftragsbearbeitung

Hier treffen die Kundenaufträge der Fachhändler ein. Sie enthalten Skizzen mit Maßen und notwendigen Teilen. Die Bestellungen werden von Sachbearbeitern im Werk für die weitere Bearbeitung aufbereitet. Mithilfe einer speziellen CAD-Software wird eine Zeichnung für die geplante Küche erstellt. Diese Zeichnung ist Grundlage für die Arbeitsvorbereitung.

Die Arbeitsvorbereitung

Hier werden die Kundenaufträge gebündelt. Solche für gleichartige Schrankelemente verschiedenen Aufträge werden für die Produktion zu Serien zusammengestellt.

Bei Standardteilen wird auf ein Lager zurückgegriffen, das vorproduzierte Schrankelemente enthält.

Zur schnellen Identifizierung ist jedes lieferbare Schrankelement mit Bestellnummer, Zeichnung, Beschreibung, Stückliste und Produktionsdaten in einem Zentralrechner gespeichert.
Mithilfe der EDV werden mit einem Planungsprogramm durch einen Techniker die Daten für die Maschinenprogramme und den Arbeitsfluss aufbereitet. Dabei stehen Daten, z.B. zu den Produktionszeiten für eine Kücheneinheit und den vorhandenen Kapazitäten, zur Verfügung. So lässt sich die Fertigungssteuerung, z.B. Auslastung der Maschinen, planen. Für jeden Auftrag wird ein Liefertermin bestimmt.

Die Plattenaufteilsäge

Diese sägt mit Kunststoff beschichtete Spanplatten für die Korpusse und Fronten der Schrankelemente maßgerecht. Mit der EDV kann der Verschnitt auf unter 5 % gehalten werden.
Die Teile werden in einem Zwischenlager abgelegt und von dort der Maschinenstraße bzw. der Frontanfertigung zugeführt.

CAD (Computer Aided Design)
bezeichnet Rechnerunterstützung bei Planung, Entwurf, Berechnung und Konstruktion.
Dargestellte geometrische Formen, z.B. ein Schrankteil, können auf dem Bildschirm von allen Seiten dreidimensional betrachtet und wenn notwendig korrigiert werden.

▲ In der Auftragsbearbeitung und Arbeitsvorbereitung findet ein großer Teil der Arbeit am Bildschirm statt. Zur → ergonomischen Arbeitsplatzgestaltung der Bildschirmarbeit gibt es eine Betriebsvereinbarung zwischen Betriebsrat und Geschäftsleitung. ▼

Korpusfertigung auf der Maschinenstraße

Die Maschinenstraße wird im Schichtbetrieb von je acht Mitarbeitern betreut. Für diese Anlage wurden fünf Mio. Euro investiert, um mit neuester Technik und weniger Personal produzieren zu können. Für die alte Maschinenstraße wurden pro Schicht 23 Mitarbeiter benötigt. Von dieser Rationalisierung waren vor allem angelernte Arbeiter betroffen.
Die Mitarbeiter einer Schicht müssen Facharbeiter sein und sich weiterbilden, um die komplexe Anlage fehlerfrei zu bedienen, zu warten, Störungen zu vermeiden und zu beseitigen. Jeder ist für mehrere Arbeitsplätze qualifiziert.
Der Produktionslauf auf der Maschinenstraße wird von einem Mitarbeiter an einem Leitstand überwacht. Dort werden Störungen an den einzelnen Bearbeitungsstationen angezeigt. Diese müssen vor Ort beseitigt werden.
Während der Arbeit muss wegen des Produktionslärms Gehörschutz getragen werden. Gesprochen wird über Mikrofon und eine Gegensprechanlage.
Die Bezahlung erfolgt im Zeitlohn mit einer Prämie.

Fertigung von Frontelementen

Parallel zur Korpusfertigung werden die Frontelemente aus Massivholz und Holzwerkstoffen in Handarbeit hergestellt.
Tischler schleifen Kassettenelemente für Naturholzfronten, andere fügen Kassetten für Fronten zusammen. Individuell angefertigte Teile werden per Hand lackiert und dann der Montage zugeführt.

Nahaufnahme:

Stationen der Maschinenstraße

◄ Zugriff auf Spanplatten aus dem Zwischenlager: Die Platten werden automatisch angesaugt und auf das Rollband gelegt.
Sie werden passend nach Kundenauftrag auf Länge gesägt.

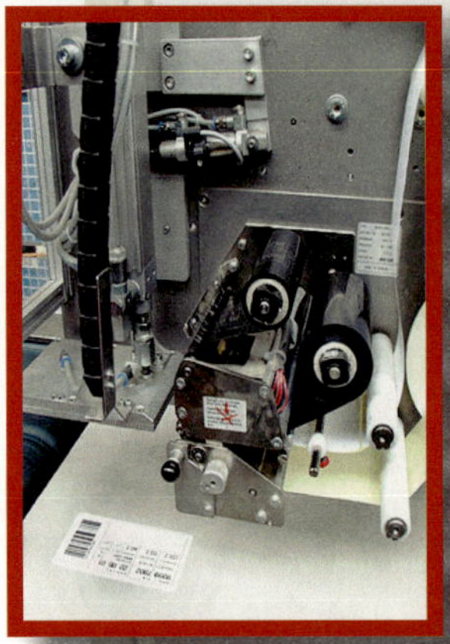

◄ Kennzeichnung der Platten mit elektronisch lesbarem Barcode. (Strichcode aus verschieden breiten Strichen und Lücken).
Dieser dient der Erkennung an weiteren Bearbeitungsstationen.

◄ Vorbereitung der Eckverbindungen für den Korpus: Nuten werden gefräst und Löcher gebohrt, durch die im nächsten Arbeitsschritt flüssiger Kunststoff gepresst wird.

Von einem Leitstand aus wird die ganze Maschinenstraße überwacht.

Vorgefertigte Platten liegen in einem weiteren Zwischenlager abrufbereit. Dies ist notwendig, um das unterschiedliche Arbeitstempo zwischen den bisherigen und den folgenden Stationen auszugleichen.

Der Korpus wird „gefaltet“ und durch Einstecken seiner Rückwand stabilisiert.

Hier werden Schubkastenschienen automatisch eingebaut.

Endmontage von Korpus, Fronttüren, Einlegeböden und ggf. Spezialausstattung. Alle Teile werden nach Auftragvorgaben EDV-gesteuert bereitgestellt. Dann erfolgt die Qualitätskontrolle (s. S. 60) für jede fertige Einheit.

Ein weiterer Schritt für die Eckverbindung: Eine V-Nut wird in der Foldingmaschine (Holzbearbeitungsmaschine zum Fräsen) auf Millimeter genau bis zur vorher eingepressten Kunststoffkante gefräst.

Vorbereitung für den Versand. Fertige Möbel werden von angelernten Arbeitern maschinell verpackt und dem Lager zugeführt. Gelagert werden kann die Produktionsmenge von drei Tagen.

Ablauforganisation

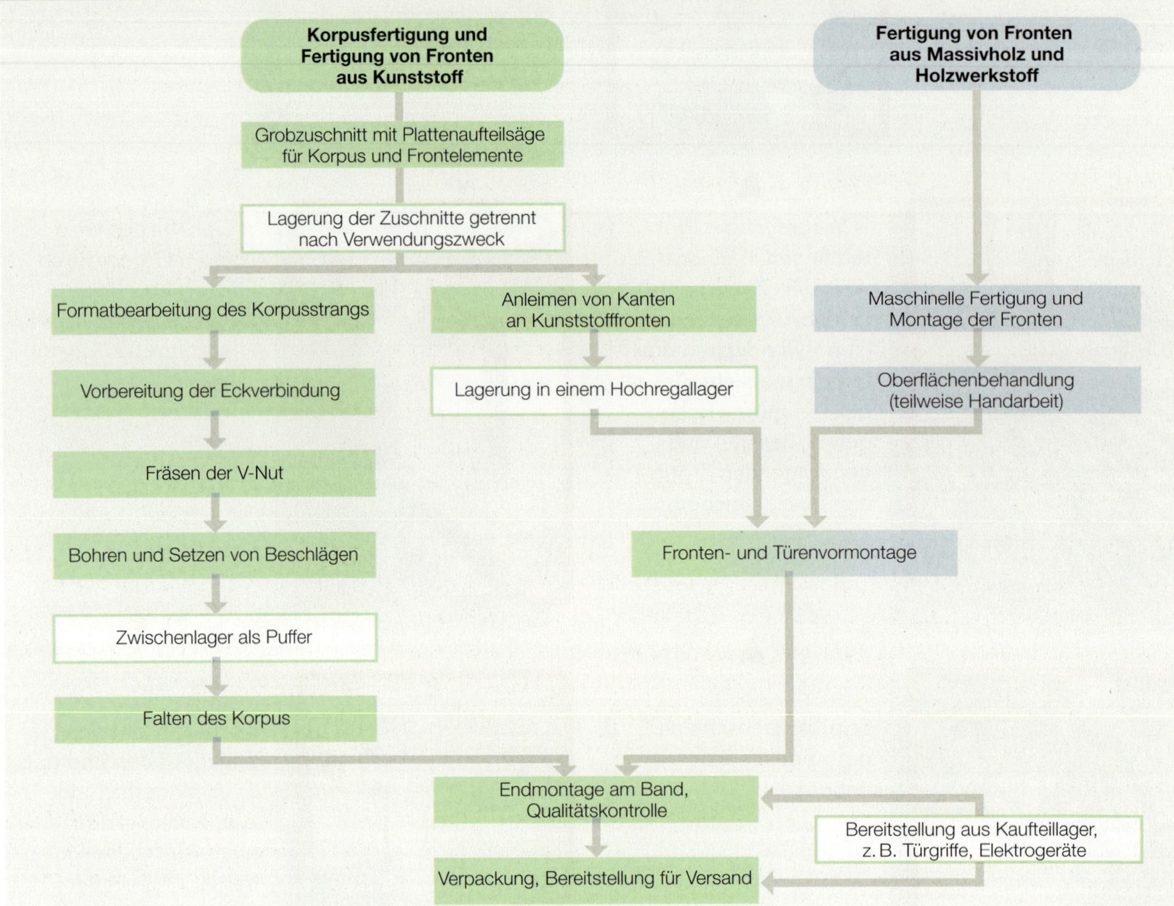

A Aufgaben

1 Verfolgt den Fertigungsablauf im Schema oben. Ordnet die Fotos und Beschreibungen (siehe S.54, 55) dem passenden Fertigungsschritt zu.

2 Vergleicht Arbeitsplätze in den Bereichen
- Arbeitsvorbereitung und Steuerung der Maschinenstraße,
- Endmontage und handwerkliche Arbeit.

Achtet auf Anforderungen, Entscheidungs- und Gestaltungsmöglichkeiten.

3 Findet für die Produktion benötigte Berufe. Informiert euch darüber: http://infobub.arbeitsagentur.de ▸ BERUFENET

4 Nennt Beispiele für den Einsatz der EDV. Beschreibt ihre Bedeutung.

5 Nach dem → Betriebsverfassungsgesetz (siehe S.107) hat der Betriebsrat z.B. bei der Gestaltung der Arbeitsplätze und Entlohnung Mitbestimmungs- bzw. Mitwirkungsrechte. Nennt dafür Beispiele aus dem Fertigungsablauf.

6 Begründet, in welchen Abteilungen des Unternehmens Folgendes entschieden wird:
- MARK und TOBIAS sind krank, da muss JONAS heute am Leitstand arbeiten.
- Die neue Produktgruppe hat sich am Markt durchgesetzt. Eine Betriebserweiterung ist sinnvoll.
- Beim Prüfen der Naturholzfronten werden Maßabweichungen festgestellt. In der Produktion müssen Fehler beseitigt werden.

5 Arbeitnehmer beurteilen ihre Arbeit

Markus, 36 Jahre, Werkstatt für Frontelemente

„Ich arbeite hier seit zehn Jahren als Tischler. Bei der Steuerung der Maschinenstraße möchte ich ungern arbeiten. Die hohe Verantwortung für die Technik und dann der Lärm. Hier bin ich als Handwerker gefragt und kann mein Fachkönnen einsetzen. Die anspruchsvolle und abwechslungsreiche Arbeit macht Spaß. Mit dem Vorarbeiter stimmen wir ab, wer was macht. Ich verdiene gut. Im Prämienlohn erhalte ich seit November 2010 pro Stunde 18,14 Euro, 122,5 Prozent der Lohngruppe V."

Ecklohn (pro Arbeitsstunde)
Das Arbeitsentgelt hängt ab von der Qualifikation und Erfahrung. Lohngruppe V ist der Facharbeiter-Ecklohn und setzt eine Berufsausbildung voraus. Die anderen Lohngruppen sind durch Zu- bzw. Abschläge zu diesem Lohn gebildet (Lohnschlüssel). Beispiele:

Lohngruppe V:	= 14,56 €
Lohngruppe IV:	= 13,83 €
Lohngruppe III:	= 13,10 €

Zeitlohn
Entlohnungsart nach der geleisteten Arbeitszeit und dem Stundensatz der Lohngruppe.

Prämienlohn
Leistungsbezogene Entlohnung. Die Höhe richtet sich danach, wie stark z.B. die vorgegebene Zeit für eine Arbeit oder aber die Fehlerquote unterschritten ist.

A Aufgaben

1 Sprecht über die Äußerungen. Bedenkt, was den Arbeitnehmern wichtig ist. Berücksichtigt folgende Stichworte: fachliche Anforderungen, Zusammenarbeit, Motivation.

2 Nehmt Stellung zu Unterschieden bei der Bezahlung.

3 Warum dient eine flexible Arbeitszeit den Interessen des Unternehmens und der Mitarbeiter?

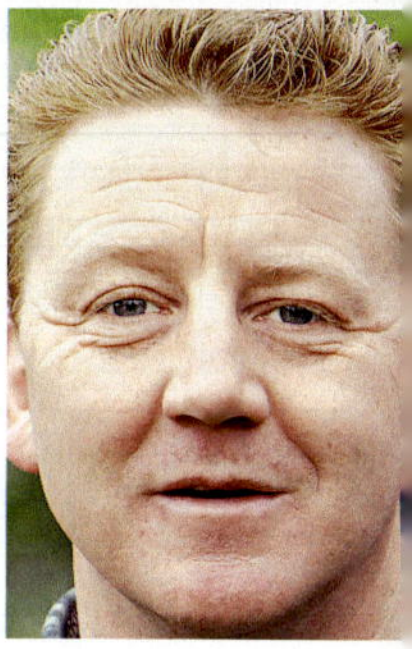

Knut, 40 Jahre, Maschinenstraße

„Ich arbeite seit drei Jahren an der Maschinenstraße. Im Prämienlohn – 122,5 % der Lohngruppe IV – verdiene ich gut.
Die Arbeit fordert mich stark. Wir müssen fehlerfrei ohne Qualitätsmängel arbeiten. Störungen an Maschinen vermeiden wir weitgehend durch Wartung. Stillstand heißt Produktionsausfall und ist teuer.
Wichtig sind mir die Kontakte mit den Kollegen bei der Arbeit, in den Pausen und beim Betriebssport. Ich mache auch mit bei der Gewerkschaft. Das ist für uns alle wichtig. Ich hoffe, dass mein Arbeitsplatz sicher bleibt. In den letzten Jahren wurde kräftig rationalisiert. So musste Personal reduziert und Kosten gespart werden. Es kam zur Vereinbarung von flexiblen Arbeitszeiten. Dabei bestimmte der Betriebsrat mit."

Betriebsvereinbarung zur flexiblen Arbeitszeit

Der → Betriebsrat hat nach § 87 Betriebsverfassungsgesetz ein Mitbestimmungsrecht bei der Gestaltung der Arbeitszeit (s. S. 107). Zwischen der Werkleitung des Küchenmöbelwerkes und dem Betriebsrat wurde vereinbart:

Die nachfrageorientierte Arbeitszeitregelung dient der nachhaltigen Sicherung der Küchenmöbelherstellung und der Arbeitsplätze.
Für die Beschäftigten wurden Arbeitszeitkonten eingerichtet. Arbeitszeiten, die über die Sollzeit hinausgehen, werden gutgeschrieben, die unterhalb liegen, abgezogen. Die wöchentliche Arbeitszeit wird nach Auftragslage berechnet. Mit den Vorgabezeiten werden Personalbedarf und für diese notwendige Arbeitszeit berechnet. Der Betriebsrat bestimmt bei der Festlegung der geplanten Arbeitszeit mit. Der Zeitausgleich wird durch Verkürzung bzw. Verlängerung der Sollstunden oder freie Tage erreicht.

Nach **Warendorfer Küchen GmbH** (Hrsg.): Betriebsvereinbarung. Warendorf gilt seit 30.01.2003

6 Das Qualitätsmanagement

Im Qualitätssicherungs-Handbuch heißt es:

„Jeder Mitarbeiter darf nur Produkte an den nächsten Arbeitsplatz weitergeben, die den Qualitätsansprüchen genügen. Der Betriebsrat hat bei der Qualitätssicherung Mitbestimmungs-, Mitwirkungs- und Beratungsrechte nach dem Betriebsverfassungsgesetz, §§ 87–91."

Hohe Qualität ist für das Unternehmen und die Kunden wichtig. Eine eigene Abteilung Qualitätsmanagement sichert, dass dem Rechnung getragen wird. Dazu zählen z. B.:

Q1 Bei der Produktentwicklung steht Qualität im Mittelpunkt. Ein Prüflabor untersucht bei Oberflächen, ob diese der starken Beanspruchung bei Gebrauch und Reinigung standhalten.
Q2 Fehler im Fertigungsablauf dürfen gar nicht entstehen. Bei der Planung wird bedacht, dass Technik und Organisation gleich bleibende Qualität sichern.
Q3 Produktionsfehler müssen während der Fertigung behoben werden. Mitarbeiter haben einen Prüfplan einzuhalten. Werden Fehler erst in der Endkontrolle oder beim Kunden entdeckt, ist Nacharbeit erheblich teurer.
Die Überprüfung der eigenen Arbeit stellt hohe Anforderungen an die Ausbildung, das Qualitätsbewusstsein und die Eigenverantwortung.
Q4 Materialien müssen den Qualitätsansprüchen genügen. Zugekaufte Türscharniere werden in Dauertests geprüft, ob sie viele Jahre funktionsfähig sind. Lieferanten müssen eine gleich bleibende Qualität in ausreichender Anzahl zu günstigem Preis pünktlich liefern können.
Q5 Die Fähigkeiten der Mitarbeiter werden zur Verbesserung des Produktionsablaufs und der Produktqualität genutzt. Sie wissen am besten, was zu verändern ist. Gute Vorschläge werden prämiert. Geprüft wird, wo noch Verantwortung an Mitarbeiter abgegeben werden kann.

Endprüfung der Korpusfertigung verbessern
Bei der Endprüfung wurden manchmal Fehler übersehen. Deshalb müssen die Mitarbeiter folgende Prüfschritte durchführen:

01 Aufkleber lesen, Schranktype, Programm und Kanten vorne und hinten vergleichen
02 Funktionsprüfung der Schub-, Klapp- und Auszugsbeschläge
03 Traversenverkneifung prüfen
04 Überprüfung von Front und Korpus lt. Prüfmatrix für Lack und Kunststoff
05 Überprüfen der Schrankaufhängerverschraubung durch zwei Schrauben längs zur Plattenebene

A Aufgaben

1 Warum ist eine hohe Qualität für das Unternehmen wichtig?

2 Erklärt Aufgaben im Qualitätsmanagement.

3 Sprecht über die Bedeutung und die Maßnahmen zur Endprüfung von Schrankelementen.

4 Berichtet von eurem Praktikumsbetrieb. Wie wurde dort Qualität gesichert?

5 Nehmt Stellung:
a) „Mitarbeiter müssen alles vorgeschrieben erhalten und lückenlos kontrolliert werden, damit die Qualität stimmt."
b) „Mitarbeiter können viel mehr als verlangt wird. Sie können vieles entscheiden, was ihnen bisher vorgeschrieben wurde, und sind bereit zu lernen. Das kommt der Qualität und damit dem Betrieb zugute."

7 Das Nachhaltigkeitsmanagement

Grundsätze nachhaltigen Handelns

Diese bestehen aus der dauernden Verbesserung der Produkte und der Verantwortung gegenüber den Kunden. Sie beinhalten auch die Verantwortung für die Mitarbeiter. Denn neben wirtschaftlicher und ökologischer → Nachhaltigkeit ist das soziale Handeln des Unternehmens bedeutsam. Schwerpunkte sind soziale Leistungen, Gesundheitsschutz, Frauenförderung, Weiterbildung und gesellschaftliches Engagement.

Bereiche mit besonderer Umweltbedeutung

- Oberflächenbehandlungsanlage
- Wärmeversorgung
- Abwasserbehandlungsanlagen für technische Wässer aus der Oberflächenvorbehandlung
- Gefahrstofflager

Nachhaltigkeit fordert insbesondere

- die Produkte in ökonomisch wie ökologisch und sozial verträglichen Verfahren herzustellen und zu vermarkten,
- Lieferanten und Händler einzubeziehen,
- das Nachhaltigkeitsmanagement umzusetzen,
- das Umweltbewusstsein, die Qualifikation und Beteiligung der Mitarbeiter zu sichern,
- Rohstoffe, Energie, Wasser sparsam zu nutzen,
- umweltverträgliche Technologien einzusetzen.

▲ Überschüssige Lackpartikel in der Luft werden durch eine Nebelwand in einem Wasserbehälter aufgefangen. Hier verklumpen sie mittels eines chemischen Zusatzes. Sie werden als Sondermüll entsorgt.

Öko-Audit

Umweltziele und Umweltqualität werden nach der Norm DIN EN ISO 14 001 durch unabhängige Gutachter in einer Umweltbetriebsprüfung überprüft und zertifiziert (Öko-Audit). Dazu wird ein Nachhaltigkeitsbericht mit einer Ökobilanz erstellt. Diese stellt gegenüber

- eingesetzte Stoffe, z. B. Spanplatten, Strom, und
- erzeugte Stoffe, z. B. Schränke, Abwasser.

Umweltziele und -programme

Diese werden fortlaufend festgelegt und vom Management überwacht. Das bedeutet u. a.,

- Fehler bei Bestellungen, Material, Fertigung und Verpackung zu verringern,
- Material und Energie zu sparen,
- umweltgerechte, schadstoffarme Stoffe bei Kunststoffen und Lacken einzusetzen.

Die Lackierung wurde umgestellt. PUR-Lacke mit umwelt- und gesundheitsschädlichen Lösemitteln wurden teilweise durch Wasserlack ersetzt (siehe **M1**, S. 60). Weil Wasserlack noch nicht so gut haftet und der Farbglanz geringer ist, gelingt die Umstellung bisher nur teilweise.

Lackierabfälle bei der Küchenmöbelherstellung in Tonnen (t)

Entsorgungstyp	2007	2008	2009
Lakierereiabfälle	24	16	11
Lakierereiabfälle (Wasserlack/ Lösungsmittelgemisch)	27	16	3
Lösemittelgemisch	27	23	20
Farben und Lacke	6	6	4
Gesamt	**84**	**61**	**38**

Warendorfer Küchen GmbH 2010

Aufgaben

A

1. Welche Bedeutung hat das Nachhaltigkeitsmanagement (siehe auch **M1**, S. 60)?
2. Schätzt das Ziel: „Erhöhung der ökologischen Ausrichtung der Produktion" am Beispiel Wasserlack ein (siehe **M2**, S. 60).
3. Für wen hat das Öko-Audit eine Bedeutung? Begründet dieses.
4. Nehmt Stellung: „Qualitätssicherung und ökologische Ausrichtung wirken kostensparend."

8 Weiterführendes Material

M1 Zu Hause in der WARENDORF-Küche[1)]

Qualität und Nachhaltigkeit
Das Werk ist eine der modernsten Küchenfertigungen Europas. Jede Küche ist etwas Besonderes. Durchdachte Schranklösungen werden individuell geplant. Material, Verarbeitung und Beanspruchung sind auf lange Lebensdauer ausgerichtet.

Materialien – möglichst umweltgerecht
WARENDORF achtet auf ökologische Rohstoffe. So übertreffen die Prüfkriterien für WARENDORF-Küchen vorgeschriebene Werte deutlich. Bei Holzwerkstoffen kommen z.B. nur Platten mit geringer Ausdünstung von Schadstoffen zum Einsatz. Das Holz stammt zum größten Teil aus Europa, möglichst werden hiesige Hölzer eingesetzt, z.B. Eiche.
Auf den Kunststoff Polyvinylchlorid[2)] (PVC) wird weitestgehend verzichtet. WARENDORF setzt auf deutlich umweltschonendere Materialien. Durch ökologisch vertretbarere Rohstoffe ist es beim Recycling möglich, Holzwerkstoffe zur Energieerzeugung einzusetzen. PUR-Lacke[3)] werden zunehmend durch Wasserlacke ersetzt, die umweltverträglicher sind. Bei der Auswahl von Leimen und Klebern wird auf Unbedenklichkeit geachtet.

[1)] Der Betrieb heißt seit 2005: Warendorfer Küchen GmbH.
[2)] chemischer Stoff, kann Gesundheitsschäden hervorrufen
[3)] enthalten gesundheits- und umweltschädliche Lösemittel

Warendorfer Küchen GmbH 2010

Weitere Beispiele aus Betrieben zum nachhaltigen Handeln: www.baumev.de, www.mimona.de

M2 Umweltschutz beginnt bei der Material- und Stoffauswahl

Nur bei unkritischen Werkstoffen macht eine spätere Wiederverwertung Sinn. Durch Prüfungen wird vermieden, dass kritische Materialien eingesetzt werden. Das geschieht z.B. auch durch Einwirken auf Lieferanten, damit sie umweltschonendere Stoffe einsetzen.

Das **Ablaufschema zur Einführung neuer Betriebs- und Hilfsstoffe** macht deutlich, dass WARENDORF Wert darauf legt, Produkte umweltschonend herzustellen.

Warendorfer Küchen GmbH 2010

Die anfordernde Abteilung
- prüft bei Gefahrstoffen Ersatzmöglichkeiten
- fordert für neuen Stoff EG-Sicherheitsdatenblatt und Produktinfo an
- legt Einsatzort, Lagerplatz, Verwendungszweck, Menge des Stoffes sowie den Personenkreis, der damit umgeht, fest

↓

Stellungnahme zum neuen Stoff aus Sicht von

Arbeitssicherheit (Vorschriften für den Umgang mit Gefahrstoffen)	**Betriebsärztlichem Dienst** (Vorschriften zum Gesundheitsschutz)	**Umweltschutz** (Vorschriften zum Umweltrecht)	**Werkfeuerwehr** (Vorschriften zum Brandschutz)

↓

Entscheidung der Freigabe durch den Verantwortlichen, in dessen Bereich der Stoff eingesetzt werden soll

↓

Ja: Beschaffung über den Einkauf	**Nein: Erneutes Prüfverfahren**

M3 Ziele privater Unternehmen

Wirtschaftliche Ziele
- Gewinn
- Wachstum
- Erhöhung des Marktanteils
- Existenzsicherung
- Selbstständigkeit

Gesellschaftliche Ziele
- Mitarbeiterförderung
- Nachhaltigkeit
- Ansehen
- Marktmacht

M4 Güter- und Geldströme in Unternehmen

Lieferanten	Unternehmen	Kunden
→ Güter →		Güter →
liefern Boden Kapital Arbeit	• beschaffen Produktionsfaktoren • erstellen Güter • verkaufen die Güter • bezahlen Produktionsfaktoren	• fragen Güter nach • bezahlen die Güter
← Geld ←		Geld ←

M5 Was Rechtsformen für Unternehmen bedeuten

Die Rechtsform ist die rechtlich vorgeschriebene Form, in der ein Unternehmen innerhalb der staatlichen Rechtsordnung handeln kann. Die Wahl der Rechtsform ist frei.

Gründe für die Wahl
Die Entscheidung für eine Rechtsform hat Einfluss auf das unternehmerische Handeln, denn die Rechtsform entscheidet über Bestimmungen zu folgenden Merkmalen:
- **Unternehmensleitung:** Wer führt die Geschäfte, vertritt das Unternehmen nach außen?
- **Besteuerung:** Wer zahlt die Steuern und wie hoch sind sie?
- **Gewinnverteilung:** Wer hat Anspruch auf den Gewinn und wer entscheidet über die Verwendung (Ausschüttung an die Eigentümer oder Wiederanlage im Unternehmen)?
- **Haftung:** Wer haftet den Gläubigern gegenüber? Wie weit geht die Haftung? Ist eine Haftung mit dem Privatvermögen vorgesehen?
- **Offenlegung der Geschäftsergebnisse:** Inwieweit muss die Unternehmensleitung jährlich das Betriebsergebnis und einen Jahresbericht veröffentlichen (Publizitätspflicht, z.B. bei Aktiengesellschaft vorgeschrieben)?
- **Höhe des Eigenkapitals:** Ist eine bestimmte Höhe notwendig?

Unter **Haftung** versteht man die Pflicht eines Schuldners, mit seinem Vermögen für eine durch einen Vertrag entstandene Verpflichtung einzustehen.
Beispiel: Kann der Schuldner gekaufte Waren im Wert von 50 000 Euro dem Lieferanten nicht bezahlen, so muss er ggf. sein Haus verkaufen oder mit einer Hypothek (Kredit, der über das Haus abgesichert ist) belasten, um das Geld zahlen zu können.

M6 Beispiele für häufig auftretende Rechtsformen

Einzelunternehmen

Diese sind am häufigsten anzutreffen, vor allem in Handwerk, Handel und Landwirtschaft.

Personengesellschaften

Gesellschaften sind i.d.R. Vereinigungen von Personen mit einem gemeinsamen Geschäft. Diese Personen können natürliche Personen (Menschen), aber auch so genannte juristische Personen (organisierte Personenvereinigungen) sein. Wichtige gesetzliche Regelungen enthält das Handelsgesetzbuch (HGB): http://bundesrecht.juris.de

Die folgenden drei Gesellschaftsformen sind häufig anzutreffen:

Offene Handelsgesellschaft (OHG)

Die → Offene Handelsgesellschaft ist eine erweiterte Einzelunternehmung für Kaufleute, die gemeinsam ein Unternehmen führen möchten.

Gesellschaft bürgerlichen Rechts (GbR)

Jeder Gesellschafter haftet mit seinem Privat- und Geschäftsvermögen für die gesamte Schuld.

Kommanditgesellschaft (KG)

Sie hat zwei Gruppen von Gesellschaftern. Die Kommanditisten haften nur mit der Summe, mit der sie sich im Unternehmen beteiligen. Der Komplementär führt die Geschäfte und haftet wie bei der OHG auch mit dem gesamten Privatvermögen.

Eine Sonderform ist die GmbH & Co.KG, bei der eine GmbH (Gesellschaft mit beschränkter Haftung) die Rolle der Komplementärin übernimmt (damit ist die Haftung des Komplementärs wie bei der GmbH begrenzt, siehe Folgeseite).

Kapitalgesellschaften

Bei diesen Rechtsformen, die durch eigene Gesetze geregelt sind, steht die Bereitstellung von Kapital für das Unternehmen im Mittelpunkt, Nur mit diesem müssen die Teilhaber haften.

Die Leitung des Unternehmens kann von eigens beauftragten Personen (Geschäftsführer) durchgeführt werden.

Die Kapitalgesellschaft ist eine juristische Person, d.h., sie handelt durch ihren Geschäftsführer und schließt im eigenen Namen Verträge ab. Juristische Personen zahlen auf das zu versteuernde Einkommen Körperschaftsteuer, eine besondere Form der Einkommensteuer.

Gesellschaft mit beschränkter Haftung (GmbH)

Die Gesellschafter haften nur mit ihrer Einlage von mindestens 25 000 Euro. Die Gesellschafter bestimmen Geschäftsführer, die nach ihren Weisungen handeln. Die Kreditaufnahme kann schwierig sein, wenn die GmbH keine ausreichenden Sicherheiten hat. Als Sonderform gibt es die haftungsbeschränkte GmbH, die mit einem Euro gegründet wird und durch Gewinn Stammeinlage anspart.

Limited (Ltd.)

Als Ersatz für die GmbH wird immer öfter diese Rechtsform aus Großbritannien gewählt. Das Mindestgründungskapital beträgt ein Britisches Pfund (ca. 1,26 Euro). Die Ltd. ist vor allem wegen der Kapitalausstattung beliebt. Sie wird nach den Vorschriften Großbritanniens gegründet und in dortige Register eingetragen. Es gilt das britische Insolvenzrecht mit Vorschriften zur Geschäftsführerhaftung. In Deutschland unterliegt die Ltd. dem deutschem Recht. Sie wird hier steuerlich wie eine GmbH behandelt.

Aktiengesellschaft (AG)

Ihre Bedeutung ist durch zunehmende → Globalisierung gestiegen. Das Grundkapital der AG wird meist von einer größeren Zahl von Kapitalgebern (Aktionären) aufgebracht. Die Aktien werden oft an der Börse international gehandelt. Der Erfolg der AG spiegelt sich im Wert der Aktien (Aktienkurs) und der Dividende (Gewinn) wider. Der Aufsichtsrat hat die Aufgabe, den Vorstand zu überwachen. Die Hälfte der Mitglieder des Aufsichtsrats bei AG mit mehr als 2000 Mitarbeitern stellen nach dem Mitbestimmungsgesetz die Arbeitnehmer. Zunehmend wird die Europäische Aktiengesellschaft (Europa AG: Societas Europaea (SE)) gewählt, die nicht der Mitbestimmung unterliegt.

M7

Unternehmerisches Handeln bei wichtigen Rechtsformen			
	Einzelunternehmen	**Gesellschaft mit beschränkter Haftung (GmbH)**	**Aktiengesellschaft (AG)**
Gründung	lässt Firma in das Handelsregister eintragen; bringt Kapital auf	schließt Gesellschaftsvertrag; Stammeinlage – Regelform mindestens 25 000 €; Eintragung in das Handelsregister	Satzung; Grundkapital in Aktien mindestens 50 000 €; Eintragung in das Handelsregister
Gewinn/ Verlust	erhält Gewinn/ trägt Verlust	Erhöhung der Rücklagen; Beteiligung der Gesellschafter nach Geschäftsanteilen; keine Gewinnausschüttung, bis Verlust abgedeckt	Erhöhung der Rücklagen; Dividende; keine Gewinnausschüttung, bis Verlust abgedeckt
Finanzierung	Selbstfinanzierung; Privat- und/oder Bankkredit	Rücklagen; weiteres Geld bisheriger/neuer Gesellschafter; Bankkredit; Problem: Sicherheiten	Auflösung von Rücklagen, Ausgabe neuer Aktien; Bankkredit
Geschäftsführung	entscheidet allein	Geschäftsführer nach Weisung und Kontrolle der Gesellschafter (bei mehr als 500 Arbeitnehmern Aufsichtsrat)	Vorstand; Aufsichtsrat, welcher den Vorstand wählt und kontrolliert; Hauptversammlung
Haftung	unbeschränkt mit Privat- und Betriebsvermögen	beschränkt auf Gesellschaftsvermögen	beschränkt auf Gesellschaftsvermögen
Besteuerung	Einkommensteuerpflicht, wenn Gewinn entsteht	selbstständig steuerpflichtig; Einkommensteuerpflicht der Gesellschafter	selbstständig steuerpflichtig; Einkommensteuerpflicht der Aktionäre

Arbeiten mit den Materialien

Zu **M1, M2**

1 Nennt Gesichtspunkte, nach denen Materialien für die Qualität der Produkte und das spätere Recycling ausgewählt werden.

2 Was erhofft sich ein Unternehmen von der Veröffentlichung eines Nachhaltigkeitsberichts?

3 Warum wirken bei der Einführung neuer Hilfs- und Betriebsstoffe verschiedene Stellen mit?

Zu **M5, M6**

1 Sucht nach der Rechtsform von Fußballbundesliga-Vereinen. Welche Rechtsform überwiegt? Nennt Gründe dafür.

2 Etwa 70 % aller Unternehmen sind Einzelunternehmen (2007). Begründet die Wahl dieser Rechtsform.

3 Erörtert am Beispiel des Küchenmöbelwerks (S. 51) bei dessen Rechtsform die Haftung.

4 Erklärt Unterschiede zwischen Personen- und Kapitalgesellschaften.

Zu **M7**

1 Frau Arnold möchte sich selbstständig machen. Dabei will sie ihre Haftung auf das von ihr eingebrachte Geld begrenzen. Welche Rechtsform bietet sich an?

2 Gleichzeitig möchte Frau Arnold die Gründungskosten von 30 000 Euro durch einen Bankkredit finanzieren.
Der Kreditberater sagt: „Wenn Sie eine Personengesellschaft gründen, sind wir eher geneigt, Ihnen den Kredit zu geben."
Nehmt Stellung.

Alles klar?

Hantieren – Mechanisieren – Automatisieren

1 Beschreibe Unterschiede zwischen Mechanisierung und Automatisierung.

2 Bestimme für folgendes Beispiel die Veränderung der Arbeitsproduktivität in %:
Bei der Fertigung von Kühlschränken beträgt die Tagesleistung des Werkes 200 Stück.
Durch Verbesserung des Arbeitsablaufs leistet die gleiche Anzahl der Beschäftigten pro Tag fünf Stück mehr.

3 Nenne Anforderungen an Beschäftigte bei der Überwachung computergesteuerter Maschinen.

4 Beschreibe, was ein erstelltes Computerprogramm für eine CNC-Maschine leistet.

5 Nimm Stellung zu folgenden Äußerungen. Formuliere deine Antwort in folgender Form:
• ist richtig, weil … ; ist falsch, weil … :

A Mechanisierung führt dazu, dass schwere Arbeit von Maschinen verrichtet wird. Das verbessert die Arbeitsbedingungen und ist immer im Interesse der Beschäftigten.

B Automatisierung führt dazu (siehe Bild auf S. 47 oben), dass menschliche Arbeit bei einer solchen Produktion nur noch in der Überwachung der Anlagen besteht. Die Zahl der Beschäftigten sinkt. Die Anforderungen an die Mitarbeiter steigen.

6 Beschreibe je ein Beispiel für
• mechanische Maschinen,
• automatisierte Maschinen.

Fallstudie: Betriebliches Handeln im Küchenmöbelwerk

7 Nenne drei Ziele unternehmerischen Handelns am Beispiel deines Praktikumsbetriebs.

8 Erkläre, was beim Küchenmöbelwerk unter Kundenorientierung verstanden wird.

9 Welche Produktionsfaktoren benötigt ein Friseur, um Dienstleistungen zu erbringen?

10 Welche Bedeutung hat in einem Unternehmen eine durchdachte Betriebsorganisation?

11 Stelle deinen Mitschülern die Betriebsorganisation deines Praktikumsbetriebes vor.

12 Nenne Entscheidungen, die zur Planung des Fertigungsablaufs eines Werkstücks gehören.

13 Begründe, warum bei einem Konflikt eines Arbeitnehmers im Betrieb der Betriebsrat wichtig sein kann.

14 Nimm Stellung zu folgender Situation:
Das Unternehmen KALT produziert hochwertige Jacken. Die Endkontrolle durch eine Prüfkraft (erfahrene Näherin) soll eingespart werden. Stattdessen hat dann jeder Mitarbeiter seine Arbeit selbst zu kontrollieren und Fehler direkt zu beheben.
Wenn bei gleicher Produktionsmenge pro Mitarbeiter die Zahl der Fehler nicht steigt, wird den Mitarbeitern eine Prämie in Aussicht gestellt.

15 Entwickle einen Vorschlag zur Erhöhung der Qualität deiner Lernarbeit in der Schule.

16 Aus welchen Gründen ist es wichtig, dass Unternehmen Nachhaltigkeit für ihr Handeln als Grundsatz berücksichtigen?

17 Wie haftet eine Personengesellschaft für ihr Handeln, z. B. für Verluste?

18 Warum ist es wichtig, bei der Gründung eines Unternehmens die Rechtsform zu bedenken?

Erneuerbare Energien – Chance für die Zukunft

1 Beispiele technischer Anwendungen

Weil ein Ende abzusehen ist …

Fossile Brennstoffe werden zur Neige gehen. Es ist mit einem steigenden Energiebedarf der noch wenig entwickelten Staaten zu rechnen. Zunächst ist deshalb ein sparsamer Umgang mit Nutzenergie geboten. Mit geeigneten technischen Anlagen kann der Wirkungsgrad bei Umwandlungsprozessen erhöht werden. So kann die Raumwärme über Wärmetauscher Frischluft ohne zusätzliche Heizenergie vorwärmen oder Brauchwasser die Toilettenspülung betreiben.
Ein anderer Weg ist die Nutzung erneuerbarer Energieträger. Der Anteil in Deutschland soll von 10 % (2009) auf mindestens 20 % (2020) steigen, siehe dazu **M6**, S. 69.

▲ Europas größtes Binnenwindgebiet bei Marsberg in Westfalen liefert Strom für ca. 70 000 Haushalte.

▲ Die Kosten der größten solarthermischen Anlage Brandenburgs wurden zu 60 % vom Staat gefördert.

Einschätzung erneuerbarer Energien

- Der Wandlungsprozess muss nicht zentral in Kraftwerken erfolgen. Erneuerbare Energie wird meist am Ort des Bedarfs umgewandelt.
- Die Umweltbelastung, z. B. durch Abgase, ist bei Umwandlung äußerst gering.
- Nachteilig sind die hohen Investitionskosten und die große Abhängigkeit von klimatischen, geologischen und topografischen Verhältnissen. Oft kann nicht kontinuierlich Energie (z. B. bei Windkraft) erzeugt werden. Kombinationen unterschiedlicher Technologien gleichen diesen Mangel aus.

Energieanbieter, Unternehmen und Hauseigentümer investieren unter Nutzung staatlicher Fördermittel in Anlagen zur Produktion erneuerbarer Energien. Sie entlasten die Umwelt.

▶ **Leitauftrag** Bewertet verschiedene erneuerbare Energien hinsichtlich Nutzbarkeit unter unseren klimatischen und topografischen Verhältnissen. Nutzt auch **M4** und **M5**, S. 69.

B Auf einen Blick

Ihr benennt technische Verfahren zur Nutzung erneuerbarer Energieträger.

Ihr erklärt die Gewinnung von Strom aus Wasserkraft.

Ihr vergleicht für Kraftwerksarten Umweltbeeinträchtigung und Wirkungsgrad.

Ihr erfasst die Bedeutung von Sonnenenergie und Wasserstoff als Energiequellen der Zukunft.

Ihr bewertet die Nutzung erneuerbarer Energien unter den Gesichtspunkten Standortfaktoren und Klima.

2 Elektroenergie aus Wasserkraft

Mit Wasserkraftwerken werden in der EU 9% des Energiebedarfs gedeckt. Deutschland deckt aufgrund der topografischen Gegebenheiten nur ca. 3,5% des Energiebedarfs aus Wasserkraft. Dazu gehören auch Pumpspeicherwerke.

▲ Pumpspeicherwerk Hohenwarte im Saaletal, Nennleistung 120 Megawatt

Wenige Kilometer westlich von Dresden wurde 1930 das Pumpspeicherkraftwerk Niederwartha errichtet. Das Oberbecken ist in einem durch einen Staudamm abgeriegelten Tal entstanden. Das Arbeitswasser wird durch Überpumpen von Brunnenwasser, das sich aus dem Grundwasser der Elbe speist, gewonnen. Die Leistungszuführung und -abführung erfolgt per Kabelverbindung zu dem angrenzenden ESAG-Umspannwerk.

Nach: VEAG: Faltblatt Pumpspeicher-Kraftwerk Niederwartha, Niederwartha, o. J.

Wie arbeiten Pumpspeicherkraftwerke?

Aus einem höher gelegenen Becken läuft das Wasser durch Rohrleitungen in das Unterbecken. Dabei werden die Turbinen angetrieben. An diese ist ein Generator gekoppelt, in dem die Elektroenergie erzeugt wird. Die Ableitung des Wassers trägt zur Deckung des Spitzenbedarfs an Elektroenergie bei.

Die Generatoren können, mit Elektroenergie versorgt, auch als Motoren arbeiten. Ebenso arbeiten die Turbinen in umgekehrter Richtung als Pumpen und befördern das Wasser aus dem Unterbecken wieder ins Oberbecken. Damit sind Pumpspeicherkraftwerke für den Lastausgleich im Energieverbundsystem einsetzbar. Elektroenergie, die in Grundlastkraftwerken, wie z.B. Braunkohlekraftwerken, in den Nachtstunden zu viel erzeugt wird, kann zum Pumpen verwendet werden. Damit wird ein „Energievorrat" für Spitzenlastzeiten angelegt und die Wassermenge im Oberbecken zur Verstromung bereitgehalten.

Arten von Wasserkraftwerken:

Laufwasserkraftwerke Die Kraft des fließenden Wassers von Flüssen wird ausgenutzt, um Turbinen anzutreiben.

Gezeitenkraftwerke Ebbe und Flut treiben die Turbinen an.

Pumpspeicherkraftwerke Wasser wird in Speicherbecken angestaut und gezielt über die Turbinen abgeleitet.

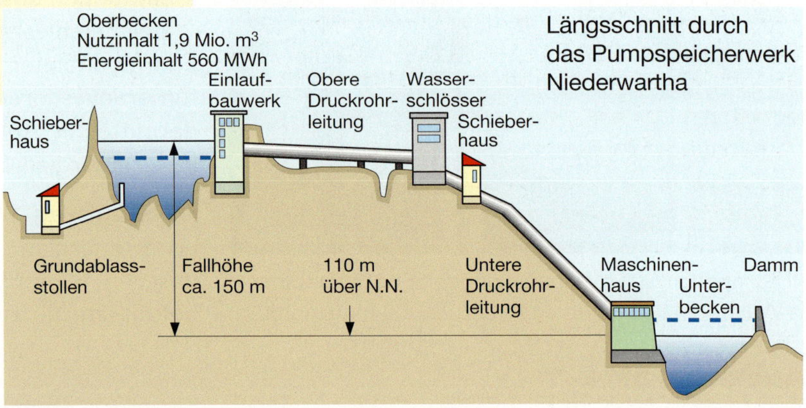

A Aufgaben

1 Am Damm des Unterbeckens des Stausees Niederwartha befindet sich ein Freibad. Überlegt, warum im Oberbecken das Baden verboten ist.

2 Sucht Standorte für Wasserkraftwerke im Atlas.

3 Diskutiert für verschiedene Kraftwerksarten Umweltbeeinflussungen und Wirkungsgrad.

3 Energieumwandlung: mit Wasserstoff wird elektrische Energie erzeugt

Eigenschaften von Wasserstoff

Wasserstoff, in der Natur in Wasser als H_2 gebunden, ist eines der häufigsten Elemente. Um Wasserstoff zur Energiegewinnung nutzen zu können, muss das Gas erst unter Energieaufwendung gewonnen werden. Bis zur Weiterverwendung kann es in Speichertanks aufbewahrt werden. Die Gewinnung von Wasserstoff kann mithilfe von Sonnenenergie geschehen. Durch Energieumwandlung wird aus Wasserstoff elektrische Energie erzeugt. Dies geschieht in der Brennstoffzelle.

Prinzip: Nutzung solaren Wasserstoffs in Brennstoffzellen

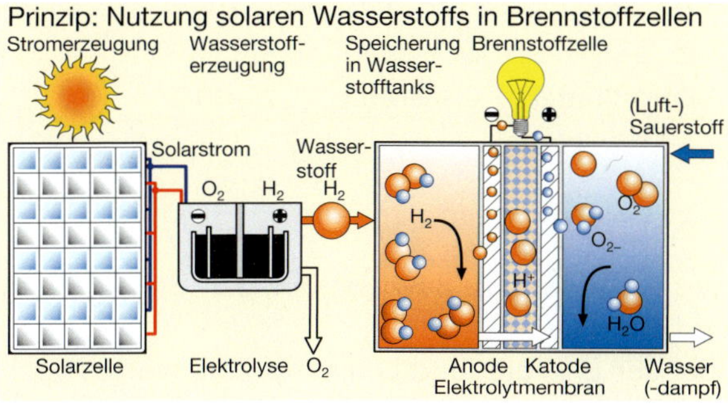

Die Brennstoffzelle

Mit Beginn der Raumfahrt suchte man nach mobilen Stromerzeugern und nutzte das Mitte des 19. Jahrhunderts entdeckte Prinzip der Brennstoffzelle. Ölkrise und Treibhauseffekt durch CO_2-Ausstoß bei der Stromgewinnung verstärkten die Weiterentwicklung dieser Technologie. Ihre Einsatzgebiete sind z.B.

- Antriebe (Pkw, Busse, Schiffe, U-Boote),
- Hausenergieanlagen (Elektroenergie, Wärme und Warmwasser),
- Mikroanwendungen in Handy, Laptops.

Der Wirkungsgrad liegt derzeit bei 50–60 %.

Erste Hausanlagen funktionieren, fast jeder Automobilhersteller hat seinen Prototyp entwickelt. Sicherheitsfragen beim Transport von Wasserstoffgas und ungelöste technische Fragen machen den Entwicklern noch Schwierigkeiten.

Dortmund setzt auf Hybrid-Busse
Dortmund, 07.02.2011, Gerald NILL

Mit einem leisen Säuseln startet der nagelneue Gelenkbus von der Haltestelle.
Vorbei sind die Zeiten, als ausgestiegene Fahrgäste oder Radfahrer beim Abfahren in einer giftigen Rußwolke zurückblieben.
Das Hybrid-Zeitalter hat die Linienbusse der Dortmunder Stadtwerke erreicht.
... Das fabrikneue Schmuckstück – eine deutsch-schweizerische Ko-Produktion – hat zwar noch einen Dieselmotor. Aber der ... erzeugt den Strom für zwei Elektromotoren, ... Der Fahrzeugantrieb erfolgt grundsätzlich elektrisch."

500 Meter mit Zwischenspeicher
schafft der Bus. Rund 500 Meter weit kann auf den Verbrennungsmotor gänzlich verzichtet werden. Das ist in stark belasteten Zonen von Vorteil.
Die Energie beim Bremsen nimmt der Bus auf und lädt seinen Zwischenspeicher für die nächste Abfahrt ohne Dieselmotor. „Im Idealfall schaltet sich der Verbrennungsmotor aus, wenn der Bus eine Haltestelle ansteuert oder herausfährt".

Vorzüge der neuen Technik
„... 350 000 Euro mussten für die öffentlich geförderten Hybridbusse mehr bezahlt werden als für Herkömmliche. 20 Prozent weniger Kraftstoff verbrauchen die neuen Busse und stoßen ebenso viel CO_2 weniger aus" .... Auch der Ausstoß von Feinstaub und Stickoxiden ist reduziert. ....

DERWESTEN Das Portal der WAZ Mediengruppe
http://www.derwesten.de/staedte/dortmund/Dortmund-setzt-auf-Hybrid-Busse-id4255483.html

A Aufgaben

1 Erklärt mit der Grafik, wie aus Wasserstoff elektrische Energie gewonnen wird.

2 Warum hat die Solar-Wasserstoff-Technologie Bedeutung für die Energieversorgung der Zukunft?

3 Sprecht über die Anwendung der Hybridtechnologie beim Bus.

4 Stellt mit einem Modellbausatz eine eigene Stromgewinnungsanlage mittels Brennstoffzelle her. Wie hoch ist der Wirkungsgrad?

5 Informiert euch über den Einsatz erneuerbarer Energien bei: www.energie-verstehen.de

4 Weiterführendes Material

M1 Die Umwandlung verschiedener Energieträger zur elektrischen Energie

Energieart als ...	Umwandlung in ...	Erzeugung durch ...	Wirkungsgrad ca.
Potenzielle Energie z. B. Speichersee	Kinetische Energie über Druckleitung	Wasserturbine → Generator	90 %
Chemische Energie z. B. Mineralöl, Kohle, Holz, Hausmüll	Thermische Energie über Dampferzeuger	Dampfturbine → Generator	38–50 %
Chemische Energie z. B. Gase	Thermische Energie über Brennkammer	Gasturbine → Generator	52 %
Kernenergie z. B. Uran	Thermische Energie über Kernreaktor	Dampfturbine → Generator	38 %
Kinetische Energie z. B. Wind		Rotorblätter → Generator	25–40 %

M2 Stromerzeugung mit Kernenergie

Seit 1974 werden in Deutschland Wärmekraftwerke mit Uran betrieben. Durch Kernspaltung wird im Kernreaktor Wärme erzeugt. Der weitere Prozess entspricht anderen Wärmekraftwerken. Die Kernkraftnutzung war von Beginn an heftig umstritten.

Auf den ersten Blick vorteilhaft

Um ein Kernkraftwerk von 1000 MW ca. 6500 Betriebsstunden im Jahr betreiben zu können, wird ca. 1 Güterwagen angereichertes Uran benötigt. Ein Steinkohlekraftwerk braucht ca. 36 500 Güterwagen voll Kohle. Im Kernkraftwerk entstehen keine Verbrennungsgase wie bei Kohle, die gereinigt werden müssten und als CO_2 die Umwelt belasten würden.

Auf den zweiten Blick problematisch

Bis heute ist die Entsorgung der radioaktiven Abfälle ungelöst. Da es derzeit kein technisches Verfahren zur Aufbereitung gibt, müssen sie in einem der wenigen Zwischenlager gelagert werden. Das Problem der Endlagerung des hochradioaktiven Mülls belastet kommende Generationen. Auch sind Kraftwerke selbst gefährlich. Seit den Kernreaktorkatastrophen von Tschernobyl, bisher 70 000 Tote und verstärkt Fukushima, mehr als 3000 Tote (Mai 2011), ist diese Gefahr im Bewusstsein der Bevölkerung und Politiker.

Ziel der Energie- und Umweltpolitik war es noch vor Fukushima, langfristig auf Kernkraftwerke zu verzichten. Die Regierung aus CDU/CSU und SPD vereinbarte 2001 mit den Betreibern bis 2021 einen Ausstieg aus der Kernenergie, was auch gesetzlich geregelt wurde.

In den letzten Jahren wurde wegen steigender Energiepreise weltweit die verstärkte Nutzung der Kernenergie diskutiert. Die Bundesregierung (CDU/CSU, FDP) setzte 2010 im Parlament eine Verlängerung der Nutzung bis 2040 zur Sicherung der Energieversorgung durch. Das wurde von der Opposition heftig kritisiert.

Als Reaktion auf Fukushima wurden 8 ältere AKW im März 2011 abgeschaltet und ist eine verstärkte Sicherheitsüberprüfung vorgesehen. Die Versorgung erscheint trotzdem gesichert. Geplant ist ein schneller Ausstieg aus der Atomenergie; ein Konzept fehlt noch.

Arbeiten mit den Materialien

Zu M2

Recherchiert die Entwicklung der Energiepolitik.

M3 Wer verbraucht in Deutschland 2007 welchen Anteil an Energie?

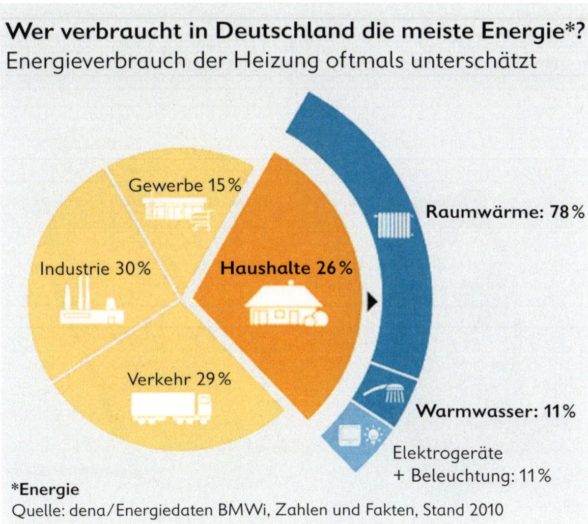

M4 Regierung plant 30 Offshore-Parks

Die Bundesregierung plant den Ausbau der Windenergie. 30 Offshore-Windparks sollen in der Nord- und Ostsee aufgestellt werden. Leistung bis zum Jahr 2030: 25 000 Megawatt.
Bundesregierung und Energiewirtschaft seien sich einig, dass die Investitionen in Windparks sinnvoll seien. „Dies gilt umso mehr, je stärker der Ölpreis steigt“, sagte Tiefensee (ehem. Bundesverkehrsminister).
Die Bundesregierung will sich mit den Windparks unabhängiger von ausländischen Energielieferungen machen. Zugleich bemühe sie sich, sowohl dem Naturschutz als auch den Interessen des Tourismus Rechnung zu tragen. Die Windparks werden jenseits der Zwölf-Seemeilen-Grenze mit Wassertiefen von 30 bis 40 Metern gebaut. Jeder wird rund 1 Mrd. Euro kosten. Dazu kommen bis zu 100 Kilometer lange Kabel zum Festland.

Nach: www.tagesschau.de
www.tagesschau.de/inland/windenergie8.html#inhalt

M5 Die Offshore-Technik

2010 wurde der erste Windpark vor Borkum in Betrieb genommen. Er kann 50 000 Haushalte mit Strom versorgen. Die Anlagen müssen Wind und Wellen trotzen und technisch besonders zuverlässig sowie wirtschaftlich sein. Diese bestehen im Wesentlichen aus einem Fundament, einem Turm, einem Maschinenhaus mit Generator und einem dreiflügligen Rotor. Der Wind treibt die Rotorblätter an, diese übertragen die Bewegungsenergie auf den Generator.

Schwierige Wartungsarbeiten

Da die Fehlerbehebung auf See wesentlich schwieriger und teurer ist als an Land, ist die Zuverlässigkeit der entscheidende Faktor für den Offshore-Betrieb. Für einen permanenten Schutz werden Anstriche mit speziellem Korrosionsschutz verwendet, Wärmeaustauscher schützen beim Kühlen der Maschine vor der salzhaltigen Seeluft. Wartungsintensive Komponenten werden so weit wie möglich vermieden. Deshalb kosten Offshore-Parks doppelt so viel wie vergleichbare, auf dem Festland installierte Anlagen. Die deutsche Technologie gehört zur Weltspitze. Die größten Anlagen sind so hoch wie der Kölner Dom; Durchmesser der Rotoren: 120 m.

Quelle: AP (06.07.2008) Nach: **Tagesschau**
www.tagesschau.de ▶ Offshore ▶ Windpark
http://www.tagesschau.de/inland/offshore2.html

M6 Der Öko-Mix

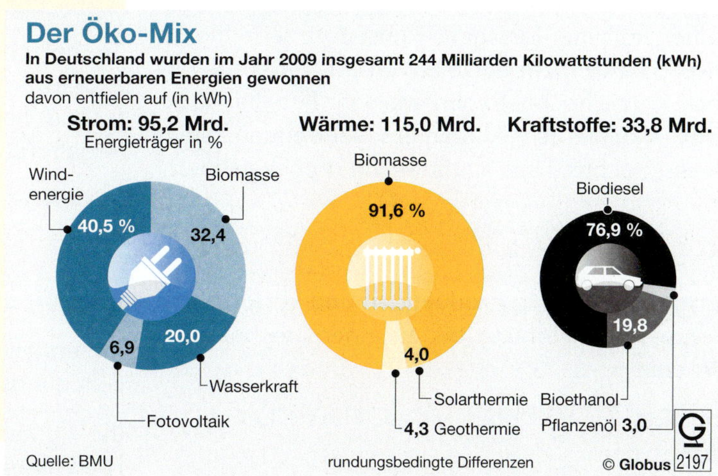

Handyhalter aus Plexiglas: Vom Prototypen zur Fertigung

1 Was müssen wir bei der Umsetzung einer Idee bedenken

Jana hat bei ihrer Freundin Maria einen Handyhalter gesehen. Nun möchte sie auch einen haben. Sie informiert sich auch im Internet.

Genügt diese Skizze (rechts)?
Kann so das Produkt (links) hergestellt werden?

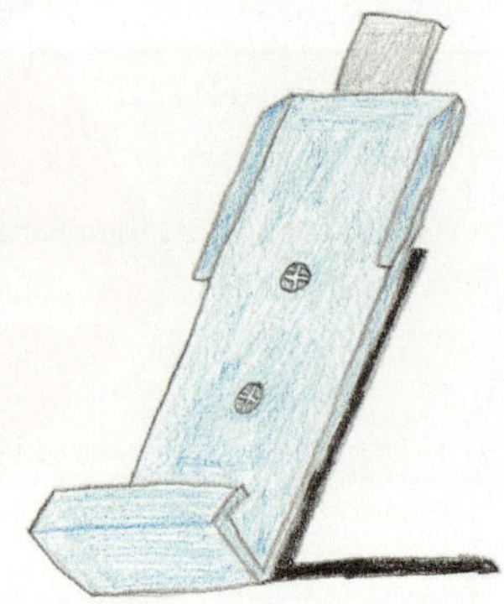

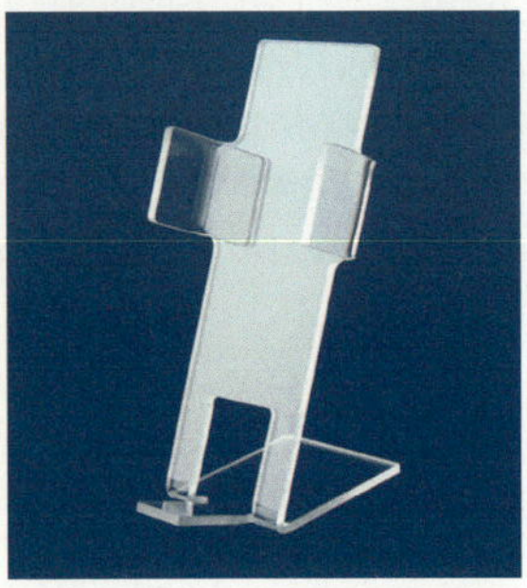

▸ **Leitauftrag** Stellt eure Erwartungen an einen Handyhalter zusammen. Vergleicht mit den Abbildungen.
Beschreibt einem Partner diese möglichst genau. Bewertet Janas Zeichnung als Konstruktionsunterlage. Was wird noch benötigt, um das Produkt herzustellen?

Einige Handyhalter findet sie cool, einige gefallen ihr nicht, andere sind Jana zu teuer.
Sie denkt: „Den Handyhalter von Maria müsste man doch so ähnlich nachbauen können." Sie trägt ihre Idee im Unterricht vor: „Mein Handyhalter soll aus farbigem Kunststoff sein. Damit mein Handy nicht herunterrutscht, muss die untere Kante hochgebogen werden. Für die Rückseite möchte ich Aluminium verwenden, sieht doch cool aus. Hier, ich habe ihn aufgezeichnet."

Technische Skizze:
freihändig ausgeführte erste Darstellung mit erforderlichen Angaben zu Form und Größe

Technische Zeichnung:
exakte und maßstabsgetreue Darstellung eines technischen Gegenstandes nach entsprechenden Regeln (DIN)

B Auf einen Blick

Ihr analysiert eine Produktidee und verfolgt den Prozess der Planung bis zu einem technischen Produkt.

Ihr plant ein Vorhaben bis zur Herstellung eines Prototypen.

Ihr prüft die Marktfähigkeit des Produkts.

Ihr erstellt einen Arbeitsablaufplan als Teil der Fertigungsplanung.

Ihr unterscheidet Produktionsabläufe nach Fertigungsarten und Fertigungsprinzipien.

2 Der Handyhalter entsteht auf Papier

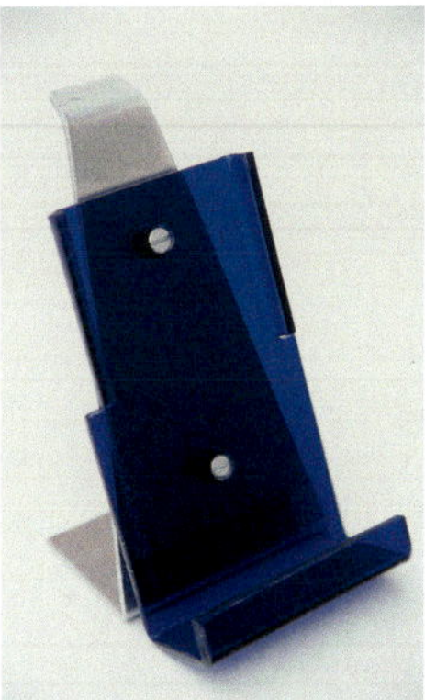

Jana hat erkannt, dass ihre Skizze nicht ausreicht, um einen Handyhalter herzustellen. Sie benötigt eine technische Zeichnung.
Bevor sie diese anfertigt, informiert sie sich über handelsübliche Größen von Handys. Sie stellt fest, dass es sehr viele unterschiedliche Größen und Formen gibt.
Derzeit sind eher kleinere Formate gefragt. Das entspricht auch ihrem eigenen Handy.
Diese Angaben will sie bei der Planung beachten. Die technische Zeichnung wird für Halter und Rückenteil im Maßstab 1:1 erstellt (s. verkleinerte Abb. unten und **M1–M4**, Seiten 75, 76).

Zur eindeutigen Darstellung muss sie die Teile in zwei Ansichten zeichnen.

Ansichten meint die Blickrichtung, von der auf den Gegenstand geschaut wird.

Erstellung der Konstruktionsunterlagen

Wie entsteht ein Produkt? Wer entscheidet, ob ein Produkt hergestellt werden kann? Die Beantwortung dieser Fragen erfolgt im technisch-konstruktiven Prozess.

Damit technische Sachverhalte unmissverständlich zu lesen sind, benutzen Techniker eine Fachsprache. Dazu gehören auch Vorgaben für grafische Darstellungen, z.B. die technische Skizze und die technische Zeichnung (S.75 und S.70).

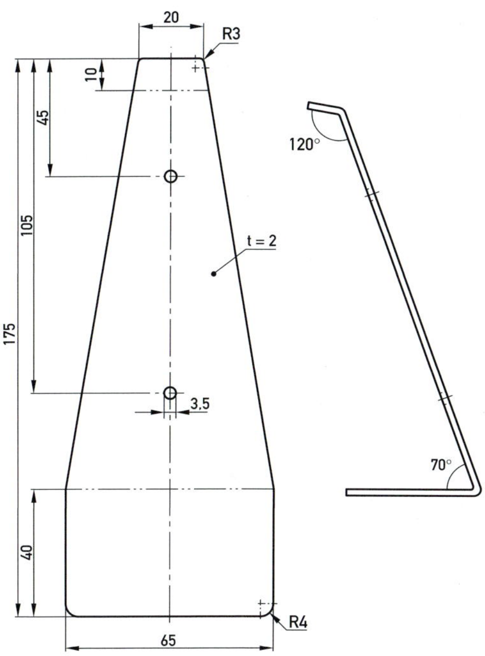

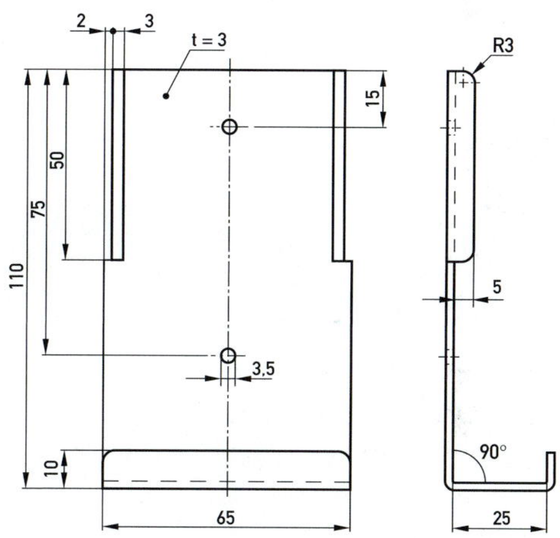

5	2	Abstandshalter		d = 5
4	2	Sechskantmutter		M 3
3	2	Senkkopfschraube		3 x 15
2	1	Halterung	Plexiglas	65 x 145 x 3
1	1	Standfuß	Aluminium	65 x 175 x 2
Teil	Anzahl	Benennung	Werkstoff	Rohmaße
gez.:	17.02.08	Jana Kempe	Klasse 8	
geprüft:	18.02.08	Max Mustermann		
Maßstab 1:1		Handyhalter Teil 1 + Teil 2		Blatt

A Aufgaben

1 Warum ist für Janas Handyhalter eine technische Zeichnung in mehr als einer Ansicht erforderlich?

2 Übt das richtige Eintragen von Maßangaben. Zeichnet dazu einfach geformte Gegenstände, bei denen ihr am Original abmessen könnt.

3 Warum ist es so wichtig, eine technische Zeichnung so genau wie möglich anzufertigen?

3 Die Fertigung des Prototypen

Modell

Jana fertigt nach der technischen Zeichnung ein Modell ihres Handyhalters an. So kann sie sich genauer vorstellen, ob ihre Maßangaben realistisch sind. Gleichzeitig ist es ein „Probelauf“ für die spätere praktische Umsetzung. Jana macht sich auch Gedanken zur Werkstoffauswahl und zu Verarbeitungsmöglichkeiten.

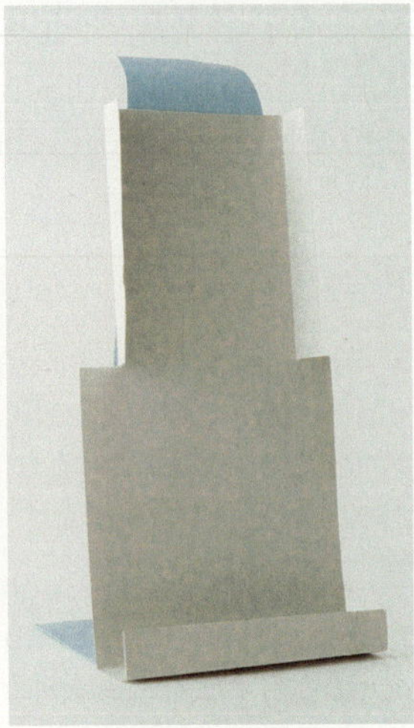

Das produzierende Gewerbe arbeitet bei der Produktentwicklung mit Modellen. Sie ermöglichen eine Vorstellung zu Aussehen und Funktion.

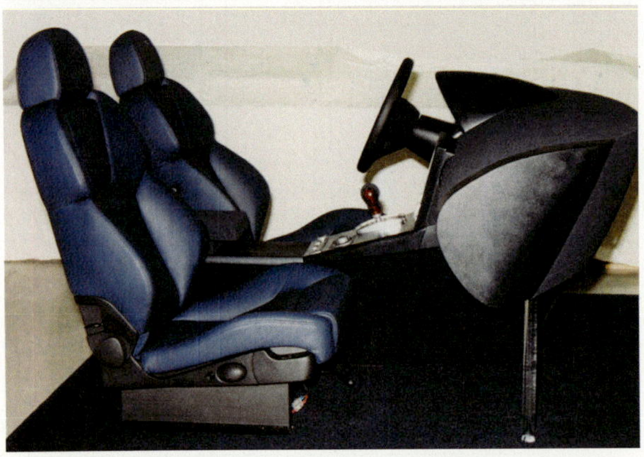

▲ Die Einbauten (Sitze, Lenkrad) in Fahrzeugen werden an Modellen auf gewünschte Eigenschaften getestet.

A

Aufgaben

1 Fertigt aus Pappe ein Modell eures geplanten Werkstückes an.

2 Entscheidet über zu verwendende Werkstoffe. Berücksichtigt dabei wirtschaftliche und ökologische Aspekte.

3 Erstellt eine Stückliste und danach einen Arbeitsablaufplan.

Arbeitsablaufplan

Mithilfe der technischen Zeichnung und der Stückliste fertigt Jana einen Arbeitsablaufplan an. Sie überlegt die Reihenfolge der Arbeitsschritte zur Herstellung des Handyhalters und die benötigten Arbeitsmittel.

Fertigen des Kunststoffteiles

Nr.	Arbeitsgang	Arbeitsmittel
1	Anreißen	Bleistift, Stahlmaßstab, Anschlagwinkel
2	Ritzbrechen	Reißnadel, Stahllineal, Biegevorrichtung
3	Bohren	Vorstecher, Bohrmaschine, Bohrer
4	Einsägen	Feinsäge
5	Entgraten	Ziehklinge, Schleifpapier
6	Biegen	Hitzedrahtbiegevorrichtung, 2 Holzklötze

Werkstoff

Die Auswahl trifft Jana in erster Linie nach dem Aussehen. Angeregt durch verschiedene Marktangebote fällt die Entscheidung auf eine Kombination aus Kunststoff und Aluminium. Zur Verarbeitung beider Werkstoffe siehe **M6–M8**, Seiten 76, 77.

Berücksichtigt auch wirtschaftliche und ökologische Gesichtspunkte bei der Auswahl des Werkstoffes:

- Was kostet der Werkstoff?
- Ist er leicht zu beschaffen?
- Kann der Werkstoff mit den vorhandenen Werkzeugen bearbeitet werden? Müssen teure Spezialwerkzeuge angeschafft werden?
- Kann er umweltverträglich produziert, genutzt und später entsorgt werden?

4 Ist der Prototyp marktfähig?

Jana: „Prima, die Herstellung des Handyhalters kostet mich keinen Cent. Kunststoffreste durften wir doch in der Abfallkiste bei der letzten Betriebserkundung sammeln. Aluminiumstreifen sind noch da und die benötigten Werkzeuge haben wir in der Schule. Wir könnten die Handyhalter zum Schulfest verkaufen und machen guten Gewinn!"

Michael: „Da machst du aber einen Denkfehler! Das Material reicht nur für 20 Stück und die Bohrer sind stumpf und müssen erneuert werden."

Jana: „Dann verkaufen wir eben die ersten 20 Stück und von den Einnahmen kaufen wir neue Bohrer!"

Absatzplanung und Kalkulation

Ob sich ein Produkt in größerer Stückzahl absetzen lässt, hängt besonders davon ab, zu welchem Preis es am Markt verkauft werden kann. Für eine solche Preiskalkulation sind auch die Produktionskosten zu berücksichtigen.

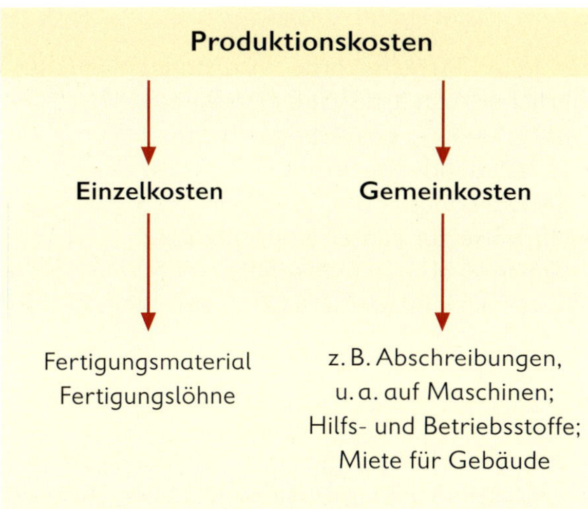

In die Kalkulation des Verkaufspreises fließen neben diesen Kosten weitere Elemente ein, insbesondere der Zuschlag für Vertriebskosten und der kalkulierte Gewinn.
Im Verkaufspreis enthalten ist immer die Mehrwertsteuer (MwSt.), auch Umsatzsteuer genannt.

Kalkulation des Verkaufspreises

Produktionskosten/Stück	100,00 €	
+ Zuschlag für Vertrieb	20,00 €	(20 %)
+ kalkulierter Gewinn	6,00 €	(5 %)
Verkaufspreis	126,00 €	
+ Mehrwertsteuer	23,94 €	(19 %)
Verkaufspreis Brutto	149,94 €	

Bewertungskriterien für die Marktfähigkeit

1. Planung
2. Konstruktionsunterlagen
3. Arbeitsergebnis
   - Aussehen
   - Funktion
   - Umweltverträglichkeit
   - Schwierigkeitsgrad
   - Zeitaufwand
   - Produktionskosten
4. Herstellungsprozess
   - technisch
   - arbeitsprozessorientiert
5. Absatzchancen am Markt
   - kalkulierter Verkaufspreis
   - Zielgruppenanalyse

A Aufgaben

1 Bewertet euren Prototyp nach Janas Kriterien. Präsentiert diesen dann und bittet eure Mitschüler, eure Arbeit zu bewerten.

2 Erkundet die Materialkosten für euren Prototypen und überlegt, wie ihr ihn am preisgünstigsten herstellen könnt.

3 Wie viel könnt ihr für euer Werkstück im Verkauf erzielen? Kalkuliert den Preis.

5 Die Arbeitsvorbereitung für die Fertigung

Jana hat ihre Mitschüler überzeugt, den Prototypen in größerer Stückzahl zu fertigen. Plexiglas und Aluminium sind ausreichend vorhanden. Der Gruppe fehlen noch Wissen und Erfahrungen für die Organisation einer Serienfertigung.
Ralfs Vater, Ingenieur für Maschinenbau, arbeitet in der Fertigungsplanung eines Unternehmens. Eine Schülergruppe darf zu ihm in den Betrieb kommen und die Fertigungsplanung erkunden. Später präsentiert sie ihren Mitschülern ihre Ergebnisse.
Zur Fertigungsplanung gehört die Entwicklung von Prototypen mit zugehörigen Dokumenten. Dies geschieht in der Konstruktionsabteilung.
Die weitere Planung erfolgt in der Abteilung „Arbeitsvorbereitung“. Hier werden Arbeitsabläufe für die gewünschte Produktionsmenge entwickelt. Im Mittelpunkt steht, eine hohe Qualität zu erreichen. Das wird auch Qualitätsmanagement genannt (siehe Seite 58).

Arbeitsablaufplan

- Arbeitsschritte in der technisch erforderlichen Reihenfolge
- Verweis auf Planungsunterlagen (technische Zeichnung, Stückliste)
- Werkstoffe/Hilfsstoffe
- Fertigungsverfahren
- benötigte Maschinen/Werkzeuge
- Hinweise zur Arbeitssicherheit
- Anforderungen an die Qualitätskontrolle

Die Technikgruppe „Handyhalter“ erstellt einen Arbeitsablaufplan, getrennt für die Fertigung beider Teile.

Beispiel für das Aluminiumteil:

Nr.	Arbeitsschritt	Arbeitsmittel
1	Anreißen	Reißnadel, Stahlmaßstab, Anschlagwinkel, technische Zeichnung
2	Scheren	Handhebelschere
3	Feilen der Rundungen	Feile, Schraubstock, Schutzbacken
4	Entgraten	Feile, Schraubstock, Schutzbacken
5	Körnen	Körner, Hammer
6	Bohren	Bohrmaschine, Bohrer
7	Senken	Bohrmaschine, Senker
8	Biegen	Biegevorrichtung, Abkantbank

Für jeden Arbeitsschritt wird danach ein ausführlicher Arbeitsauftrag erstellt, z. B.:

- Beschreibung des Arbeitsschrittes,
- zu fertigende Stückzahl,
- Zeitvorgaben,
- Hinweise zur Materialausnutzung,
- Hinweise zum Arbeitsschutz.

A

Aufgaben

1 Erstellt für den Arbeitsschritt „Scheren“ einen Arbeitsauftrag. Nutzt dazu das Beispiel **M5**, Seite 76, und die Hinweise zu Fertigungsverfahren auf den Folgeseiten.

2 Plant die Herstellung eines Werkstückes. Erstellt dazu einen Arbeitsablaufplan. Formuliert Arbeitsaufträge für die einzelnen Arbeitsschritte. Berücksichtigt die Qualitätskontrolle. Diskutiert eure Planung und sucht Optimierungsmöglichkeiten.

3 Plant eine Erkundung in der Fertigungsplanung und der Produktion (siehe Methode: Arbeitsplatzerkundung, S. 12) eines Betriebes. Vergleicht mit den in diesem Kapitel genannten Arbeitsschritten.

6 Weiterführendes Material

M1 Linienarten für technische Zeichnungen

Art	Beispiel	Breite	Anwendung
Breite Volllinie	———————	0,5	sichtbare Kanten und Umrisse
Schmale Volllinie	———————	0,25	z.B. Maßlinien, Maßhilfslinien, Schraffuren
Freihandlinie	~~~~~~~	0,25	z.B. Begrenzung von abgebrochenen oder unterbrochenen Darstellungen
Strichlinie	- - - - - - - - - - - -	0,25	verdeckte Kanten und Umrisse
Strich-Punkt-Linie	· — · — · — · — ·	0,25	Mittellinien, Symmetrielinien
Strich-Punkt-Punkt-Linie	— ·· — ·· — ·· — ·· —	0,25	z.B. Biegelinien

Für DIN A2 und kleiner (also auch DIN A4) werden die Linienbreiten 0,5 und 0,25 verwendet.

Für Schrift und grafische Symbole wird 0,35 verwendet.

M2 Zeichenblatt

Jedes Zeichenblatt enthält die Zeichnung und das Schriftfeld.

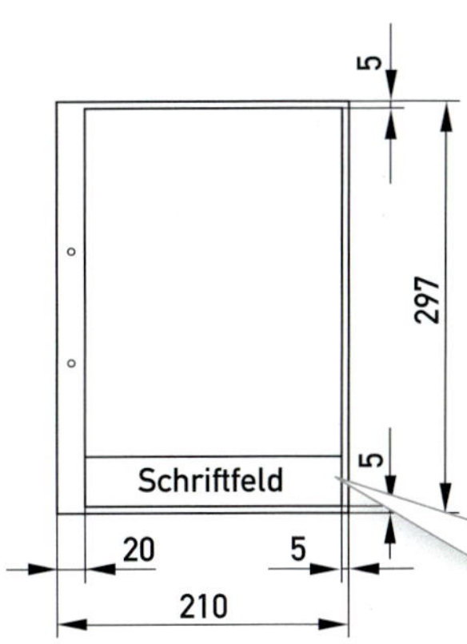

Die Aufteilung auf dem Blatt ist festgelegt. Hier die Vorgaben für ein Blatt im Format DIN A4.

Das Schriftfeld enthält die wichtigsten Angaben wie Benennung des gezeichneten Gegenstandes, Name des Zeichners usw.
Im Schriftfeld einer technischen Zeichnung ist manchmal die Stückliste zu finden, wenn es sich um die Darstellung mehrerer Teile handelt (s. Seite 75).
Die Eintragung der Teile erfolgt immer von unten nach oben.

Teil	Anzahl	Benennung	Werkstoff	Rohmaße
gez.:	Datum	Name	Entstehungsort	
geprüft:	Datum	Name		
Maßstab	Benennung			

M3 Maßstäbe

Um auch sehr große oder sehr kleine Gegenstände anschaulich darstellen zu können, zeichnet man in geeigneten Maßstäben. Im Maßstab 1:1 entsprechen die Gegenstände ihrer natürlichen Größe. Vergrößerungsmaßstäbe stellen sehr kleine Gegenstände größer dar als im Original, Verkleinerungsmaßstäbe dienen der Darstellung sehr großer Gegenstände. Die DIN ISO 5455 empfiehlt als Maßstäbe:

Natürliche Größe		M1:1	
Verkleinerungen	M1:2	M1:5	M1:10
	M1:20	M1:50	M1:100
	M1:200	M1:500	M1:1000
Vergrößerungen	M2:1	M5:1	M10:1 usw.

DIN ISO: Norm, die weltweit in gleicher Weise angewendet wird.

M4 Maßeintragung

An den Maßeintragungen lassen sich die Abmessungen der Gegenstände ablesen.
Bestandteile der Maßeintragung sind dieser Zeichnung zu entnehmen.

Die Maßzahl gibt immer die Originalgröße in Millimetern an. Auf die Angabe der Maßeinheit wird verzichtet, es sei denn, es handelt sich um andere Einheiten als Millimeter.

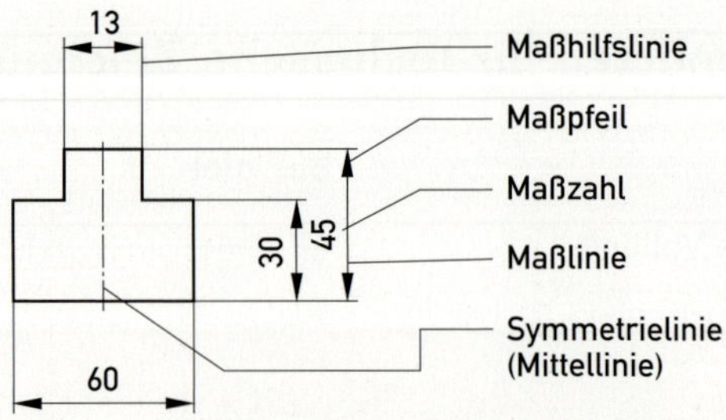

Bestandteile der Maßeintragung

M5 Beispiel zu einem Arbeitsauftrag

Arbeitsauftrag	für Arbeitsschritt	
	Anreißen	
Nr. des Arbeitsschrittes:	**Zu verwendende Arbeitsmittel:**	**Zu bearbeitendes Material**
1	Reißnadel, Stahlmaßstab, Anschlagwinkel, technische Zeichnung	Aluminiumblech, 2 mm dick
Beschreibung des Arbeitsganges:	• Übertragen der Abmessungen von der technischen Zeichnung auf das Aluminiumblech, dabei von der Symmetrielinie ausgehen • Biegelinien und Bohrlöcher mit anreißen • Materialeinsatz wirtschaftlich planen, siehe Vorschlag zur Materialausnutzung	Bemerkungen: Vorschlag für effektive Materialausnutzung 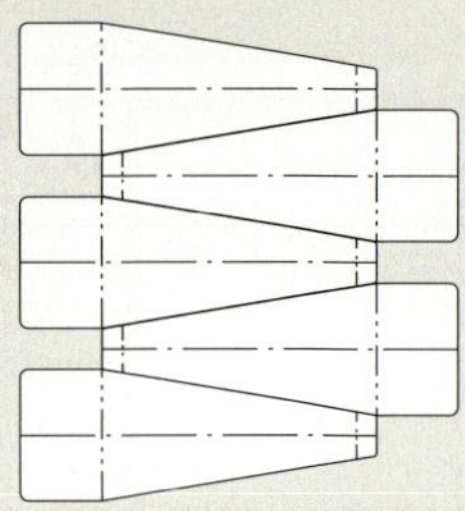
Zu fertigende Stückzahl:	16/Arbeitszeit: 30 Minuten	
Hinweise zum Arbeitsschutz:	Vorsicht – scharfe Kanten am Aluminiumblech! Verletzungsgefahr!	

M6 Metallbearbeitung

Scheren von Metall: Metall mit einer Dicke bis zu 1 mm kann mit der **Handblechschere** zugeschnitten (geschert) werden. Bei bis zu 6 mm Dicke wird die **Handhebelschere** genutzt. Bei diesem spanlos trennenden Fertigungsverfahren wird der Werkstoff zwischen den Schermessern zusammengedrückt und abgebrochen.
Einsatz der Handhebelschere: Niederhalter auf die richtige Höhe einstellen. Längere Schnitte mehrfach nachsetzen, um saubere Schnittkante zu erreichen. Werkstoff an der Schnittlinie anreißen und in einer Flucht mit dem oberen Schermesser ausrichten.

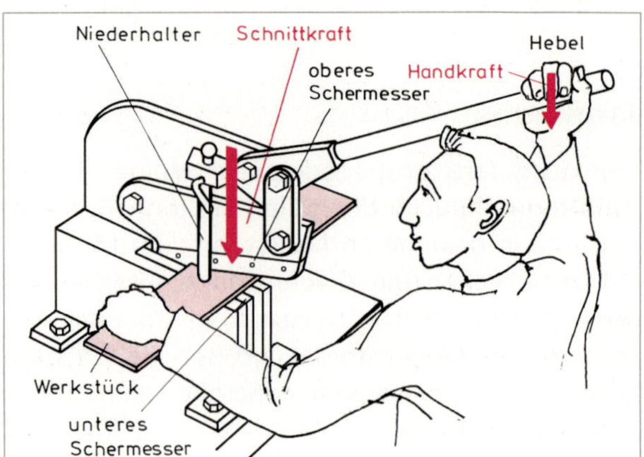

M7 Werkstoffeinteilung

Werkstoffe in der Technik werden in metallische, nichtmetallische und Verbundwerkstoffe, z. B. Beton, eingeteilt:

Metallische Werkstoffe
- **Eisenwerkstoffe**: z. B. Stahl, Grauguss
- **Nichteisenmetalle**
  - **Schwermetalle**: z. B. Kupfer, Zink, Blei; Gold, Platin (Edelmetall)
  - **Leichtmetalle**: z. B. Magnesium, Aluminium, Titan

Nichtmetallische Werkstoffe
- **natürliche Werkstoffe**: z. B. Holz, Stein
- **künstliche Werkstoffe**
  - **keramische Stoffe**: z. B. Glas, Porzellan
  - **Kunststoffe**: z. B. Polyester, Acrylglas (auch Plexiglas)

M8 Bearbeitung von Plexiglas

Der Werkstoff Plexiglas

Name:	Acrylglas
Gewicht:	sehr leicht, spezifisches Gewicht: $1{,}19\,g/cm^2$
Elastizität:	elastisch bis steif, bruchfest, splittersicher
Härte:	Oberfläche lässt sich von härteren Materialien schnell zerkratzen
Umformtemperatur:	Umformung bei 150–200 °C, bis 120 °C schlechter Wärmeleiter, brennt sehr gut!
Leitfähigkeit:	isoliert besser als Gummi und Glas, lädt sich durch Reibung elektrostatisch auf, zieht Staub an
Chemisches Verhalten:	beständig gegenüber vielen im Haushalt vorkommenden Chemikalien. Vorsicht bei Alkohol, Aceton (Nagellackentferner), Spiritus, Verdünnung; spezielle Kleber verwenden: ACRIFIX
Optische Eigenschaften:	Material mit der größten Lichtdurchlässigkeit, vergilbt nicht
Umweltschutz:	keine luftfremden Emissionen bei der Verbrennung
Witterungsfestigkeit:	witterungs- und alterungsbeständig, vergilbt, vertrübt und versprödet nicht

Bearbeitungsmöglichkeiten von Plexiglas

Anzeichnen: mit Bleistift oder Filzstift, mit Reißnadel nur an Stellen, die später wegfallen, oder an späteren Bruchkanten (Ritzbrechen)

Ritzbrechen: Diese Trenntechnik ist bei Platten bis 5 mm Dicke möglich. Das Werkstück wird mit einer scharfen Reißnadel oder einem Spezialmesser mit hakenartiger Form mehrmals entlang einem Lineal beidseitig geritzt und dann über eine Kante gebrochen. Längere Werkstücke müssen auf einer Abkantbank (Schwenkbiegemaschine) gebrochen werden.

Sägen: mit Sägen aller Art, deren Zahnung nicht zu grob ist. Ungeschränkte vielzahnige Sägeblätter sind empfehlenswert.

Bohren: Angezeichnete Bohrung wird mit Vorstecher oder Reißnadel – nicht mit dem Körner – vorgestochen. Werkstück gut festspannen, um das Ausbrechen der unteren Lochkante zu vermeiden. Dünne Platten mit fester Unterlage zusammenspannen. Bei Bohrbeginn den Bohrer langsam und vorsichtig aufsetzen und unmittelbar vor Durchstoßen des Materials den Vorschub verringern.

Schüler produzieren und verkaufen

1 Die Klasse 7 b bittet zum Imbiss

Im Pestalozzi-Schulzentrum findet einmal im Jahr der Berufsinformationstag statt. Vertreter von Ausbildungsbetrieben sowie der Berufsschule informieren über Berufe und berufliche Bildungsgänge. Eingeladen sind Schüler ab dem 8. Jahrgang mit ihren Eltern. Die Klasse 7 b übernahm in diesem Jahr die Versorgung der Besucher mit Speisen und Getränken.

Drei Schüler der Klasse berichteten über das Projekt in der Schülerzeitung. Dazu auf den nächsten Seiten mehr. Auch die Presse schrieb darüber in der Lokalzeitung.

Vielleicht bekommt ihr bei der Bearbeitung dieser Seiten Lust, ein ähnliches Projekt durchzuführen. Hinweise zu den verschiedenen Projektphasen gibt es auf den folgenden Seiten dieses Kapitels.

▸ **Leitauftrag** Überlegt für eure Klasse Anlässe für ein eigenes Produktionsprojekt. Erstellt eine Liste der Arbeiten, die im Laufe eures Projektes anfallen.

Schüler des 7. Jahrgangs bewirten beim Berufsinformationstag

SUNDERN: Über das große Interesse am Berufsinformationstag berichteten wir gestern. Heute stellen wir ein Projekt der Klasse 7 b vor, die für das leibliche Wohl der Besucher sorgte. Vor dem Verkaufsstand konnte man zufriedene Kunden sehen. Das Angebot lockte immer wieder Besucher an den Stand. Die Bedienung durch die Schüler war zuvorkommend. Sie waren für diesen Tag gut vorbereitet. Ein Sprecher der Projektgruppe verriet ein wenig über die gelaufenen Aktivitäten:

„Vieles klärten wir vorher, z. B. was die Besucher essen und trinken möchten.
Was wir produzieren können.
Zu welchem Preis wir verkaufen sollten.
Wie wir die Arbeit planen.
Auch wollten wir wissen, wie es die Profis machen. Deshalb erkundeten wir einen Schnellimbiss, der auch Partyservice anbietet."

B Auf einen Blick

Ihr vollzieht eine Projektplanung, -durchführung und -auswertung nach.

Ihr wählt eine eigene Projektaufgabe aus und legt Ziele fest.

Ihr listet Arbeiten auf und wählt Materialien, Produktionsräume und Werkzeuge aus.

Ihr wählt wichtige Informationen zur Gestaltung des Speisen- und Getränkeangebots aus, z.B. Rezepte und wertet diese für eure Zwecke aus.

Ihr arbeitet im Team nach der Methode Gruppenarbeit und löst evtl. anstehende Konflikte.

Ihr dokumentiert die Ergebnisse der Arbeit, reflektiert diese und eure Zusammenarbeit.

2 Die Projektgruppen: Aufgabenverteilung und Zusammenarbeit

Ziele festlegen und Arbeitsschritte planen

Die Idee für das Projekt entstand im praktischen Unterricht der Hauswirtschaft. Unser Klassenlehrer, der gleichzeitig für den Berufs-Infotag verantwortlich war, unterstützte die Idee. Er führte uns zuvor in die Methode Projektarbeit ein. Wir begannen mit der *Ideenfindung*.

Es gab viele Vorschläge, doch konnten nicht alle umgesetzt werden. Warme Speisen konnten wir beispielsweise anbieten, da eine Schulküche vorhanden ist.

Wir trafen Überlegungen zur benötigten Vorbereitungszeit, den verfügbaren Räumen. Auch berieten wir, wie wir an einen Geldvorschuss kommen könnten.

Die notwendigen Arbeitsschritte wurden überlegt und in eine Reihenfolge gebracht. Wir entschieden uns für Arbeitsteilung in kleinen Projektgruppen.

Geldvorschuss beantragen

Um einen Geldvorschuss zu bekommen, wandten wir uns an den Förderverein unserer Schule. Unsere Sprecher vertraten dem Förderverein gegenüber das Vorhaben und konnten mit der Erwartung kostendeckender Einnahmen überzeugen. Der Förderverein stimmte einem Vorschuss zu. Auch vereinbarten wir als Gegenleistung, eventuelle Überschüsse aus dem Verkauf dem Förderverein zu geben.

Die Gruppen und ihre Aufgaben

Jede Gruppe bekam einen Aufgabenbereich und entwickelte die notwendigen Arbeitsschritte. Eine Wandzeitung mit allen Gruppen und ihren Aufgaben hing während der gesamten Projektphasen im Klassenraum.

Jede Gruppe bestimmte einen Sprecher, der z.B. auch für die Berichte in der Schülerzeitung verantwortlich war. Auch den Kontakt zwischen den Gruppen sollten diese Sprecher herstellen.

G1 Marketing	G2 Produktion von Speisen	G3 Verkauf und Getränke
Markt untersuchen	Snacks planen (mit G1)	Getränkeangebot planen (mit G1)
Werbemaßnahmen festlegen und durchführen	Rezepte auswählen	Kosten kalkulieren (mit G1)
Warenangebote planen, voraussichtliche Kosten ermitteln	Einkaufsliste erstellen und Preise/Qualität vergleichen	Getränke einkaufen, Kosten festhalten
Verkaufspreise kalkulieren und festlegen	Materialkosten kalkulieren (mit G1)	Kundenfreundliches Auftreten trainieren
Verkaufsstand aufbauen und gestalten (mit G3)	Einkauf durchführen, Kosten festhalten	Speisen und Getränke verkaufen
	Snacks zubereiten	Umsatz festhalten

A Aufgaben

1 Vollzieht die hier getroffene Gruppeneinteilung und Arbeitsplanung nach.

2 Bei welchen Aufgaben ist eine Abstimmung zwischen den Projektgruppen notwendig? Begründet.

3 Schreibt für euer Projekt die Gruppen und ihre Arbeiten auf einer Wandzeitung auf.

4 Tragt für die einzelnen Arbeitsschritte die benötigten Materialien und Werkzeuge ein.

5 Prüft, ob ihr für einzelne Arbeiten Experten hinzuziehen solltet.

3 Nahaufnahme: Gruppe Marketing

Unsere Gruppe war für verschiedene Maßnahmen des Marketings verantwortlich. Aus dem bisherigen Unterricht im Fach Wirtschaft kannten wir schon einige:

- die Auswahl der richtigen Produkte
- das Festlegen von Verkaufspreisen
- die Werbung und ein ansprechender Verkaufsstand

Uns war klar, dass wir besonders auf die Zusammenarbeit mit den anderen Gruppen angewiesen waren. Wie sollten wir z.B. Verkaufspreise festlegen, ohne die Kosten der Produktionsgruppe zu kennen?

Was lässt sich gut verkaufen?

Das klärten wir mit einer Befragung bei den Organisatoren des Infotages. Auch wollten wir wissen, wie viele Besucher erwartet würden. Und der Anteil der Erwachsenen war für uns wichtig. Wir fragten dazu auch die Klasse, die im letzten Jahr für die Verpflegung am Berufsinformationstag zuständig war.

▲ Befragung der Organisatoren

▲ „Experten" aus dem letzten Jahr werden zu ihren Erfahrungen befragt

Die Werbung beginnt schon vor dem Infotag

Wir wollten sicher sein, dass die Besucher auch mit einem Imbissangebot rechnen. Also nutzten wir das Einladungsschreiben zu dieser Veranstaltung für eine kleine Anzeige.

Für den kleinen Hunger zwischendurch

Nutzen Sie Ihre Pause und stärken Sie sich am Imbiss-Stand der Klasse 7 b

Snacks, Vitamine, Getränke und freundliche Schüler erwarten Sie in der Pausenhalle rechts neben dem Eingang.

Wir freuen uns auf Ihren Besuch
Ihre Klasse 7 b

Am Tag selbst hingen wir Plakate am Eingang und in den Beratungsräumen auf. Als Verkaufsstand nutzten wir die Durchreiche unserer Schülercafeteria – unübersehbar für alle hungrigen Besucher. Bei der Gestaltung der Plakate unterstützte uns der Kunstlehrer während unserer Unterrichtsstunden.

▲ Plakate werden entworfen

Der Überblick über alle Kosten

Schon zu Beginn der Planung beschäftigten uns die Kosten des Projekts. Wir brauchten eine Vorkalkulation von Kosten und *Umsatz*, um den Vorschuss beim Förderverein zu bekommen. Die Verantwortung übernahm die Gruppe Marketing. Die anderen Gruppen wurden immer dann zu Rate gezogen, wenn es um die Kosten in ihrem Bereich ging.
Die Vorkalkulation erstellten wir am PC mit EXCEL. Diese Vorkalkulation diente auch dazu, die Verkaufspreise festzulegen.
Übrigens: Während der Projektphase musste jede Gruppe ihre tatsächlichen Kosten durch Belege festhalten. Die Endabrechnung mit dem Förderverein übernahm dann wiederum die Gruppe Marketing.

Der Verkaufspreis entsteht

Bei der Festlegung der Verkaufspreise spielten nicht nur die Kosten eine Rolle. Wir planten auch einen Zuschlag von 20 % auf Getränke und 50 % auf Speisen als Gewinn ein.
Außerdem legten wir uns auf bestimmte Abgabegrößen bei Getränken und Speisen fest.
Wir gestalteten ein Plakat mit dem Angebot. Am Verkaufstag hing es für alle sichtbar am Verkaufsstand.

Vorkalkulation

B5 fx Summe Gemeinkosten *)

	A	B	C
1	**Gruppe**	**Kostenart**	**Kosten in €**
2	G1	Werbematerial	30,00 €
3	G1	Dekoration Verkaufsstand	20,00 €
4	G1	Servietten, Tischdekoration	30,00 €
5		**Summe Gemeinkosten *)**	80,00 €
6	G2	Zutaten Pizza	120,00 €
7	G2	Zutaten belegte Brote	90,00 €
8	G2	Obst/Gemüse	20,00 €
9	G2	Gemeinkostenanteil *) 50%	40,00 €
10		**Summe Gruppe 2**	270,00 €
11	G3	Kalte Getränke	90,00 €
12	G3	Kaffee/Tee	40,00 €
13	G3	Milchshake	15,00 €
14	G3	Gemeinkostenanteil *) 50%	40,00 €
15		**Summe Gruppe 3**	185,00 €

* Gemeinkosten werden nur den Waren zugerechnet, die verkauft werden sollen. Die Zuordnung erfolgte durch vorher festgelegte Prozentanteile. Die Klasse hatte sich für 50 % entschieden.

Unser Angebot

Getränke 0,2 l	
Apfelsaft	0,50 €
Orangensaft	0,50 €
Milchshake mit Früchten	0,80 €
Mineralwasser	0,30 €
Kaffee	0,60 €
Tee (schwarz, grün, fruchtig)	0,50 €

Speisen	
1 Stück Pizza	1,00 €
1 halbes belegtes Brötchen	1,00 €
1 Schale frische Beilagen (Obst/Gemüse)	0,80 €

A

Aufgaben

1 Nennt die Werbemaßnahmen für das Imbiss-Projekt. Wie beurteilt ihr diese?

2 Wie ermittelt die Gruppe Marketing die Verkaufspreise für Speisen und Getränke?

3 Bestimmt notwendige Werbemaßnahmen für euer eigenes Projekt.

4 Entwickelt eine Grundlage für die Kalkulation eures Projekts.

4 Nahaufnahme: Gruppe Produktion

Materialbedarf ermitteln

In unserer Gruppe entstand die „Speisekarte". Dabei berücksichtigten wir die Ergebnisse der Umfrage, Ideen aus verschiedenen Kochbüchern und unsere eigenen Fähigkeiten in der Schulküche. Als das Speisenangebot feststand, ging es an die Einkaufslisten. Für unsere Pizza sah das so aus:

Vollkornpizza
(Zutaten für ein Backblech)

Teig: 360 g Weizenvollkornmehl
1 Päckchen Trockenhefe
200 ml lauwarmes Wasser
1 EL Olivenöl
1 TL Jodsalz

Belag: 200 g Pizzatomaten
2 EL Olivenöl
1 rote und 1 grüne Paprika
1 mittelgroße Zwiebel
150 g frische Champignons
200 g gekochter Schinken
250 g geriebener Käse
Oregano, Basilikum, Salz, Pfeffer

Den Einkauf planen und durchführen

Erfahrungen aus dem Elternhaus zum Preisvergleich wurden mit einbezogen. Denn schließlich wollten wir kostenbewusst einkaufen. Aber auch die Qualität sollte stimmen. Gerade bei Obst und Gemüse hatten wir hohe Ansprüche. Timos Vater bot an, mit seinem Auto die Waren zu transportieren. Die Kassenzettel wurden als Belege für die Materialkosten aufbewahrt und an die Gruppe Marketing weitergegeben.

Materialbedarf ermitteln

Zutaten	Gesamtmenge	Gesamtkosten
Weizenvollkornmehl	6 Pakete à 1000 g	6,54 €
Trockenhefe	4 Pakete à 4 Päckchen	3,96 €
Olivenöl	1 Flasche	3,79 €
Jodsalz	1 Paket	0,95 €
Pizzatomaten	8 Dosen à 400 g	7,60 €
Rote und grüne Paprikas	Je 15 Stück/ à ca. 200 g	17,94 €
Zwiebeln	1 000 g	0,79 €
Frische Champignons	2 250 g	8,98 €
Gekochter Schinken	3 000 g	26,85 €
Geriebener Käse	8 Pakete à 500 g	19,12 €
Oregano	1 Päckchen	2,69 €
Basilikum	2 Töpfe	3,98 €
	Summe	**103,19 €**

A Aufgaben

1 Vollzieht die beschriebenen Arbeitsschritte nach. Ermittelt für die Produkte, die ihr in eurem Projekt herstellen wollt, den Materialbedarf und stellt diesen in Materiallisten zusammen.

2 Errechnet eure Materialkosten.

3 Begründet, warum es notwendig ist, die Kosten zu ermitteln.

4 Erkundigt euch, wie Kosten in einem Unternehmen festgehalten werden. Fragt eure Eltern, wie das an ihren Arbeitsstätten geschieht.

5 Die Pizzabäcker bei der Arbeit

Die Arbeitsplanung wurde schriftlich festgehalten und die verantwortlichen Mitschüler bestimmt. Wir legten für alle Arbeitsschritte die notwendige Zeit fest und planten so den Beginn unserer Produktion.

An dieser Stelle möchten wir uns für die große Unterstützung der Hauswirtschaftslehrerin bedanken. Sie war immer zur Stelle, wenn wir Hilfe brauchten, und das passierte durchaus häufig.

Unsere Arbeitsplanung sicherte, dass die Pizzaherstellung effektiv und reibungslos ablief. Schließlich sollte die Pizza zu einem bestimmten Zeitpunkt verkauft werden. Deshalb gab es einen Ablaufplan mit diesen arbeitsteiligen Aufgaben:

- Teig nach Rezept herstellen und auf Blechen ausrollen
- Belag vorbereiten (Gemüse putzen, schneiden)
- Belegen des ausgerollten Teiges
- Kontrolle des Backvorganges, Schneiden in Größe der Verkaufsportionen, Auslieferung an den Verkaufsstand

Während die meisten Schüler dieser Gruppe als Pizzabäcker arbeiteten, waren andere für die belegten Brötchen zuständig. Wieder andere bereiteten verschiedene Obst- und Gemüsesorten für den Verkauf vor.

A Aufgaben

1 Vollzieht die hier getroffene Organisation der Arbeit nach. Trefft für euer Projekt entsprechende Überlegungen. Haltet diese in einem Projektablaufplan fest.

2 Begründet die Arbeitsteilung bei der Pizza-Produktion.

3 Was musste die Gruppe für die Durchführung der Arbeit können? Überlegt diese Aspekte für euer Projekt.

4 Die Schüler hatten bei der Erkundung des Imbissbetriebes einen Mitarbeiter zur Arbeitsteilung befragt. Zieht evtl. auch für die Arbeitsteilung in eurem Projekt einen Experten heran.

6 Nahaufnahme: Gruppe Verkauf

Anforderungen an den Verkaufsstand

Die Gruppe Verkauf hatte sich mit der Gruppe Marketing über die Ausstattung des Verkaufsstandes beraten. Kaffee und Tee sollten frisch am Stand zubereitet werden. Ebenso die Milchshake-Getränke. Die notwendigen elektrischen Geräte konnten aus der Schülercafeteria genutzt werden. Den Einkauf der Getränke und der Zutaten übernahm ebenfalls diese Gruppe.

Kundenorientiertes Auftreten

Vor Beginn des Verkaufs ging es in der Gruppe Verkauf um die Anordnung der Getränke und Speisen sowie die Arbeitsverteilung zwischen den Teammitgliedern. In einer vorbereitenden Stunde wurde geübt, die Waren ansprechend zu servieren. Wir probten auch Kundengespräche, bei denen wir freundlich das Angebot anpriesen.

Selbstverständlich musste sich jeder am Stand unsere Verkaufspreise vorher einprägen. Wir wurden am Verkaufstag von den Mitschülern der Gruppe Marketing unterstützt.

Letzte Entscheidungen vor dem Verkauf

Damit der Verkauf ohne Pannen stattfinden konnte, mussten noch etliche Dinge besorgt bzw. gekauft werden:

- ausreichend Geschirr, Besteck und Servietten
- Körbe für benutzte Tassen, Löffel
- Abfallbehälter für Pappteller, Servietten und Becher
- eine Kasse mit ausreichendem Wechselgeld
- eine vorbereitete Liste, in der die Verkäufe als Strichliste festgehalten wurden

A Aufgaben

1 Stellt Gründe für die Zusammenarbeit der Gruppen zusammen. Mit welchen Gruppen ist bei eurem Projekt beim Verkauf eine Abstimmung notwendig?

2 Welches Wissen und Können benötigt in eurem Projekt das Verkaufspersonal?

7 Auswertung des Projekts

Zur Arbeit der einzelnen Gruppen

In einem ersten Schritt blickten die einzelnen Gruppen auf ihre Arbeit zurück. Sie orientierten sich bei der Auswertung an den Methoden *Projektarbeit* und *Gruppenarbeit*.
Ein besonderer Schwerpunkt war die Zusammenarbeit der Mitschüler und ihr Umgang mit Konflikten.

Hier ein paar Äußerungen zum Sachergebnis
GRUPPE 1: „Die Befragung zu dem, was wir anbieten sollten, stimmte mit der Nachfrage überein. Die Pizza wurde restlos verkauft. Allerdings blieben einige Brötchen zurück. Es waren wohl weniger Besucher gekommen als erwartet."

GRUPPE 2: „Wir haben die Arbeit unterschätzt und mussten viele Überstunden machen, weil wir einige Arbeitstechniken erst noch lernen mussten."

GRUPPE 3: „Um 19 Uhr kamen plötzlich sehr viele Kunden. Wir konnten nicht genug Pizza anbieten, weil der Nachschub fehlte. Das Abbacken dauerte länger als geplant.
Wir versuchten freundlich zu bleiben und dafür belegte Brötchen anzubieten. So schafften wir es auch, fast alle Brötchen zu verkaufen."

GRUPPE 3: „Die Zusammenarbeit am Stand klappte gut. Dank Nora und Tim gab es immer frischen Kaffee und Tee und unser Spülteam sorgte für saubere Tassen. Das Verkaufen machte richtig Spaß."

Ergebnisse des Projekts

In einem zweiten Schritt wurden die Ergebnisse betrachtet. Hat es sich gelohnt? Dazu wurde eine Nachkalkulation gemacht. Es blieb ein Gewinn. Hätte die Klasse alle Speisen und Getränke verkauft, wäre er noch größer gewesen. Die restlichen Brötchen hatten Schüler zum Schluss selbst gegessen. Verschlossene Getränke nahmen einige Eltern zum Einkaufspreis ab.

Umsatz	
Getränke	240 €
Speisen	305 €
Insgesamt	**545 €**

Kosten	
(Papier, Kopien, Plakatkarton, Stifte, Servietten, Abfalltüten …)	78 €
(Brötchen, Belag, Zutaten Pizza, Obst/Gemüse)	212 €
(Kaffee, Tee, Filtertüten, Milch, TK-Obst, Säfte, Mineralwasser …)	137 €
Insgesamt	**427 €**

Unterschiede zu einem realen Betrieb

Was unterscheidet das Projekt von einem Imbiss oder Partyservice?
Damit beschäftigte sich die Klasse in einer weiteren Unterrichtsstunde.
Schnell kamen die Schüler auf Kosten, die in einem echten Betrieb entstehen, die für ihr Projekt aber keine Bedeutung hatten.

A Aufgaben

1 Vollzieht die Auswertung zum Sachergebnis nach. Wie hoch war der Gewinn?

2 Welche weiteren Kosten neben den Materialkosten fallen in einem Betrieb an?

3 Wertet euer Projekt aus. Reflektiert die Ergebnisse eurer Arbeit und die Zusammenarbeit.

4 Ermittelt für euer Projekt die angefallenen Kosten. Wie hat sich eure Arbeit gelohnt?

5 Wie haben die Teams zusammengearbeitet und Konflikte gelöst.

6 Was habt ihr gelernt?

Alles klar?

Erneuerbare Energien – Chance für die Zukunft

1 In Deutschland ist die Erhöhung des Anteils der Energienutzung durch Wind und Sonne geplant. Wie kann der Energiebedarf bei bedecktem Wetter und Windstille gedeckt werden?

2 Wie kann durch Hybridtechnologie bei Pkw Energie gespart werden?

3 Erkläre, warum gefordert wird, in Deutschland Kernkraftwerke stillzulegen.

4 Vergleiche Kosten und Umweltfolgen der Stromerzeugung. Begründe, welche zwei Energieträger du für günstig ansiehst.

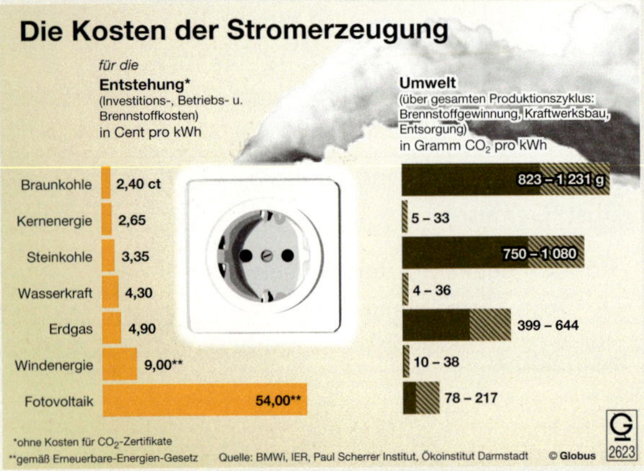

5 Nenne Maßnahmen, die den Einsatz erneuerbarer Energien fördern können.

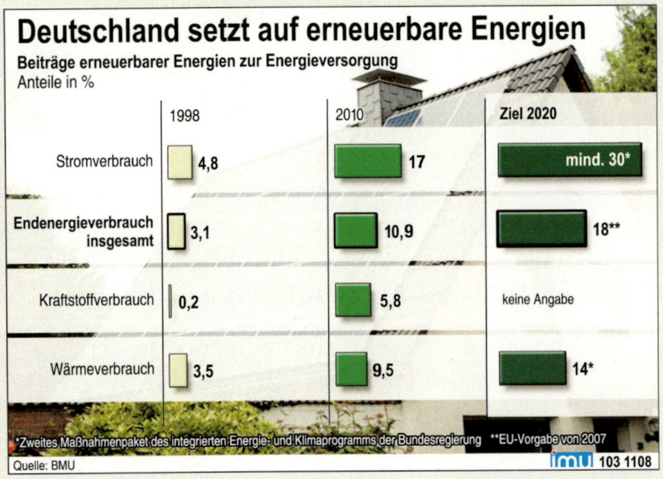

Handyhalter aus Plexiglas: Vom Prototypen zur Fertigung

6 Beschreibe Gesichtspunkte, die bedacht werden müssen, wenn du eine Produktidee umsetzen möchtest.

7 Was muss erfüllt sein, damit ein Produkt marktfähig ist?

8 Erkläre die Bedeutung eines Arbeitsablaufplans für die Herstellung eines Produkts.

9 In **M5**, S. 76 ist ein Beispiel für einen Arbeitsauftrag abgebildet. Begründe, warum dieser in den Spalten genau beschrieben ist.

10 Begründe, warum genau vorgeschrieben ist, wie technische Zeichnungen zu gestalten sind.

11 In der folgenden Abbildung wird ein Qualitätskreis abgebildet. Erkläre an einem Beispiel die Bedeutung, die genannte Punkte für eine gute Qualität haben können.

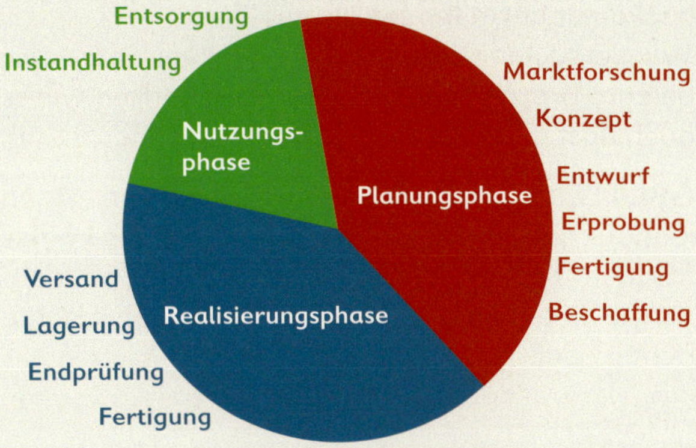

Masing, Walter, Qualitätskreis
http://www.quality-conceptag.de/qcag/begriffe/qualikr.htm

Daten 2010: **BMU** (2011): Erneuerbare Energien in Zahlen 2010, Berlin, S.10

Arbeitsplätze: Ein Blick hinter die Kulissen

1 Arbeiten heißt nicht nur „Geld verdienen"

▼ SASKIA BLUM: „Als Designerin verdiene ich ordentlich. Ich trainiere ehrenamtlich die C-Jugend im Sportverein. Das macht meistens Freude. Bis zu einer Verletzung spielte ich selbst Handball. Ich verfolge die Entwicklung der Jugendlichen. Wir haben sportlich Erfolg. Manchmal gibt es Stress. Die Mädchen sind in der Pubertät, Eltern mischen sich ein. Im Trainerlehrgang lernte ich, typische Konflikte zu bearbeiten. Mein Freund findet manchmal, dass das zu viel Zeit kostet."

▼ PAUL ANTES: „Bis vor kurzem hat meine Frau vorwiegend Kinder und Haushalt versorgt. Ich arbeite als Elektroniker. Jetzt habe ich für zwei Jahre Elternzeit genommen. Ich möchte die Entwicklung meiner Kinder auch miterleben. Diese Arbeit in der Familie ist uns wichtig und macht teilweise Spaß. Beide wollen wir im Beruf Anschluss behalten, um auch in Zukunft ein gutes Einkommen zu erzielen. Wer weiß, ob unsere Partnerschaft ein Leben lang hält."

▲ GABY GERDES: „Mein Friseursalon läuft gut. Meine beiden Kinder und ich können davon leben. Die Arbeit ist vielseitig. Es gelingt mir, auch meine Mitarbeiter für die Arbeit zu begeistern. Bei Konflikten, auch mit Kunden, vermittle ich. Diese Fähigkeit nützt mir auch bei meinen Kindern."

▸ **Leitauftrag** Sprecht über die unterschiedlichen Arbeitsplätze. Berücksichtigt dabei: Art der Arbeit, Möglichkeit sich einzubringen, Arbeitszufriedenheit, Arbeitsgrund, private Interessen.

▲ OLAF DECKER: „Meine Arbeit in der Tischlerei HOLZWURM ist interessant und anspruchsvoll. Bei der Beratung von Kunden kann ich Ideen einbringen. Der Chef wollte, dass ich mich nach der Meisterprüfung bei der Leitung beteilige. Ich fürchte, dann wenig Zeit für meine Hobbys zu haben."

B

Auf einen Blick

Ihr begründet, warum Menschen arbeiten.

Ihr unterscheidet entlohnte und nicht entlohnte Arbeit.

Ihr führt eine Arbeitsplatzerkundung durch und wertet diese aus.

Ihr erklärt Anforderungen von Berufen.

Ihr beschreibt Arbeitsbedingungen und schätzt diese aus sozialer Perspektive ein.

Ihr erprobt im Rollenspiel Möglichkeiten zur Lösung von Konflikten am Arbeitsplatz.

Ihr erklärt, warum eine gute Berufsausbildung wichtig ist.

2 Möbel ausliefern und Umzüge durchführen

Herr Bulvac arbeitet im Möbel-, Küchen- und Umzugsservice (BKU). Von 2006–2008 wurde dafür die Ausbildung in einem → Ausbildungsberuf erprobt und der Beruf dann eingeführt. Er berichtet über seine *Erwerbsarbeit*:

„Eine Ausbildung zum Metzger brach ich ab. Dann war ich arbeitslos und später angelernter Arbeiter in einer Schreinerei. Seit vier Jahren bin ich bei BKU. Wir liefern auch für mehrere Möbel- und Küchenhändler aus. Wir sind vier Teams, je zwei fest beschäftigte Arbeiter und nach Auftragslage Aushilfen. Ich bin mit Gregor im Team; prima Kumpel. Er hilft mir oft, wenn es Probleme mit der deutschen Sprache gibt. Deutsch ist nicht mein Ding. Seit neuestem haben wir einen Auszubildenden. Der stellt sich ganz gut an. Mein Teamleiter ist Schreiner. Von dem konnte ich viel abschauen. Mit der Arbeit bin ich zufrieden. Sie ist abwechslungsreich. Ich habe mit verschiedenen Kunden zu tun. Manche sind sehr nett und höflich – das sind wir meist auch. Andere meckern bei Kleinigkeiten. Nicht immer ist die Schramme nach einem Umzug von uns.

Die Arbeit ist nicht einfach. Es gibt so viel verschiedene Modelle, die wir zerlegen und zusammenmontieren. Bei Neuware haben wir Montageanleitungen – manchmal ist die Arbeit trotzdem kompliziert, auch weil die Anleitungen unverständlich sind. Ich freue mich, wenn Kunden zufrieden sind – manche geben Trinkgeld. Ärger gibt es, wenn die Arbeit länger dauert als geplant. Der Kunde ist sauer, wir haben später Feierabend und auch der Chef meckert schon mal."

▲ GREGOR: „In der Stückliste vom Werk fehlt ein Seitenteil. Wir können die Arbeit leider nicht fertig stellen."
KUNDIN: „Und wie lange soll ich die Baustelle noch ertragen?"
BULVAC: „Wir werden uns erkundigen."

▲ BULVAC: „Chef, wir können die Arbeit nicht fertig stellen, weil ein Teil fehlt."
CHEF: „Sagen Sie, dass das Teil in 10 Tagen da ist. Kassieren Sie aber dreiviertel der Kaufsumme als Abschlag."

A Aufgaben

1 Nennt Arbeiten, die bei Herrn Bulvac anfallen.

2 Wie ist die Arbeit bei BKU organisiert?

3 Wovon hängt die Arbeitszufriedenheit ab?

4 Wie ist die Arbeitszeit geregelt?

5 Warum kann die Schrankwand nicht komplett montiert werden?

6 Vergleicht das Verhalten der Monteure gegenüber dem Kunden mit dem Text im Kasten.

Fachkraft für Möbel-, Küchen- und Umzugsservice

Sie bauen Küchen und Möbel auf und ab, installieren elektrische Einrichtungen und Geräte, stellen Anschlüsse an Wasserleitungen her, holen Küchen, Möbel und Geräte oder Umzugsgut ab und liefern aus, führen Verpackungs- und Transportarbeiten durch, prüfen Lieferunterlagen und nehmen Zahlungen an. Sie führen ihre Arbeiten selbstständig, kunden- und betriebswirtschaftlich orientiert durch und behandeln Reklamationen.

Nach **BIBB** (2006): www.bibb.de
▸ Berufe ▸ Neue und neu geordnete Berufe
▸ Neue und neu geordnete Ausbildungsberufe 2006

3 Autos reparieren und Reifenservice leisten

Kfz-Mechaniker Jens berichtet

Mitte November: bei AUTOSERVICE HESSE (ASH) ist Hochkonjunktur. Die Kunden lassen ihre Winterreifen montieren oder kaufen neue. Die Beleuchtung ist zu kontrollieren. Oft werden in Verbindung damit noch Reparaturen erledigt. ASH repariert fast alle Automarken.

Jens arbeitet seit zwei Jahren hier. Er ist gelernter Kraftfahrzeugmechaniker. Seit 2003 heißt der Ausbildungsberuf Kraftfahrzeugmechatroniker. Die neue Ausbildung berücksichtigt, dass viele Systeme im Auto elektronisch geregelt sind.

Jens schätzt die vielseitige Arbeit: Reifenservice für Pkw, Lkw und andere Nutzfahrzeuge und gängige Reparaturen bei Pkw. Letztere sind sein Schwerpunkt. Wichtig ist ihm die Arbeit im Team. Sonst käme auch er mit den unterschiedlichen Autotypen nicht zurecht.

Jens unterstützt den Meister bei der Auftragsannahme. Der Kundenkontakt gefällt ihm. Auch die Auszubildenden betreut er gern. Er hat sich für die Meisterausbildung entschieden. Er will damit auch seinen Arbeitsplatz sichern.

Das Team bei ASH

Hier arbeiten ein Meister, der die Arbeit organisiert, eine Bürokauffrau für die Bestellung und Abrechnung, drei Kfz-Mechaniker, zwei angelernte Kräfte, z.B. für Reifen- und Schalldämpferwechsel, und zwei Auszubildende. Eine lernt Kfz-Mechatronikerin und einer Mechaniker für Reifen- und Vulkanisationstechnik. Für die Ausbildung ist der Meister verantwortlich. Die Arbeit lernen sie von den Fachkräften.

In den Berufen geht es auch um Beraten und Informieren von Kunden, Planen und Kontrollieren von Arbeitsabläufen.

Kraftfahrzeugmechatroniker/-innen

- stellen Störungen sowie Ursachen dafür fest
- warten und stellen Fahrzeuge und Systeme ein
- demontieren und montieren Kraftfahrzeuge und deren Bauteile, setzen sie instand
- bereiten Fahrzeuge auf den TÜV vor

Mechaniker/-innen für Reifen- und Vulkanisationstechnik

- reparieren Schläuche und Reifen
- suchen Ursachen von Schäden und Störungen
- bedienen Werkzeuge, Geräte, Maschinen

Nach **BIBB**: www.bibb.de ▸ Suche nach Berufen

▲ MECHANIKER: „Für mich ist Warten verlorene Zeit. Schließlich erhalte ich Leistungslohn."

MEISTER: „Bevor der Kunde das nicht zusätzlich in Auftrag gegeben hat, darfst du die Bremsbeläge nicht auswechseln."

A Aufgaben

1 Nennt Arbeiten, die Jens bei ASH ausführt, und wie der Betrieb organisiert ist.

2 Wie schätzt Jens seine Arbeit ein? Warum will er Meister werden?

3 Informiert euch über die Berufe. Führt in einem Betrieb eine Arbeitsplatzerkundung durch.

4 Sprecht über den Konflikt auf dem Bild.

4 Gäste bedienen

Mit einer Ausbildung fing es an

Merle Kramp schaffte den Hauptschulabschluss nicht. Deshalb schloss sie das Berufsvorbereitungsjahr Ernährung und Hauswirtschaft an. Sie hatte dann Glück – sie war schon 18 Jahre –, im Bistro SZENE eine Ausbildungsstelle als **Fachkraft im Gastgewerbe** zu erhalten. Im Betrieb und der Berufsschule lernte sie u.a.

- einfache Speisen und Heißgetränke herzustellen und anrichten
- Speisen zu servieren und Getränke auszuschenken
- Gäste zu empfangen und zu betreuen

Ein ganz gewöhnlicher Abend im SZENE

Nun hat sie seit drei Jahren ausgelernt. Das Bistro SZENE besuchen meist junge Leute. Der Umgang ist locker. Es gibt viele Stammkunden. Merle findet guten Kontakt. Das schätzt der Chef, gelernter Restaurantfachmann.

Der Verdienst ist nicht besonders gut. Viele Gäste haben selbst wenig Geld und geben kaum Trinkgeld. Essen gibt es bis nach der Spätvorstellung des nahen Kinos. Dann wird es meist noch mal stressig – besonders am Wochenende. Der Koch macht total leckere Sachen. Sie und die drei Kolleginnen müssen sich sehr um die Gäste bemühen. Die Konkurrenz ist groß. Der Chef sagt, dass er bei der hohen Miete wenig verdient. Oft ist erst um zwei Uhr morgens Feierabend. Dann sitzen sie manchmal noch zusammen und trinken etwas – die Beine und der Rücken schmerzen.

Manchmal überlegt Merle, sich im Kaufhausrestaurant zu bewerben. Dann hätte sie abends Zeit für ihren Freund – ob sie genommen würde? – aber: Das SZENE würde ihr fehlen.

▲ CHEF: „Mach Schluss für heute, es kommt wohl keiner mehr zum Essen."

MERLE: „Prima, dann sehe ich meinen Freund vielleicht noch."

▲ MERLE: „Das war wohl nichts mit dem früher Gehen. Hier! Sieben Essen sind gefragt. Der Chef hat gesagt, dass die neuen Gäste noch essen können."

KOCH: „Wir haben doch schon geputzt! Was soll's! Jens, dann musst du auch noch bleiben."

JENS: „… und morgen um acht ist Berufsschule!"

A Aufgaben

1 Besorgt euch mehr Informatinen zur Fachkraft im Gastgewerbe, Restaurantfachmann/-frau, Koch/Köchin im Internet unter:

www.bibb.de ▶ Berufe ▶ Berufsinformation ▶ A.WE.B ▶ Ausbildung
www.berufenet.de

2 Welche Fähigkeiten von Merle sind wichtig,
- damit die Gäste sich wohl fühlen,
- sie gut mit Kollegen zusammenarbeitet?

3 Wovon hängt ihre Arbeitszufriedenheit ab?

4 Nehmt Stellung zur Bildergeschichte aus der Sicht der Beschäftigten und des Chefs.

5 Arbeiten im Dienste der Gesundheit

Frank Rode berichtet

„Ich arbeite seit sieben Jahren als Krankenpfleger auf der chirurgischen Station im Schichtdienst. Jedes zweite Wochenende ist frei. Ab und zu muss ich auch nachts arbeiten.

Die Station hat 30 Betten. Normalerweise sind wir bei der Pflege tags zu sechst: die Stationsleitung, drei Schwestern oder Pfleger und eine Hilfskraft, die z.B. das Essen austeilt. Meist ist eine Auszubildende dabei, die wir anleiten.

Die Arbeit macht mir meistens Freude. Ich wollte einen Beruf, bei dem ich Kontakt zu Menschen habe. Meine Zeit ist meist knapp. Trotzdem nehme ich mir so oft wie möglich Zeit für ein Gespräch mit Patienten. Es gibt immer öfter Patienten, die sonst niemanden haben.

Es gibt viel zu tun, z.B. Verbände wechseln, Temperatur und Puls messen, bei der Körperpflege helfen, die Behandlung aufschreiben, Gespräche im Team führen, besonders zum Schichtwechsel, Essen und Getränke austeilen, Medikamente ausgeben, Schwerkranken das Essen reichen und, und …

Oft bin ich gestresst, weil wir zu wenig Pflegepersonal haben. Ich freue mich, wenn es Patienten wieder besser geht. Aber zum Beruf gehört auch das Umgehen mit dem Sterben. Das belastet mich jedes Mal. Aber gerade dann bin ich für die Patienten und deren Angehörige wichtig."

Gesundheits- und Krankenpfleger/-innen

- pflegen Patienten in Krankenhäusern und Rehabilitations-Kliniken, bei häuslichen Pflegediensten oder in Einrichtungen der Altenpflege.
- Pflegeaufgaben führen sie eigenverantwortlich aus oder wirken daran mit.
- Die Ausbildung erfolgt an Berufsfachschulen für Krankenpflege und in der Pflegepraxis.

Nach **Bundesagentur für Arbeit:** http://infobub.arbeitsagentur.de ▸ BERUFENET

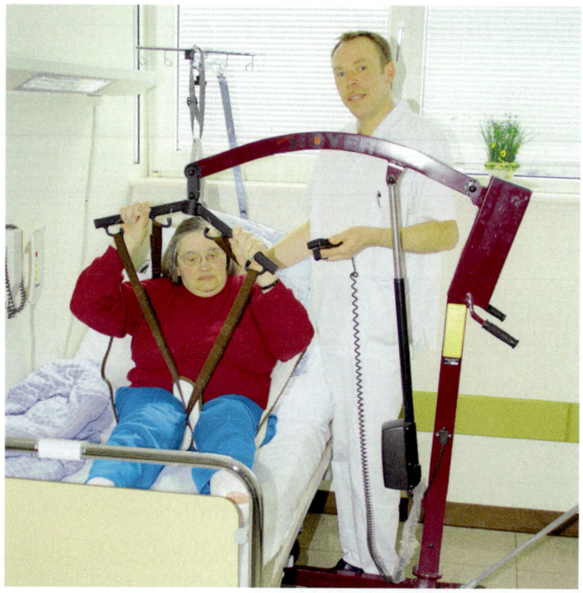

▲ RODE (denkt): „Dauert zwar länger mit dieser Hebehilfe. Aber wenn mein Rücken kaputt ist, geht gar nichts mehr."

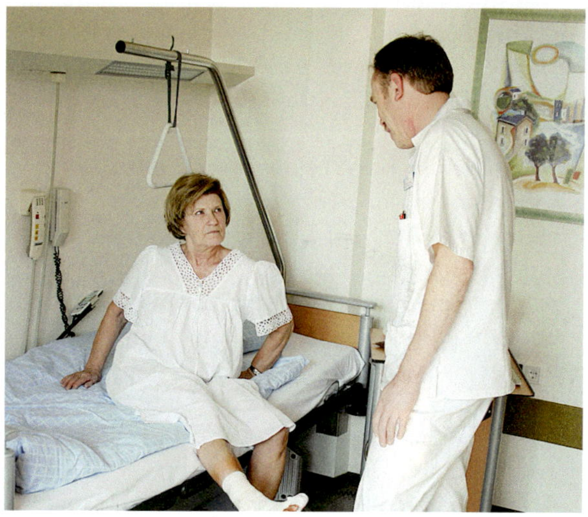

▲ PATIENTIN: „Ich habe dreimal geschellt. Können Sie mir bitte zeigen, wie ich den Fernseher anstellen kann?"

RODE: „Selbstverständlich, warten Sie bitte, bis ich den frisch Operierten versorgt habe. Eine Kollegin ist krank geworden, wir müssen sie vertreten."

A

Aufgaben

1 Stellt zusammen, was Frank Rode an seinem Beruf schätzt bzw. belastend findet.

2 Welche Anforderungen stellt der Beruf? Bezieht die Abbildungen ein.

6 Tiere behandeln und Tierhalter beraten

Sandra hat ihr erstes Betriebspraktikum in der Kleintierpraxis BRAHM gemacht. Im Praktikumsbericht hat sie ihre Erfahrungen geschildert:

„Ich war 14 Tage im Praktikum. Frau Dirks, die Tierarzthelferin, zeigte mir die Praxis. Sie hat mir auch vieles erklärt. Ich habe zuerst hauptsächlich Medikamente, gebrauchte Spritzen usw. weggeräumt und bei Behandlungen zugeschaut. Später durfte ich auch mit anfassen. Ich brachte die operierten Tiere auf die Station und schaute ab und zu, wann sie wieder aus der Narkose aufwachten. Nachdem die Tiere abgeholt wurden, musste ich die Boxen säubern und desinfizieren.
In der ersten Woche war tagsüber eine junge Hündin da, um die ich mich kümmerte. Die hat Infusionen bekommen. Aber sie wurde dann leider doch eingeschläfert.... Tja, manchmal traurig, aber doch interessant. Wenn's klappt, will ich die Ausbildung machen. Herr Brahm hat mir ein Merkblatt gegeben, worauf es bei dem Beruf und Bewerbern ankommt. Ab 2006 heißt der Beruf übrigens Tiermedizinische Fachangestellte."

Tiermedizinische(-r) Fachangestellte(-r)

- organisieren den Praxisablauf
- helfen dem Arzt bei Diagnose und Therapie, u.a. bei Operationen
- röntgen und führen Laborarbeiten aus
- beraten und betreuen Tierhalter/-innen
- führen Hygienemaßnahmen durch
- dokumentieren Daten und die Untersuchung
- überwachen den Materialbedarf der Praxis
- beachten den Tierschutz
- Arbeitsplätze gibt es in Großtier- und Kleintierpraxen, in Tierkliniken und Zoos.

Nach **Verband medizinischer Fachberufe** e.V. (2010)
www.vmf-online.de
▸ Tiermedizinische/-r Fachangestellte/-r

Vorteilhafte Eigenschaften von Ausbildungsbewerbern

Sandra hat sich das Merkblatt durchgelesen und meint, dass sie schon viele der gewünschten Eigenschaften besitzt.

- Tierliebe
- Interesse an Chirurgie und Tierpflege und technisches Verständnis
- keine Angst vor Tieren und deren Exkrementen
- körperliche Geschicklichkeit und Belastbarkeit; eine Tierarzthelferin muss zupacken können
- persönliche Reife im Umgang mit kranken Tieren und besorgten Haltern; Kontaktfähigkeit
- Einfühlungsvermögen
- Verantwortungsbewusstsein
- Ordnungssinn, Organisationstalent
- gute Auffassungsgabe, Umstellfähigkeit
- gute Leistungen in Biologie, Chemie, Physik

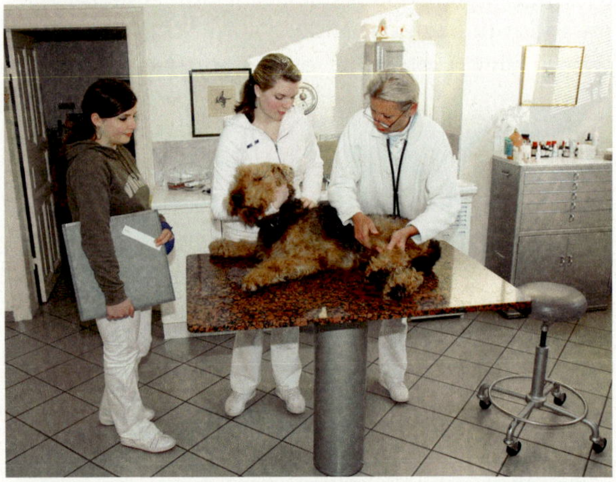

▲ ÄRZTIN: „Frau Dirks, da könnte ein Bruch sein. Bereiten Sie sofort das Röntgen vor."

FRAU DIRKS: „Ich muss erst den Kreislauf stabilisieren. Sandra, bitte reich mir schnell die Tupfer."

SANDRA: „Sofort, aber wohin mit den Röntgenplatten?"

A Aufgaben

1 Beschreibt Sandras Eindruck vom Praktikum.

2 Begründet die Bedeutung von Teamarbeit in der Abbildung.

3 Sprecht über Arbeitsanforderungen und erwünschte Eigenschaften von Tiermedizinischen Fachangestellten. Bezieht eventuell eigene Erfahrungen in einer Tierarztpraxis mit ein.

7 Konflikte am Arbeitsplatz

Die Terminvereinbarung lief falsch

Dienstagmorgen 8:10 Uhr, Konflikt in der Praxis für Physikalische Therapie MOBIL. Bei Herrn Meyer, Dauerpatient wegen eines Problems der Bandscheibe, ist gerade der Krankengymnast (KG), Herr Puca, mit der Behandlung fertig.

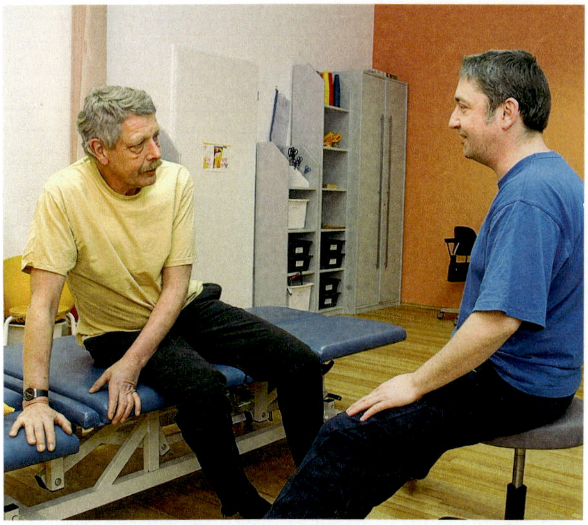

▲ PATIENT MEYER: „Ich habe jetzt noch Schlingentischbehandlung."

KG PUCA: „Herr Meyer, dann gehen Sie bitte in Kabine drei. Dort dehnen wir dann Ihre Rückenwirbel. Ich hänge Sie gleich ein."

PATIENT MEYER: „Danke."

A

Aufgaben

1 Verfolgt die Bildergeschichte. Benennt den Konflikt.

2 Nehmt Stellung zum Verhalten des Krankengymnasten, seinem Lösungsvorschlag und den Reaktionen der Patientin und des Patienten.

3 Wie könnte das Gespräch am Tresen fortgesetzt werden, um den Stammpatienten Meyer nicht dauerhaft zu verärgern?

4 Wie hätte sich der Konflikt vermeiden lassen? Welche Bedeutung hat die Kundenzufriedenheit für die Praxis?

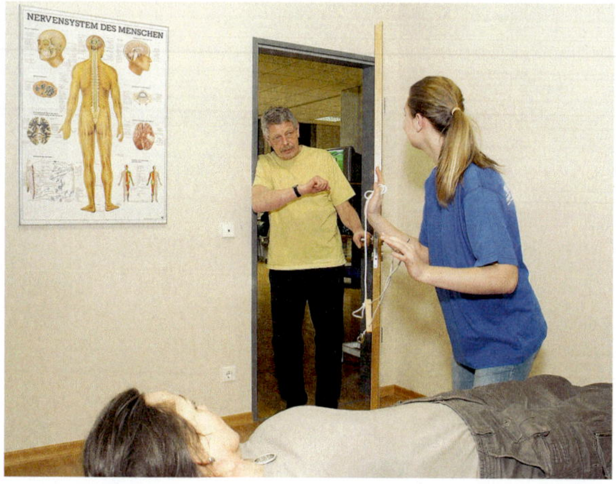

▲ PATIENT MEYER: „Mir wurde gerade von Ihrem Kollegen der Raum zugewiesen."

KG SIEBEL: „Einen Moment, da muss etwas falsch gelaufen sein. Ich kläre das an der Anmeldung."

PATIENTIN WIESE: „Ich bin jedenfalls hier bei Frau Siebel immer dienstags um 8:20 Uhr."

▲ KG PUCA: „Bei Herrn Meyer ist uns ein Fehler passiert. Er ist nicht eingetragen, obwohl er immer im Anschluss an die Krankengymnastik die Schlingentischbehandlung bekommt. Vielleicht möchte einer von Ihnen so lange im Bewegungsbad schwimmen gehen?"

PATIENTIN WIESE: „Ich will jetzt meine Behandlung."

PATIENT MEYER: „Ich kann leider nicht warten wegen eines beruflichen Termins." (Er denkt): „Schon wieder! Neulich war ich auch vergeblich hier, aber vielleicht hatte ich mir da den Termin falsch notiert."

Schon wieder kein freies Wochenende?

▲ JENSEN (Koch) (denkt): „Jetzt bin ich für morgen schon wieder für die Abendschicht eingeteilt. Seit drei Wochen kein freier Samstag. Da wird auch Britta sauer sein. Wir haben doch Karten fürs Konzert."

▲ JENSEN: „Herr Kroll, Sie haben mich für morgen auf meinem freien Samstag zur Abendschicht eingeteilt. Das geht nicht."

▲ KROLL (Chefkoch): „Heute Morgen hat sich ein Bus angemeldet – 45 Essen! Wie soll das denn sonst gehen?"

▲ JENSEN: „Vielleicht hätte unser Chefkoch vorher klären können, wer zusätzlich arbeiten kann."

GESCHÄFTSFÜHRER: „Dann hätten wir den Auftrag nicht gekriegt. Sie wissen doch, wie wichtig das für uns ist. Sehen Sie doch mal zu, Herr Jensen, wer Sie vertritt, ansonsten müssen Sie ran. Sie sollten froh sein, dass Sie Arbeit haben!"

Zum Dienstplan

Der Dienstplan sollte immer zwei Wochen vorher für das Personal ersichtlich sein. Eventuelle Abweichungen müssen mit dem entsprechenden Mitarbeiter vorher geklärt worden sein.

Hotelfachschule Südliche Weinstraße:
www.hofa-suew.de

A Aufgaben

1 Worin besteht der Konflikt von Herrn Jensen mit dem Chefkoch? Stellt die Interessen der beiden gegenüber. Wer hat Recht?

2 Wie sollte ein Restaurant sich auf kurzfristigen Arbeitsanfall oder Krankheit vorbereiten?

3 Beurteilt den Vorschlag des Geschäftsführers.

4 Wenn ihr das Gespräch mit dem Chefkoch mit anderen Gesprächsinhalten fortsetzen wollt, führt dazu ein *Rollenspiel* durch.

5 Welche Auswirkungen kann das Verhalten des Geschäftsführers auf die Zusammenarbeit im Betrieb haben?

Krank feiern auf unsere Knochen?

▲ CHEF: „Der Auftrag für den Neubau KNAPP muss heute fertig werden."

MITARBEITER DIRK: „Du weißt, wir sind seit Tagen nur zu zweit. Das geht nicht. Max ist wieder krank."

MITARBEITER MARC: „Mehr als gut und schnell arbeiten können wir nicht."

▲ DIRK: „Sicher ist die Arbeit schwer und Max hat es im Kreuz. Aber muss man da so oft krank feiern?"

MARC: „Das Problem ist, dass wir die Arbeit zusätzlich machen sollen."

A

Aufgaben

1 Benennt die Konfliktsituation. Welche Interessen haben der Chef, Dirk, Marc und Max?

2 Denkt darüber nach, ob es eine Lösung für den Konflikt gibt und wie die aussehen könnte. Führt dazu ein *Rollenspiel* durch.

◄ MAX: „Hallo Uwe, lange nicht gesehen. Die Arbeit lässt einem auch kaum Zeit. Bin aber jetzt krank geschrieben – der Rücken. Was hältst du vom Fußballspiel heute Nachmittag? Das Wetter ist gut. Da könnten wir gemeinsam ausspannen."

▲ MAX: „Es geht mir besser, aber der Arzt hat gesagt, dass ich nicht schwer tragen darf."

DIRK: „Ja, hab von Uwe gehört, dass ihr gestern zusammen beim Fußball wart. Aber wie soll das hier mit der Arbeit gehen – auf unsere Knochen?"

MARC: „Wenn du nicht heben kannst wie wir, geht das hier nicht."

▲ CHEF: „Du weißt, Max, ich schätze deine Arbeit. Dirk und Marc haben sich beschwert, dass du oft fehlst und sie die Arbeit allein machen sollen."

MAX: „Ich tue, was ich kann. Die meiste Arbeit ist ja nicht körperlich belastend."

Arbeitsbedingungen, Arbeitsschutz und Entgelt

1 Arbeit muss menschengerecht sein und angemessen bezahlt werden

„War ziemlich knapp. Trotz Hitze und Rauch haben wir die alte Frau gerade noch retten können. Hab kurz überlegt, ob ich das riskieren kann."

„Das kann doch nicht wahr sein. Nach der Neubewertung meiner Arbeit soll ich einen Euro pro Stunde weniger bekommen? Ich protestiere!"

„Jonas, das geht nicht, Jugendliche dürfen keine schweren Lasten tragen."

▸ **Leitauftrag** Erläutert, was die Situationen mit der Überschrift des Kapitels zu tun haben.

B **Auf einen Blick**

Ihr beschreibt, wie die Gesundheit des arbeitenden Menschen geschützt wird und warum die Kontrolle der Betriebe wichtig ist.

Ihr begründet, welchen besonderen Schutz Jugendliche bei der Arbeit benötigen.

Ihr führt eine Arbeitsplatzerkundung durch und erklärt, wie Arbeitsbedingungen belasten können und was Arbeitsschutz bewirken kann.

Ihr problematisiert Zusammenhänge zwischen Arbeitsanforderungen und Verdienst.

2 Fallbeispiele zu Arbeitsbedingungen und zum Arbeitsschutz

Viele Gesetze und Verordnungen regeln den Arbeitsschutz im Betrieb (siehe auch **M4**, S.103). Die folgenden Beispiele zeigen, welche Belastungen am Arbeitsplatz auftreten können und wie die Menschen geschützt werden müssen.

▲ Eine Lösung zur Lärmminderung: Auf lärmintensive Zugabe von Rohlingen in den Produktionsprozess wird verzichtet. Das Material wird magnetisch gefördert und aus geringer Fallhöhe abgelassen.

Schluss mit Lärm am Arbeitsplatz

- 60 Mio. Arbeitnehmer in Europa sind betroffen
- 40 Mio. davon müssen sehr laut sprechen, um verstanden zu werden
- die Folgekosten von Lärmschwerhörigkeit gehen in die Milliarden Euro

Lärmschwerhörigkeit ist in Deutschland mit fast 6300 Fällen jährlich immer noch die häufigste anerkannte Berufskrankheit. Lärm schädigt nicht nur das Gehör, sondern auch die Psyche. Schlafstörungen, Konzentrationsmängel, berufliche Leistungsminderung bis hin zum Herzinfarkt können die Folge sein. Im März 2007 wurde der Lärmschutz am Arbeitsplatz gesetzlich neu geregelt. Danach müssen die Betriebe ab einem Lärmpegel von 85 dB (A) Programme zur Lärmminderung durchführen. Bei Lärmpegeln ab 80 dB (A) muss der Arbeitgeber Gehörschutz zur Verfügung stellen. Ab 85 dB (A) haben die Beschäftigten die Pflicht, diesen zu tragen.

Nach **Ministerium für Arbeit, Gesundheit und Soziales NRW: Arbeitsschutz in NRW,** Jahresbericht 2005, Düsseldorf 2006, S.9

Absturzsicherung beim Dachdecken

Das Staatliche Amt für Umwelt und Arbeitsschutz Detmold verhängte ein Bußgeld, weil ein Dach gedeckt wurde, ohne vorher eine Absturzsicherung anzubringen.

Bei diesen Dachdeckerarbeiten wurden die Sicherheitsvorschriften befolgt.
Ein Gerüst mit Fangnetz schützt die Arbeiter vor Absturz.

Gesundheit schützen beim Heben und Tragen

WARUM?
Die häufigste Ursache von Arbeitsunfähigkeit sind Rückenbeschwerden, verursacht durch Heben und Tragen. Entsprechend hoch sind die Kosten, die einem Betrieb durch fehlende und nicht voll einsetzbare Beschäftigte entstehen. Durch verbesserte Arbeitsabläufe werden

- Fehlzeiten sowie Folgekosten durch Unfälle und Krankheitstage gesenkt,
- Transportvorgänge optimiert,
- Transportschäden vermieden,
- Qualität und Kundenzufriedenheit gesteigert,
- Leistungsfähigkeit und Motivation gefördert.

Das ist für die Wettbewerbsfähigkeit von Unternehmen unverzichtbar.

WIE?
Um den Arbeitsschutz beim Heben und Tragen zu verbessern, hat sich Folgendes bewährt:

- vorausschauend planen (über Hilfsmittel und Arbeitsplatzgestaltung nachdenken),
- Heben und Tragen möglichst vermeiden (Transport mechanisieren),
- Gesundheitsrisiken beim Heben und Tragen verringern (Gewicht der Last verringern),
- Bedingungen für das Heben und Tragen verbessern (für ausreichenden Bewegungsraum am Arbeitsplatz sorgen),
- personelle Voraussetzungen verbessern (Beschäftigte zu gesundheitsgerechtem Verhalten motivieren).

Nach
Landesamt Arbeitsschutz NRW (Hrsg): Gesundheit schützen beim Heben und Tragen. Düsseldorf 2002
http://www.arbeitsschutz.nrw.de/pdf/themenfelder/sieben_schritte_zum_erfolg.pdf

A Aufgaben

1 Sprecht mithilfe der Beispiele auf S.97 über die Bedeutung der Lärmminderung und des Lärmschutzes.

2 Besorgt ein Schallmessgerät und messt z.B. den Pausenlärm, die Lautstärke der Schul-Disco bzw. des Musikplayers bei „normalem“ Gebrauch. Recherchiert im Internet zum Stichwort „Discolärm“.

3 Begründet am Beispiel Dachdecker (S.97), warum es Unternehmen gibt, die Sicherheitsvorschriften nicht einhalten.

4 Erkundet einen Arbeitsplatz, bei dem Lasten gehoben bzw. getragen werden müssen (z.B. Möbelspedition, Waren einräumen im Supermarkt). Berücksichtigt bei der Erstellung des Erkundungsbogens auch M3, S.103.

3 Jugendliche brauchen besonderen Schutz

Jugendliche berichten – ist das erlaubt?

SANDRA K.: „Ich lerne Verkäuferin. Wenn wir Ware kriegen, sollen die Auszubildenden einräumen helfen. Häufig ist solch eine Kiste 15 kg schwer. Abends schmerzt mein Rücken."

LUDMILLA R.: „Ich mache eine Ausbildung zur Friseurin. Wenn viel Kundenandrang ist, dürfen wir keine Pause machen. Neulich konnte ich erst nach 5 Stunden zur Pause gehen."

OLIVER B.: „Ich lerne Koch und arbeite von Montag bis Freitag. Öfter kommt samstags ein weiterer Bus mit Gästen zum Essen an. Dann lässt der Chef mich zusätzlich kommen. Vorige Woche war ich besonders sauer. Ich hatte schon eine Karte für ein Bundesligaspiel."

JÖRG A.: „Ich lerne Fachkraft für Systemgastronomie. Vor dem Berufsschultag arbeite ich oft bis 22:00 Uhr.
Am nächsten Morgen muss ich um 5:30 Uhr aufstehen, damit ich um 7:45 Uhr in der Berufsschule ankomme. Vorige Woche bin ich in der 7. Stunde eingeschlafen. Erst hat der Lehrer mich angemacht, aber dann haben wir darüber gesprochen …"

SYRIA K.: „Ich will Bäckerin werden. Mein Chef sagt: ‚Wenn du 16 wirst, fängst du auch um 4:00 Uhr an wie die anderen. Dann wird deine Arbeitskraft gebraucht.' Ich weiß auch gar nicht, wie ich zum Betrieb kommen soll. Ein Bus fährt noch nicht."

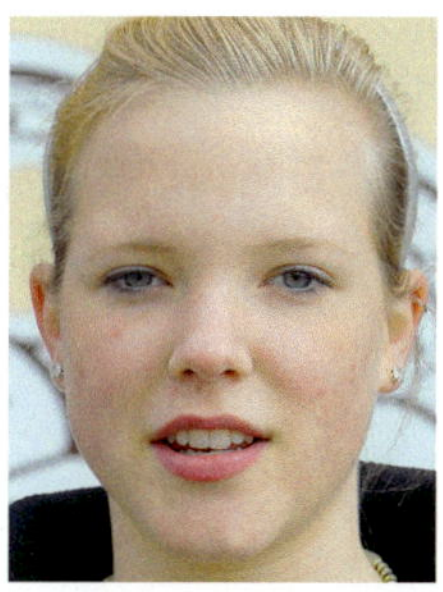

Bei Verstößen gegen das Jugendarbeitsschutzgesetz sind das Gewerbeaufsichtsamt bzw. das Amt für Arbeitsschutz und die Ausbildungsberater der Kammern zuständig (siehe auch S.40, 42).

A Aufgaben

1 Löst die Aufgaben mithilfe der nächsten Seite:
A: Darf Sandra so schwer tragen? Berücksichtigt nebenstehende Richtwerte:
B: Darf Oliver am Samstag zusätzlich eingesetzt werden?
C: Welche Rechte hat Ludmilla?
D: Wie soll Syria sich verhalten?
E: Darf Jörg vor einem Berufsschultag so lange arbeiten?

2 Befragt Jugendliche zu gesetzlichen Bestimmungen zum Arbeitsschutz bei ihrer Arbeit.

Bei gelegentlichem Heben und Tragen (2 × pro Stunde und 3–4 Schritte)		Bei häufigem Heben und Tragen (2–3 × pro Stunde und mehr als 4 Schritte)	
Frauen	**Männer**	**Frauen**	**Männer**
15 kg	35 kg	10 kg	20 kg

Richtwerte des Bundesministeriums für Arbeit und Soziales; Kompetenznetz Arbeitsschutz http://komnet.nrw.de ▶ Heben tragen

Aus dem Jugendarbeitsschutzgesetz

	§§	Das steht darin	Welche Ausnahmen?
	**§§ 5, 7: Mindestalter für Beschäftigung**	15 Jahre	unter 15 Jahre bei Berufsausbildung, im Betriebspraktikum; ab 13 Jahre bei leichter, geeigneter Arbeit bis 2 h pro Tag
	**§ 9: Berufsschule**	keine Arbeit im Betrieb bei mehr als 5 Stunden (h) Unterricht an einem Berufsschultag	
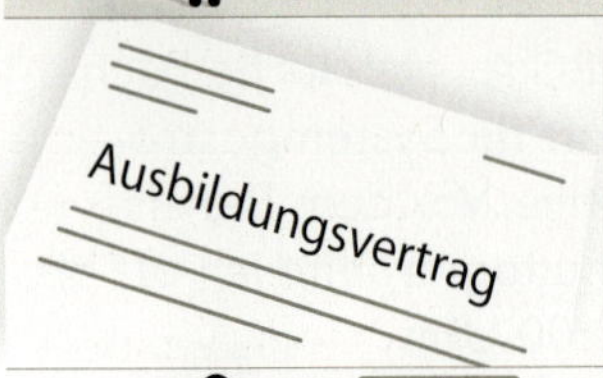	**§§ 8, 12: Arbeitszeit**	wöchentlich nicht mehr als 40 h; täglich bis 8 h	z. B. Schichtzeit bis 10 h, im Gastgewerbe bis 11 h
	§ 11: Ruhepausen	bei Arbeitsdauer mehr als • 4½ h: 30 min • 6 h: 60 min	
	**§ 13: Tägliche Freizeit**	nach der Arbeitszeit mindestens 12 h	
	**§ 14: Nachtruhe**	keine Beschäftigung zwischen 20:00 Uhr und 6:00 Uhr	Jugendliche über 16 Jahre, z. B. im Gastgewerbe, bis 22:00 Uhr, in Bäckereien ab 5:00 Uhr, weil wichtige Arbeitszeiten
	**§ 15: Fünf-Tage-Woche**	von Montag bis Freitag	am Samstag im Friseurhandwerk, weil für die Branche wichtiger Arbeitstag; § 16–18: am Samstag oder Sonntag im Gaststättengewerbe
	**§ 19: Urlaub**	Dauer des jährlichen Urlaubs im Alter von • 16 Jahren: 30 Werktage • 17 Jahren: 27 Werktage • 18 Jahren: 25 Werktage	bei Beschäftigung im Bergbau jeweils zusätzlich 3 Tage
	**§ 22: Gefährliche Arbeiten**	Jugendliche dürfen nicht beschäftigt werden bei Arbeiten, die z. B. • körperlich oder psychisch zu schwer sind • mit Unfallrisiken bzw. gefährlichen Stoffen verbunden sind	Arbeiten mit Unfallrisiken/gefährlichen Stoffen sind erlaubt, wenn dies für das Ausbildungsziel erforderlich ist bzw. fachkundige Aufsicht führen
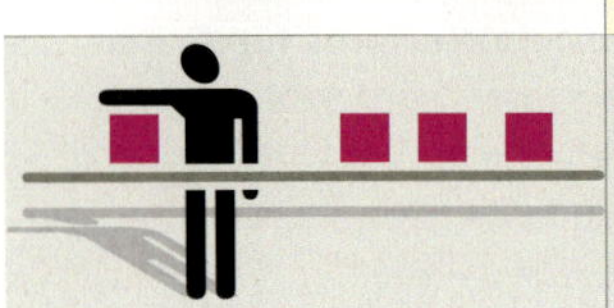	**§ 23, 24: Akkordarbeit bzw. Arbeit unter Tage**	grundsätzlich verboten	zur Erreichung des Ausbildungsziels

4 Arbeitsanforderungen und Entgelt

Betroffene berichten

WLADISLAW, 25 J.: „Meine Ausbildung habe ich abgebrochen. Naja, da war Stress mit dem Chef – heute bedaure ich es. Dann hatte ich lange nichts. Schließlich konnte ich bei einer Firma anfangen, die Kunststofftanks herstellt. Hitze, besonders im Sommer, Dämpfe, Produktionslärm, Schichtdienst. Das macht mich ziemlich fertig. Der Verdienst ist mäßig – eben angelernte Arbeit. Ich bin aber froh, dass ich die habe."

DIRK, 60 J.: „Ich war Pflasterer. Immer gebückt oder kniend arbeiten, die Steine tragen, Regen, Kälte, Hitze. Heute gibt es Arbeitshilfen, z.B. werden Steine mit dem Kran am Pflasterort abgeladen, wo sie gebraucht werden. Positiv war die frische Luft.
Mit dem Verdienst ging es, vor allem, als ich noch jung war und im Akkord arbeiten konnte. Teilweise machten wir Überstunden.
Ab 40 gab es Probleme: Verspannungen, die Bandscheibe war kaputt. Ich musste öfter krankfeiern, wurde zwischendurch arbeitslos. Mit 57 ging es nicht mehr – Berufsunfähigkeit.
Ich habe fast 40 Jahre gearbeitet und bekomme nur 1100 € Rente. Gut, dass meine Frau noch erwerbstätig ist, sonst sähe es schlecht aus. Körperliche schwere Arbeit sollte besser bezahlt werden. Schließlich opfert man seine Gesundheit."

MARIA, 25 J.: „Meine Arbeit gefällt mir, ist aber nicht alles. Ich arbeite nur so viel, damit ich leben kann: 30 Stunden pro Woche. Das Entgelt reicht zum Leben. Ich habe so viele andere Interessen.

DILARA, 41 J.: „Auf meiner medizinischen Station sind wir in der Schicht drei Frauen und zwei Männer. Ein starkes Team! Wir besprechen zu Beginn der Schicht, was anliegt. Wenn ich nicht so gut drauf bin, wird das akzeptiert. Das geht den anderen auch mal so. Probleme klären wir im Team. Ungerecht ist, dass wir erheblich weniger verdienen als Ärzte. Auch unsere Arbeit belastet stark."

WANJA S., 37 J.: „Meine Erwerbsarbeit fehlt mir. Ich bin arbeitslos und muss mit meiner 8-jährigen Tochter von 700 € leben. Wegen der Kinderbetreuung kann ich nicht jede Arbeit annehmen. Eine Ganztagsschule für meine Tochter würde mir schon helfen. Für Familien mit Kindern müsste einfach mehr getan werden.

Es ist nicht richtig, dass mein Kind unter meiner Arbeitslosigkeit leiden muss. Oft sage ich, das können wir uns nicht leisten. Gut, dass ich Freundinnen habe, die mich verstehen."

A

Aufgaben

1 Wie schätzt Wladislaw seine Situation ein?

2 Wie seht ihr Dirks Lage zu dem Geld, über das er verfügt?

3 Nehmt Stellung dazu, wie Maria ihre Erwerbsarbeit sieht.

3 Bedenkt die Bedeutung der Teamarbeit bei Dilara und ihre Aussage zum Verdienst.

5 Wie steht Wanja zur Erwerbsarbeit? Was wünscht sie sich für ihre Tochter?

5 Weiterführendes Material

M1 Merkmale eines Arbeitsplatzes

Arbeitsaufgabe, z.B.
- Arbeitsinhalte
- Arbeitsziel
- Rückmeldung über den Zielerreichungsgrad
- Verantwortung für Menschen und Sachen
- Beteilung an der Festlegung/Weiterentwicklung von Inhalt und Ziel der Arbeit
- Art der Zahlung des Entgelts

Arbeitsorganisation, z.B.
- Arbeitsteilung (Einzelarbeit, Gruppenarbeit)
- Formen der Abstimmung bei Teamarbeit
- Entscheidungsspielräume, z.B. bei der Arbeitszeit
- Einordnung in Hierarchie
- Möglichkeiten der Einflussnahme auf die Gestaltung des Arbeitsablaufes

Anforderungen an Kompetenzen, z.B.
- geforderte sachliche/fachliche Kompetenz
- Erfahrung
- Methoden- und Lernkompetenz zur Gestaltung neuer Aufgaben
- Konflikt- und Integrationsfähigkeit im Team
- Kommunikative Kompetenz

Umwelteinflüsse, z.B.
- Lärm, Hitze, Kälte, Feuchtigkeit, künstliches Licht
- Gase, Dämpfe, Stäube, mechanische Schwingungen
- Umgang mir gefährlichen Stoffen
- wechselnde Arbeitszeit

M2 Belastungen am Arbeitsplatz

Im Jahr 2004 wurden Arbeitnehmer in NRW zu Arbeitsbelastungen befragt. Fragestellung:

„Arbeit bzw. die Situation am Arbeitsplatz kann körperlich und seelisch belasten. Sagen Sie bitte zu jedem einzelnen Punkt, ob dies Sie bei der Arbeit
- nicht belastet
- etwas belastet
- ziemlich oder stark belastet."

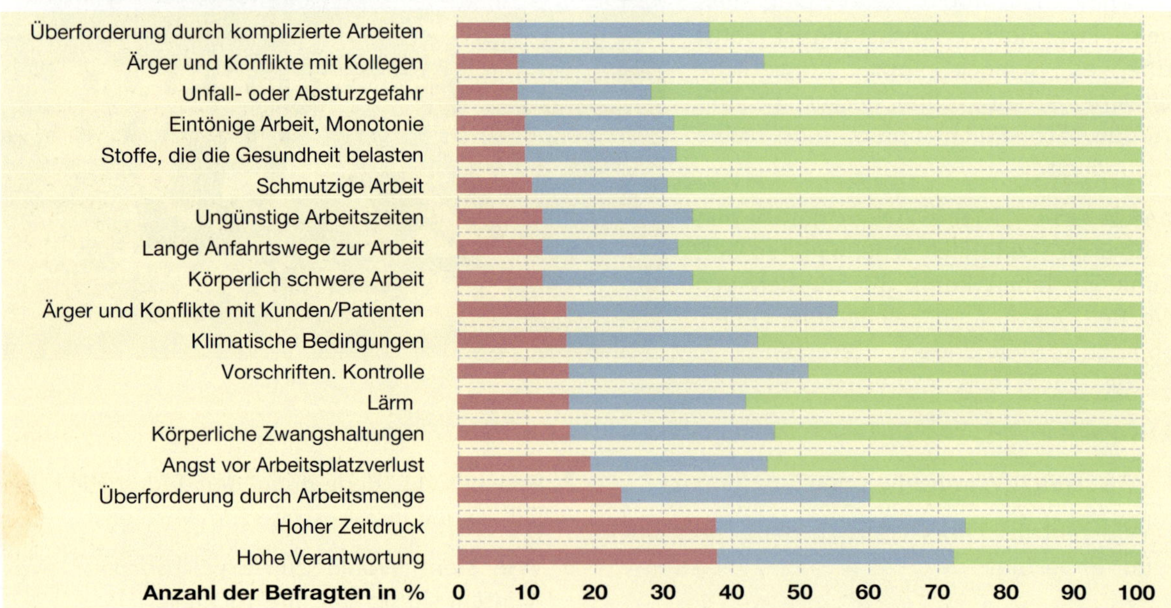

Ministerium für Wirtschaft und Arbeit NRW (Hrsg.): Arbeitswelt NRW 2004. Belastungsfaktoren – Bewältigungsformen – Arbeitszufriedenheit. Düsseldorf 2005, S.8, 9

M3 Sicherheit und Gesundheitsschutz beim Heben von Lasten

Aus der Lastenhandhabungsverordnung

§2 Maßnahmen

(1) Der Arbeitgeber hat … Maßnahmen zu treffen oder Arbeitsmittel … einzusetzen, um manuelle Handhabungen von Lasten, die … eine Gefährdung für Sicherheit und Gesundheit … mit sich bringen, zu vermeiden. …

Merkmale, aus denen sich eine Gefährdung … insbes. der Lendenwirbelsäule ergeben kann:

(1) … **zu handhabende Last**
1. ihr Gewicht, ihre Form und Größe,
2. die Lage der Zugriffsstellen,
3. die Schwerpunktlage und
4. eine unvorhergesehene Bewegung.

(2) … **zu erfüllende Arbeitsaufgabe**
1. die … Körperhaltung oder Körperbewegung,
2. die Entfernung der Last vom Körper,
3. die durch das Heben, Senken oder Tragen der Last zu überbrückende Entfernung,
4. Ausmaß, Häufigkeit, Dauer des Kraftaufwandes,
5. die … persönliche Schutzausrüstung,
6. das Arbeitstempo … beim Arbeitsablauf und
7. die verfügbare Erholungs- oder Ruhezeit.

(3) … **Beschaffenheit des Arbeitsplatzes**
1. der in der Höhe zur Verfügung stehende Platz,
2. der Höhenunterschied, …
3. die Temperatur, Luftfeuchtigkeit und Zuluft,
4. die Beleuchtung,
5. die Rutschfestigkeit … der Standfläche,
6. die Bekleidung, insbesondere das Schuhwerk.

Nach **Lastenhandhabungsverordnung**, Stand 2010
www.gesetze-im-internet.de/bundesrecht/lasthandhabv/gesamt.pdf

M4 Ziele und Maßnahmen zum Arbeitsschutz

Arbeitsschutz

Kontrolle von Arbeitsschutzvorschriften, u.a.
- Gewerbeaufsichtsämter/Ämter für Arbeitsschutz (Überwachung der Einhaltung von Gesetzen im Umweltschutz, im technischen und sozialen Arbeitsschutz)
- Berufsgenossenschaften (technische Aufsichtsdienste: Arbeitsschutz, Vorbeugung durch Beratung und Information). Sie erlassen Unfallverhütungsvorschriften und Auflagen für Arbeitgeber.

Ziele
- Menschengerechte Gestaltung der Arbeit
- Vorbeugender Schutz vor arbeitsbedingten Gesundheitsgefahren
- Verhütung von Arbeitsunfällen

Sozialer Arbeitsschutz, insbes.
- Arbeitsschutzgesetz (siehe technischer Arbeitsschutz)
- Mutterschutzgesetz (schützt die schwangere Frau und die Mutter vor Kündigung, die Gesundheit der (werdenden) Mutter und des Kindes vor Gefahren am Arbeitsplatz
- Jugendarbeitsschutzgesetz (siehe S. 91)
- Arbeitszeitgesetz (soll Sicherheit und Gesundheitsschutz bei der Arbeitszeitgestaltung gewährleisten)

Technischer Arbeitsschutz, z.B.
- Arbeitsschutzgesetz nach Vorschriften der EU (zur Verbesserung von Sicherheit und Gesundheitsschutz bei der Arbeit)
- Arbeitsstättenverordnung (u.a. Einhaltung von sicherheitstechnischen, arbeitsmedizinischen und hygienischen Regeln)
- Betriebssicherheitsverordnung (z.B. Sicherheit und Gesundheitsschutz bei Arbeitsmitteln)
- Arbeitssicherheitsgesetz (Gesetz über Betriebsärzte und Fachkräfte für Arbeitssicherheit)
- Biostoffverordnung (Sicherheit und Gesundheitsschutz bei Tätigkeiten mit biologischen Arbeitsstoffen)
- Bundesimmissionsschutzgesetz (Schutz vor schädlichen Umwelteinwirkungen)

Arbeiten mit den Materialien

Zu **M1**

1 Beschreibt einen Arbeitsplatz im Beruf eurer Wahl. Nutzt dabei das Schaubild oben.

Zu **M2**

Wer deutet die Ergebnisse richtig?

A: Arbeitnehmer stört Monotonie wenig.

B: Knapp die Hälfte der Arbeitnehmer fühlt sich durch Lärm zumindest etwas belastet.

Zu **M4**

Begründet an einer Tätigkeit, was mit dem Arbeitsschutz erreicht werden soll, welche Maßnahmen ergriffen und wie diese kontrolliert werden.

Alles klar?

Arbeitsplätze: Ein Blick hinter die Kulissen

1 Begründe die Verbindung von Erwerbsarbeit und unbezahlter Arbeit in eurer Familie.

2 Nenne Gründe für einen Arbeitsplatzwechsel.

3 Was spricht dafür, sich nach einem Berufsabschluss fortzubilden?

4 Stelle aus den Berichten über Arbeitsplätze die Interessen der Chefs und die der Mitarbeiter gegenüber.

5 Erkläre Fähigkeiten, die bei der Arbeit mit Menschen wichtig sind.

6 Suche ein Beispiel für einen Beruf, in dem Teamarbeit wichtig ist, und begründe die Bedeutung für das Arbeitsergebnis.

7 Beschreibe den Konflikt in der Abfallbeseitigungsgesellschaft (s.Foto rechts). Suche Lösungsmöglichkeiten.

8 Erkläre, welche Vorteile die Mitarbeiter und der Betrieb von einer familienfreundlichen Gestaltung der Arbeit haben.

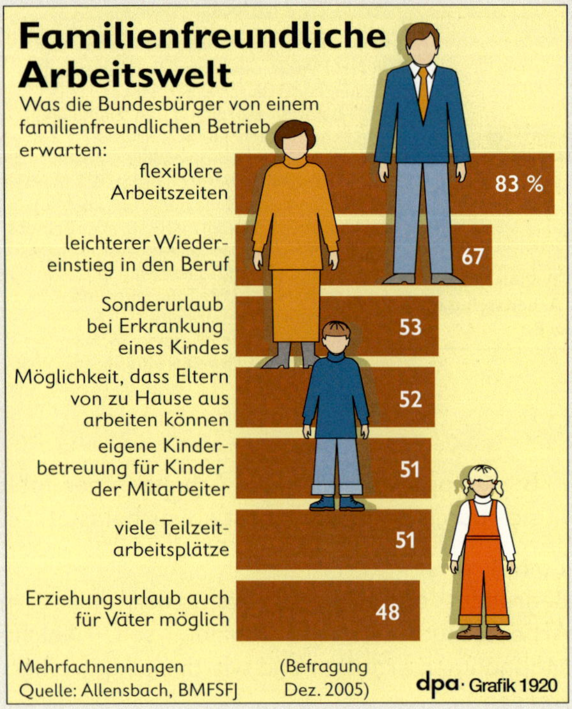

Ist es nicht unfair, immer dieselben mit Rudis Leistungsschwäche zu belasten?

Das dürfen wir Rudi nicht antun. Das wäre wie ein Rausschmiss.

Die wollen Rudi nicht mehr im Team haben. Er arbeitet wirklich langsam.

Rudi ist ein guter Kollege – es kommt nicht nur darauf an, rasch Tonnen zu rollen.

Arbeitsbedingungen, Arbeitsschutz und Entgelt

9 Wodurch kann Arbeit belastend sein? Ziehe dazu M2 auf S.93 heran:

10 Nenne zwei Ziele des Arbeitsschutzes.

11 Erkläre an einem Beispiel, wie Arbeitsbelastungen durch technische Maßnahmen verringert werden können.

12 Begründe für den sozialen Arbeitsschutz
- die Bedeutung des Mutterschutzgesetzes.
- das Verbot von Akkordarbeit für Jugendliche.

13 Begründe Ausnahmen vom Verbot der Wochenendbeschäftigung für Jugendliche.

14 Nimm Stellung:
a) Ist es gerechtfertigt, Arbeit, für die eine Ausbildung erforderlich ist, besser zu bezahlen als eine angelernte Tätigkeit?
b) Wonach sollte die Höhe des Arbeitsentgelts ausgerichtet sein?

Mitbestimmung im Betrieb

1 Mitbestimmung am Arbeitsplatz

Das → Betriebsverfassungsgesetz (BetrVG) regelt Rechte und Pflichten der im Betrieb arbeitenden Menschen. Beschäftigte und Auszubildende haben Rechte, z.B. das Beschwerderecht, wenn sie sich ungerecht behandelt fühlen.

Sie wählen zur Vertretung ihrer Interessen den Betriebsrat bzw. die Jugend- und Auszubildendenvertretung. Die Vertretungen sind für diese Arbeit freizustellen.

Der Betriebsrat arbeitet mit der Unternehmensleitung zusammen. Er wacht darüber, dass rechtliche Bestimmungen, z.B. zum → Arbeitschutz, und Betriebsvereinbarungen eingehalten werden.

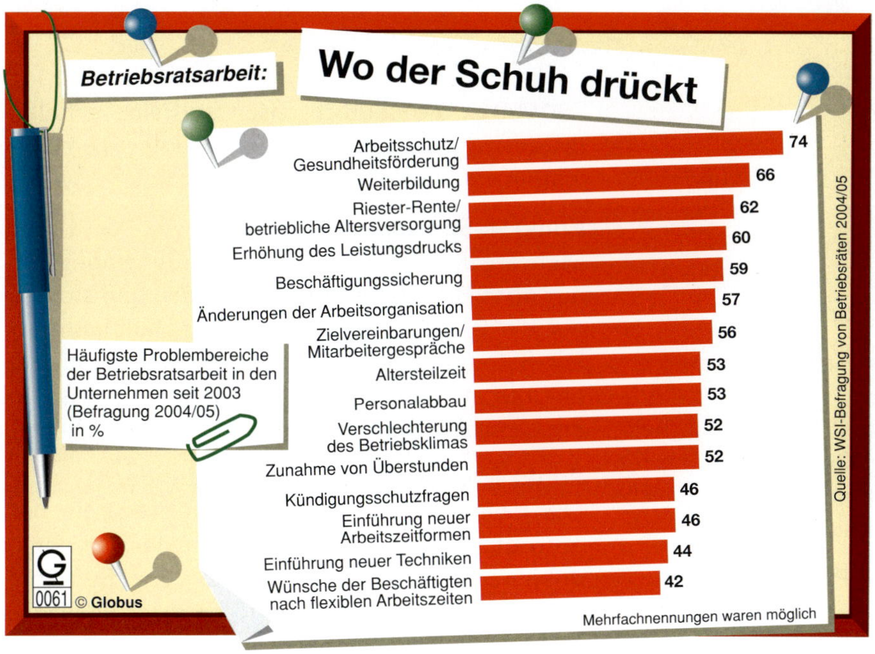

▸ **Leitauftrag** Ordnet die folgenden Situationen der Betriebsratsarbeit in der Grafik zu:

- Seit Wochen macht Frank im Kundendienst Überstunden. Das wird ihm zu viel.
- Im Sommer wird das Büro unerträglich heiß.
- Anja kommt mit dem neuen Abrechnungsprogramm nicht zurecht. Sie braucht einen Kurs.
- Miriam hat erfahren, dass ihre Kollegin bei gleicher Arbeit 1 € pro Stunde mehr verdient.
- Ein Teil der Produktion soll nach Moldawien verlagert werden.
- Oskar ging in Rente, seine Stelle in der Arbeitsgruppe blieb unbesetzt.
- Die Kinderkrippe hat ihre Zeiten geändert. Mark kommt mit der Arbeitszeit nicht zurecht. Silke soll als Auszubildende dauernd Überstunden machen.

B Auf einen Blick

Ihr benennt Aufgaben des Betriebsrats.

Ihr erklärt Rechte zur Mitbestimmung und Mitwirkung nach dem Betriebsverfassungsgesetz.

Ihr beschreibt die Aufgaben der Jugend- und Auszubildendenvertretung.

Ihr schätzt die Bedeutung der Vertretung der Rechte der Arbeitnehmer ein.

Ihr bewertet Argumente für und gegen die Mitbestimmung der Arbeitnehmer.

2 Betriebsratssitzung bei Heizkörperbau RADIATOR

Tagesordnung, Punkt 1: Neugestaltung Arbeitsablauf

Punkt 2: Schichtarbeit und flexible Arbeitszeiten
Die Betriebsleitung will zur Kostensenkung
- Schichtarbeit einführen und
- die wöchentliche Arbeitszeit nach der Auftragslage regeln. Mal sollen 6 Stunden und dann wieder 10 pro Tag gearbeitet werden.

Die Arbeitszeit soll über ein Arbeitszeitkonto erfasst und verrechnet werden.
Das birgt Gesundheitsrisiken für ältere Arbeitnehmer und erschwert die Kinderbetreuung für Familien. Bezahlte Überstunden soll es nicht mehr geben, Zuschläge entfallen.

Punkt 3: Lärmschutz neue Presse
Die große Presse soll erneuert werden. Zur Auswahl steht eine Anlage für 150 000 € und eine für 200 000 €, die deutlich leiser ist. Beide erfüllen die Lärmschutzvorschriften. Die Unternehmensleitung will die billigere kaufen.

Punkt 4: Speiseplan Kantine
Mehrere Kollegen haben sich dafür eingesetzt, nur noch Bioprodukte zu verwenden und stärker auf die Essgewohnheiten unserer multikulturellen Belegschaft zu achten. Die Betriebsleitung befürchtet höhere Kosten und denkt, dass die Preise erhöht werden müssten.

Punkt 5: Übernahme Auszubildender
Die Jugend- und Auszubildendenvertretung beantragt, dass alle 20, die ausgelernt haben, unbefristet übernommen werden. Die Betriebsleitung will nur die besten 10 befristet übernehmen und 5 Fachkräfte von außen einstellen.

A Aufgaben

1 Erklärt, was ein Betriebsrat ist. Nutzt auch das Sachwortverzeichnis oder das Internet.

2 Stellt fest, welche Rechte der Betriebsrat bei den Punkten der Tagesordnung hat. Nutzt die Folgeseite und zu Punkt 5: S. 109. Sprecht über Interessen des Betriebes und Betriebsrates.

3 Setzt euch mit den Argumenten der Betriebsratsmitglieder (Foto oben) auseinander. Welche Person vertritt den Standpunkt der Betriebsleitung?

4 Befragt Eltern und Bekannte zur Bedeutung des Betriebsrats.

3 Rechte des Betriebsrats nach dem Betriebsverfassungsgesetz

Das Recht auf Mitbestimmung
Eine Maßnahme des Arbeitgebers ist nur dann rechtsgültig, wenn der Betriebsrat zustimmt bzw. die Einigungsstelle entscheidet. Beispiele:
- Arbeitszeit, Entlohnungsgrundsätze (§87, siehe rechte Spalte)
- Versetzung, Einstellung (§95)
- Grundsätze für Beurteilungen (§94)
- Weiterbildung bei Qualifikationsverlust (§97)

Das Recht auf Mitwirkung
Vor Durchführung einer Maßnahme muss der Arbeitgeber den Betriebsrat unterrichten bzw. sich mit ihm beraten. Beispiele:
- Arbeits- und Umweltschutz (§89)
- Personalplanung (§92)
- Durchführung betrieblicher Bildungsmaßnahmen (§98, siehe S. 127)
- Planung neuer Anlagen (§90)
- Wirtschaftliche Fragen, Absatzlage (§106)

Wichtige Bestimmungen des Betriebsverfassungsgesetzes
- In Unternehmen ab fünf Beschäftigten kann ein Betriebsrat gewählt werden (§1).
- Die Wahl erfolgt in geheimer Wahl durch Beschäftigte ab 18 Jahre (§§4, 14).
- Die Geschlechter sollen nach ihrem zahlenmäßigen Verhältnis vertreten sein (§15).
- Betriebsräte und Jugendvertreter dürfen durch ihre Tätigkeit nicht benachteiligt oder begünstigt werden (§78, 78a).
- In Betrieben ab 200 Beschäftigten muss mindestens ein Arbeitnehmer für die Betriebsratsarbeit freigestellt werden (§38).
- Entstehen bei einer mitbestimmungspflichtigen Maßnahme Konflikte zwischen Arbeitgeber und Betriebsrat, können beide Parteien die Einigungsstelle anrufen (§76).

Aus dem Betriebsverfassungsgesetz

§87 Mitbestimmungsrechte

(1) Der Betriebsrat hat in folgenden Angelegenheiten mitzubestimmen:
1. Ordnung des Betriebs und des Verhaltens der Arbeitnehmer
2. Beginn und Ende der täglichen Arbeitszeit, Pausen, Verteilung der Arbeitszeit auf Tage
3. Vorübergehende Verkürzung oder Verlagerung der betriebsüblichen Arbeitszeit

...

6. Einführung und Anwendung von technischen Einrichtungen, die das Verhalten oder die Leistung der Arbeitnehmer überwachen sollen
7. Verhütung von Arbeitsunfällen und Berufskrankheiten sowie zum Gesundheitsschutz
8. Ausgestaltung von Sozialeinrichtungen

...

10. Fragen der Lohngestaltung, wie Entlohnungsgrundsätze und Entlohnungsmethoden
11. Festsetzung der Akkord- und Prämiensätze
12. Grundsätze betrieblichen Vorschlagswesens
13. Grundsätze über die Durchführung eigenverantwortlicher Gruppenarbeit

§90 Unterrichtungs- und Beratungsrechte

(1) Der Arbeitgeber hat den Betriebsrat rechtzeitig über die Planung
1. von betrieblichen Bauten
2. von technischen Anlagen
3. von Arbeitsverfahren und Arbeitsabläufen
4. der Arbeitsplätze

... zu unterrichten.

Nach **BMAS** (Hrsg.): Mitbestimmung – Eine gute Sache 2010, www.bmas.bund.de
▸ Unsere Themen ▸ Publikationen ▸ Suchen: Mitbestimmung

A Aufgaben

1 Benennt Unterschiede zwischen Mitbestimmung und Mitwirkung.

2 Die Media GmbH hat neun Beschäftigte. Kann ein Betriebsrat gegründet werden?

3 Vergleicht die Einschätzung zur Mitbestimmung aus Sicht der Arbeitnehmer und der Wirtschaft. Zieht dazu M2, Seite 110, rechte Spalte, und Seite 111, rechts und unten, heran.

4 Die Jugend- und Auszubildendenvertretung berät bei Ausbildungsproblemen

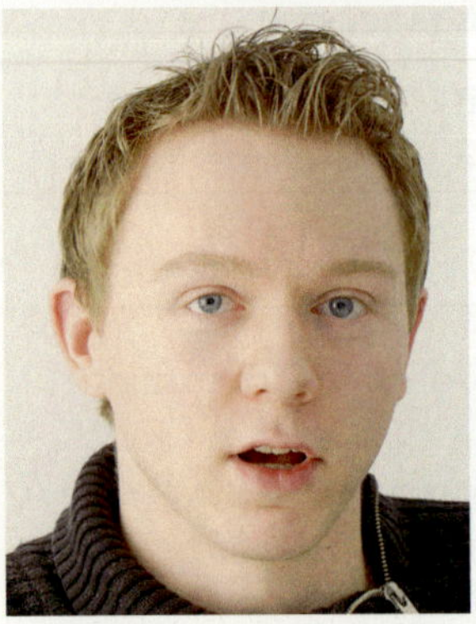

Fall 1: Ungesunder Schulungsraum
Auszubildende, die über mehrere Tage im Raum 3 geschult werden, haben Konzentrationsschwierigkeiten und Ermüdungserscheinungen. Die Luft müsste auf Schadstoffe untersucht werden. Das Amt für Arbeitsschutz könnte eine Messung durchführen. Wir sollten im Betriebsrat Dampf machen.

Fall 2: Verhalten des Ausbilders Mausolf
Wir akzeptieren, Ausbildungsnachweise zu führen. Aber Mausolf meint, er könne wegen kleiner Unsauberkeiten das Heft zurückgeben. Mirka musste alles noch einmal machen. Einen anderen hat er sogar vor allen Auszubildenden runtergeputzt. Ich habe bereits mit dem Betriebsrat gesprochen. Er meint, Mausolf sei ein guter Kollege. Wir sollten uns nicht wegen Kleinigkeiten aufregen. Ich finde das Verhalten nicht tragbar.

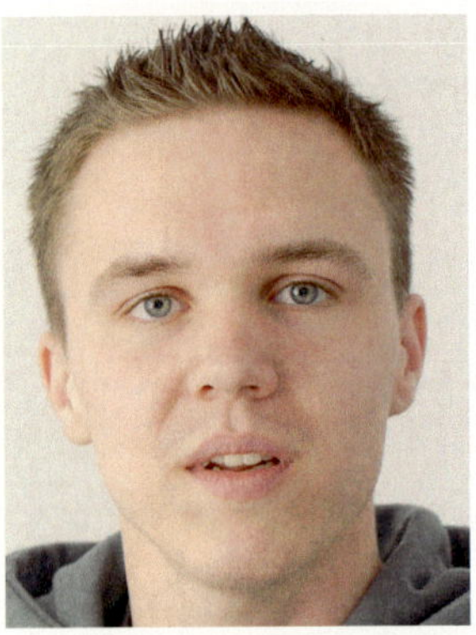

Fall 3: Ausbildung nicht zeitgemäß
Wir brauchen betriebliche Ausbildungsangebote zur Förderung der Arbeit im Team. Auch haben die Ausbilder zu wenig Zeit. Manche mögen gute Fachkräfte sein, aber ihre pädagogischen Fähigkeiten sind gering. Eine bessere Ausbildung würde sich für den Betrieb lohnen. Auch sollten wir ein Auslandspraktikum für den → Europapass fordern. Das wird von der EU gefördert.

Jugend- und Auszubildendenvertretung
Heizkörperbau RADIATOR

An
die Mitglieder der Jugendvertretung
zur Kenntnis: an den Betriebsratsvorsitzenden

Einladung zur Sitzung am 21.09.2010,
11:00 Uhr im Sitzungszimmer des Betriebsrats

Tagesordnung
Ungesunder Schulungsraum
Verhalten des Ausbilders Mausolf
Ausbildung nicht zeitgemäß
Vorbereitung der nächsten Jugendversammlung
Verschiedenes

Mit freundlichen Grüßen

Carlo Pucca

Vorsitzender der
Jugend- und Auszubildendenvertretung

Aus der Ausbilder-Eignungsverordnung

Ausbilder müssen eine berufs- und arbeitspädagogische Eignung nachweisen. Diese umfasst die Kompetenz zum selbstständigen Planen, Durchführen und Kontrollieren der Berufsausbildung in den Handlungsfeldern:

1. Ausbildungsvoraussetzungen prüfen und Ausbildung planen,
2. Ausbildung vorbereiten und bei der Einstellung von Auszubildenden mitwirken,
3. Ausbildung durchführen (z.B. Auszubildende anleiten) und
4. Ausbildung abschließen (z.B. über Erfolg reflektieren).

Aus dem Betriebsverfassungsgesetz

§ 60 Jugend- und Auszubildendenvertretung

Errichtung und Aufgabe

(1) In Betrieben mit mindestens fünf Arbeitnehmern, die das 18. Lebensjahr noch nicht vollendet haben oder die zu ihrer Berufsausbildung beschäftigt sind und 25 sind, werden Jugend- und Auszubildendenvertretungen gewählt.

§ 67 Teilnahme an Betriebsratssitzungen

(1) Die Jugend- und Auszubildendenvertretung kann zu allen Betriebsratssitzungen einen Vertreter entsenden.

(2) Er hat Stimmrecht, soweit die zu fassenden Beschlüsse des Betriebsrates überwiegend jugendliche Arbeitnehmer betreffen.

§ 70 Allgemeine Aufgaben

(1) Die Jugend- und Auszubildendenvertretung hat folgende Aufgaben:

1. Maßnahmen, die den in § 60 (1) genannten Arbeitnehmern dienen, insbesondere in Fragen der Berufsbildung, beim Betriebsrat zu beantragen;

2. darüber zu wachen, dass die zugunsten der in § 60 (1) genannten Arbeitnehmer geltenden Gesetze, Verordnungen, Unfallverhütungsvorschriften, Tarifverträge ... durchgeführt werden;

3. Anregungen von in § 60 (1) genannten Arbeitnehmern, insbes. zur Berufsbildung, entgegenzunehmen und, falls sie berechtigt erscheinen, beim Betriebsrat auf eine Erledigung hinzuwirken.

§ 71 Jugend- und Auszubildendenversammlung

Eine solche kann die Jugend- und Auszubildendenvertretung ... im Einvernehmen mit dem Betriebsrat einberufen.

§ 98 Durchführung betrieblicher Bildungsmaßnahmen

(1) Der Betriebsrat hat bei der Durchführung von Maßnahmen der betrieblichen Berufsbildung mitzubestimmen.

(2) Der Betriebsrat kann der Bestellung einer mit der Durchführung der betrieblichen Berufsbildung beauftragten Person widersprechen oder ihre Abberufung verlangen, wenn diese die persönliche oder fachliche, insbesondere die berufs- und arbeitspädagogische Eignung nicht besitzt oder ihre Aufgaben vernachlässigt.

A

Aufgaben

1 Nehmt Stellung zu den Forderungen der Jugendvertretung in den Fällen 1 und 3.

2 Spielt Fall 2 im Rollenspiel. Rollenspieler: Betriebsrat und Jugendvertreter.

3 Diskutiert Meinungen der Jugendlichen. Zieht das Betriebsverfassungsgesetz und M1 heran.

4 Vergleicht Rechte der Jugend- und Auszubildendenvertretung mit der Schülervertretung.

5 Weiterführendes Material

M1 Betriebliche Jugend- und Auszubildendenvertretung

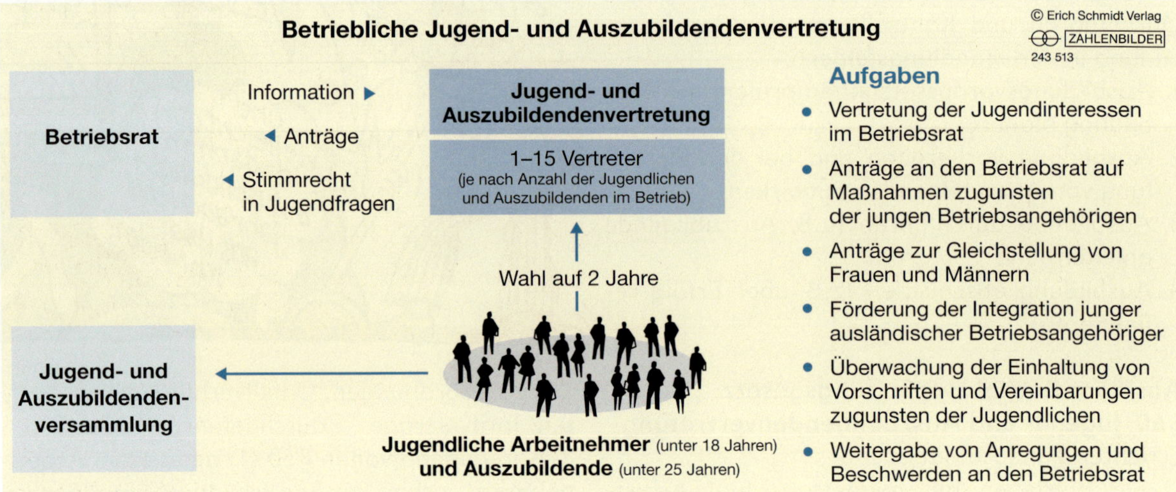

M2 Mitbestimmung im Unternehmen

Diese erfolgt im Aufsichtsrat. Er besteht aus Vertretern/-innen der Arbeitnehmer und der Anteilseigner. Zu den Aufgaben gehören u.a. die Bestellung und Abberufung des Vorstandes und die Feststellung des Jahresabschlusses.

Der Mitbestimmung unterliegen Kapitalgesellschaften (z.B. AG, GmbH) mit mehr als 500 Mitarbeitern/-innen.

Für Unternehmen mit 500 bis 2000 Beschäftigten stellt die Arbeitnehmerseite ein Drittel der Aufsichtsräte. Bei mehr als 2000 Mitarbeitern gehören dem Aufsichtsrat zu gleichen Teilen Vertreter der Anteilseigner sowie der Arbeitnehmer an (einen Sitz der Arbeitnehmerseite nimmt ein Vertreter der leitenden Angestellten ein). Der Vorsitzende des Aufsichtsrats wird – wenn keine Einigung zwischen Arbeitnehmern und Anteilseignern erfolgt – von den Anteilseignern gewählt. Er hat bei Stimmengleichheit ein Doppelstimmrecht.

Bei Montanbetrieben (Bergbau, Eisen, Stahl) über 1000 Mitarbeitern gilt das Montan-Mitbestimmungsgesetz von 1951. Hier setzt sich der Aufsichtsrat zu gleichen Teilen aus Vertretern/-innen der Anteilseigner und der Arbeitnehmer zusammen. Ein zusätzliches, von beiden Seiten benanntes „neutrales Mitglied" gibt bei Stimmengleichheit den Ausschlag.

Alle Arbeitnehmervertreter/-innen werden von den Beschäftigten gewählt.

Die Mitbestimmung gewährleistet eine demokratische Kontrolle der Unternehmenspolitik und verbessert den Informationsfluss zwischen Vorstand und Belegschaft, senkt die Verhandlungskosten und erhöht die Bereitschaft der Belegschaften, Verantwortung für ihr Unternehmen zu übernehmen. Die paritätische Mitbestimmung im Aufsichtsrat wirkt sich nach einer Studie positiv auf die Produktivität aus.

Nach **Deutscher Gewerkschaftsbund, Bundesvorstand,** Infodienst vom 13.10.2005

Arbeiten mit den Materialien

Zu M2

Die Arbeitgeber sehen in der Unternehmensmitbestimmung teilweise Nachteile, weil Entscheidungen länger dauern und die Eigentümer in der Entscheidungsfreiheit begrenzt sind. Diskutiert die Vor- und Nachteile.

Alles klar?

Mitbestimmung im Betrieb

1 Nenne vier wichtige Bereiche der Arbeit des Betriebsrates.

2 Unterscheide mithilfe von Beispielen
- Mitbestimmungsrechte des Betriebsrates,
- Mitwirkungsrechte des Betriebsrates.

3 Begründe die Bedeutung des Betriebsverfassungsgesetzes für die Durchsetzung von Arbeitnehmerrechten.

4 Benenne unterschiedliche Interessen des Betriebsrats und der Unternehmensführung. Finde auch gemeinsame.

5 Wie kann die Jugend- und Auszubildendenvertretung Interessen durchsetzen?

6 Welche Nachteile kann es haben, wenn im Betrieb kein Betriebsrat und/oder keine Jugend- und Auszubildendenvertretung besteht?

7 Begründe die Bedeutung der Mitbestimmung im Aufsichtsrat größerer Unternehmen.

8 Vergleiche die Einschätzung der Befragten zur Mitbestimmung.

9 Welche Bedeutung hat die Aussage in der Abbildung in Zeiten hoher Arbeitslosigkeit?

Institut der deutschen Wirtschaft
Die Mitbestimmung bringt für die deutsche Wirtschaft im Vergleich erhebliche Belastungen mit sich. Kosten 2004: 650€/pro Mitarbeiter. Im Ausland wird sie wegen ihres hohen Kosten- und Zeitaufwands skeptisch beurteilt.

Horst-Udo Niedenhoff
Mitbestimmung in der Bundesrepublik Deutschland, 14. überarbeitete Auflage 2005 S.309

Mitbestimmt geht es besser
… nach Untersuchungen wirkt sich die Mitbestimmung stabilisierend auf die Unternehmen und den Zusammenhalt im Unternehmen aus. Deutschland hat die geringsten Streiktage …

Arbeitsgemeinschaft für Arbeitnehmerfragen in der SPD (2007): www.afa.spd.de/ ▸ Themen von A–Z ▸ Mitbestimmung

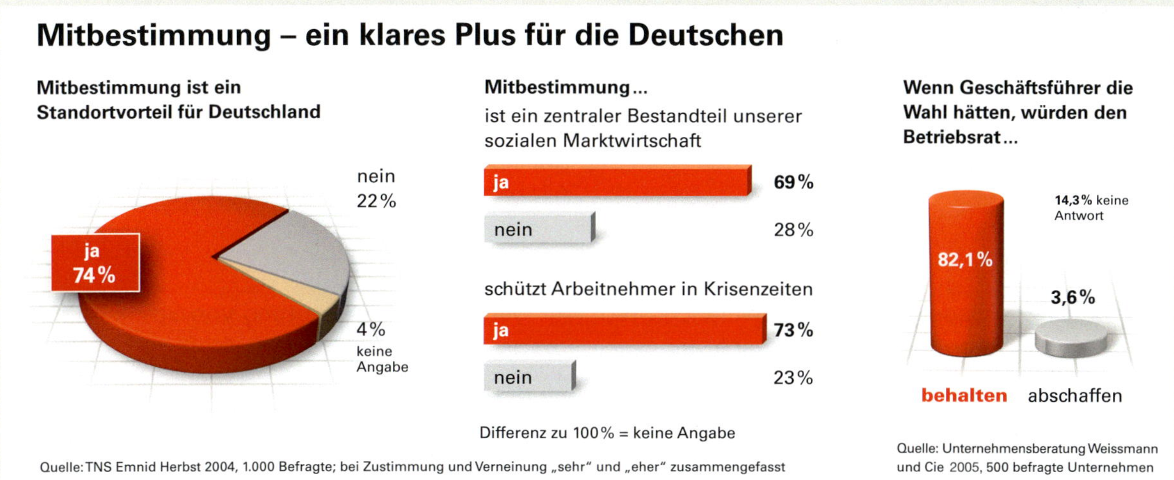

Tarifverträge werden verhandelt und erkämpft

1 Gewerkschaften vertreten Arbeitnehmer

Aus den Arbeiterbewegungen zur Zeit der Industrialisierung im 19. Jahrhundert gingen die → Gewerkschaften hervor. Sie setzen sich gegenüber den Unternehmern und deren Verbänden insbesondere für eine Verbesserung der Rechte ihrer Mitglieder ein, z.B. in Hinblick auf

- Löhne und Arbeitsbedingungen, Arbeitszeit,
- Arbeitsrecht, Arbeitssicherheit,
- Arbeitsplatzsicherung/Übernahme nach der Ausbildung/Weiterbildung,
- Mitbestimmung im Betrieb.

Das Recht, Gewerkschaften zu bilden und Streiks durchzuführen, wurde erkämpft. Noch Mitte des 19. Jahrhunderts verbot die Preußische Gewerbeordnung Verabredungen von Fabrikarbeitern zum Streik mit Gefängnisstrafen. Zunehmend erkannten die Arbeiter, dass sie nur als Organisation ihre Interessen gegenüber den Fabrikbesitzern durchsetzen konnten. 1884 wurde die „Arbeiterverbrüderung" als erste Massenorganisation der Arbeitnehmer gegründet.

Der Bergarbeiterstreik von 1889 war der erste große Streik im Ruhrbergbau. Die Arbeiter wollten an den Gewinnsteigerungen der Unternehmer teilhaben. Es ging um eine Lohnerhöhung von 15 %, achtstündige Arbeitszeit, bessere Wetterführung (Belüftung). Der Streik endete mit einer Niederlage. Aber das Streikkomitee war die Keimzelle der Bergarbeitergewerkschaft.

▸ **Leitauftrag** Welche Bedeutung hat die kollektive Wahrnehmung der Arbeitnehmerinteressen?

▲ Arbeiter in einem Kohlenbergwerk des Ruhrgebiets um 1880

▲ Wandschmuck aus einer Arbeiterwohnung. Der Text ist eine Strophe aus dem Bundeslied des Allgemeinen Deutschen Arbeitervereins von 1864.

B Auf einen Blick

Ihr erklärt die Bedeutung der Gewerkschaften zur Interessenvertretung der Arbeitnehmer.

Ihr beschreibt, wie eine Tarifverhandlung ablaufen kann.

Ihr beurteilt die Bedeutung von Streik und Aussperrung in einem Arbeitskampf.

Ihr erklärt, was in Tarifverträgen geregelt wird.

Ihr führt ein Planspiel zu Tarifverhandlungen durch und wertet es aus.

2 Der Ablauf von Tarifverhandlungen

Die Verhandlungspartner

→ Gewerkschaften kämpfen seit ihrer Gründung dafür, die Arbeitsverhältnisse ihrer Mitglieder zu sichern und zu verbessern. Dazu werden → Tarifverträge (siehe **M2**, S.117) mit den Vertretern der Arbeitgeber ausgehandelt.

Tarifvertragsparteien können sein
- Gewerkschaften und → Arbeitgeberverbände einer Branche (→ Branchentarifverträge) oder
- einzelne Unternehmen und der Betriebsrat als Arbeitnehmervertretung (→ Firmentarifverträge).

Die Interessen der Tarifvertragsparteien sind unterschiedlich. Tarifverhandlungen dauern oft Monate bis zu einer Einigung. Die Gewerkschaft hat als Mittel des → Arbeitskampfes die kollektive Verweigerung der Arbeit, den → Streik. Die Gewerkschaft zahlt ihren Mitgliedern für diese Zeit Streikgeld.
Die Arbeitgeber können mit → Aussperrung der Mitarbeiter reagieren.
Die Verhandlungsmacht der Tarifvertragsparteien hängt von der Wirtschaftslage sowie von der Fähigkeit ab, ihre Mitglieder zu mobilisieren. Die Gewerkschaft ist dabei von der Streikbereitschaft der Mitglieder und den verfügbaren finanziellen Mitteln für das Streikgeld abhängig.

Tarifrunde 2006 in der Metallindustrie

Die Ausgangslage
Die Vergütungstarifverträge liefen Ende Februar 2006 aus.
Ende 2005 legte der IG-Metall-Vorstand eine Forderungsempfehlung vor, insbesondere:
- Anhebung der Tarifentgelte um 5% bei einer Laufzeit von 12 Monaten,
- Abschluss eines Tarifvertrags zur Qualifizierung (Weiterbildung).

Die **IG Metall** sah die Forderungen als volkswirtschaftlich geboten und sozial gerechtfertigt an. Den Verteilungsspielraum aus Preissteigerungen und Produktivitätsanstieg sah sie bei 4%. Die Situation in der Metallwirtschaft sei noch günstiger wegen sinkender Lohnstückkosten.

Gesamtmetall (Arbeitgeberverband) forderte
- eine kostenneutrale Lohnentwicklung,
- flexible betriebliche Gestaltung der Arbeitszeit,
- tarifpolitische Anreize für mehr Arbeitsplätze.

Unter kostenneutraler Lohnentwicklung verstand Gesamtmetall, die Preisentwicklung aus den Lohnverhandlungen herauszuhalten und lediglich die Produktivitätsentwicklung als Obergrenze für Tariferhöhungen zu akzeptieren. Die Rede war von 1,2%. Hauptbegründung war die härter werdende Konkurrenz in der globalisierten Wirtschaft. Aufgrund der unterschiedlichen Leistungsfähigkeit innerhalb der Branche müsse der betriebliche Spielraum erweitert werden.

Die Situation war gegensätzlich: Die IG Metall wollte die Tariflohnentwicklung für die Metallindustrie ins Positive drehen. Gesamtmetall sah gute Chancen, die Umverteilung zu ihren Gunsten fortzusetzen und konjunktur- und betriebsbezogen unterschiedlich hohe Löhne durchzusetzen.

Verhandlungen und Warnstreiks
Die Verhandlungen für die Tarifgebiete begannen im Februar 2006. Nach der Begründung der Tarifforderung durch die IG Metall wurde die Beurteilung der Entwicklung der Gesamtwirtschaft und der Metallbranche ausgetauscht.

In der zweiten Verhandlungsrunde Anfang März blieb es beim Austausch der Grundpositionen. Die Arbeitgeber strebten einen Abschluss mit 24-monatiger Laufzeit und unterschiedliche Lohnentwicklung in den Betrieben an. Für den Bereich Qualifizierung bestehe kein Regelungsbedarf.

Auch die dritte Verhandlungsrunde blieb ohne Ergebnisse. Die IG Metall kritisierte, dass die Arbeitgeber vor Ablauf der Friedenspflicht kein verhandlungsfähiges Angebot vorlegten. Die Warnstreiks setzten unmittelbar nach Ablauf der Friedenspflicht Ende März ein. In der ersten Woche beteiligten sich 370 000 Beschäftigte.

In der vierten Runde am 6.4. legte Gesamtmetall ein Angebot vor: 2006: +1,2 %; 2007: +1,2 %. Ergänzend boten die Arbeitgeber monatliche Einmalzahlungen: 2006: +0,6 %, 2007: +0,4 %. Außerdem schlugen sie als beschäftigungsfördernde Regelung vor, die Betriebe bei Neueinstellungen zu entlasten, indem für jedes Prozent mehr eingestellte Mitarbeiter die Arbeitszeit um wöchentlich 10 Minuten ohne Lohnausgleich verlängert wird. Damit könnten die Kosten für Neueinstellungen je zur Hälfte von Unternehmen und Beschäftigten getragen werden. Die IG Metall bezeichnete das Angebot als „völlig realitätsfern“ und „nicht verhandelbar“. Es liefe auf eine Reallohnsenkung für die Beschäftigten hinaus.

In der fünften und sechsten Verhandlungsrunde gab es keine Veränderung. Die IG Metall beschloss, die Verhandlungen für gescheitert zu erklären und Urabstimmungen durchzuführen, wenn bis zum 25.4.2006 keine Lösung gefunden werde. Sie hatte die Warnstreiks fortgeführt: Seit Ende März beteiligten sich rund 1 Mio. Arbeitnehmer an Arbeitsniederlegungen und Demonstrationen.

Am 21.4. begann die siebte Verhandlungsrunde, die nach 19 Stunden folgendes Ergebnis brachte:

Das Verhandlungsergebnis

Bezogen auf das Entgelt

- Pauschalzahlung von 310 € (Auszubildende 90 €) für die Monate März bis Mai 2006 (Durch freiwillige Betriebsvereinbarung kann der Pauschalbetrag je nach Ertragslage entfallen oder bis auf das Doppelte steigen.)
- Erhöhung der tariflichen Löhne und Gehälter um 3,0 % ab dem 1.6.2006

Bezogen auf die Qualifizierung

Tarifvertrag u.a. mit folgenden Regelungen:

- Informations-, Beratungs-, Vorschlags- und Mitbestimmungsrechte des Betriebsrates bei der Feststellung des Qualifizierungsbedarfes und der Festlegung von Maßnamen,
- Vereinbarung von Qualifizierungsmaßnahmen bei Vorschlagsrecht der Beschäftigten.
- Berücksichtigung der Belange An- und Ungelernter, Älterer und Teilzeitbeschäftigter sowie von Beschäftigten mit Familienpflichten.
- Finanzierung der Qualifizierung durch den Arbeitgeber; teilweise sind 50 % der Qualifizierungszeit vom Beschäftigten einzubringen.

Die Bewertung

Der IG Metall-Vorsitzende sprach von einem Abschluss, „der sich sehen lassen kann“, und hob den Tarifvertrag zur Qualifizierung hervor, der „auch gesellschaftspolitisch ein Erfolg“ sei.

Für Gesamtmetall war der Abschluss durch die variable Pauschalzahlung gerade noch tragbar.

Nach **Hans-Böckler-Stiftung**:
www.boeckler.de ▶ WSI-Tarifarchiv ▶ Tarifrunde 2006 ▶ Metallindustrie

A Aufgaben

1 Benennt die beiden Tarifvertragsparteien in der Tarifrunde 2006 und begründet ihre Verhandlungspositionen.

2 Vollzieht den Verhandlungsverlauf nach. Nutzt dazu auch das Schaubild in **M1**, S. 117.

3 Bewertet das Verhandlungsergebnis. Wer hat sich stärker durchgesetzt?

4 Welche Bedeutung kann ein Tarifvertrag zur Qualifizierung haben?

3 Tarifverhandlungen im Planspiel

Im Folgenden könnt ihr selbst im Planspiel Tarifverhandlungen nach den Vorgaben durchführen. Im ersten Schritt werdet ihr im Plenum die Vorentscheidungen zu den Tarifverhandlungen aus Sicht der Gewerkschaft beschließen.
Im zweiten Schritt gilt es, die einzelnen Gruppen zu bilden und die Verhandlung zu führen.
Macht euch zur Vorbereitung des Planspiels mit der Methode Planspiel (siehe S.119) vertraut.

1. Schritt: Festlegung der Tarifforderung

Die Industriegewerkschaft für das Tarifgebiet West bereitet sich auf das Auslaufen des Entgelttarifvertrags in drei Monaten vor. Auf einer Konferenz der Vertreter der Gewerkschaft soll die Forderung beschlossen werden. Die Konferenzteilnehmer erhalten die Daten zur Wirtschaftslage der Branche (siehe Material **P1**). Sie kennen bereits den Ablauf der Tarifverhandlungen in der Metallindustrie 2006 (siehe Bericht S.113/114).

Was soll die Gewerkschaft fordern?
- Soll im Tarifgebiet unterschieden werden nach der Gewinnlage der Betriebe oder
- soll für alle Beschäftigten der gleiche Prozentsatz gefordert werden?
- Ist eine Arbeitsplatzgarantie anzustreben?
- Soll von vornherein mehr gefordert werden als erwartet wird, um Spielraum für Verhandlungen zu haben?

A1 Entwerft einen Presseartikel mit den begründeten Forderungen.

Der Entgelttarifvertrag wird gekündigt

Die Industriegewerkschaft hat den Entgelttarifvertrag nach der Konferenz gekündigt und die erarbeitete Forderung über Presse, Funk und Fernsehen gut begründet verbreitet sowie an den Arbeitgeberverband gerichtet.

2. Schritt: Die Tarifvertragsparteien verhandeln ihre Forderungen

A2 Bildet die Gruppen: Gewerkschaft, Arbeitgeberverband, Spielleitung, Beobachter.

A3 Jede Gruppe bearbeitet jetzt ihre Rollenkarte nach folgenden Vorgaben.

Rollenkarte Gewerkschaft
- Die Mitglieder erwarten, dass zumindest die Preissteigerungen ausgeglichen werden und ihnen die Steigerung der Arbeitsproduktivität zugutekommt. Der Beschluss der Gewerkschaftskonferenz (siehe 1. Schritt) ist zu vertreten.
- Ein Arbeitskampf kann finanziert werden. Die Streikbereitschaft ist noch gering.
- Mit welchen Argumenten könnte die Gegenseite eure Forderungen zunächst zurückweisen? Überlegt überzeugende Gegenargumente.

Rollenkarte Arbeitgeberverband
- Die Lage eurer Branche nach **P1** ist zu berücksichtigen.
- Die Mitglieder erwarten, dass steigende Arbeitskosten nicht die Wettbewerbsfähigkeit der Betriebe gefährden. Berücksichtigt werden soll, dass nicht alle Unternehmen hohe Gewinne machen. Ein Streik soll vermieden werden.
- Die Steigerung der Produktivität darf nicht als Lohnerhöhung weitergegeben werden. Wegen der hohen deutschen Lohnkosten kann die Sicherheit aller Arbeitsplätze nicht garantiert werden. Ein Teil der Unternehmen will stärker im Ausland investieren und produzieren.
- Angemessene Gewinne sind notwendig, um investieren zu können.
- Mit welchen Argumenten könnte die Gegenseite eure Forderungen zunächst zurückweisen? Überlegt überzeugende Gegenargumente.

Rollenkarte Spielleitung
Ihr leitet das Spiel. Ihr seid verantwortlich für die Einhaltung der Spielregeln (siehe **P2**). Ihr verfügt über das Recht, Ereigniskarten zum Planspiel auszuteilen (siehe **P3**). Damit könnt ihr die Tarifverhandlungen beeinflussen, z.B. falls diese nicht von der Stelle kommen.

Rollenkarte Beobachter
Ihr beobachtet zu je zwei Personen
- die Gespräche innerhalb der Gruppen Gewerkschaft und Arbeitgeberverband,
- die Gespräche zwischen den Tarifparteien.

Ihr protokolliert die Ergebnisse. Dabei berücksichtigt ihr die Fragestellungen in **P4**.

Material zum Planspiel

P1 Zur aktuellen Wirtschaftslage

- In der Branche haben die Betriebe in den letzten zwei Jahren die Zahl der Beschäftigten um 3 % verringert. Ein Teil der Betriebe hat Arbeitsplätze in Niedriglohnländer verlagert. Weitere Arbeitsplätze sind gefährdet. Die Arbeitslosenquote in der Branche ist leicht gesunken, aber mit 8 % noch hoch.
- Die Aufträge nahmen zu. Oft sind Überstunden notwendig. Für das Folgejahr wird die wirtschaftliche Lage günstig eingeschätzt.
- Die meisten Unternehmen machen sehr gute Gewinne.
- Die Produktivität pro Arbeitsstunde nahm jährlich um real 1,5 % zu.
- Die Umsatzsteuer stieg von 16 auf 19 %.
- Die Verbraucherpreise stiegen jährlich um 1,5 %. Eine stärkere Zunahme wird erwartet.
- 30 % der Beschäftigten gehören der Gewerkschaft an. Das ist überdurchschnittlich.

P2 Spielregeln für das Planspiel

- Die Spielleitung sichert die Einhaltung der Spielregeln (Methode Planspiel, Folgeseite).
- Zu Beginn wird in den Gruppen die Ausgangssituation im Gespräch analysiert, werden eigene Interessen und Ziele formuliert und eine Verhandlungsstrategie festgelegt.
- Die Mitspieler müssen ihnen zugewiesene Rollen aktiv ausführen. Sie dürfen die Rollen im Spielverlauf nicht ändern.
- 1. Phase: Die Tarifparteien tauschen ihre Argumente schriftlich aus. Spielleitung und Beobachter erhalten eine Kopie. Eine weitere verbleibt bei der jeweiligen Gruppe.
- Jede Gruppe kann Presseerklärungen, Flugblätter etc. verfassen und veröffentlichen.
- 2. Phase: Die Spielleitung leitet eine mündliche Tarifverhandlung.
- 3. Phase: Auswertung und Vergleich mit einer Tarifverhandlung in der Realität (siehe Bericht S.113/114).

P3 Ereigniskarten zum Planspiel

A Wirtschaftsmonitor-TV

Aus gut unterrichteten Kreisen wurde bekannt, dass namhafte Industrieunternehmen 2000 Arbeitsplätze nach Polen und in andere Niedriglohnländer verlegen werden, weil die Ergebnisse der laufenden Entgelttarifverhandlungen die Wettbewerbsfähigkeit stark mindern.

B Magazin Gewerkschaftliche Solidarität

Unsere betrieblichen Vertrauensleute melden, dass die Unternehmensleitungen in einigen Betrieben sich wegen der guten Gewinne 10 % Gehaltserhöhungen im laufenden Jahr genehmigten. Wir sollen bei den laufenden Tarifverhandlungen mit Almosen abgefunden werden.

P4 Fragestellungen für Beobachter

- Sind die einzelnen Aussagen sachgerecht?
- Kommen die Spieler gleichermaßen zu Wort?
- Welche Gefühle äußern die Spieler?
- Welche Gefühle lösen die Spieler bei den Beobachtern aus?
- Wie sprechen die Rollenspieler miteinander?
- Gibt es persönliche Abwertungen?
- Welche Konfliktlösungen finden die Spieler?

4 Weiterführendes Material

M1 Der Ablauf einer Tarifauseinandersetzung

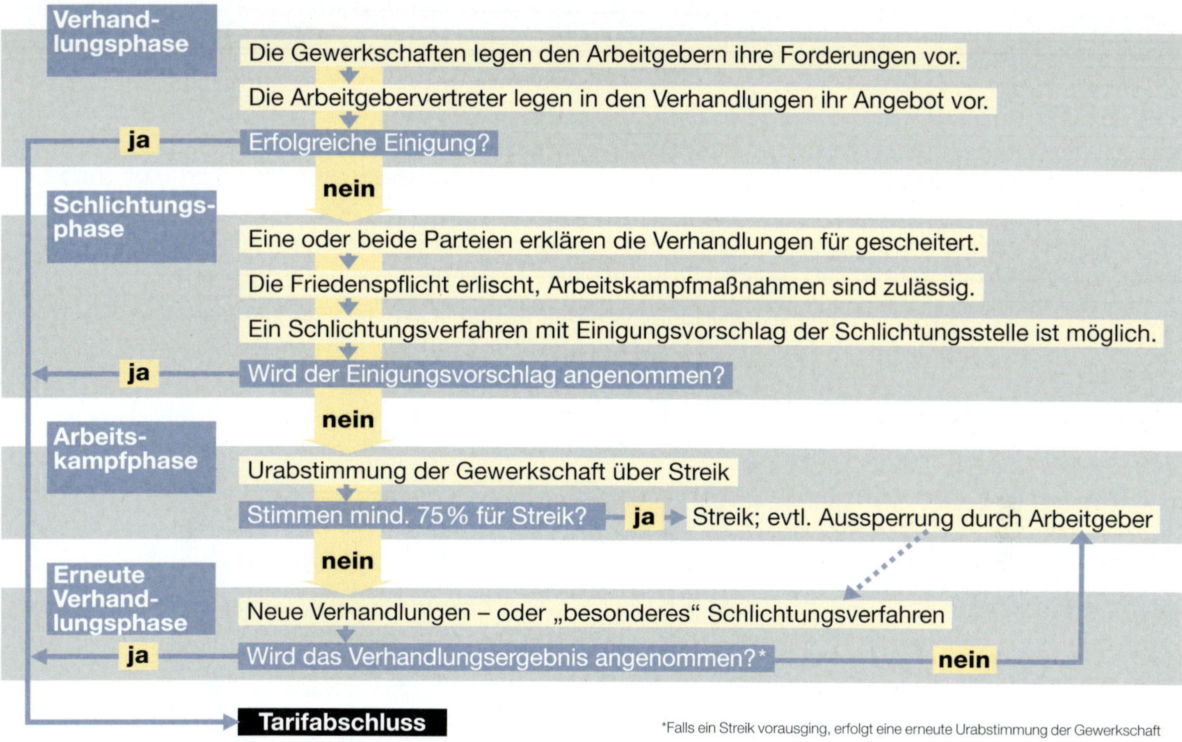

M2 Arten von Tarifverträgen

Manteltarifvertrag
regelt allgemeine Arbeitsbedingungen, z.B.
- die Dauer der regelmäßigen Arbeitszeit,
- Zuschläge, z.B. für Spät- und Schichtarbeit/Entgelt/Freizeitausgleich für Mehrarbeit,
- Urlaub, Freistellung von der Arbeit.

Der Vertrag wird in der Regel für eine Laufzeit von mehreren Jahren geschlossen.

Lohn- und Gehaltstarifvertrag/Entgelttarifvertrag
regelt den Geldbetrag für Gruppen. Arbeiter werden meist nach Stundenlohn, Angestellte mit Monatsgehalt bezahlt; Laufzeit: 1 bis 2 Jahre. Die Bewertung der Arbeit im Lohnvertrag für Arbeiter und Gehaltsvertrag für Angestellte beruht auf geschichtlichen Vorstellungen von vorrangig körperlicher Arbeit bei Arbeitern bzw. geistiger Arbeit bei Angestellten. Das entspricht nicht mehr den heute oft komplexen Anforderungen an die berufliche Handlungskompetenz bei der Erwerbsarbeit. Deshalb werden in einzelnen Branchen die Tätigkeiten nach einheitlichen Kriterien bewertet und ein Entgelttarifvertag abgeschlossen (z.B. in der Metall- und Elektroindustrie).

Lohn- und Gehaltsrahmenabkommen
regeln die nach Anforderungen unterschiedenen Lohngruppen und die Verfahren der Arbeitsbewertung; Laufzeit: mehrere Jahre.

Weitere Arten von Tarifverträgen
- Tarifvertrag über Ausbildungsvergütungen
- Tarifvertrag zur Verdienstsicherung (bei Umstrukturierungen in Unternehmen)
- Tarifvertrag zur Beschäftigungssicherung (Kündigungsschutz bei Beschäftigungsabbau)
- Tarifvertrag über Weiterbildung

Tarifverträge in Zahlen 2010

davon	Manteltarifverträge		Tarifverträge mit Mantelbestimmungen[1]		Vergütungstarifverträge	
	neue 2010	insgesamt	neue 2010	insgesamt	neue 2010	insgesamt
Verbandstarifverträge	64	1650	935	11349	616	3108
Firmentarifverträge	284	6974	1610	17563	863	6369

[1] z.B. über Arbeitszeit, Urlaub, Urlaubsgeld, Jahressonderzahlung, vermögenswirksame Leistung, Altersversorgung, Rationalisierungsschutz, Kündigungsschutz und Verdienstsicherung, Vorruhestand

Wirtschafts- und Sozialwissenschaftliches Institut in der Hans-Böckler-Stiftung (WSI) (Hrsg.): Statistisches Taschenbuch Tarifpolitik 2011. Bund-Verlag, Frankfurt 2010, Kap. 1.2, 1.3

M3 Tarifauseinandersetzungen in der Karikatur

Arbeiten mit den Materialien

Zu **M1**
Begründet die Bedeutung einer Urabstimmung vor dem Streik. Vergleicht die Wirkung eines Streiks und einer Aussperrung.

Zu **M2**
Erklärt die Bedeutung der Arten von Tarifverträgen für Arbeitnehmer.

Zu **M3**
Interpretiert die Karikatur in folgenden Arbeitsschritten:

1 Notiert Gedanken und Ideen, die ihr mit der Darstellung verbindet.

2 Beschreibt in Einzelheiten, was abgebildet ist.

3 Beschreibt, was die abgebildeten Personen und Texte bedeuten.

4 Auf welchen Sachverhalt bezieht sich die Karikatur und was *sagt* der Karikaturist dazu *aus*?

5 Wie schätzt ihr selbst die Aussagen ein?

Methode Planspiel

1 Darum geht es

Im Planspiel setzt ihr euch mit vereinfachten Entscheidungssituationen auseinander, die einen Konflikt enthalten, und sucht nach einer Lösung.

Ihr lernt,
- euch in eine vorgegebene Rolle zu versetzen und diese mündlich oder schriftlich zu vertreten,
- andere Rollen zu analysieren und Konflikte zwischen den Rollen zu erkennen,
- andere Standpunkte in die eigenen Entscheidungen einzubeziehen,
- eine Strategie zur Vertretung der eigenen Rolle und evtl. eine Lösung für den Konflikt zu entwickeln,
- einen Kompromiss zu finden.

2 So läuft es ab

Vorbereitung
- Problem mit der Fallbeschreibung erfassen
- Rollen der Spielgruppen verstehen und Gruppen bilden, die Rollen vertreten sollen
- in den Spielgruppen Gesprächsleiter, Schriftführer und Sprecher bestimmen
- Regeln zum Ablauf, z.B. Spielrunden, zur Kommunikation im Spiel (schriftlich und/oder mündlich) und zur Auswertung vereinbaren
- klären, ob vorgegebenes Informationsmaterial genutzt werden soll und ob zusätzliche Informationen zu besorgen sind
- Rolle und Aufgaben der Spielleitung entsprechend der Rollenkarte verstehen
- Rolle und Aufgaben der Beobachter mit der Rollenkarte klären

Durchführung
- Spielgruppen klären ihre Interessen und Ziele
- legen Ziele fest (Strategieplanung) und notieren Maßnahmen zur Durchsetzung

- Spielgruppen nehmen entsprechend den Regeln Verbindung auf mit den anderen Gruppen, z.B. durch Briefe, Gespräche.
- Spielleitung fordert vereinbarte Regeln ein, z.B. Zeitplanung, und unterstützt die Arbeit der Gruppen, z.B. durch Ereigniskarten.
- Beobachter erledigen vereinbarte Aufgaben wie
  - Gespräche einer Gruppe beobachten,
  - Briefwechsel (Kopien anfertigen) zwischen Gruppen verfolgen,
  - Gespräche zwischen Gruppen beobachten,
  - Ergebnisse notieren und aufbereiten.

Auswertung
- Spielgruppen reflektieren die Arbeit ihrer Gruppe mithilfe der Beobachter.
- Spielgruppen und Spielleitung äußern im Plenum ihre Gefühle bei der Wahrnehmung der jeweiligen Rolle und die Zufriedenheit mit dem Ergebnis.
- Beobachter äußern ihre Ergebnisse ohne Bewertung entsprechend ihren Notizen; die Spielgruppen nehmen dazu Stellung.
- Spielgruppen und Beobachter tauschen sich über das Spielergebnis aus. Sie erörtern, wie eine andere Spielstrategie bzw. ein anderes Verhalten sich im Spiel ausgewirkt haben könnte. Sie bereiten das Spiel evtl. fachlich und methodisch nach, z.B. mit weiteren Materialien zum Verlauf in der Realität, methodischen Übungen zum Vertreten von Argumenten.

Soziale Sicherung

1 Soziale Sicherung – eine Verpflichtung des Sozialstaates

Es gibt Lebensrisiken, gegen die sich ein einzelner Mensch oder auch eine Familie alleine nicht oder nicht ausreichend absichern können: das Risiko einer langen und schweren Krankheit, von Erwerbsunfähigkeit oder Behinderung. Auch im Alter fehlen Kraft und Möglichkeiten, durch Erwerbsarbeit die Existenz abzusichern.

Notwendig ist eine Solidarität zwischen Jungen und Alten, Gesunden und Kranken, Menschen mit hohem Einkommen und Vermögen und solchen, die nur über ein geringes Einkommen verfügen. Ein Sozialstaat wie Deutschland hat die Aufgabe, eine befriedigende soziale Sicherung für alle zu organisieren. Die gesetzliche Sozialversicherung leistet dazu den entscheidenden Beitrag.

▸ **Leitauftrag** Beschreibt die Lage der Menschen auf den Abbildungen. Was ist heute anders?

Umgang mit Lebensrisiken vor 1883

▲ Bei Krankheit

▲ Vorsorge für das Alter

▲ Arbeitslose suchen im Müll nach Verwertbarem

Soziale Sicherheit heute

GRUNDGESETZ

Grundsatz des Sozialstaates

„Die Bundesrepublik Deutschland ist ein demokratischer und sozialer Bundesstaat."

(Artikel 20 Grundgesetz)

B Auf einen Blick

Ihr nennt wichtige Bestimmungen der gesetzlichen Sozialversicherung und beschreibt Risiken, die abgesichert werden.

Ihr erklärt die Notwendigkeit eines Solidarausgleichs bei der sozialen Sicherung.

Ihr versetzt euch bezogen auf die soziale Sicherung in die Lage von Erwerbslosen.

Ihr erklärt und beurteilt wichtige gesetzliche Bestimmungen zum Schutz und zur finanziellen Absicherung von Eltern und Kindern.

Ihr bewertet die Bedeutung eines Anspruchs auf Sozialhilfe unabhängig davon, ob jemand seine Notlage selbst verschuldet hat.

Ihr informiert euch über aktuelle Probleme der sozialen Sicherung und überprüft Auswirkungen der Ursachen.

2 Krankenversicherung

Alle Bürger müssen versichert sein, um die Behandlungskosten bei Krankheit nicht selbst tragen zu müssen. In der gesetzlichen Krankenversicherung (GKV) sind rund 90 % der Bevölkerung versichert, u.a. Arbeitnehmer, Erwerbslose, Rentner, Kinder und Ehepartner, denen gegenüber eine Unterhaltspflicht besteht. Es gibt Ende 2011 ca. 153 Krankenkassen.

Pflichtversicherte

Arbeitnehmer sind nur dann in der GKV pflichtversichert, wenn sie ein vom Staat festgelegtes Bruttoarbeitsentgelt nicht überschreiten. Im Jahre 2012 liegt diese Versicherungspflichtgrenze bei 4237 Euro im Monat.

Arbeitnehmer, deren Bruttoarbeitsentgelt über dieser Pflichtgrenze liegt, können in eine private Krankenkasse (PKV) wechseln. Beamte können sich in einer (PKV) versichern. Auch Selbstständige versichern sich meistens in der PKV.

Beiträge

Die Höhe der Beiträge in der GKV richtet sich nach der Höhe des Bruttoarbeitsentgelts. Ab 2012 liegt der Prozentsatz bei 15,5 %. Arbeitnehmer zahlen 8,2 %, Arbeitgeber den Rest. Die Beitragsbemessungsgrenze beträgt 3825 Euro.

Die Höhe der Beiträge in der PKV wird weitgehend nach persönlichem Risiko (Vorerkrankung, Alter, Geschlecht) berechnet. Der Wettbewerb zwischen den Kassen spielt ebenfalls eine Rolle.

Wichtige Leistungen der GKV

- Krankengeld, sofern die Lohnfortzahlung wegen einer längeren Erkrankung entfällt
- Arzt- und Zahnarztbehandlung
- Arznei-, Verbands-, Heil- und Hilfsmittel
- Krankenhausbehandlung
- Rehabilitationsmaßnahmen
- Mutterschaftshilfe

Die Versicherten müssen für einige Leistungen fünf bis zehn Euro zuzahlen. Kinder bis 18 Jahre sind von den Zuzahlungen befreit.

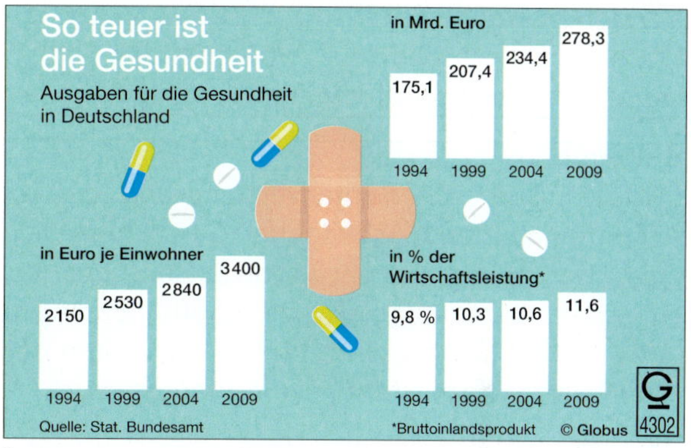

[1] siehe auch **M 7**, S. 129

Solidarausgleich in der gesetzlichen Krankenversicherung

Familienlastenausgleich
Ein Arbeitnehmer mit nicht erwerbstätigem Ehepartner und Kindern zahlt für die Leistungen der GKV bei gleichem Bruttoarbeitsentgelt genauso viel wie ein alleinstehender Arbeitnehmer.

Ausgleich beim Arbeitsentgelt
Ein Versicherter mit einem geringen Arbeitsentgelt und entsprechend geringerem Beitrag erhält bis auf das Krankengeld die gleichen Leistungen wie ein Versicherter mit einem höheren Arbeitsentgelt.

A Aufgaben

1 Nehmt Stellung zu folgenden Meinungen.
JANA: „Warum verlangt der Staat für Arbeitnehmer eine Pflichtversicherung? Jeder sollte das selbst entscheiden können."
ORHAN: „Großverdiener können sich dem Solidarausgleich entziehen. Das finde ich ungerecht."
JUDITH: „Wer privat versichert ist, kommt beim Arzt schneller dran. Das ist ungerecht."
SIMON: „Wer mehr zahlt, soll auch eine bessere Leistung erhalten. Beim Autokauf ist das auch so."

2 Informiert euch über die aktuelle Entwicklung der Krankenversicherung unter:
www.bmg.bund.de

3 Renten- und Pflegeversicherung

Rentenversicherung
Sie bietet im Alter und bei Erwerbsminderung eine Grundsicherung. Renten werden durch die Erwerbstätigen finanziert (Generationenvertrag). Für eine befriedigende Sicherung ist notwendig, dass die Menschen zusätzlich Ersparnisse bilden. Der Staat fördert die Altersvorsorge.

Versicherungspflicht
Pflichtversichert sind alle Arbeitnehmer. Selbstständige können sich freiwillig versichern.

Beiträge
Die Beiträge zur Rentenversicherung zahlen Arbeitnehmer und Arbeitgeber. Sie richten sich nach der Höhe des Bruttoarbeitsentgelts bis zu einer Bemessungsgrenze (5600 Euro im Jahre 2012 – Beitragssatz 19,9 %. Für Zeiten der Arbeitslosigkeit entsteht kein Rentenanspruch.

Altersrente
Die Höhe der Altersrente hängt ab von
- der Höhe des persönlichen Arbeitsentgelts während des Erwerbszeit,
- der Entwicklung des durchschnittlichen Arbeitsentgelts aller Versicherten und
- der Versicherungszeit.

Die Renten werden an die Entwicklung der Arbeitsentgelte angepasst. Sie sollen nicht sinken.

Kindererziehungszeiten
Müttern und Vätern werden bei der Erziehung von Kindern, die ab 1992 geboren sind, drei Versicherungsjahre angerechnet.

Anspruch auf Zahlung der Altersrente
Bislang wird die Rente mit 65, bis 2029 jedoch ansteigend mit 67 Jahren ausgezahlt. Ab 2012 erhöht sich die Versicherungspflicht um jährlich jeweils einen Monat. Wer früher eine Rente beantragt, muss Abschläge hinnehmen.

Rente wegen verminderter Erwerbsfähigkeit
erhält wer bei Krankheit oder Behinderung nicht oder nur teilweise erwerbstätig sein kann.

Rente wegen Todes
Anspruch auf Witwen- oder Witwerrente haben überlebende Ehepartner unter bestimmten Voraussetzungen. Kinder erhalten Waisenrente.

Pflegeversicherung
Die Pflegeversicherung unterstützte 2009 2,24 Mio. Menschen, die ständig auf Pflege angewiesen sind (zu Hause 1,54 Mio., davon ca. 1 Mio. durch Angehörige; 0,70 Mio. in Heimen). Beiträge müssen alle zahlen, die in der gesetzlichen oder der privaten Krankenversicherung versichert sind. Arbeitgeber und Arbeitnehmer zahlen die Beiträge. Sie liegen 2012 bei 1,95 %, bzw. 2,2 % für Kinderlose, des Bruttoarbeitsentgelts. Die Beitragsbemessungsgrenze beträgt 3825 €.

Die Höhe der Leistungen für häusliche oder stationäre Pflege richtet sich nach der Pflegebedürftigkeit. Es gibt drei Stufen.

A Aufgaben

1 Ein viel größerer Anteil Frauen als Männer erhält Renten bis 900 €. Im Bereich von 900 € bis 1500 € ist es umgekehrt. Notiert Gründe. Siehe auch www.sozialpolitik-aktuell.de ▸ Datensammlung.

2 Die Lebenserwartung steigt. Bis 2030 werden 3,4 Mio. Pflegebedürftige erwartet. Nennt Folgen für die Renten- und Pflegeversicherung.

3 In der Renten- und Pflegeversicherung sind Änderungen zu erwarten. Informiert euch unter: www.bmg.bund.de und www.bmas.de.

4 Mutterschutz, Kindergeld, Elterngeld und Elternzeit

Mutterschutz

Nach dem Mutterschutzgesetz besteht während der Schwangerschaft Kündigungsschutz. Außerdem dürfen Schwangere nicht schwer arbeiten. Sonn- und Feiertagsarbeit sind verboten.
Sechs Wochen vor und acht Wochen nach der Entbindung besteht ein Beschäftigungsverbot mit Anspruch auf Lohnfortzahlung.

Kindergeld

Eltern oder andere Bezugspersonen, die mit einem Kind in einem Haushalt leben, erhalten Kindergeld. Für das erste und zweite Kind werden pro Monat 184 Euro, für das dritte Kind 190 Euro und ab dem vierten 215 Euro gezahlt (2011). Das Kindergeld ist unabhängig von der Höhe des Einkommens. Im Alter von 18 bis 25 Jahren wird es nur gezahlt, wenn der Jugendliche zur Schule geht, eine Berufsausbildung absolviert, ein freiwilliges soziales oder ökologisches Jahr leistet oder studiert.

Elterngeld und Elternzeit

Mütter oder Väter, die wegen der Betreuung eines Kleinkindes ihre Erwerbsarbeit unterbrechen, erhalten 12 Monate lang Elterngeld. Das sind bei Erwerbstätigen 67 % des Nettoarbeitseinkommens, höchstens 1800 Euro. Erwerbslose erhalten kein Elterngeld. Verringert der voll erwerbstätige Elternteil die Erwerbszeit um mindestens 30 Prozent, so verlängert sich die Elternzeit auf 14 Monate.
Unbezahlt können sich Eltern bis zu drei Jahre von der Erwerbsarbeit freistellen lassen. Während dieser Elternzeit besteht ein Kündigungsschutz.

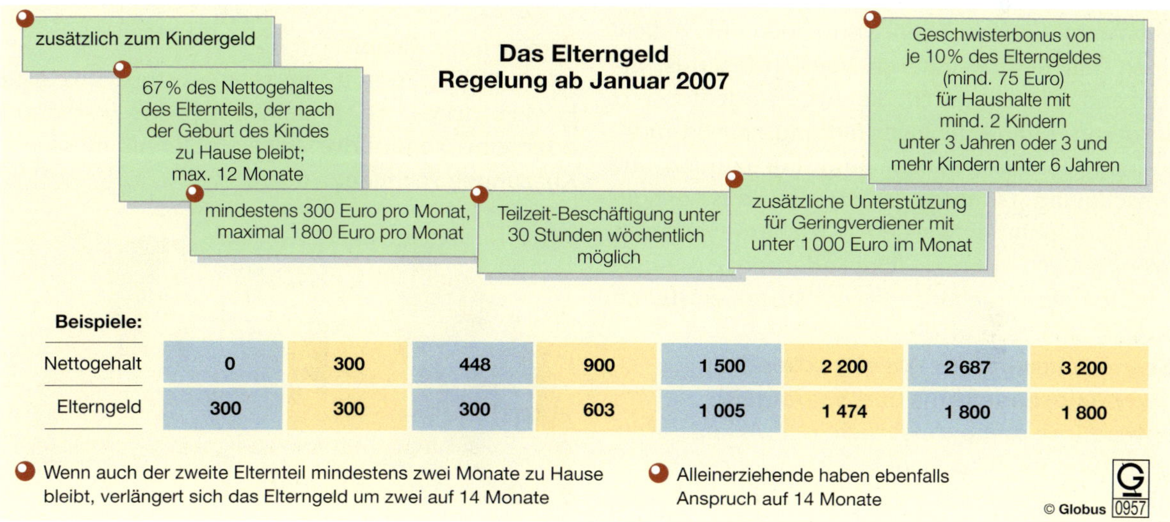

Nettogehalt	0	300	448	900	1 500	2 200	2 687	3 200
Elterngeld	300	300	300	603	1 005	1 474	1 800	1 800

A Aufgaben

1 Begründet den Schutz der Mutter vor und nach der Geburt ihres Kindes.

2 Nehmt Stellung zu folgenden Meinungen.
JESSICA: „Ich finde es ungerecht, dass Eltern, die viel verdienen, ein genauso hohes Kindergeld erhalten wie Eltern, die wenig verdienen."
JUDITH: „Alle Kinder sind gleich. Deshalb sollte auch das Kindergeld gleich hoch sein."
TIM: „Beim Elterngeld haben diejenigen einen Vorteil, die viel verdienen. Ist das gerecht?"
MIKE: „Ich verstehe nicht, warum der Staat so viel Geld dafür ausgibt, dass Eltern 12 oder 14 Monate ihr Kind betreuen. Das Geld sollte lieber für mehr und bessere Kitas ausgegeben werden."

5 Sicherung bei Arbeitslosigkeit

Gegen den Entgeltausfall bei Erwerbslosigkeit sind alle Arbeitnehmer pflichtversichert. Der Beitragssatz beträgt im Jahr 2012 3,0% und die Beitragsbemessungsgrenze 5600 Euro.
Wer arbeitslos wird, hat nach dem Arbeitsförderungsgesetz Anspruch auf Arbeitslosengeld I oder II. Nur Erwerbsfähige haben einen Anspruch auf die Leistungen. Erwerbsfähig ist, wer mindestens drei Stunden pro Tag arbeiten kann.

Arbeitslosengeld I und Arbeitsförderung

Die Höhe des Arbeitslosengeldes (ALG) I beträgt für Alleinstehende 60%, für einen Arbeitslosen ab einem Kind 67% des Nettoarbeitsentgeltes. Es wird maximal 12 Monate gezahlt. Für Arbeitslose über 50 Jahre gelten Altersstufen bis 24 Monate. 2011 erhielten ca. 0,84 Mio. Arbeitslose ALG I. Wird in einem Unternehmen die Arbeitszeit abgesenkt (Kurzarbeit), kann Kurzarbeitergeld Entlassungen vermeiden. Es gleicht einen Teil des geringeren Verdienstes aus. Ergänzend gibt es durch die Arbeitsagentur u.a. Beratung und Arbeitsvermittlung, Fördermaßnahmen zur Berufsausbildung, Fortbildung und Umschulung (s. auch S.231). Bei auswärtiger Arbeitsaufnahme werden Zuschüsse gezahlt. Arbeitgeber können Eingliederungszuschüsse erhalten, wenn sie einen Erwerbslosen einstellen.

Grundsicherung für Arbeitsuchende (Arbeitslosengeld II) und Sozialgeld

Erwerbslose ohne Anspruch auf Arbeitslosengeld I und im Alter von 15 bis 65 Jahren haben einen Anspruch auf Arbeitslosengeld II (Hartz IV). Sie müssen erwerbsfähig und hilfsbedürftig sein. Sozialgeld erhält, der mit einem Hilfebedürftigen zusammen lebt (Bedarfsgemeinschaft) und nicht erwerbsfähig ist.
Diese Gruppen erhalten auch angemessene Kosten für Wohnung und Heizung.

Der Regelsatz für ALG II beträgt (ab 2011)
- für Alleinstehende 364 Euro,
  für Kinder bis zum 6. Lebensjahr 215 Euro,
  von 6–13: 251 Euro,
- von 14–18: 287 Euro,
- für Partner ab 19 Jahren 328 Euro.

Ein Mehrbedarf für Kinder, z.B. bei Klassenfahrten, Sportverein, ist möglich. Daneben soll eine Förderung durch Sachleistungen, z.B. Nachhilfestunden, erfolgen. Bei der Bedürftigkeitsprüfung wird Vermögen angerechnet. 2011 erhielten 4,6 Mio Menschen ALG II. Davon waren 1,4 Mio erwerbsfähig.

Zumutbare Arbeit

Wer ALG II erhält, muss alles tun, um eine Erwerbsarbeit zu finden. Wer das versäumt oder eine zumutbare Arbeit ablehnt, muss mit Kürzungen rechnen.

▲ Dieser Betrieb nimmt Sie jetzt als Praktikantin und bei Bewährung nach 12 Monaten als Auszubildende. Stellen Sie sich bitte dort vor."

A Aufgaben

1 Informiert euch über den aktuellen Stand der Leistungen unter www.bmas.de.

2 Befragt Erwerbslose, die ihr kennt, wie sie die Erwerbslosigkeit erleben, z.B.:
- Reichen das Arbeitslosengeld II und die möglichen zusätzlichen Leistungen zur Sicherung der Existenz aus?
- Hat sich das Zusammensein mit Freunden verändert?
- Wie erleben die Kinder die Erwerbslosigkeit des Vaters oder der Mutter?
- Was ist besonders schwer zu ertragen?

6 Sozialhilfe sowie Grundsicherung im Alter und bei Erwerbsunfähigkeit

Wer in einer Notlage ist oder in eine Notlage zu geraten droht und sonst keinen Anspruch auf Unterstützung besitzt, hat Anspruch auf Sozialhilfe. Es spielt keine Rolle, ob eine Person die Notlage selbst verschuldet hat oder nicht. Jeder soll in Würde leben und sich der Solidarität der Gesellschaft sicher sein. Sozialhilfe soll vor großer Armut und sozialer Ausgrenzung schützen.
Die Stärkung der Selbsthilfekräfte des Menschen ist das erklärte Ziel der Sozialhilfe. Die Leistungen sind auf den persönlichen Bedarf abgestellt. Möglich sind Geld- und Sachleistungen sowie Beratung. Es besteht z.B. ein Anspruch auf Lebensunterhalt. Er umfasst den grundlegenden Bedarf an Essen, Kleidung, Wohnung, Hausrat und Körperpflege, Hilfe zur Pflege und Unterstützung bei Krankheit, Krankheitsvorsorge, Obdachlosigkeit und Behinderung.
Der Regelsatz ist ähnlich wie ALG II (s. Seite 124). Zusätzlich gibt es Geld für die Wohnung. Es kann ein Mehrbedarf beantragt werden. 2010 erhielten 319 000 Personen Sozialhilfe. Daneben gibt es die Grundsicherung im Alter und bei Erwerbsminderung. Sie ist für Menschen, die über eine geringe Rente verfügen bzw. kein Vermögen und keine unterhaltspflichtigen Partner, Eltern oder Kinder mit gutem Einkommen haben. 2010 erhielten 797 000 Personen Grundsicherung, davon ca. 17 % Kinder unter 15 Jahren (Stand Februar 2011).

Auch Asylbewerber erhalten Sozialhilfe (2009: 121 000), allerdings geringere Sätze als Deutsche.

GRUNDGESETZ
Artikel 1

„Die Würde des Menschen ist unantastbar.
Sie zu achten und zu schützen ist Verpflichtung aller staatlichen Gewalt."

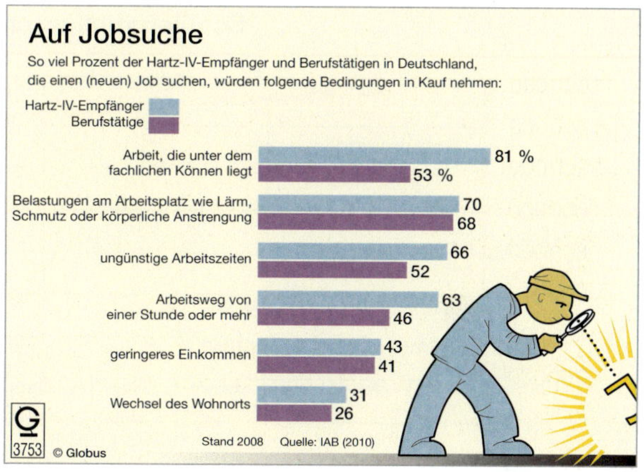

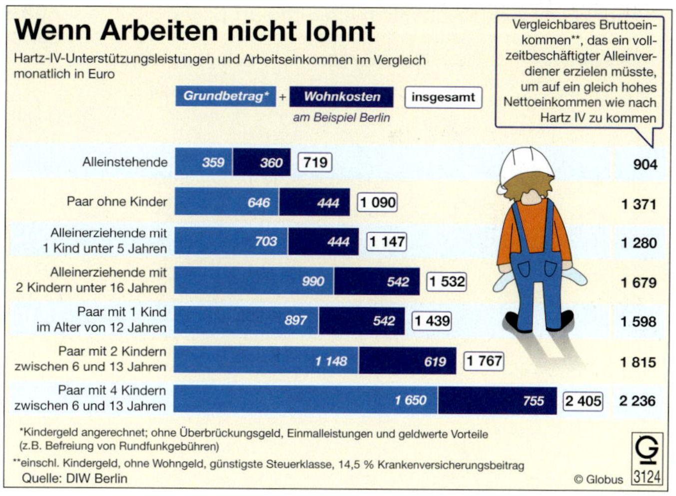

A Aufgaben

1 Begründet den hohen Anteil von Kindern bei den Empfängern von Sozialhilfe und ALG II.

2 Viele schämen sich, Sozialhilfe zu beanspruchen. Nennt Gründe.

3 Sprecht darüber, wie sich bei der Jobsuche Bedürftigkeit auswirkt.

4 Nehmt Stellung zu folgenden Meinungen:
ALEX: „Solidarität mit Menschen in Notlage finde ich sehr wichtig. Gut, dass dies im Grundgesetz verankert ist."
TARIK: „Man sollte Sozialhilfe nur als Kredit vergeben. Jeder ist für sich verantwortlich."

7 Unfallversicherung

Die gesetzliche Unfallversicherung (DGUV) schützt bei Arbeitsunfällen, bei Unfällen auf dem Weg zur Arbeit und bei Berufskrankheiten. Versichert sind Arbeitnehmer, Kinder in Kinderbetreuungseinrichtungen, Schüler, Studierende und ehrenamtliche Tätige.

Gegen andere Unfälle, z.B. im Haushalt, kann man sich selbst zusätzlich versichern.

Die DGUV finanziert Maßnahmen zur Wiederherstellung von Gesundheit und Arbeitskraft (Rehabilitation), Renten bei Minderung der Erwerbsfähigkeit und zur Unfallverhütung.

Wichtig sind vor allem die Maßnahmen zur beruflichen und sozialen Teilhabe, z.B. die Finanzierung einer Haushaltshilfe, einer Berufshilfe oder einer Umschulung.

Schülerunfallgeschehen in Deutschland

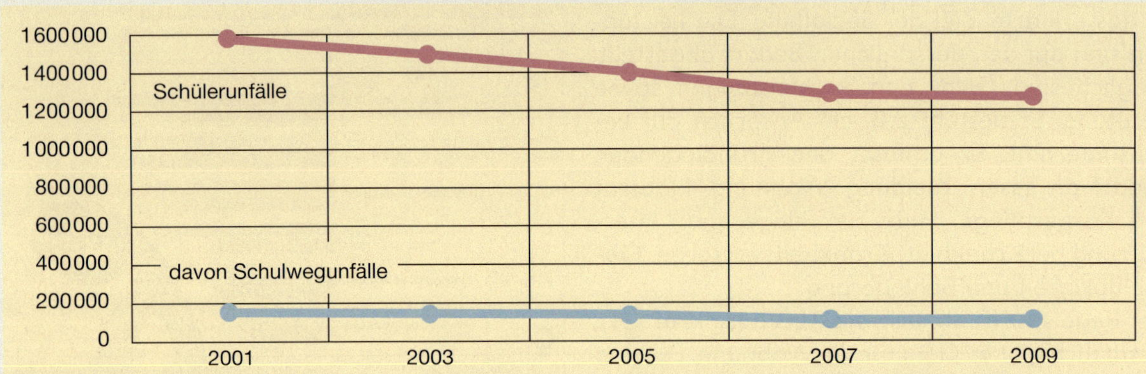

Angezeigte Schülerunfälle nach Schulart (2009)

Schularten	Schulunfälle	Schulwegunfälle
insgesamt	1 250 552	115 534
davon:	**Angaben in % je 1 000 Schüler**	
Grundschulen	70,6	5,3
Hauptschulen	275,6	20,8
Realschulen	117,0	12,3
Gymnasien	78,0	8,6

Aufteilung der Schulunfälle nach Art der schulischen Veranstaltung (2009)

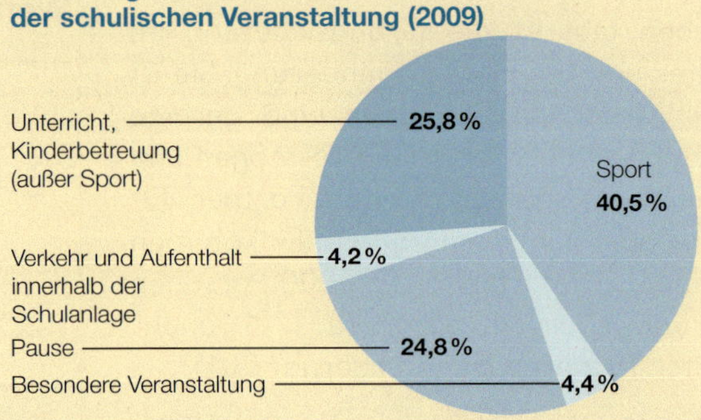

Deutsche Gesetzliche Unfallversicherung (Dez. 2010):
„Statistik zum Schülerunfallgeschehen 2009“ www.dguv.de ▶Zahlen und Fakten ▶Broschüren ▶Broschüren und Veröffentlichungen Schüler-Unfallversicherung

A Aufgaben

1 In welchen Schularten passieren die meisten Unfälle? Notiert Gründe.

2 An welchen Orten passieren die meisten Unfälle? Nennt Gründe.

3 Vergleicht mit der Unfallstatistik eurer Schule. Untersucht die Gründe und überlegt, ob die Maßnahmen zur Unfallverhütung ausreichen.

4 Notiert Unfallverhütungsmaßnahmen in der Schulküche und im Werkraum.

5 Überprüft in eurem Praktikumsbericht, welche Unfallverhütungsmaßnahmen in eurem Praktikumsbetrieb zu beachten waren.

8 Weiterführendes Material

M1 Wie fühlen sich Menschen, die keine Erwerbsarbeit finden?

Michael, 42 Jahre:
„Anfangs habe ich mich kaum aus dem Haus getraut. Da hab ich angefangen zu trinken. Das war schlimm. Meine Frau und die Kinder haben mir geholfen, da herauszukommen. Das Verständnis meiner Kinder hat mich sehr berührt – ich habe sie ganz neu kennen gelernt. Ich hab noch immer damit zu kämpfen, mich nicht als Versager zu fühlen. Ich war 15 Jahre als Werkmeister tätig. Hätte nie erwartet, einmal erwerbslos zu werden. Früher hab ich gedacht: Die Arbeitslosen – das sind faule Drückeberger. Die sind selbst schuld, wenn sie keine Arbeit haben. Ja, heute sehe ich das anders. Es gibt sicher einige solcher Leute, aber die Masse der Erwerbslosen will arbeiten.

Als Mann hast du es besonders schwer. Ich spüre bei einigen Bekannten deutlich, dass sie mich bemitleiden und für einen Versager halten – auch wenn sie das nicht laut sagen. Beides ist gleich unerträglich. Ich hab schon ungefähr 50 Bewerbungen abgeschickt.

Jetzt hab ich was in Aussicht. Hoffentlich klappt's".

M2 Der lange Weg ins Nichts

Sebastian Hönicke ist 24 Jahre alt. Wenn der gelernte Einzelhandelskaufmann Bewerbungen schreibt, muss er eine ganze Seite einplanen, um die Stationen seines bisherigen Arbeitslebens aufzuzählen. Beinahe halbjährlich rutscht der junge Mann aus Ingersleben in Thüringen in die Arbeitslosigkeit – immer dann, „wenn mein Arbeitgeber keinen staatlichen Zuschuss mehr bekommt".

Hönicke hat verschiedene Praktika gemacht, bei einer Zeitarbeitsfirma unterschrieben, in Autohäusern der Landeshauptstadt Erfurt gejobbt, in einer Spedition in Bremen und in einem Getränkehandel im hessischen Bensheim. Ist der Job weg, muss Sebastian zurück in die elterliche Wohnung ziehen. Dann sucht er eine neue Stelle. An einen Arbeitgeber, der ihn länger beschäftigt, glaubt er „eigentlich kaum noch".

Mir 16 Jahren kam Hönicke nach Hessen, um überhaupt einen Ausbildungsplatz zu bekommen. Flexibel war er auch bei der Arbeitssuche, jobbte für weniger als 600 Euro Monatslohn. „Genutzt hat es nicht." Die 334 Euro Arbeitslosengeld reichen zum Leben, nicht für Hobbys oder eine Freundin. „Arm und ausgeschlossen fühle er sich", sagt Hönicke.

Die Zeit vom 19.10.2006, S.28

M3 Kritik an den Leistungen für Empfänger von ALG II

Im Februar 2011 wurden Neuregelungen beschlossen. Vertreter der Sozialverbände sowie der Gewerkschaften, Linken und Grünen kritisieren die Ergebnisse:
Der Regelsatz ist noch zu gering. Er ermöglicht kein Leben in Würde, z.B. Teilhabe an gesellschaftlichen Aktivitäten.
Alleinerziehende mit Kindern sind trotz Verbesserungen, z.B. für Nachhilfeunterricht im Bildungsbereich, kaum in der Lage, ihre Kinder gut zu ernähren und ihnen ein kindgerechtes Leben zu ermöglichen.
Bezieher von ALG II sind nicht in der Lage, für unerwartete Ausgaben Rücklagen zu bilden. Viele Empfänger fühlen sich ausgegrenzt und unerwünscht. Das gilt oft auch für die Kinder.

Viele schämen sich z.B., dass sie Nahrungsmittel bei einer „Tafel" annehmen (siehe M4).

M4 Die Tafel – Hilfe für Arme

Tafel ist die Bezeichnung für eine gemeinnützige Hilfsorganisation, die einwandfreie Lebensmittel, die sonst nicht mehr verwendet würden, an Hilfebedürftige austeilt. Spender sind z.B. Gaststätten, Bäckereien, Supermärkte, Metzgereien und Großmärkte. Bei einem Teil der Tafeln gibt es Suppenküchen, die kostenlos warmes Essen ausgeben. Die Verteilung erfolgt durch ehrenamtlich tätige Personen, die für diese Arbeit kein Geld bekommen. Sie achten darauf, dass nur Bedürftige die Waren erhalten.
Die erste Tafel entstand 1993 in Berlin. 2010 gab es bereits 861 Tafeln. Dort wurden regelmäßig 1 000 000 Personen einmal in der Woche von 32 000 Helfern mit Lebensmitteln versorgt.

M5 Lebenserwartung steigt

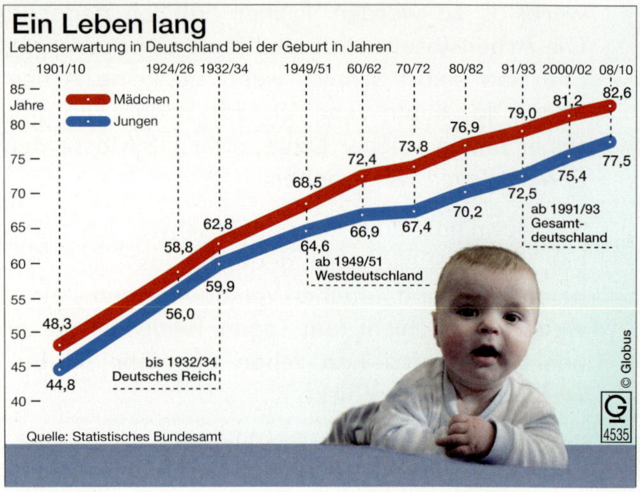

M6 Entwicklung der gesetzlichen Sozialversicherung

1883 Kranken- und Unfallversicherung für Arbeiter
1889 Alters- und Invaliditätsversicherung für Arbeiter
1911 Rentenversicherung für Angestellte
1927 Arbeitslosenversicherung und Arbeitsvermittlung
1957 Rentenreform; die Höhe der Rente hängt u.a. von der wirtschaftlichen Entwicklung und den eingezahlten Beiträgen ab. Das neue Modell geht von einem Generationenvertrag aus.
1957 Lohnfortzahlung im Krankheitsfall
1969 Arbeitsförderungsgesetz
1972 Rentenversicherungsberechtigung erweitert, z.B. für Selbstständige und Hausfrauen; flexible Altersgrenze für den Rentenbeginn
1995 Pflegeversicherung
2001 Staatliche Förderung privater Altersvorsorge
2005 Arbeitslosengeld II ersetzt Arbeitslosenhilfe und Sozialhilfe
2007 Reform der Krankenversicherung; Versicherungspflicht für alle
2007 Rentenbeginn steigt ab 2012 in Stufen auf 67 Jahre.

M7

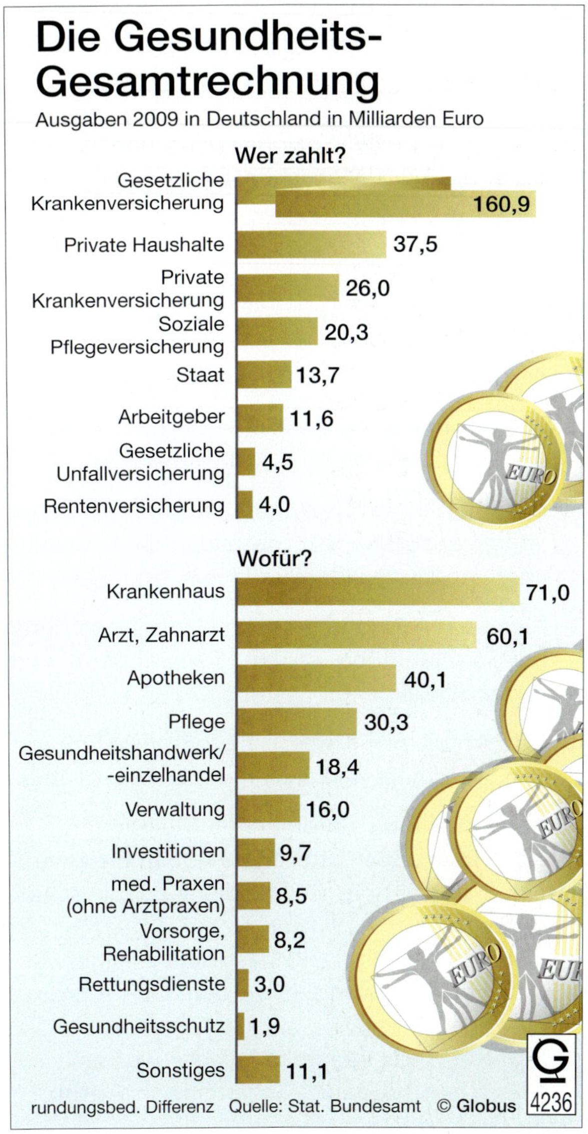

Arbeiten mit den Materialien

Zu **M1**

1 Notiert, was für Michael besonders schwer ist und was ihn stützt.

2 Beurteilt folgende Meinung.
Anna: „Mich wundert, dass so viel über Arbeitslose geredet wird. Es gibt nur wenige. Ich kenne keine.“ (s. S.145)

Zu **M2**

1 Notiert Stationen seines Arbeitslebens.

2 Was würde er heute erhalten (s. S.124)

3 Wie könnte er seine Lage verbessern?

Zu **M3**

Nutzt für Recherchen zur aktuellen Situation: www.erwerbslos.de; www.caritas.de; www.diakonie.de; www.diakonie-forum.de; www.awo.org; www.igmetall.de

Zu **M4**

1 Informiert euch zur Tafel unter www.wikipedia.org ▸ Suchbegriff: Tafel www.tafel.de

2 Wenn es in eurer Gemeinde eine Tafel gibt, befragt Helfer und Nutzer zu Erfahrungen.

3 Nehmt Stellung zur Tafel:
JAN: „Ich finde die Idee großartig. Es ist wichtig, etwas für Arme zu tun und zu verhindern, dass Lebensmittel auf den Müll kommen.“
JUDITH: „Die Idee ist gut, aber es wäre besser, wenn Staat und Unternehmen dafür sorgen, dass die Menschen eine solche Hilfe nicht brauchen. Ist schon irgendwie demütigend.“

Zu **M5**

1 Berechnet die Lebensjahre, die ein 2010 geborenes Mädchen oder ein Junge im Durchschnitt länger leben wird als Kinder 1901.

2 Notiert Gründe für diese Entwicklung.

3 Notiert Folgen, die sich daraus für die Kranken- und Rentenversicherung ergeben.

Zu **M6**

Die Soziale Sicherung hat sich erheblich verbessert. Viele Menschen halten heute Einschnitte für unvermeidlich. Informiert euch darüber in Geschichtsbüchern oder unter www.bmg.bund.de und www. bmas.de.

Zu **M7** Beurteilt folgende Meinungen:
LYDIA: „Dass die privaten Haushalte so viel zahlen, liegt nur daran, dass sie auf die Werbung der Arzneimittelunternehmen hereinfallen.“
MAGNUS: „Wieso zahlen die Arbeitgeber?“
ANKE: „Rehabilitation ist wichtig. Sie hilft, die Menschen wieder arbeitsfähig zu machen.“

Alles klar?

Tarifverträge werden verhandelt und erkämpft

1 Begründe die Bedeutung der
- Gewerkschaften für die Arbeitnehmer,
- Arbeitgeberverbände für die Unternehmen.

2 Was wird in Tarifverträgen geregelt? Nenne mindestens drei Aspekte.

3 Nenne entgegengesetzte Interessen der Tarifvertragsparteien.

4 Wovon hängt die Verhandlungsmacht der Tarifvertragsparteien generell ab?

5 Welche Aspekte bedenken die Gewerkschaften für ihre Tarifforderung?

6 Beschreibe den Ablauf einer Tarifverhandlung.

7 Worin kann die Macht der Gewerkschaften zur Durchsetzung ihrer Interessen bei einer Streikdrohung und einem Streik liegen?

8 Worin kann die Macht der Arbeitgeber zur Durchsetzung ihrer Interessen bei einer Aussperrung liegen?

9 Welche Art eines Tarifvertrags kann fördern, dass Mitarbeiter beschäftigungsfähig bleiben?

10 Wie kann sich eine Lohnerhöhung auf die wirtschaftliche Entwicklung auswirken?

11 Nimm Stellung zu Folgendem:

Soziale Sicherung

12 Die gesetzliche Sozialversicherung schützt die Würde des Menschen. Begründe.

13 In der gesetzlichen Krankenversicherung gibt es einen Solidarausgleich.
Beschreibe, was damit gemeint ist.

14 Nenne mindestens drei wichtige Leistungen der gesetzlichen Krankenversicherung.

15 Nenne mindestens drei wichtige Maßnahmen zur Sicherung bei Arbeitslosigkeit.

16 Bezieher hoher Einkommen können sich dem Solidarausgleich der gesetzlichen Krankenkasse entziehen. Begründe.

17 Nenne Maßnahmen zur Unfallverhütung bei Sportunfällen, in der Holzwerkstatt und in der Schulküche.

18 Der Anteil von Kindern bei den Empfängern von Sozialhilfe und ALG II ist hoch. Begründe.

19 Nimm Stellung zu folgenden Meinungen:
ANNIKA: „Beim Elterngeld haben diejenigen einen Vorteil, die viel verdienen. Das ist ungerecht."
FABIAN: „Ich finde, keiner sollte zu einer Versicherung gezwungen werden. Das schränkt die Freiheit ein."
SONJA: „Ich verstehe nicht, warum sich Menschen schämen, Sozialhilfe in Anspruch zu nehmen."

20 Notiere, was Tanja antworten könnte.

Die Schülerfirma KuHl OHG: ein Report

1 Unsere Schülerfirma – eine coole Erfahrung

Die Schülerfirma wurde in einer Hamburger Hauptschule unter der Leitung der Lehrkräfte Rüdiger Krumme, Karin Gotsch und Thorsten Bräuer über zwei Schuljahre durchgeführt.

▸ **Leitauftrag** Notiert, was euch besonders anspricht und was ihr schon selbst gemacht habt.

Einblick in das Verkaufsangebot

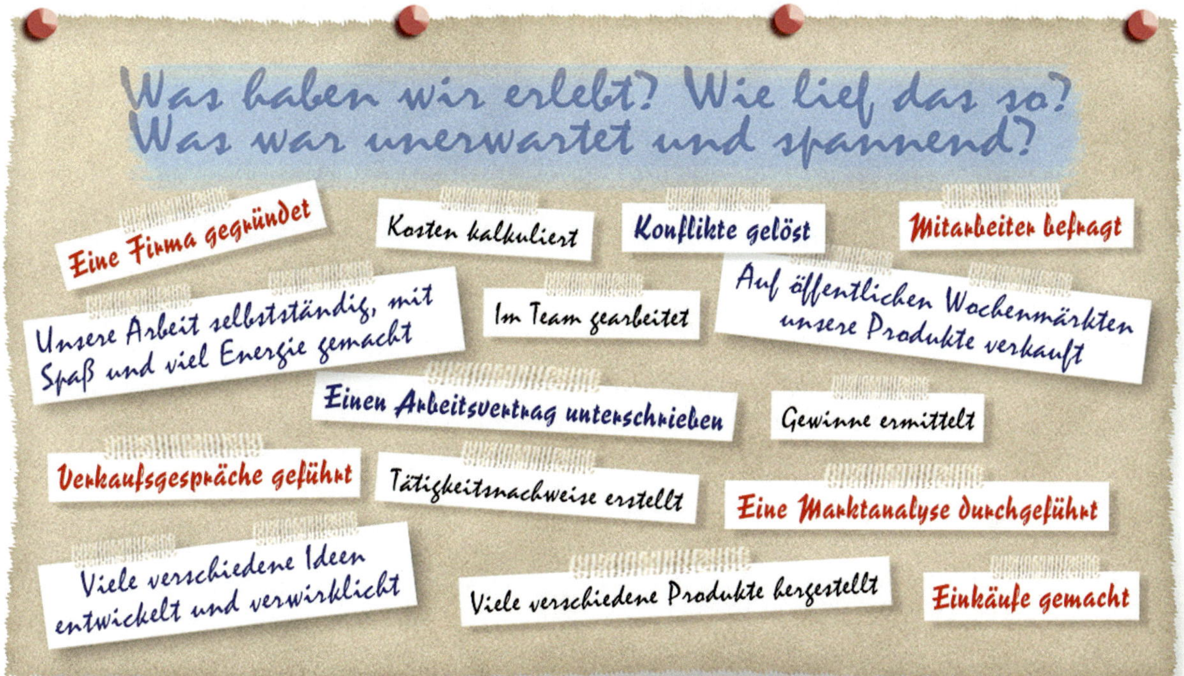

B Auf einen Blick

Ihr beschreibt unternehmerisches Handeln.

Ihr vollzieht den Aufbau einer Schülerfirma nach und überblickt Tätigkeitsfelder (s. Plakat oben) und die Zusammenarbeit in Abteilungen.

Ihr plant den Aufbau einer Schülerfirma, entwickelt Chancen am Markt, geht mit Geschäftsrisiken um und arbeitet zusammen.

Ihr werdet die Geschäftstätigkeit aus und reflektiert die Teamarbeit.

2 Wie lief das in der Schülerfirma KuHl OHG?

Firmengründung: Wer macht mit?

Alle Schüler der Klasse H 7. Die Schülerfirma startet im 7. Schuljahr. Ende des 8. Schuljahres wird das Unternehmen aufgelöst.

Jeder Schüler erlebt den Start des Unternehmens in Klasse 7 und die Auflösung in Klasse 8.

Name des Unternehmens: Eine Idee wird geboren

Der Name soll etwas mit den Waren und Dienstleistungen zu tun haben, die die Firma verkaufen will. Holz und Kunst sind wichtig, aber auch Textil und Design.

Die Idee erlaubt ein Wortspiel:

Die Schülerfirma heißt bei den Schülern bald nur noch **Cool OHG**.

Rechtsform des Unternehmens

Nach längeren Überlegungen einigen sich alle auf die Rechtsform → Offene Handelsgesellschaft (OHG).

Im Vergleich zu anderen Rechtsformen ist bei der OHG jeder als Gesellschafter an allen Entscheidungen beteiligt. Das ist den Schülern wichtig.

Zur Vorfinanzierung von Arbeits- und Materialkosten stellt der Schulverein einen Kredit von 345 Euro zur Verfügung. Der Zinssatz beträgt 8 Prozent p.a. bei einer Laufzeit von 12 Monaten.

Einzelheiten der Zusammenarbeit und der Erfolgsbeteiligung werden in einem Gesellschaftervertrag vereinbart.

Schülerfirma

In einer Schülerfirma steht es den Schülern frei, eigene Regeln und Geschäftsabläufe zu vereinbaren. Die Regeln müssen nicht den gesetzlichen Bestimmungen entsprechen, die für Unternehmen gelten.

Die Schüler planen, produzieren und verkaufen ähnlich wie im wirklichen Geschäftsleben. Die Schüler unterschreiben einen Vertrag und werden für die geleistete Arbeit bezahlt. Sie recherchieren, wo sie am preiswertesten einkaufen können, zahlen Steuern und Miete. Sie ermitteln einen Gewinn oder Verlust und stimmen untereinander ab, was wie in welcher Menge produziert werden soll. Werbemaßnahmen werden entwickelt und Verkaufsgespräche trainiert …
Die Schüler kalkulieren den Verkaufspreis für die Waren und Dienstleistungen.
Die Schüler arbeiten in Teams. Wichtig für die erfolgreiche Teamarbeit ist eine Selbst- und Fremdwahrnehmung über den eigenen Arbeitseinsatz und über das, was gut gelaufen ist oder verbessert werden muss.

Die Geschäftsvorgänge werden im Vergleich zur Wirklichkeit stark vereinfacht.

Löhne und Mieten sind z.B. niedriger. Das Geschäftskonto müssen die Lehrkräfte führen, da die Schüler noch nicht *voll geschäftsfähig* sind. Schulvereine stellen oft einen Kredit zur Vorfinanzierung zur Verfügung.

A
Aufgaben

1 Nennt Gründe für die Wahl der Rechtsform Offene Handelsgesellschaft (OHG). Nutzt auch das Sachwortverzeichnis.

2 Worin unterscheidet sich die Arbeit in einer Schülerfirma von der Arbeit während eines Betriebspraktikums?

Der Gesellschaftsvertrag

Dieser regelt die Rechte und Pflichten der Gesellschafter und die Entscheidungsbefugnisse der Gesellschaft. Er bildet die Grundlage für eine konfliktarme Arbeit und ist von allen Gesellschaftern zu unterschreiben.

Gesellschaftsvertrag

Zwischen den Kaufleuten

....

alle wohnhaft in Hamburg, sowie

....

wohnhaft in Quickborn (Holstein),
ist heute folgender Vertrag geschlossen worden:

§ 1 Die 41 Vertragsschließenden verbinden sich zu einer offenen Handelsgesellschaft (OHG) unter der Firma KuHl (Kunst und Holz), und zwar zum Zwecke der Herstellung und des Vertriebs von Gebrauchsgegenständen an der Ganztagshauptschule Am Altonaer Volkspark mit dem Sitz in Hamburg.

§ 2 Einzelne Gesellschafter bringen in das Unternehmen die aus dem anliegenden Verzeichnis ersichtlichen Geräte ein. Ihr Wert wird auf 125 € festgesetzt. Bei Auflösung des Unternehmens gehen die Gegenstände an die ursprünglichen Eigentümer zurück.

§ 3 Die Gesellschafter zahlen auf das gemeinsame Konto je 5 €, insgesamt 205 € ein.

Auf dem beiliegenden Verzeichnis sind die Kapitalanteile der Gesellschafter einzeln aufgeführt. Entsprechend werden Anteilsscheine ausgegeben. Die Kapitalanteile sind von jedem Gesellschafter bis zum … 2004 einzuzahlen.

§ 4 Die Kapitalanteile werden nur bei Auflösung der Firma oder beim Ausscheiden aus der Firma zurückgezahlt.

§ 5 Alle Gesellschafter übernehmen mit gleichen Rechten und Pflichten und in voller Haftung die Geschäftsführung der Firma. Jeder Gesellschafter verpflichtet sich, grundsätzlich zur Erfüllung aller anfallenden Aufgaben bereit zu sein. Dazu gehören insbesondere Marktanalyse, Einkauf, Produktion, Werbung und Verkauf. Im Einzelnen erfolgt die Aufgabenverteilung einschließlich der Festlegung von Leitungsaufgaben mit Weisungsrecht nach Absprache und jeweils auf Zeit. Die Gesellschafter verpflichten sich, für angemessene Arbeitsbedingungen zu sorgen und den Arbeitsschutz zu beachten.

§ 6 Die Gesellschafter verpflichten sich, die Fähigkeiten zu erwerben, die für das jeweilige Arbeitsziel notwendig sind. Das heißt insbesondere

(1) übertragene Aufgaben sorgfältig auszuführen,
(2) Weisungen von dazu berechtigten Personen zu folgen,
(3) die für die Arbeitsstätte vereinbarte Ordnung zu beachten,
(4) Maschinen, Werkzeuge, Büroeinrichtungen und sonstige Einrichtungsgegenstände pfleglich zu behandeln,
(5) Betriebs- und Geschäftsgeheimnisse zu wahren,
(6) bei Fernbleiben vom Betrieb der Geschäftsführung unter Angabe von Gründen Nachricht zu geben und bei Krankheit spätestens am 3. Tag eine ärztliche Bescheinigung zuzuleiten.

§ 7 Die Gesellschafter erhalten für ihre Arbeit pro Zeitstunde eine von ihnen festgelegte angemessene Vergütung. Diese wird am Monatsende gezahlt. Auf die Kapitalanteile der Gesellschafter wird ein festgelegter Betrag gezahlt.

§ 8 Sollte die Unternehmung mit Verlust arbeiten, so haften alle Gesellschafter zunächst bis zur Höhe ihrer Einlage, darüber hinaus in unbegrenzter Höhe zu gleichen Teilen.

§ 9 Jeder Gesellschafter hat jederzeit das Recht, alle die Firma betreffenden Unterlagen einzusehen.

§ 10 Vereinbarungen werden, soweit nichts anderes festgelegt ist, stets mit Mehrheit getroffen. Von jeder Gesellschafterversammlung ist ein Ergebnisprotokoll anzufertigen. Dieses ist allen Gesellschaftern spätestens drei Geschäftstage nach der Versammlung vorzulegen. Einspruch ist nur zulässig innerhalb weiterer drei Geschäftstage.

§ 11 Für jede Geschäftswoche ist Tagebuch zu führen, jeder Gesellschafter jeweils für seinen Bereich. Die Ergebnisse sind der Gesellschafterversammlung vorzulegen und ggf. zu erläutern.

§ 12 Die Gesellschafterversammlung kann mit Zweidrittel-Mehrheit Vertragsänderungen beschließen.

§ 13 Die Gesellschafter … und … erhalten aus ihren Positionen heraus ein Vetorecht. Einsprüche sind zu begründen.

§ 14 Dieser Vertrag gilt, soweit nicht gesetzliche Bestimmungen im Einzelnen dagegenstehen. Im Übrigen gelten die Bestimmungen des Bürgerlichen Gesetzbuches (BGB) und des Handelsgesetzbuches (HGB).

Hamburg, am ....

Die Gesellschafter:

....

....

Die Marktanalyse

Die Schüler wollen Produkte anbieten, deren Herstellung gut machbar ist, die Käufer finden und Spaß macht.

Neben einigen großen, aufwändigen Produkten sollen vor allem viele kleinere hergestellt werden. Dadurch kann jeder Schüler, seinen Interessen und Fähigkeiten entsprechend, Ideen entwickeln und verwirklichen.

Die Schülerfirma soll mit Gewinn arbeiten und möglichst keine Verluste machen.

Deshalb wird eine Marktanalyse durchgeführt. Dadurch soll geklärt werden, ob sich die geplanten Produkte gut verkaufen lassen.

Weiterhin wird eine Befragung vor einem Einkaufszentrum durchgeführt und dabei werden einige fertige Produkte präsentiert.

Einrichtung der Produktionsstätten und anderer Abteilungen

In der Firma müssen viele Aufgaben erledigt werden. Das soll in Teamarbeit geschehen. Jeder Schüler wählt einen Wunschpartner. Diese Wünsche werden erfüllt, soweit einzelne nicht ausgegrenzt werden. Die Zweierteams bzw. Vierer- und Sechserteams ordnen sich dann Aufgaben zu.

- Alle Schüler übernehmen Aufgaben in der Produktion, vorher schon bei der Marktanalyse und im Verkauf.
- Einige arbeiten zusätzlich in der kaufmännischen Abteilung und in der Steuerungsgruppe. Diese kümmert sich auch um Personalfragen.

Die Produktionsabteilungen Holz, Textil, Kunst und Design

Die Schüler werden zunächst bei der Umsetzung ihrer Idee von Lehrkräften unterstützt. Danach arbeiten sie weitgehend selbstständig und unterstützen sich gegenseitig.

Sie entwickeln während der Produktion weitere Ideen. Die Produktionsabteilungen entscheiden selbstständig, welche Produktideen verwirklicht werden sollen.

Bei Produkten, die mit großem Arbeitsaufwand und hohen Kosten verbunden sind, entscheidet die Gesellschafterversammlung.

- Eine Weihnachtskrippe wird z. B. ein Verkaufshit und „in Serie“ hergestellt. Bis Ostern liefen noch Nachbestellungen.
- Eine Infosäule wird auf Bestellung von einer Gruppe in Teamarbeit gebaut.

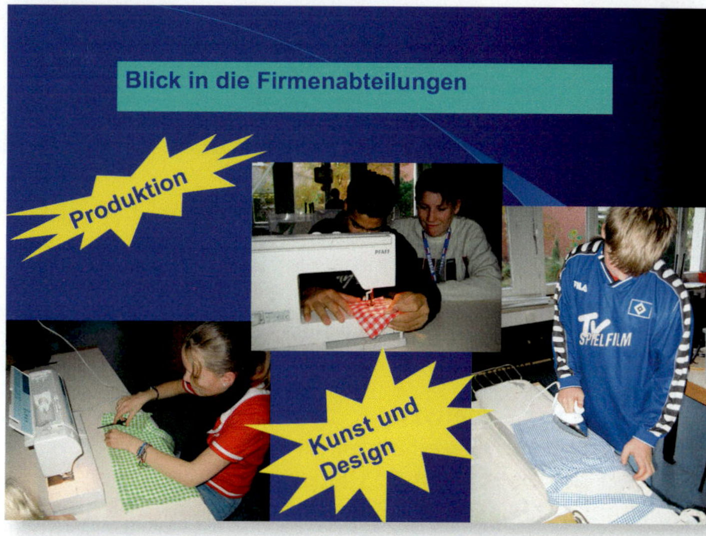

Werbung und Verkauf

Alle Schüler beteiligen sich beim Verkauf auf dem Wochenmarkt. Zu Anfang haben fast alle Scheu, mit fremden Menschen über ihre Produkte zu sprechen. Mit der Zeit entwickeln sie jedoch Techniken für Verkaufsgespräche, einige sogar ein gutes Verkaufsgeschick.

Die Schüler haben die Freiheit, beim Verkauf auf den Wochenmärkten Nachlässe (Rabatte) zu geben. Ober- und Untergrenzen waren vorher festgelegt worden.

Die kaufmännische Abteilung: Buchhaltung, Einkauf und Kostenkalkulation

Die Gruppe Buchhaltung muss viel lernen und sehr sorgfältig arbeiten. Viele Daten müssen zusammengetragen und ausgewertet werden. Die Tabellen müssen fehlerfrei sein.

Vergütung der Arbeitszeit

Die Gesellschafter vereinbaren für ihre geleistete Arbeit pro Zeitstunde 0,15 Euro. In der Regel arbeiten die Schüler zwei Stunden pro Werktag. Zur Berechnung der Vergütung werden Tätigkeitsnachweise für alle Schüler ausgefüllt (siehe **F 1**, S.138).

Feste monatliche Ausgaben

Neben der Vergütung der Arbeitsstunden pro Monat fallen Kosten für Miete und Zinsen für den Kredit an. Beides ist an den Schulverein zu zahlen. Für den Kredit wurde ein jährlicher Zinssatz von 8 % vereinbart. Somit fallen monatlich 8/12 % Zinsen auf die gesamte Kreditsumme an. Für die Miete sind 15 Euro zu zahlen:

- 10 Euro für die Nutzung des Technikraumes mit Maschinen und Werkzeugen
- 5 Euro für den Textilraum, ebenfalls mit Maschinen und Werkzeugen

Die Buchführung ist für einen Kaufmann wichtig. Im Handelsgesetzbuch (HGB) heißt es dazu:

Jeder Kaufmann ist verpflichtet, Bücher zu führen und in diesen seine Handelsgeschäfte und die Lage seines Vermögens nach den Grundsätzen einer ordnungsgemäßen Buchführung ersichtlich zu machen (§ 238 HGB). Außerdem muss jeder Kaufmann einen rechnerischen Jahresabschluss vorlegen.

Für eine ordnungsgemäße Buchführung ist Folgendes wichtig:

- Die Buchführung muss klar, leserlich und übersichtlich sein.
- Alle Geschäftsfälle müssen erfasst werden.
- Zu jeder Buchung gehört ein nummerierter Beleg.
- Alle Belege sind sechs Jahre, die Unterlagen der eigentlichen Buchführung (z.B. Konten, Inventarlisten, Bilanzen, Jahresabschlüsse) zehn Jahre aufzubewahren.

Einkauf

Um Material möglichst günstig einzukaufen, führen die Schüler Erkundungen in Baumärkten und im Internet durch. Sie sind überrascht, wie unterschiedlich die Preise bei gleicher Qualität sind. Die Schüler lernen auch, mit den Verkäufern zu handeln – auch über das Internet. Alle Einkäufe werden in einer Liste festgehalten (siehe **F 2**, S. 138).

Kalkulation des Verkaufspreises

Der Verkaufspreis wird einerseits durch eine Überschlagsrechnung gefunden. Dabei werden entstandene Kosten berücksichtigt für

- Material,
- Arbeit,
- Miete und Zinsen (anteilig).

Wichtig für die Festlegung des Verkaufspreises ist auch das Ergebnis der Befragung möglicher Kunden, was sie für ein bestimmtes Produkt zahlen würden.

Für einige große Produkte, wie z. B. Infosäule, wird eine genaue Nachkalkulation durchgeführt.

Die Gewinnbeteiligung

Schüler und Lehrer sind als Gesellschafter am Erfolg (oder auch Misserfolg) beteiligt.

Die Gesellschafter entscheiden, im Fall von erwirtschaftetem Gewinn für jeden Anteilsschein drei Euro zu zahlen. Das soll als Verzinsung des Kapitals zählen.

Wenn nach Abzug der anfallenden → Gewerbesteuer noch ein Gewinn übrig bleibt, wird dieser auf die Gesellschafter verteilt.

Die Verteilung erfolgt nach einer ausführlichen Bewertung der Gesellschafter im Hinblick auf ihre erbrachte Arbeitsleistung.

Die Schülerfirma KuHL OHG war erfolgreich (siehe **F 3**, S. 139).

Gewinnermittlung

Erwirtschafteter Überschuss brutto:	437,22 €
– 15 % Gewerbesteuern	65,85 €
= Gewinn netto:	371,64 €
– Verzinsung des eingebrachten Kapitals	123,00 €
= Restgewinn (zu verteilen)	**248,64 €**

Die Steuerungsgruppe

Sie sorgt dafür, dass alles gut funktioniert. Eine Arbeits- und Qualitätskontrolle wird öfter durchgeführt. Dazu gehört eine Selbst- und Fremdeinschätzung (siehe **F 4**, S. 139). Die Ergebnisse der Fremdeinschätzungen werden in der Gruppe diskutiert. Jeder hat so die Möglichkeit, zu seiner Bewertung Stellung zu nehmen. Die Fremdeinschätzung wirkt sich motivierend auf die Arbeitshaltung und den Zusammenhalt aus.

Was Betreiber einer Schülerfirma wissen müssen

Die Durchführung erfordert einen hohen planerischen und zeitlichen Aufwand. Dem stehen aber wichtige, oft unverhoffte und überraschende Erfahrungen im Umgang miteinander und im „echten“ Alltag gegenüber. Auch Einblicke in wirtschaftliche Zusammenhänge kommen Einzelnen und der Gemeinschaft zugute.

Schülerfirma heißt: Ideen einbringen und ausprobieren, Fähigkeiten und Fertigkeiten weiter entwickeln und neue entdecken. Der kaufmännische Aspekt steht im Vordergrund. Es kann spannend sein, zu kalkulieren, Chancen und Risiken auszuloten, auf dem „freien Markt“ zu bestehen und sogar einen Gewinn zu erwirtschaften.

Eine Schülerfirma ist nur dann erfolgreich, wenn alle Beteiligten sie als „Ernstsituation“ annehmen. Sie sollte ziel- und prozessorientiert sein, ergebnisoffen. Sie muss einfach „gelebt“ werden.

(Kommentar der Lehrkräfte
Rüdiger Krumme, Karin Gotsch, Thorsten Bräuer)

F1

Cool KuHl OHG	Tätigkeitsnachweise Produktion im April 2009										
KLASSE 8	Anrechnung: im Allgemeinen 2 h pro Tag										
Nr. und Name *)	06.04.	13.04.	20.04.	21.04.	28.04.					h	€
1	x	x	x	x	x					10	1,50
2			x	x						4	0,60
3	x		x	x						6	0,90
4	x	x	x	x	x					10	1,50
5	x	x	x	x	x					10	1,50
6	x	x	x	x	x					10	1,50
7	x	x	x	x	x					10	1,50
8	x	x	x	x	x					8	1,20
9	x	x	x	x	x					10	1,50
17	x	x	x	x	x					10	1,50
18	x	x	x	x	x					10	1,50
19	x	x	x	x	x					10	1,50
20	x		x	x	x					8	1,20
21	x	x	x	x	x					10	1,50
SUMME	**40**	**34**	**38**	**42**	**38**					**192 h**	**28,80 €**

*) die Namen der Schüler wurden aus Datenschutzgründen gelöscht

F2

KuHl OHG	**EINKÄUFE** (im Zeitraum 2009–2010)					
Beleg-Nr.	**Datum**	**Artikel**	**Einzelposten in €**	**Monatssummen in €**	**kumuliert in €**	**Monat**
		2009				
1	03.02.	VBS: Enkaustik, Töpfe, Kugeln u.a.	52,51			
2	04.02.	Karstadt: Stoffe	30,50			
3	09.02.	VBS: Servietten, Lack, Holzkugeln u.a.	26,33			
4	09.02.	VBS: div. (Einzelbeträge addiert)	13,30			
5	10.02.	Praktiker: Holz	6,48			
6	10.02.	Karstadt: Stoffe	15,00			
7	10.02.	Baumarkt: Holzleisten	2,29			
8	10.02.	Bauhaus: Holzstäbe	2,00	**148,41**	**148,41**	**Feb.**
9	04.03.	Bahr: Holzleisten	1,98	**1,98**	**150,39**	**Mrz.**
10	05.04.	Karstadt: Stoffe	41,90			
11	16.04.	A & J: Holz	63,22			
12	19.04.	Bastelfreund: Papierservietten	1,00			
13	19.04.	Gassert: Papierservietten	3,50			
14	26.04.	Karstadt: Stoffe	24,45	**134,07**	**284,46**	**Apr.**
		2010				
33	16.01.	Praktiker: Stahlleisten, Holzlasur u.a.	48,39			
34	20.01.	Sandhack: Sperrholz mit Schnitt	45,43	**93,82**	**1.422,42**	**Jan.**

F3

KuHl OHG — Ausgaben/Einnahmen-Rechnung (in €)

Monat	AUSGABEN: Vergütung nach h	Einkäufe	Miete	Zinsen/ Rückzahlungen	Insgesamt	EINNAHMEN	Monatssalden	Kontostand zum Monatsende
2009								
Jan.	–	–	–	–	–	+205,00* +345,00**	+205,00 +345,00	+205,00 +550,00
Feb.	15,00	148,41	15,00	2,30	180,71	–	–180,71	+369,29
Mrz.	17,10	1,98	15,00	2,30	36,38	–	–36,38	+332,91
Apr.	28,80	134,07	15,00	2,30	180,17	–	–180,17	+152,74
Mai	12,30	62,48	15,00	2,30	92,08	148,80	+56,72	+209,46
Jun.	11,40	7,87	15,00	2,30	36,57	64,10	+27,53	+236,99
Jul.	–	–	15,00	2,30	17,30	–	–17,30	+219,69
Aug.	17,10	–	15,00	2,30	34,40	–	–34,40	+185,29
Sep.	22,20	136,76	15,00	2,30	176,26	32,00	–144,26	+41,03
Okt.	10,20	97,96	15,00	2,30	125,46	35,60	–89,86	–48,83
Nov.	15,30	739,07	15,00	2,30	771,67	1500,00	+728,33	+679,50
Dez.	15,60	–	15,00	2,30	32,90	196,50	+163,60	+843,10
2010								
Jan.	13,50	93,82	15,00	2,30	124,62	50,00	–74,62	+768,48
Feb.	–	–	–	345,00**	345,00	–	–345,00	+423,48
Mrz.	–	–	–	–	–	–	–	+423,48
Apr.	2,10	–	5,00	–	7,10	–	–7,10	+416,38
Mai	1,80	–	5,00	–	6,80	232,64	+225,84	+642,22
Jun.	–	–	–	205,00*	205,00	–	–205,00	+437,22
Summen	182,40	1422,43	190,00	577,60	2372,42	2809,64	437,22	**+437,22**

* Gesellschaftereinlagen 41 Anteile à 5,00 Euro werden bei Auflösung der Firma zurückgezahlt
** Kredit nach 12 Monaten zurückzuzahlen, monatliche Verzinsung von 8/12 %

F4

KuHl OHG

Fremdeinschätzung der Mitarbeiter/-innen

Nach meiner Beobachtung arbeiten folgende Mitarbeiter/-innen besonders gut mit:

Name	Bemerkungen

Das klappt gut in der Firma	Das klappt nicht so gut in der Firma

Nach meiner Beobachtung arbeiten folgende Mitarbeiter/-innen oft nicht oder schlecht mit:

Name	Bemerkungen

○ Vorschläge für Verbesserungen/Änderungen siehe Rückseite

Ohne Einkommen kein Leben

1 Was bestimmt die Höhe des Einkommens?

Ich verdiene als Verkäuferin im Einzelhandel weniger als eine Bankkauffrau. Das finde ich ungerecht.

Ich habe von meinen Eltern ein Haus geerbt. Von den Mieteinnahmen finanziere ich die anspruchsvolle Ausbildung meiner Kinder.

Ich bin seit meiner Geburt viel krank gewesen. Ich kann nur einfache Arbeiten ausüben und verdiene wenig.

Die Meisterprüfung hat sich gelohnt. Ich arbeite jetzt als Polier und verdiene 4 Euro mehr die Stunde.

Ich bin schon länger arbeitslos, 48 Jahre alt und finde in unserer Region keinen neuen Job. Hier geht es 20 Prozent der Menschen so wie mir.

Ich habe studiert – auch im Ausland – und verdiene als Führungskraft sehr gut.

Der Tod meines Mannes und meiner Mutter hat mich jahrelang aus der Bahn geworfen. Ich musste meinen Job aufgeben, lebe zurzeit vom Arbeitslosengeld und hoffe bald auf einen Neuanfang.

Ich habe meine Ausbildung gut abgeschlossen. Das war die Grundlage für meinen beruflichen Aufstieg und das gute Gehalt heute.

▸ **Leitauftrag** Notiert die Gründe für die Einkommenshöhe. Welche sind euch wichtig?

B Auf einen Blick

Ihr beschreibt Gründe für die unterschiedliche Höhe der Einkommen und unterscheidet verschiedene Einkommensquellen.

Ihr diskutiert, in welcher Höhe das Erwerbseinkommen gerecht ist.

Ihr entwickelt Gesichtspunkte, die für eine gute Planung der Ausgaben wichtig sind.

Ihr führt ein Rollenspiel zur Planung des Familieneinkommens durch.

Ihr benennt Gruppen, die in Deutschland besonders von Armut betroffen sind.

Ihr erklärt Gründe für Armut.

Ihr setzt euch mit Folgen von Kinderarmut auseinander und beschreibt Möglichkeiten zu ihrer Verringerung.

Ihr problematisiert die Einkommensverteilung in der Gesellschaft.

Ihr führt ein Rollenspiel zur Planung des Familieneinkommens durch und wertet es aus.

Ihr reflektiert die Aussagen von Statistiken und Schaubildern zur Struktur der Privathaushalte kritisch.

2 Woher kommt das Einkommen?

Kontonummer 1234500000		DIE BANK	DBA	Bankleitzahl 800 500 00
Buchungstag	Tag der Wertstellung	Verwendungszweck/Buchungstext	Buchungsnummer	alter Kontostand EUR 120,81+
3107	3107	Rentenversicherungsanstalt Altersrente August 2010	111227	978,00+
0208	0208	Wohngeldstelle/Sozialamt Wohngeld August 2010	111010	80,00+

Frau
Helga Schulte

EUR 1178,81+ neuer Kontostand
03.08.2010 Kontoauszug vom · 8 Auszug · 1 Blatt

Kontonummer 8888800000		Sparkasse Überall	ÜSPA	Bankleitzahl 100 505 50
Buchungstag	Tag der Wertstellung	Verwendungszweck/Buchungstext	Buchungsnummer	alter Kontostand EUR 21,37+
1506	1506	FamKasse Überall Kindergeld-Nr.111 Juli 2010	000111	164,00+
3006	3006	Schulthaus AG Gehalt 06/2010	000227	3415,00+
0107	0107	Werben & Kaufen Gehalt 06/2010	000010	1315,00+
0107	0107	Monika Reisog Daueraftrag Miete Juli 2010	000222	730,00+

Malte und Gundula
Müller

Dispo-Kredit EUR 5.000,00

EUR 5645,37+ neuer Kontostand
02.07.2010 Kontoauszug vom · 16 Auszug · 1 Blatt

Einkommensarten

- **Einkommen aus Erwerbsarbeit**
  - **Einkommen aus nicht selbstständiger Arbeit** z.B. aus Lohn und Gehalt
  - **Einkommen aus selbstständiger Arbeit** z.B. Honorar und Gewinn
- **Einkommen aus Vermögen** z.B. Zinsen, Miete, Pacht
- **Transfereinkommen**
  - **aus Steuermitteln** z.B. Sozialhilfe, Kindergeld, Erziehungsgeld, Arbeitslosengeld II
  - **aus gesetzlicher Sozialversicherung** z.B. Altersrente, Arbeitslosengeld, Pflegegeld

Vermögenseinkommen
Zum Vermögen zählen Grundstücke, Häuser, Unternehmen und Anteile an Unternehmen (Aktien). Eigentümer eines Hauses können Miete erhalten, Inhaber von Sparkonten Zinsen. Wer Aktien besitzt, kann eine Dividende erhalten.

Transfereinkommen
Es handelt sich um Einkommen, das der Staat an Bürger zahlt bzw. überträgt (Transfer = Übertragung).

A Aufgaben

1 Beschreibt, was ihr auf den einzelnen Abbildungen seht.

2 Ordnet die verschiedenen Abbildungen dem Schema der Einkommensarten zu. Notiert Stichworte und begründet eure Entscheidung.

3 Die Höhe des Einkommens – was ist gerecht?

▲ Blick auf den Gerechtigkeitsbrunnen mit der Justitia auf dem Römerberg in Frankfurt/Main

Justitia ist die römische Göttin der Gerechtigkeit. Ihr Standbild steht manchmal auch vor Gerichten. Sie hält eine Waage, als Symbol für das sorgfältige Abwägen der Sachlage. Manchmal trägt sie eine Augenbinde, was bedeutet, dass ohne Ansehen der Person geurteilt werden soll. Gerechtigkeit wird in verschiedenen Lebensbereichen gefordert, z.B.:

- im Zusammenleben der Menschen
- beim Zugang zu Bildungschancen
- im *internationalen Handel*
- bei der Verteilung von Einkommen

Was ist gerecht?

Man unterscheidet bei der Antwort nach verschiedenen Gesichtspunkten:

Bedarfsgerechtigkeit
Alle Menschen einer Gesellschaft sollen ihre Grundbedürfnisse befriedigen können – auch wenn sie es mit eigenen Mitteln nicht schaffen. Das erfordert ihre Menschenwürde.

Leistungsgerechtigkeit
Die soziale Stellung und die Höhe des Einkommens soll nicht durch die Herkunft, sondern durch eigene Anstrengung und Leistung bestimmt sein.

Verteilungsgerechtigkeit
Diejenigen, die viel verdienen, sollen denen, die wenig verdienen, einen Teil abgeben. Ein sozialer Ausgleich ist für ein friedliches Zusammenleben aller wichtig. Der Ausgleich kann über → Steuern erfolgen.

Teilhabegerechtigkeit
Es sollten möglichst alle Menschen gleiche Chancen haben, um am gesellschaftlichen Leben teilzuhaben, z.B. durch eine gute Ausbildung.

Schlagzeilen zur Frage nach Gerechtigkeit

(1) Ein Top-Manager verdient zehnmal mehr als ein Bundesminister.

(2) Ein Spieler von Bayern München erhält 1000000 Euro jährlich, ein Elektroinstallateur im Jahr rund 28000 Euro brutto.

(3) Bruttoverdienst einer Verkäuferin monatlich rund 1800, eine Bankkauffrau 2150 Euro.

(4) Kinder von Migranten haben die schlechtesten Chancen, eine Ausbildungsstelle zu erhalten.

(5) Für einen Platz im Kindergarten bezahlen Eltern teilweise viel Geld, für den Schulbesuch nichts.

A Aufgaben

1 Beschreibt die Abbildung der Justitia. Warum findet man ihr Standbild vor Gerichten?

2 Setzt euch mit den Schlagzeilen auseinander. Macht Stichworte (s. auch S.13, 225, 232).

3 Sucht Beispiele zu den Gesichtspunkten: Was ist gerecht? Untersucht auch die Schlagzeilen und ordnet sie passend zu.

4 Familie Reuter plant ihre Ausgaben

Kann das neue Auto finanziert werden?

Rita und Klaus Reuter sowie ihre Kinder Jürgen (12 Jahre) und Anja (14 Jahre) sind mit der Haushaltsplanung beschäftigt. Die Eltern überlegen mit den Kindern, ob sie in diesem Jahr ein neues Auto kaufen sollen. Das würde bedeuten, dass sich die monatlichen Ausgaben für das Auto von 200 Euro auf 400 Euro erhöhen. Dieser Betrag müsste bei den übrigen monatlichen Ausgaben eingespart werden.
Es entwickelt sich ein langes und heftiges Gespräch in der Familie. Hier die wichtigsten Meinungen:

RITA: „Ich liebe schöne und schnelle Autos. Wir könnten dieses Jahr auf den Urlaub verzichten und an der Kleidung sparen. Vielleicht seid ihr damit einverstanden, dass für alle das *Taschengeld* gekürzt wird.“

KLAUS: „Ich möchte auf keinen Fall auf Urlaub verzichten. Ich möchte sogar noch mehr Taschengeld für Rita und mich. Der Spielraum zum Sparen ist sehr eng.“

JÜRGEN: „Das Taschengeld für uns Kinder ist auch sehr gering. Da darf nichts gekürzt werden. Andere bekommen mehr. Warum ein neues Auto? Das alte läuft doch gut. Ich würde lieber einen billigeren Urlaub machen und für 500 Euro Computer-Zubehör und eine Digitalkamera kaufen.“

ANJA: „Ich finde ein neues Auto klasse und würde auf Urlaub verzichten. Mein Freund fährt auch nicht in Urlaub. Ich könnte vielleicht Zeitungen austragen und dadurch zusätzlich Geld verdienen.“

Einblick in das Kassenbuch

Rita und Klaus sind beide erwerbstätig, Rita aber nur Teilzeit. Sie haben im Monat rund 3040 Euro zur Verfügung. Das Kindergeld ist schon eingerechnet.
Die Eltern führen monatlich ein Kassenbuch. Nach Abschluss am Ende des Jahres errechnen sie die durchschnittlichen Ausgaben pro Monat. Damit planen sie für das neue Jahr.
Die Kinder sind erstaunt, wie teuer die monatliche Lebenshaltung ist.

Frau Reuter erklärt den Kindern, warum sie die Ausgaben in zwei Gruppen einteilen:
- in feste Ausgaben
- in veränderliche Ausgaben

Microsoft Excel - Veränderliche Ausgaben -Mai 2010.xls

	A	B	C	D	E	F	G	H	I	J	K	L	M
1	Datum	Lebensmittel, Verpflegung außer Haus	Betrag	Körperpflege, Gesundheit	Betrag	Kleidung, Schuhe	Betrag	Hobby, Bildung, Unterhaltung	Betrag	Wohnen	Betrag	Verkehr	Betrag
2	02.	Obst	4,60 €									Monatskarte	26,00 €
3	05.	Supermarkt	38,42 €	Drogerie	17,18 €	Reinigung	17,00 €						
4	06.					Schuhe	69,00 €	Kino	12,00 €				
5	07.	Pizzeria	22,00 €										
6	08.							Zeitschrift	3,00 €			Tanken	51,00 €
7	09.	Supermarkt	45,00 €							Glühlampen	5,50 €		
8	10.	Bäcker	4,50 €										
9													

Feste Ausgaben

Das sind die Ausgaben, die sich kurzfristig nicht ändern lassen oder die wir nicht ändern wollen.

Feste monatliche Ausgaben	Euro
Miete	600
Nebenkosten (für Müllabfuhr, Heizung, Wasser, Kabelanschluss)	250
Strom	55
Haftpflicht- und Hausratversicherung	15
Kfz-Steuer und -Versicherung	45
Rundfunk- und Fernsehgebühren	16
Taschengeld Rita und Klaus	120
Taschengeld Jürgen	15
Taschengeld Anja	18
Telefon/Internet	55
Tageszeitung	25
Sportverein Kinder	20
Sparen für Urlaub	250
Rücklagen für unerwartete Ausgaben	60
Summe	**1544**

Veränderliche Ausgaben

Es handelt sich um Ausgaben, die unregelmäßig anfallen, z.B. Ausgaben für Essen und Trinken, Kleidung, Schuhe, Geschenke, Bücher, Treibstoff, Waschmittel, Zeitschriften.

Veränderliche Ausgaben	Euro
Lebensmittel/Verpflegung außer Haus	560
Wasch- und Putzmittel	15
Körperpflege/Gesundheit	50
Kleidung/Schuhe	160
Wohnen	160
Hobby/Bildung/Unterhaltung	150
Verkehr (Auto bzw. öffentl. Verkehrsmittel)	250
Geschenke/Spenden/Porto	50
Sonstiges	100
Summe	**1495**

Taschengeld: Wie viel und wofür

Zur Höhe des Taschengeldes gibt es Empfehlungen von Jugendämtern.

- Siehe dazu www.geldundhaushalt.de ▸ Tipps ▸ Taschengeld

A Aufgaben

1 Erklärt an Beispielen, was feste und veränderliche Ausgaben sind.

2 Nehmt Stellung zu der Meinung von Jürgen, dass sein Taschengeld und das von Anja im Vergleich zu anderen gering ist.

3 Nehmt Stellung zu den Meinungen der Familienmitglieder. Entwickelt einen Lösungsvorschlag – evtl. in einem *Rollenspiel*.

5 Armut in Deutschland – wie sie sich anfühlt

▲ Wer aus sozial schwachen Familien kein Geld für Nachhilfe ausgeben kann, wird in der ARCHE beim Lernen unterstützt.

Gründe für die Armut

Die Arbeitslosigkeit ist hoch. Unternehmen stellen nicht genug Arbeitsplätze bereit.

Die Anzahl der Alleinerziehenden nimmt zu. Nach einer Scheidung oder Trennung ist die finanzielle Lage aller Beteiligten oft besonders schwierig.

Die Väter können teilweise nicht ausreichend Unterhalt zahlen oder entziehen sich sogar ihren Verpflichtungen. Weil Ganztagskindergärten, Ganztagsschulen und Teilzeitarbeitsplätze fehlen, können Mütter oft nicht erwerbstätig sein.

Eltern, die in Armut leben, haben nicht nur finanzielle Probleme. Sie sind zum Teil nicht in der Verfassung, ihre Kinder gut zu erziehen. Die eigenen Probleme sind oft zu groß.

◄ Im Kinder- und Jugendwerk ARCHE werden Kinder und Jugendliche mit kostenlosem Mittagessen versorgt und erhalten auch Anleitungen zu einer gesunden Lebensweise.

Erfolgreicher Start für die Arche in Frankfurt

Die ersten ereignisreichen Monate der Arche in Frankfurt sind schnell vergangen und viel Erfreuliches wurde bereits erreicht. Die Kinder an der Berthold-Otto-Schule in Griesheim nehmen die Angebote der Arche mit Begeisterung an. Viele Kinder, die vorher ohne Betreuung waren, haben nun eine Anlaufstelle. Das sorgt für Vertrauen.

Mittlerweile verpflegt die Arche 110 Kinder am Tag mit kostenlosem Mittagessen und bietet ihnen Spielmöglichkeiten und Hausaufgabenhilfe. Die Zusammenarbeit mit der Schule ist hervorragend und sehr effektiv, besonders bei Kindern aus schwierigen Verhältnissen. Bereits jetzt berichten Lehrer, dass die Hausaufgaben häufiger erledigt werden und sich die schulischen Leistungen verbessern.

Die Arche wurde auch im Stadtteil sehr gut angenommen. Das feste Mitarbeiter-Team … wird inzwischen von 35 Ehrenamtlichen verstärkt. Jeder von ihnen hilft jeweils an einem Wochentag mit. Auch dadurch konnte das Angebot für die Kinder vor Ort schnell erweitert werden. So gibt es nun zusätzlich Einzelnachhilfe für die Schüler sowie u.a. Sport-, Tanz-, Musik- und Theaterworkshops.

Daniel Schröders Fazit zum Start der Arche-Frankfurt: „Die Kinder haben uns Mitarbeiter sehr herzlich und mit großer Freude aufgenommen. Wir merken es vor allem an ihnen, dass das Angebot der Arche innerhalb der Schule optimal greift." …

„Die Arche", Pressesprecher: Wolfgang Büscher; Pressemitteilung v. 17.06.2010

http://www.kinderprojekt-arche.de/downloads/PM_Arche-Frankfurt_Nordweststadt.pdf

Armut als statistischer Begriff in der EU

In der Europäischen Union (EU) ... gelten Menschen als arm, wenn sie über so geringe (materielle, soziale und kulturelle) Mittel verfügen, dass sie von der Lebensweise ausgeschlossen sind, die als Minimalstandard im jeweiligen Mitgliedsland gilt. Dieser Ansatz stützt sich auf das durchschnittliche verfügbare Einkommen .... Deshalb spricht man auch von relativer Armut, einem Armutsrisiko. Es liegt dann vor, wenn jemand weniger als 60 Prozent des durchschnittlichen Einkommens hat. Diese Armutsgrenze für eine allein lebende Person liegt bei monatlich 781 Euro. Bei Familien ist dieser Betrag nicht voll für jede Person anzusetzen, weil z.B. die Kosten für Wohnung pro Person bei Familien sinken.

◄ Nach: **Dietmar Kehlbreier (2008)**: Einführung in den 3. Armutsbericht der Bundesregierung. http://www.dietmar-kehlbreier.de/cms/_data/armutsbericht2008.pdf

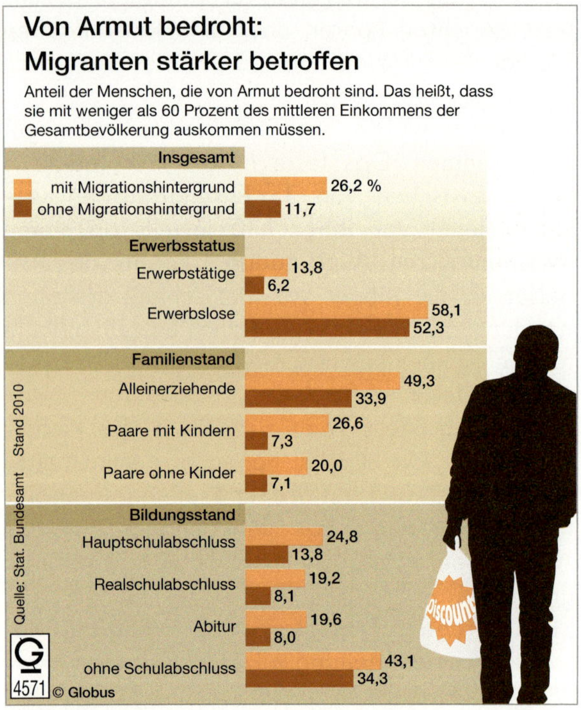

Ein Blick in die Statistik

Von Armut betroffen sind vor allem Kinder und Jugendliche sowie Alleinerziehende.
Rund 1,5 Mio. Mädchen und Jungen unter 18 Jahren lebten im Jahr 2008 in Armut.

Armut verschiedener Gruppen in den Jahren 2005 und 2008 (Armutsrisikoquote)

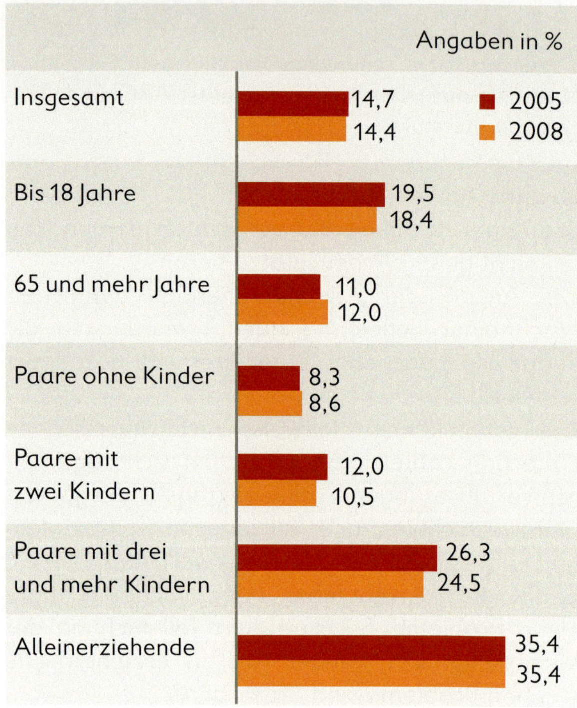

▲ **Statistisches Bundesamt:** Sozialberichterstattung. Wiesbaden 2010 http://www.amtliche-sozialberichterstattung.de/Tabellen/tabelleA1X19de_bund.html

A Aufgaben

1 Erklärt, was die Leistungen der ARCHE für bedürftige Kinder bedeuten.

2 Die ARCHE finanziert sich aus Spenden. Wie unterstützt sie arme Kinder?

3 Nennt Gruppen, die von Armut besonders betroffen sind und die Gründe der Armut.

4 Beurteilt folgende Meinungen:

ANJA: „ So wie die EU Armut definiert, wird es immer arme Menschen geben."

SASCHA: „Mithilfe dieser Armuts-Definition kann man feststellen, wie gerecht die Einkommen in einem Land verteilt sind."

6 Weiterführendes Material

M1 Kinderarmut in reichen Ländern

Eine Studie hat Kinderarmut in den → OECD-Staaten untersucht. Sie definiert die relative Armutsgrenze, abweichend von der Festlegung innerhalb der EU (siehe S. 146), erst bei 50 Prozent des *gewichteten Durchschnittseinkommens*.
In den meisten Industrieländern wächst der Anteil der Kinder, die in Armut leben. Von 7,5 auf 16,3 Prozent ist die Kinderarmut in Deutschland von 1990 bis 2005 gestiegen. Damit war der Anstieg höher als in anderen Ländern.
Dringenden Handlungsbedarf sieht UNICEF in Deutschland bei alleinerziehenden Müttern und ihren Kindern. Sie sind besonders stark von materieller Armut betroffen. Besorgnis erregend ist, dass Jugendliche ihre beruflichen Perspektiven düsterer sehen als ihre Altersgenossen in allen anderen Industrienationen.

Nach **UNICEF** (2010):
Bericht zur Lage der Kinder in Industrieländern 2010
http://www.unicef.de/presse/pm/2010/deutschland2010

Kinderarmut in Industrieländern im Jahr 2005 (in %)

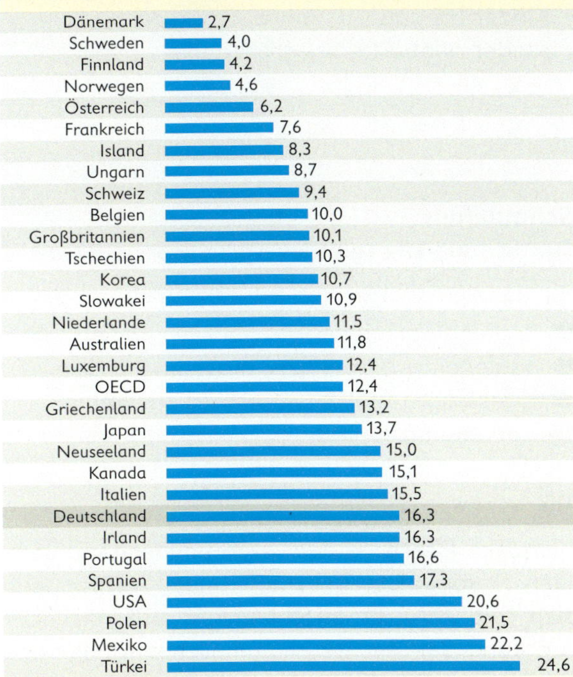

Quelle: **OECD**, 2009

M2 Bruttomonatsverdienste vollzeitbeschäftigter Arbeitnehmer 2010

Wirtschaftszweige	Männer	Frauen
Produzierendes Gewerbe	**3370 €**	**2651 €**
Bergbau/Steine u. Erden	3560 €	3353 €
Verarbeitendes Gewerbe	3481 €	2622 €
Energieversorgung	4399 €	3552 €
Baugewerbe	2690 €	2532 €
Dienstleistungsbereich	**3456 €**	**2830 €**
Handel; Instandhaltung und Reparatur von Kraftfahrzeugen	3243 €	2517 €
Verkehr und Lagerei	2761 €	2637 €
Gastgewerbe	2102 €	1735 €
Information u. Kommunikation	4593 €	3389 €
Finanz- und/Versicherungsdienstleistungen	4826 €	3495 €
Grundstücks- und Wohnungswesen	3675 €	3003 €
Erziehung und Unterreicht	4209 €	3564 €
Gesundheits-/Sozialwesen	3883 €	2784 €

Statistisches Bundesamt (Hrsg.):
Statistisches Jahrbuch 2011, Wiesbaden 2011, S.530

Arbeiten mit den Materialien

Zu **M1**
Erklärt die Grafik. Schreibt anschließend eine kurze Meldung zur Kinderarmut.

Zu **M2**
Begründet die unterschiedlich hohen Bruttomonatsverdienste bei Männern und Frauen.

Methode Umgang mit Statistiken und Schaubildern – Vertiefung

1 Darum geht es

Statistiken geben Beschreibungen von Sachverhalten in Zahlen wieder. **Beispiel** Schüler, die in Hessen im Schuljahr 2010/11
- eine Hauptschule besuchen: 29542
- eine Realschule besuchen: 85688

Hessisches Statistisches Landesamt 2010
www.statistik-hessen.de

Tabellen und Schaubilder sollen Statistiken mit dem Auge besser erfassbar machen. Im Folgenden lernt ihr, Darstellungsarten für Schaubilder zu verstehen. Mit ihnen wird die unterschiedliche Größe von Zahlen und der Zusammenhang zwischen diesen übersichtlich gemacht. Deren farbige Gestaltung kann das noch verbessern.

Ihr könnt erkennen, dass Schaubilder anschaulich informieren, aber auch zu falschen Sichtweisen führen können. Ihr analysiert Formen, die die Aussage von Daten verfälschen können.

2 So läuft es ab

Checkliste zur Beurteilung der Schaubilder
- Ist eine Überschrift vorhanden? Enthält diese eine Bewertung der Daten? Kann diese das Ergebnis der Betrachtung beeinflussen?
- Ist die Quelle angegeben? Diese zeigt, wer die Daten (Zahlen) zusammengestellt hat. Das kann eine unabhängige Stelle sein, z.B. Statistisches Bundesamt, oder eine Interessengruppe, z.B. Arbeitgeberverband.
- Ist die Quelle genau zitiert? Diese muss beschafft und kontrolliert werden können.
- Ist der Zeitpunkt bzw. der Zeitraum der Erhebung der Daten angegeben?

Das Jahr der Erhebung kann sich vom Jahr der Veröffentlichung der Daten unterscheiden.
- Sind, z.B. bei Kurvendiagrammen, die Achsen genau bezeichnet?
- Sind die Abstände auf den Achsen gleichmäßig?
- Sind Begriffe eindeutig und nachvollziehbar?

Beispiel Bei dem Begriff Kinder in den Schaubildern 2 und 3 ist es wichtig zu wissen, ob eine Altersbegrenzung vorliegt, z.B.:
- Kinder bis unter … Jahre.
- Kinder ohne Altersbegrenzung.

3 Wichtige Darstellungsformen verstehen

Tabellen

Die Zahlen in Tabellen können als
- absolute Zahlen,
- als gerundete Zahlen (z.B. in 1000),
- als Anteile einer Gesamtmenge (z.B. in Prozent)

genannt werden.

Schaubilder

Für Schaubilder gibt es verschiedene Darstellungsmöglichkeiten (siehe Folgeseite):
1. Balkendiagramme
2. Säulendiagramme bzw. Blockdiagramme
3. Kreisdiagramme bzw. Tortendiagramme
4. Kurvendiagramme

4 Beispiele rund um Privathaushalte in Deutschland

Formt Daten des Textes in eine Tabelle und ein Schaubild um. Nutzt die Folgeseite:

Jedes dritte Baby nichtehelich geboren

Das galt 2010 für Deutschland. In Ostdeutschland hatten ca. 60% der Neugeborenen unverheiratete Eltern, in den alten Ländern ca. 25%. Der Anteil nichtehelicher Kinder verdoppelte sich seit 1990. Er beschleunigte sich nach der Stärkung der Rechte nichtehelicher Kinder und des Vaters nach 1998.

Nach: **Süddeutsche Zeitung** 13.–15.8.2010, S.1, 4

Privathaushalte nach Zahl der Personen (2010)

		Angaben in 1000
Haushalte insgesamt		40 301
Davon mit	1 Person	16 195
	2 Personen	13 793
	3 Personen	5 089
	4 Personen	3 846
	5 und mehr Personen	1 378

Statistisches Bundesamt: Statistisches Jahrbuch 2011, Wiesbaden 2011, S. 46

Privathaushalte nach Zahl der Personen (2010) 1

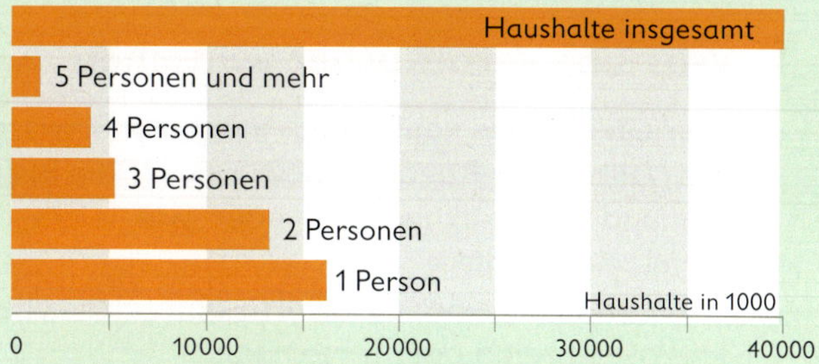

Statistisches Bundesamt: Statistisches Jahrbuch 2011, Wiesbaden 2011, S. 46

Alleinerziehende mit Kindern unter 18 Jahren (2010)

	Angaben in 1000
Insgesamt	1 575
Davon mit Kindern unter 18 Jahren	
1 Kind	1 079
2 Kinder	394
3 Kinder	82
4 und mehr	20

Statistisches Bundesamt: Statistisches Jahrbuch 2011, Wiesbaden 2011, S. 47

Alleinerziehende mit Kindern unter 18 Jahren (2010) 2

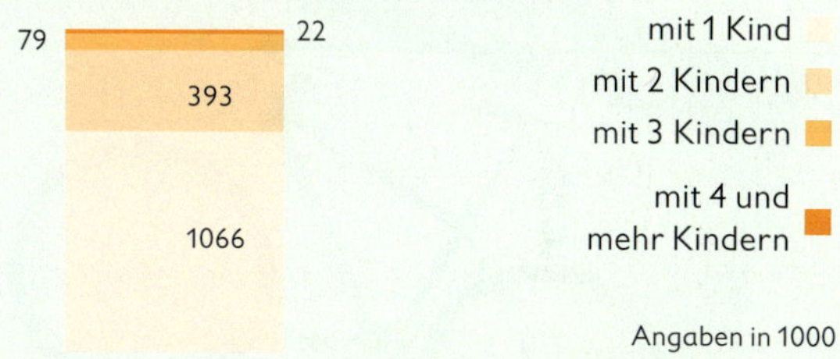

Statistisches Bundesamt: Statistisches Jahrbuch 2011, Wiesbaden 2011, S. 47

Familienhaushalte nach Zahl der Kinder unter 18 Jahren (2010)

	Angaben in 1000
Insgesamt	8 123
Mit 1 Kind	4 285
Mit 2 Kindern	2 968
Mit 3 Kindern	694
Mit 4 und mehr	174

Statistisches Bundesamt: Statistisches Jahrbuch 2011, Wiesbaden 2011, S. 47

Familienhaushalte nach Zahl der Kinder unter 18 Jahren (2010) 3

Statistisches Bundesamt: Statistisches Jahrbuch 2011, Wiesbaden 2011, S. 47

Entwicklung der Zahl der Privathaushalte

Jahr	Haushalte in 1000
2000	38 124
2004	39 122
2008	40 076
2010	40 301

Statistisches Bundesamt: Statistisches Jahrbuch 2011, Wiesbaden 2011, S. 46

Entwicklung der Zahl der Privathaushalte 4

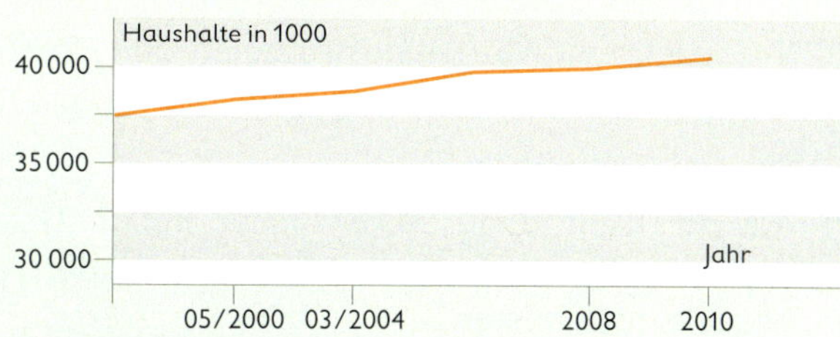

Statistisches Bundesamt: Statistisches Jahrbuch 2011, Wiesbaden 2011, S. 46

Kauft neue Fahrräder!

1 Was sich Verbraucher wünschen

Wer ein Fahrrad kaufen will, möchte z.B. wissen, wie haltbar der Rahmen ist, wie sicher die Bremsen und die Lenkung sind oder wie leicht der Sattel verrutscht.
Informationen von Händlern und Herstellern sind oft einseitig oder fehlen ganz.
Die Werbung zielt besonderes darauf ab, Verbraucher gefühlsmäßig zu erreichen.

Wichtige Informationen zur Produktqualität fehlen oft.
Wie können Verbraucher beim Kauf von Waren ihre Interessen besser wahrnehmen?

▸ **Leitauftrag** Du darfst dir eines der Räder als Geschenk aussuchen – als Herren- oder Damenrad. Notiere die Gründe für deine Entscheidung.

B Auf einen Blick

Ihr beschreibt Marketingstrategien der Hersteller und Händler sowie ihre Ziele.

Ihr beurteilt Werbemaßnahmen für Fahrräder aus der Sicht junger Verbraucher. Ihr analysiert dazu Werbematerialien und die Methode: Verbrauchsgüter testen.

Ihr überprüft eure Einstellung zur Bedeutung des Fahrrades unter ökologischen Gesichtspunkten.

Ihr schätzt die Bedeutung eines „Fahrrad-Geschäftes“ für Menschen in anderen Ländern ein.

Ihr überprüft, ob ihr ein Projekt: „Aktion rund ums Fahrrad“ in eurer Schule durchführen wollt.

Ihr führt eine Pro- und Kontra-Debatte durch zu einem umstrittenen Vorschlag der Verkaufsförderung.

2 SCHMITZ-BIKE setzt auf Jugendliche

SCHMITZ-BIKE ist ein bekannter Fachhandel für Fahrräder. In der Stadtmitte liegt die Zentrale. In weiteren Stadtteilen gibt es vier Filialen.
Seit dem letzten Jahr ist der → Gewinn des Unternehmens leicht gesunken. Außerdem hat in der Stadt vor einigen Monaten ein weiteres Fachgeschäft eröffnet – ein neuer Mitbewerber.

Krisengespräch bei SCHMITZ-BIKE

Die Inhaber, Herr Schmitz und seine Tochter Sandy, ein Filialleiter und der Marketing-Chef, Herr Miller, beraten die Lage.

HERR SCHMITZ: „Wir müssen überlegen, wie wir den Gewinn steigern können. Das neue Fachgeschäft hat Kunden abgezogen."

SANDY: „Ich schlage vor, dass wir uns durch → Werbung verstärkt um junge Kunden bemühen. Die Jugendlichen ab 14 Jahren sind für uns wichtig. Immer mehr haben viel Geld und alle sind sportbegeistert."

HERR MILLER: „Einverstanden. Wir müssen bei dieser Zielgruppe noch weiter unterscheiden: Jugendliche, die über viel Geld verfügen, können hochwertige und teure Produkte kaufen. Jugendliche mit wenig Geld brauchen Produkte, die wenig kosten."

HERR SCHMITZ: „Stimmt. Die müssen anders umworben werden. Bedenkt aber, dass auch für diese Gruppe das richtige Erscheinungsbild wichtig ist."

SANDY: „Ich habe eine Idee. Wir stellen zwei Modelle mit unterschiedlichen Preisen in den Mittelpunkt unserer Kampagne. Beide sportlich – das liegt im Trend. Diesen Nutzen müssen wir unbedingt mitverkaufen."

Sandys Idee findet bei allen Zustimmung.

Vier Wochen später

Das Team berät Aktivitäten des Marketing unter dem Motto: *„Sportliche Fahrräder für Jugendliche"*.

A Aufgaben

1 Sprecht über die Stichworte an der Tafel. Was haltet ihr für besonders wichtig? Nennt Gründe und notiert weitere Punkte.

2 Beurteilt die Meinung von Sandy, dass ein großer Teil der Jugendlichen viel Geld hat und alle sportbegeistert sind.

3 Erfolgreiche Präsentation

Qualitätsmerkmale

Für die nächste Besprechung hat Sandy Schmitz eine Übersicht mit wichtigen Punkten für die Qualität eines Fahrrads ausgearbeitet. Bei den Marketingmaßnahmen sollen diese herausgestellt werden.

HERR SCHMITZ: „Ihr wisst ja, dass Merkmale wie z.B. Modefarbe, Styling, sehr viele Gänge und sonstiger Schnick-Schnack für viele junge Kunden wichtiger sind als ein zuverlässiges Verkehrsmittel mit guten Bremsen und haltbarem Rahmen."

HERR MILLER: „Ja, dann stellen wir eben sportbetonte Räder mit auffälligem Styling und der Modefarbe besonders heraus. Für die Technikfreaks bilden wir Besonderheiten im Großformat ab."

SANDY: „Meinst du nicht, dass sich immer mehr Jugendliche gut informieren und sich nicht durch Styling und Modefarbe blenden lassen?"

HERR MILLER: „Ich bin da eher skeptisch. Durch ihr Fahrrad drücken die Jugendlichen auch ein Lebensgefühl aus. Das soll sportbetont und risikofreudig sein. "

Preisgestaltung

„Das wichtigste Ziel ist die Steigerung unseres Gewinns", so die Forderung von Herrn Schmitz. Doch können deshalb die Preise nicht beliebig hochgesetzt werden.
Viele Kunden sind nicht bereit, jeden Preis zu zahlen. Sie vergleichen sehr genau mit der → Konkurrenz. Es wird vereinbart, die Preisangebote für vergleichbare Fahrräder zu beobachten und auf Sonderaktionen – z.B. von Verbrauchermärkten – spontan zu reagieren. Jeden Monat soll bei einem besonderen Rad mit einem Preisnachlass geworben werden, um Kunden ins Geschäft zu locken.

A Aufgaben

1 Stellt Qualitätsmerkmale für Fahrräder zusammen. Mehr findet ihr dazu auf S.155 in **M2**.

2 Notiert, wie die Abbildung auf euch wirkt. Berücksichtigt sie die Interessen junger Verbraucher?

3 Was ist für SCHMITZ-BIKE bei der Preisgestaltung wichtig?

4 Warum kann SCHMITZ-BIKE nicht einfach mit höheren Preisen den Gewinn steigern?

5 Beurteilt Sandys Meinung über junge Verbraucher. Wie schätzt ihr euch selbst ein?

4 Werbung und Verkaufsförderung

Flyer als gedruckte Werbung

In Kürze findet die „Lange Nacht des Shopping“ statt. Viele Geschäfte öffnen bis Mitternacht. Auch SCHMITZ-BIKE ist dabei. Flyer, die in der Fußgängerzone verteilt werden, sollen Kunden in die Filialen locken. Eine Werbefirma erhält den Auftrag, einen solchen Flyer zu gestalten.

Das soll den Verkauf fördern

Sandy schlägt vor, jeden Samstag einen „Self-Service“ mit fachlicher Unterstützung für fünf Euro vor dem Geschäft einzurichten. Der Service soll nur für Jugendliche gelten, um sie ins Geschäft zu locken. Sandy ist sicher, dass damit der Gewinn gesteigert werden kann.

Herr Miller widerspricht: „In jedem Fall haben wir zusätzliche Arbeitskosten, denn dafür muss unser Zweiradmechaniker zur Verfügung stehen. Vielleicht verlieren wir sogar Kunden, die sonst ihr Fahrrad bei uns reparieren ließen.“

A Aufgaben

1 Begründet die Werbemaßnahme mit dem Flyer.

2 Untersucht den Flyer (s. Abb. oben). Vergleicht ihn mit der geplanten Präsentation auf der Vorseite. Wurde sie vollständig umgesetzt?

3 Wie würdet ihr selbst einen Flyer für SCHMITZ-BIKE gestalten? Entwickelt Vorschläge.

4 Wie werden junge Verbraucher durch gedruckte Werbeträger zum Kauf angeregt? Mehr dazu findet ihr auf S.157 im Material M4.

5 Sandys Vorschlag des „Self-Service“ war im Unternehmen sehr umstritten. Diskutiert selbst die Vor- und Nachteile dieser Idee in einer Pro- und Kontra-Debatte (siehe S.154).

5 Weiterführendes Material

M1 „Fahrrad-Geschäfte“ global – ein Blick in die weite Welt

Für viele Menschen dient das Fahrrad der Sicherung ihrer Existenz.

Ein Fahrradkurier in Deutschland

Ein Kleinsthändler in China

Ein Kokosnussverkäufer in Tansania

Ein Lastenfahrer in Thailand

Ein Transportunternehmer in Indien

12 Fahrräder für Verbraucher getestet

Die Stiftung Warentest untersucht die → Qualität von Waren und Dienstleistungen. Die Testergebnisse werden in der Zeitschrift „test" veröffentlicht. Die Stiftung Warentest ist eine Einrichtung, die vom Geld privater Unternehmen unabhängig ist. Deshalb kann ihr niemand vorschreiben, was und wie sie testet. In ihrer Zeitschrift „test" darf nicht geworben werden. „test" gibt es im Zeitschriftenhandel und im Internet (www.test.de). Außerdem ist „test" in öffentlichen Bibliotheken einzusehen oder auszuleihen.
Im „test"-Heft 5/2007 wurde der Test von 15 Trekkingrädern veröffentlicht. Hier ein Auszug. In Heft 5/2009 wurden Trekkingräder der Preisgruppe 1000 € getestet.

test Trekkingräder

		Epple Cross Cat Alivio 24	Puch Country 300	Stevens Jazz	Pegasus Avanti
Mittlerer Preis in Euro ca.		500	500	550	400
Anzahl der Gänge		24	24	24	21
Gewicht in kg		17,4	18,1	17,1	17,5
Lieferbare Rahmenhöhen in cm		47, 52, 57, 62	49, 53, 57, 61	48, 52, 55, 58, 61	48, 53, 58
Alle haben		Aluminiumrahmen, Federgabel, Nabendynamc Hercules hsydraulisch), 28-Zoll-Reflexbereifun Schutzbleche, Gepäckträger		andlicht hinten, V-Brem edersattelstütze (außer	(Diamant und ger), Seitenständer,
test-QUALITÄTSURTEIL	100 %	**GUT** (2,5)	**GUT** (2,5)	**AUSREICHEND** (3,9)	**MANGELHAFT** (5,0)
FAHREN	50 %	**gut** (2,4)	**gut** (2,4)	**gut** (1,7)	**befried.** (2,8)
Bergauf		○	+	++	+
Bergab		+	+	+	○
Befestigte Wege		+	+	+	+
Mit Gepäck (ca. 5 kg, hinten)		+	○	+	○
Wendigkeit		+	+	+	+
Komfort		+	+	+	○
Schaltung		+	+	+	○
Abstellen		○	○	+	○
SICHERHEIT UND HALTBARKEIT	35 %	**befried.** (2,9)	**befried.** (2,8)	**ausreich.** (4,4) *)	**mangelhaft** (5,0) *)
Sicherheit von Rahmen, Gabel, Lenker, Vorbau und Sattelstütze		++	++	⊖	⊖
Schäden (nach km)				Rahmen angerissen (11 000).	Rahmen angerissen (16 800)
Haltbarkeit einzelner Teile		⊖ *)	⊖ *)	○	–
Schäden (nach km)		Sattelstütze verbogen (6000) und rutscht in das Sattelrohr	Vorbauverstellung rutscht (9000), Sattelstütze ohne Federwirkung (10 000), Gepäckträgerbruch (3900)	Sattelstütze ohne Federwirkung (2000) und Spannerschraube abgeschert. Hinterrad Seitenschlag	Sattelklemmung am Kolben nicht ausreichend. Hinterrad Seitenschlag. Reifen aufgerissen (8200).
Bremsen		+	++	+	– *) 1)
Verarbeitung		○	+	+	+
Licht		+	+	+	+
EINSTELLEN UND REPARIEREN	10 %	**gut** (2,2)	**befried.** (2,6)	**gut** (2,3)	**befried.** (2,7)
Bedienungsanleitung		+	+	++	++
Einstellen		+	+	○	+
Reparieren		+	○	+	○
SCHADSTOFFE IN DEN GRIFFEN	5 %	**sehr gut** (1,0)	**sehr gut** (1,0)	**sehr gut** (1,0)	**sehr gut** (1,0)

Bewertungsschlüssel der Prüfergebnisse:
++ = Sehr gut (0,5 - 1,5)
+ = Gut (1,6 - 2,5)
○ = Befriedigend (2,6 - 3,5)
⊖ = Ausreichend (3,6 - 4,5)
– = Mangelhaft (4,6 - 5,5)
*) Führt zur Abwertung
1) Bremswirkung bei Nässe mangelhaft

test, Heft 5/2007, S. 78, 79

M3 Aktionen rund ums Rad

Radwege im Umfeld der Schule – Schüler überprüfen , welche es gibt und wie gut sie sind

- Gibt es genug Radwege?
- Sind die Radwege breit genug? (Informiert euch bei der Polizei über die Standards.)
- Wie sicher sind die Straßenübergänge für Radfahrer (Ampel, Zebrastreifen)?
- Welche Radwege müssen ausgebessert werden?
- Wo schlagt ihr neue Radwege vor?

Gemeinsamer Rad- und Fußweg

Fahrradstraße: Hier dürfen nur Radfahrer fahren.

Radweg für beide Richtungen

Getrennter Rad- und Fußweg

Diese Einbahnstraße darf in beiden Richtungen befahren werden.

Fahrräder dürfen durchfahren

Fahrräder verboten

Mit dem Fahrrad das Klima schützen!

Bei der Verbrennung von Kohle, Gas und Erdöl entsteht → Kohlenstoffdioxid (CO_2). Dieses Gas trägt zur Erwärmung des Klimas auf der Erde bei. Die Verringerung des CO_2-Ausstoßes dient dem Klimaschutz. Deshalb haben sich Politiker vieler Staaten bei einer Klimakonferenz in Kyoto (Japan) 1997 verpflichtet, den Ausstoß von CO_2 zu verringern.

Hier die Zahlen

Bei der Verbrennung von
- 1 l Benzin (Normal und Super) entstehen 2,36 kg CO_2
- 1 l Diesel entstehen 2,64 kg CO_2

Der durchschnittliche Treibstoffverbrauch auf 100 km innerorts liegt
- für Pkw bei 8,52 l Benzin bzw. 6,37 l Diesel
- für einen beladenen Linienbus bei 47,36 l bzw. leeren Bus bei 35,18 l

Nach **ADAC**: Verkehrspolitik und Verbraucherschutz, München 2006; **Umweltbundesamt**: Handbuch für Emissionsfaktoren, Dessau 2004

Das eigene Fahrtenbuch

Notiert 14 Tage lang alle Wege und Kilometer, die ihr mit Fahrrad, Pkw oder Bus zurückgelegt habt. Legt euch dazu eine Tabelle dieser Form an.

Wertet eure Fahrten unter dem Gesichtspunkt „Klimaschutz“ aus.

	Montag	Dienstag	...
Rad Start/ Ziel km			
Pkw Start/ Ziel km			
Bus Start/ Ziel km			

M4 Hilfen zur Werbeanalyse

Werbung soll Menschen dazu bringen, bestimmte Waren und Dienstleistungen zu kaufen. Sie soll Aufmerksamkeit erregen und bestimmte Gefühle, Gedanken und Meinungen mit den entsprechenden *Gütern* verbinden.

Die Zielgruppe
In der Regel ist die Werbung für eine bestimmte Zielgruppe gemacht, z.B. für Jugendliche, für junge Familien, für Rentner. Häufig werden Menschen abgebildet, die eine bestimmte Ausstrahlung haben. In der Fahrradwerbung findet man je nach Fahrradtyp waghalsige und starke Menschen.

Die Gefühle
Mit dem Kauf von Gütern werden gleichzeitig angenehme Gefühle versprochen:
- Glück, Spaß und Anerkennung
- Sicherheit
- Wohlsein, Gesundheit
- Fantasien von Größe und Ruhm
- Lust, z.B. Geschwindigkeit, Abenteuer

Prominente als Meinungsführer
Oft werden bekannte Persönlichkeiten (bei Fahrrädern: Radsportler) als Meinungsführer genannt oder abgebildet. Sie bekommen dafür eine hohe Gage.

Die Sprache
Werbetexter arbeiten mit
- Übertreibungen (ultraleichte Felgen, ultimative Einstellungsmöglichkeiten)
- Betonungen (aggressiv und unwiderstehlich, das Chamäleon der Straße)
- Begriffen aus dem englischen Sprachraum
- Steigerungsformen (Die Genius RC Bikes sind die leichtesten Suspension Race Bikes der Welt)

Die Sachinformation
Informationen zur Qualität des Produkts, wie Material und Verarbeitung, die auch einen Preis- und Qualitätsvergleich erleichtern, sind oft dürftig. Technische Angaben, Gebrauchsanleitungen usw. sind ungeeignet als Werbebotschaft.

Arbeiten mit den Materialien

Zu **M1**

1 Erklärt den Begriff Fahrrad-Geschäft.

2 Sucht im Atlas, wo die Staaten der Verkäufer und Transportunternehmer liegen. Was wisst ihr über das Klima und die Arbeitsbedingungen dort?
Nutzt dazu Lexika oder das Internet.

3 Erkundigt euch beim örtlichen Gewerbeamt, welche Anforderungen zu erfüllen sind, um hier ein Gewerbe zu betreiben.

Zu **M2**

1 Auf welche Eigenschaften haben die Fahrrad-Tester besonderen Wert gelegt?

2 Wie errechnet sich die Gesamtwertung?

3 Überprüft in der „test“, ob ein neuer Fahrrad-Test durchgeführt wurde. Seht dazu in den „test“-Heften, Stichwort „Themen“ nach oder recherchiert im Internet unter www.test.de.

Zu **M3**

Überprüfung der Radwege im Schulumfeld.
Legt das Gebiet und die Straßen fest.
Entwickelt Gesichtspunkte zur Beurteilung.
Informiert euch bei der Verkehrspolizei und der Verkehrswacht.
Prüft, wen und wie ihr über eure Ergebnisse informieren wollt (u.a. andere Schulklassen, Abgeordnete des Gemeinde- oder Stadtparlaments).
Tipp: www.adfc.de (Allgemeiner Deutscher Fahrradclub, Informationsblatt „Radwege“)

Zu **M4**

Sammelt Werbematerial für Sportartikel. Analysiert die Werbebotschaft. Nutzt dieses Schema:

Sportartikel	Zielgruppe	Gefühle	Art und Inhalt der Information über das Produkt
■	■	■	■

Methode Gebrauchsgüter testen

1 Darum geht es

Als Verbraucher nutzen wir *Gebrauchsgüter*, z.B. Haushaltsgeräte.
Bei der Anschaffung sind z.T. schwierige Entscheidungen zu treffen, auf die wir oft nicht angemessen vorbereitet sind. Kenntnisse der Methode: Gebrauchsgüter testen können euch helfen, begründet zu entscheiden. Ihr klärt, welches Gut für euch bzw. eure Familie für eine bestimmte Verwendung richtig ist, ob das Preis-Leistungs-Verhältnis stimmt – aber auch, ob ihr das Gut überhaupt braucht.

2 So läuft es ab

Vorbereitung

- Welches Gebrauchsgut möchtet ihr testen?
- Welche Ziele verfolgt ihr dabei?
- Ist das Gebrauchsgut/die darauf bezogene Kaufentscheidung geeignet für einen Test im Unterricht?
- Welche Zeit ist notwendig/verfügbar?
- Ist eine Kooperation zwischen mehreren Fächern möglich/sinnvoll?
- Kann es in ausreichender Anzahl für den Unterricht beschafft werden?
- Wie könnt ihr euch die benötigten Informationen beschaffen? Ist eine Erkundung notwendig?
- Welche Testkriterien sind wichtig?
- Welche technischen und/oder organisatorischen Voraussetzungen für den Test lassen sich herstellen? Sind z.B. eine Werkstatt, Küche oder Labor verfügbar?
- In welche Teilaufgaben lässt sich die Untersuchung aufgliedern?
- Sind arbeitsgleich oder arbeitsteilig arbeitende Gruppen sinnvoll?
- Wie sollen die Testbögen aussehen?
- Was ist zur Arbeitssicherheit an den Testarbeitsplätzen zu bedenken?
- Wie wollt ihr die Ergebnisse dokumentieren, auswerten, veröffentlichen, über das Vorhaben reflektieren?

Durchführung

Die Testdurchführung wird genau beobachtet und die einzelnen Ergebnisse nach den Testbögen sorgfältig protokolliert. Falls sich der Bedarf an zusätzlichen Informationen ergibt, werden diese beschafft, z.B. durch Expertenbefragung (siehe *Interview*).

Auswertung

Die Ergebnisse werden nach den Testkriterien zusammengestellt, ausgewertet und für eine Präsentation aufbereitet und diese durchgeführt.

3 Ein Beispiel

Die Klasse 8 a testet Dampfbügeleisen

Das wurde vorher entschieden:
Als Testgegenstand dienten Geräte mit Gebrauchsanleitungen, die von Schülern mitgebracht wurden. Andere lieferten Bügelbretter.

Vorbereitung
In sechs arbeitsgleichen Gruppen wurde gearbeitet.
Sechs verschiedene neuere Geräte wurden ausgewählt und für diese die Preise erhoben.
Zu Prüfkriterien für den Test siehe bei Durchführung. Maßstäbe für die Bewertung werden auf einer Skala von 1–5 erarbeitet.

Dabei orientierte sich die Klasse an einem Test der Stiftung Warentest (test, H. 8/2000, S.55–58), wählte Testbereiche aus und ergänzte eigene Überlegungen. Sie besorgte sich ferner von der Stiftung Warentest das Unterrichtsmaterial „Markt & Warentest“.
www.test.de ▸ Über uns ▸ Jugend + Schule ▸ Unterrichtsmaterial

Durchführung
1. Bügeln: Sechs unterschiedliche Stücke Bügelwäsche wurden von je einem Mitglied jeder Arbeitsgruppe gebügelt (vorher wurde von allen Bügeln geübt) und in Bezug auf Zeit und Qualität geprüft.

2. Handhabung: Jedes Mitglied der Gruppe beurteilte die Bügeleisen auf Handlichkeit, Übersichtlichkeit der Bedienungselemente, Einfüllen und Ausgießen des Wassers, Wasserverbrauch und Anforderungen an die Qualität des Wassers, Dichtheit beim Abstellen, Wasserstandskontrolle, Qualität der Sprühstrahlen und Dampfabgabe.
3. Verständlichkeit der Gebrauchsanleitung.
4. Preis-Leistungs-Verhältnis: auch in Bezug auf Bedeutung bestimmter Sonderausstattungen für den „normalen" Haushalt. Zu dieser Stunde wurden mehrere Mütter eingeladen – erfahrene Hausfrauen.
Während des Tests wurden die Ergebnisse sorgfältig protokolliert.

Auswertung
Zwischen den Gruppen erfolgte ein Vergleich der Ergebnisse. Unterschiede wurden hinterfragt. Es zeigte sich, dass die Maßstäbe zu 1.–3. unterschiedlich interpretiert wurden. Die gewählte Methode wurde hinterfragt. Bei 4. bestand Uneinigkeit darüber, welche Ausstattung ein Dampfbügeleisen haben muss. Auf einem Poster wurden die Ergebnisse dargestellt und in der Pausenhalle ausgestellt.

Alles klar?

Ohne Einkommen kein Leben

1 Notiere mindestens vier Gründe, die die Höhe des Einkommens beeinflussen.

2 Notiere drei Einkommensarten und nenne Beispiele dafür.

3 Notiere Beispiele für feste Ausgaben und veränderliche Ausgaben eines Haushalts.

4 Schreibe auf, was du unter Armut verstehst.

5 Wie wird Armut gemessen?

6 Notiere mindestens drei Gründe für das Entstehen von Armut in Deutschland.

Kauft neue Fahrräder!

7 In der Nähe von SCHMITZ-BIKE eröffnet ein neues Fahrrad-Geschäft. Nenne Folgen für Herrn Schmitz.

8 Nenne mindestens vier verschiedene Marketingaktivitäten, die den Verkauf von Fahrrädern fördern können.

9 Auf welche Qualitätsmerkmale sollte man beim Kauf eines Fahrrades besonders achten?

10 Nimm Stellung zu folgender Meinung: „Wenn ich teure Technik kaufe, lese ich die Prospekte der Händler genau. Das reicht."

11 Nimm Stellung zu folgender Meinung: „Ich finde diese MP3-Werbung super. Farbe, Design, Styling – den kauf ich mir."

12 Begründe folgende Meinung: „Rad fahren schützt die Umwelt und die Gesundheit."

Auch Bio-Bauern müssen mit Gewinn wirtschaften

1 Ökologisch produzieren – warum?

Niemand möchte Lebensmittel essen, die krank machen. Die meisten Verbraucher vertrauen beim Einkauf auf die Einhaltung staatlicher Vorschriften. Diese sollen sicherstellen, dass Lebensmittel schadstoffarm erzeugt angeboten werden. Immer mehr Verbrauchern geht das nicht weit genug. Sie wollen z. B. völlig pestizidfreies Obst und Eier von Hühnern, die Biofutter und keine chemischen Medikamente erhalten und nicht aus der → Massentierhaltung kommen.
Zunehmend stellen Landwirte ihre Betriebe auf ökologische Produktion um. Als → Unternehmer müssen sie weiterhin mit Gewinn wirtschaften, um ihren Betrieb entwickeln, z. B. mit arbeitssparenden Maschinen, und ihre Zukunft sichern.
Ökologisch erzeugte Lebensmittel kosten mehr als herkömmlich produzierte. Immer weniger Konsumenten haben Vorurteile gegenüber dieser Ernährungsform oder glauben, dass sie sich das nicht leisten können.

▸ **Leitauftrag** Welche Aspekte zu ökologisch erzeugten Lebensmitteln sind für euch als Verbraucher bedeutend.

B Auf einen Blick

Ihr beschreibt Vorteile ökologischer Lebensmittel.

Ihr begründet, warum sich Landwirte für ökologische Erzeugung entscheiden.

Ihr beschreibt wirtschaftliche Gesichtspunkte, die ein Landwirt bei der Führung und der Entwicklung eines Unternehmens bedenken muss.

Ihr erklärt, nach welchen Grundsätzen in der Öko-Landwirtschaft produziert wird.

Ihr reflektiert eure Einstellung zu ökologischer Ernährung.

Ihr plant eine Betriebserkundung in einem ökologisch wirtschaftenden Betrieb, führt sie durch und wertet sie aus.

2 Was heißt ökologisch produzieren?

Landwirt Hatz ist überzeugter Bio-Bauer. Wir Autoren sprachen mit ihm über das *Bio-Siegel* und was diese Richtlinien für seine Arbeit bedeuten:
„Das Bio-Siegel garantiert, dass bei der Erzeugung bestimmte Richtlinien eingehalten werden. Das muss ich als Landwirt berücksichtigen. Gern will ich dazu etwas sagen."

Pflanzenschutz und Artenvielfalt

„Durch Fruchtfolge statt Monokultur und die Hege von Nützlingen verhindere ich, dass Schädlinge auftreten. Mein *Anbauverband* BIOLAND fordert von mir, dass ich auf chemische Pflanzenschutzmittel (→ Pestizide) verzichte. So muss Unkraut mechanisch entfernt werden. Kartoffelkäfer suchen wir per Hand von den Blättern."

Natürliche Düngung

„Pflanzen brauchen Stickstoffdünger, um zu wachsen. Ich baue als Zwischenfrucht nach der Getreideernte Pflanzen an, die Stickstoff aus der Luft sammeln. Sie werden in den Boden eingearbeitet, zersetzen sich und liefern Gründünger."

Artgerechte Tierhaltung

„Tiere, die ich halte, brauchen die Möglichkeit zur Bewegung. Das bedeutet ausreichend Platz in den Ställen und Verzicht auf Massentierhaltung. So verringere ich auch das Risiko für Infektionen."

Artenvielfalt

„Durch neue Pflanzenzüchtungen, evtl. in Verbindung mit → Gentechnik, besteht die Gefahr, dass die Artenzahl weiter zurückgeht. Das kann die Züchtung gesunder Ertragspflanzen behindern, die aus bisherigen Sorten gezüchtet wurden."

Sparsamer Umgang mit Energie und Rohstoffen

„Ich versuche, wenig Energie zu nutzen. Auf den Anbau von Gemüse im Treibhaus verzichte ich. Außerdem gehöre ich einem Maschinenring an. Wir nutzen den Mähdrescher zu mehreren.
Durch Fruchtfolge, Fütterung der Tiere mit selbst erzeugten Produkten und Verwendung von Stalldung erspare ich *Mineraldünger*."

Vertrauen durch Kontrolle

„Wer das Bio-Siegel für seine Produkte nutzt, wird regelmäßig von staatlichen Stellen kontrolliert. Das wissen auch die Kunden. Sie gewinnen allmählich Vertrauen in die Qualität von Bio-Produkten. Auch zwischen uns Anbietern gibt es fairen Wettbewerb. Jeder weiß, wie der andere produziert."

A Aufgaben

1 Nennt Nahrungsmittelgruppen aus ökologischem Anbau. Nutzt dazu das Kapitel ab S.170.

2 Unterscheidet die Vorgaben des Bio-Siegels nach ihrer Bedeutung für
a) die → Qualität der Produkte (s. **M7**, S.166),
b) die Umweltbedingungen (s. **M1**, S.165).

3 Begründet, warum beim ökologischen Landbau pro erzeugtem Produkt mehr Arbeitskraft eingesetzt wird als beim herkömmlichen.

4 Nennt Auswirkungen auf die Verkaufspreise dieser Produkte (siehe **M5**, S.156).

5 Wie stehst du heute zu Bioprodukten? Hat sich deine Einstellung verändert? Begründe.

3 Soll Petra Hatz den Bio-Bauernhof ihrer Eltern übernehmen?

Herr und Frau Hatz wollen ihren Betrieb aus Altersgründen an ihre Tochter Petra übergeben. Sie ist Agraringenieurin und hat in Ökobetrieben gearbeitet. Sie möchte den Betrieb übernehmen, diesen aber auf zukünftige Anforderungen vorbereiten, um ein gutes *Einkommen* zu erwirtschaften. Mit einem Betriebsberater untersucht sie die → Kennzahlen des Betriebes.

Gewinn- und Verlustrechnung (GuV)

Die GuV stellt **Ertrag** sowie **Aufwand** gegenüber. Die Differenz, der → Gewinn oder auch der → Verlust, zeigt, wie erfolgreich das Unternehmen gewirtschaftet hat.

Ertrag aus … (Vorjahr, in 1000 €)		**Aufwand für …** (Vorjahr, in 1000 €)	
Pflanzenproduktion	40	Pflanzenproduktion	7
Tierproduktion	40	Tierproduktion	6
Handel, Dienstleistungen[1]	16	Handel[2], Dienstleistungen, Reparaturen, Abschreibung	20
staatliche Zuschüsse (z. B. Milchprämie)	24	Versicherungen	15
Sonstiger Ertrag (z. B. Habenzinsen)	7	Sonstiger Aufwand (z. B. Sollzinsen)	20
Summe	**116**	**Summe**	**68**
Gewinn	**49**		

[1] Dienstleistungen, z. B. Erlös aus Pflügen beim Nachbarn
[2] Handel, z. B. Zukauf einer Kuh

Zur Situation des Betriebes

Familiäre Situation – Arbeitskräfte	Agraringenieurin (29 J.), Lebensgefährte arbeitet außerbetrieblich; Vater (60 J.) will weiterhin halbtags, Mutter (55 J.) aushilfsweise mitarbeiten, sie hat Teilzeitstelle außerbetrieblich
Betriebsfläche	33 ha Acker, 15 ha Grünland, mittlere Bodenqualität
Fruchtfolge	Kleegras/Feldfutter – Dinkel – Roggen mit Kleeuntersaat, Sommergerste/Hafer – Dinkel
Tierhaltung	20 Milchkühe, Milchleistung: 120 000 kg Milch/Jahr, 8 Mastbullen
Aufstallung	Milchkühe – Laufstall Mastbullen – Laufstall
Fütterung	Silofutter in Ballen von Hand
Vermarktung	Milch an Biomolkerei; Getreide an Bäckereien und Naturkostläden; Fleisch von Mastbullen portioniert an Endverbraucher
Finanzielle Situation	schuldenfrei, Rücklagen vorhanden, Geschwister: Erbe ausgezahlt, Betriebsnachfolgerin muss Eltern Altenteil[1] zahlen

[1] Unterhaltsbetrag (Leibrente)

A Aufgaben

1 Welche Bedeutung hat eine Betriebsnachfolgerin für die Eltern?

2 Warum prüft Petra Hatz, ob sie den Betrieb übernehmen soll?

3 Welche Informationen enthält die Gewinn- und Verlustrechnung?

4 Nennt Maßnahmen zur Steigerung des Gewinns. Wodurch könnte sich dieser verringern?

4 Für mehr Gewinn: Betriebsentwicklung

Ausblick auf die nächsten Jahre

Petra Hatz scheint der bisherige jährliche Gewinn zu gering. Er muss reichen für: Kosten ihres Haushaltes, Beiträge zu privaten Versicherungen, insbesondere Alterssicherung, Steuern, Reparaturen des Wohnhauses und das Altenteil. Diese Privatentnahmen machen ca. 36 000 Euro aus. Es verbleiben etwa 13 000 Euro zur Entwicklung des Betriebes, z. B. für → Investitionen.
Bei den Maschinen und Gebäuden rechnet sie in den nächsten Jahren mit → Ersatzinvestitionen für zu erneuernde Geräte. Da ihr Vater in den nächsten Jahren als Arbeitskraft ausfällt, ist zu überlegen, statt Milchviehhaltung nur noch Bullenmast zu betreiben.

Petra Hatz entwickelt Pläne zur Erweiterung

Bei ihren Wünschen (gutes Einkommen, Familiengründung und Absicherung des → Lebensstandards der Eltern durch ein Altenteil) braucht der Betrieb ein zusätzliches Standbein.
Petra Hatz hat Berufserfahrungen mit der Legehennenhaltung gesammelt. Sie denkt in einem ersten Schritt an 1500 Legehennen. Ein Teil des erzeugten Getreides könnte an diese verfüttert werden. Es besteht Nachfrage nach Eiern durch einen Großhändler. Ein Teil könnte direkt an Endverbraucher und Wiederverkäufer (Hofläden und Einzelhandel) vermarktet werden.
Dabei entstehen Kosten für die Sortierung (Lohnkosten), für die Verpackung und den Transport der Eier zu den Kunden. Diese Vermarktung erfordert Zeit. Es können aber höhere Preise im Vergleich zum Verkauf an den Handel erzielt werden, und der Betrieb hat die Chance auf feste Kunden.

Beim Futtergetreide ließe sich auch ein Tauschhandel mit einem anderen Bio-Bauernhof absprechen: Geflügelmist gegen Futtergetreide.

Investitions- und Finanzierungsbedarf	(in Euro)
Gebäude inkl. Sortier- und Abpackraum	63 700
Betriebseinrichtungen, ibs. Voliere, Legenester, Lüftung, Futtersilos, Zaun	43 100
Vermarktung, ibs. Eierstempelgerät	2 500
1500 Junghennen	12 000
Futter für 8 Wochen	4 700
Reserve für Unvorhergesehenes	14 000
Insgesamt	**140 000**

Finanzierungskonzept	(für 140 000 Euro)
Privatvermögen	25 000
Eigenleistungen beim Bau	15 000
Bankdarlehen	100 000
Zinsen und Tilgung für Bankdarlehen pro Jahr (Laufzeit 15 Jahre, Zinssatz 5 %, davon: Tilgung 6666 €, Zinsen 2967 €)	9 634

Erwartete Leistungen und Kosten	(pro Jahr/Euro)
Geplante Erträge (Umsatz aus Eier- und Fleischverkauf)	60 000
Geplante Aufwendungen[1], ibs. Kosten für Legehennen, Futter, Tierarzt, Versicherungen, Energie, Wasser, Schlachtung, Vermarktung	39 000
Überschuss	21 000

[1] ohne Finanzierung (s. Finanzierungskonzept)

A Aufgaben

1 Nennt Gründe für ein weiteres Standbein des Betriebs.

2 Erklärt die Überlegungen zur Vermarktung der Eier.

3 Berechnet den geplanten Gewinn der Legehennenhaltung. Ermittelt dazu die Differenz zwischen Überschuss und Finanzierungskosten (Zinsen + Rückzahlung).

4 Worin liegt das Risiko bei der Entscheidung für die Erweiterung des Betriebes?

5 Soll Petra Hatz den Biohof übernehmen? Begründet.

5 Erkundung eines Bio-Bauernhofes

Hinweise zur Vorbereitung

Bei der Auswahl eines Betriebes hilft euch das Informationsportal von ÖKOLANDBAU: www.oekolandbau.de und die Bundesinitiative LERNEN AUF DEM BAUERNHOF: www.lernenaufdembauernhof.de

Wenn ihr einen Betrieb gefunden habt, müsst ihr die Erkundung weiter vorbereiten. Informiert euch dazu auch auf den Methodenseiten Betriebserkundung und Befragung (Interview).

Im Folgenden erhaltet ihr Anregungen für Schwerpunkte zur Befragung und Beobachtung. Beachtet Verhaltensregeln und angemessene Kleidung. Gibt es Schüler mit speziellen Allergien?

Arbeits- und Umweltbedingungen

Beispiel: Milchviehhaltung

- Wie werden die Kühe gehalten? Wann sind sie draußen/im Stall?
- Wie verhalten sie sich untereinander?
- Welche Art Futter erhalten sie? Welche Bodenfläche für Futtererzeugung ist pro Jahr notwendig? Wird Futter zugekauft?
- Wie viel Milch gibt eine Kuh am Tag/im Jahr?
- Wie werden die Kälber aufgezogen?
- Welche Anforderungen stellt das Melken?
- Wie werden die Tiere gesund gehalten?
- Wie wird eine Kuh bei Krankheit behandelt?
- Was ist das Besondere an der ökologischen Tierhaltung?

Beispiel: Landbau

- Was sind Schädlinge, was sind Nützlinge?
- Mit welchen Anbau- und Pflegemaßnahmen hält der Öko-Bauer die Pflanzen und den Boden gesund? (Die Materialien **M5** und **M7** S.166, 167 helfen euch bei der Vorbereitung.)
- Wodurch wird die Artenvielfalt gefördert?
- Wie wird der Boden gedüngt?
- Warum wird auf chemische Düngemittel und Pestizide verzichtet?
- Welche Bedeutung hat das Verbot gentechnisch veränderter Pflanzen?

Evtl. könnte in Verbindung mit dem Fach Biologie der Boden näher untersucht werden.

Arbeitsanforderungen an Landwirte

- Wie sind Ihre Arbeitszeiten in der Woche/am Wochenende/im Jahresverlauf? Wie ist Urlaub möglich?
- Welche Arbeiten erledigen Sie im Stall?
- Welche Arbeiten erledigen Sie auf dem Feld?
- Welche Werkzeuge, Geräte und Maschinen bedienen Sie bei der Arbeit?
- Was müssen Sie über Umwelt- und Tierschutz wissen?
- Welche Büroarbeiten fallen an?
- Was ist an Ihrer Arbeit anstrengend, was bereitet Freude, was belastet? Warum?
- Mit welchen Arbeitskräften arbeiten Sie zusammen? (Zur Vorbereitung s. auch **M6**, S.166.)

Ökologische Produktion – wirtschaftliche Bedingungen

- Warum haben Sie sich für die ökologische Produktion entschieden?
- Welche Produkte stellen Sie auf dem Hof her?
- Auf welchem Wege vermarkten Sie diese?
- Gehören Sie einem Anbauverband an (s. **M3**, S.165)? Wie unterstützt dieser Sie?
- Wie wird kontrolliert, dass Sie die Vorschriften zur ökologischen Betriebsführung einhalten?
- Was bedenken Sie, wenn Sie Energie und Rohstoffe verwenden?
- Wie sind Sie mit den Absatzmöglichkeiten, den Preisen und dem Gewinn zufrieden?
- Wie werden Bio-Bauern vom Staat gefördert?
- Was haben Sie in den letzten Jahren getan, um Ihren Betrieb auszubauen, was planen Sie?

6 Weiterführendes Material

M1 Öko-Betriebskreislauf

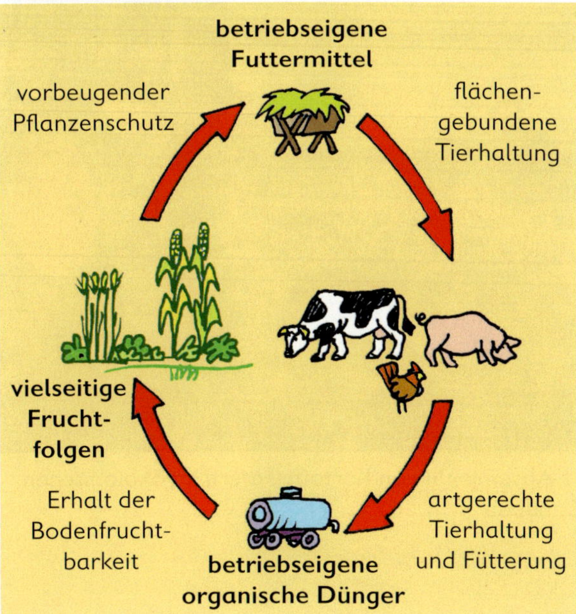

Nach **aid infodienst**/Neuerburg: www.was wir essen.de ▸ erzeugung ▸ oekolandbau

M2 Betriebe ökologischen Landbaus

Jahr	Zahl	Anteil an Betrieben in %	Fläche in 1000 ha	Anteil an genutzter Fläche in %
1996	7353	1,3	354	2,1
2000	12 740	2,8	546	3,2
2010	21 942	7,3	991	5,9

BMELV: www.bmelv.de ▸ Landwirtschaft und ländliche Räume ▸ Ökologischer Landbau ▸ ökologischer Landbau in Deutschland

M3 Ökologische Anbauverbände

Strenger als die Vorschriften zur Vergabe des *Bio-Siegels* sind die Richtlinien der Anbauverbände. Die meisten Bio-Betriebe sind in einem der Folgenden organisiert:
Bioland www.bioland.de; **Biokreis** www.biokreis.de; **Demeter** www.demeter.de; **Naturland** www.naturland.de

M4 Konventionell und ökologisch wirtschaftende Betriebe im Vergleich

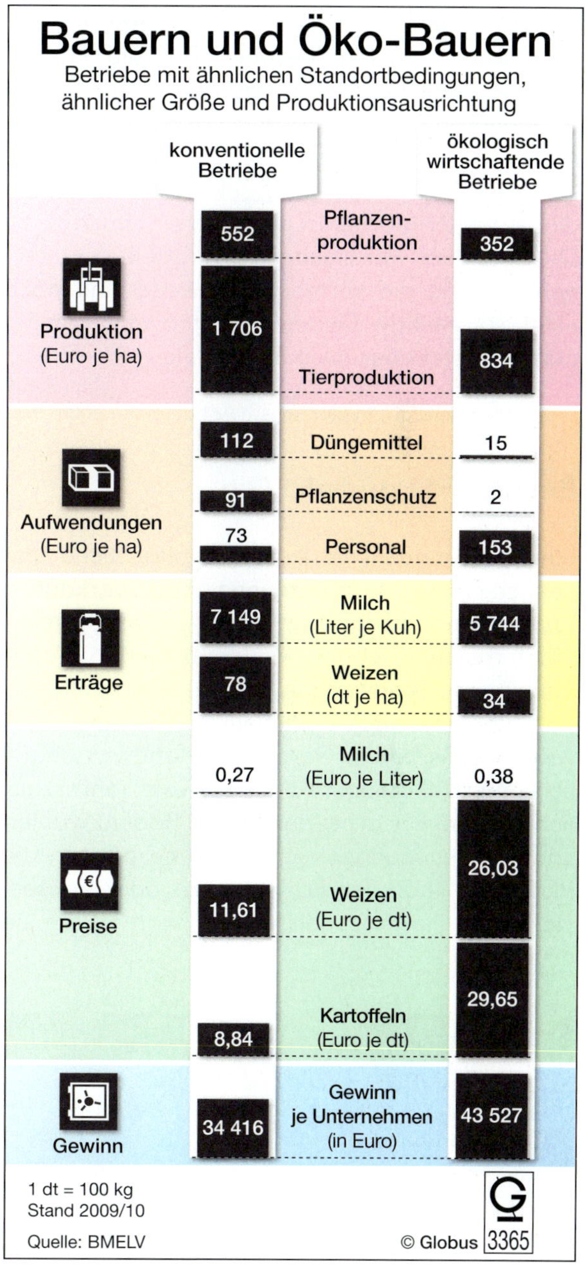

M5 Was macht ökologisch erzeugte Lebensmittel teurer?

Durch den Verzicht auf künstlich erzeugten Dünger und Pflanzenschutzmittel sind die Ernteerträge geringer. Da etwa ein Drittel der Fläche mit Leguminosen (Pflanzen, die als natürlicher Dünger genutzt werden) bebaut wird, fehlt sie für den Anbau pflanzlicher Nahrungsmittel.
Öko-Bauern halten, bezogen auf die Fläche, weniger Tiere. Die Fütterungsvorschriften führen zu längeren Mastzeiten und geringeren Milchmengen.
Die Anbaumethoden sind sehr arbeitsaufwändig, etwa der mechanische Pflanzenschutz.
Die meisten Verarbeiter sind kleine Unternehmen und die Vermarktungswege sind noch nicht so effektiv. Das bedeutet zwar Arbeitsplätze, kostet aber auch mehr Geld.

Nach **aid**: Lebensmittel aus ökologischem Anbau. Bonn 2009, S. 27

▲ Absammeln von Kartoffelkäfern im ökologischen Landbau

M6 Berufsbild Landwirt / -in

Landwirte haben die Aufgabe, pflanzliche und tierische Produkte zu erzeugen und zu verkaufen. Produktionsbereiche sind Acker-, Obst-, Wein-, Hopfen-, Gemüse- oder Waldbau, die Grünlandnutzung, die Rindvieh-, Schweine- oder Geflügelhaltung. Landwirte bedienen, überwachen und warten Maschinen, Geräte und landwirtschaftliche Nutzfahrzeuge. Abhängig vom jahreszeitlichen Ablauf bearbeiten sie den Boden, wählen Saatgut aus, düngen, schützen und pflegen die Pflanzen. Nach der Ernte lagern oder konservieren sie die Erzeugnisse oder vermarkten sie direkt.
In der Tierhaltung füttern, tränken, pflegen sie die Nutztiere und reinigen die Ställe.
Betriebswirtschaftliche Aufgaben sind: Buchführung, Kalkulation, Beobachtung technischer Neuerungen. Hinzu kommen das Handhaben von Werkzeugen und Maschinen und Instandsetzungsarbeiten. Bei den Tätigkeiten beachten sie den Umwelt- und Tierschutz.
Beschäftigung finden Landwirte insbesondere im eigenen landwirtschaftlichen Betrieb oder in landwirtschaftlichen Großbetrieben. …

Nach **Bundesagentur für Arbeit**: http://infobub.arbeitsagentur.de ► Berufenet

Auf die Tätigkeit in der ökologischen Landwirtschaft und die Betriebsführung bereiten Fachschulen und Weiterbildungsseminare der Anbauverbände vor.

Eine Übersicht geben die ökologischen Anbauverbände unter
www.soel.de ► Ökolandbau ► Fachthemen ► Ausbildung und Studium

◄ Klauenpflegekurs zur Ausbildung von Landwirten

M7 Gesundheit fördern – durch ökologische Lebensmittel?

Ob eine Ernährungsweise die Gesundheit fördert, hängt von der Auswahl und Menge der Lebensmittel ab – unabhängig davon, ob diese ökologisch oder herkömmlich erzeugt wurden. Viele essen zu energie-, fett- und zuckerreich. Für eine gesundheitsfördernde Ernährungsweise sollten vor allem pflanzliche Lebensmittel mit einem geringen Verarbeitungsgrad gegessen werden. Hierzu gehören vor allem rohes oder kurz gegartes Gemüse, Obst und fettarme Kartoffelzubereitungen. Besonders ballaststoffreich sind Vollkornprodukte und Hülsenfrüchte.

Ökologisch erzeugte Lebensmittel haben gegenüber herkömmlich erzeugten Vorteile:

- Die Stickstoffversorgung der Böden von Öko-Betrieben erfolgt nicht durch leicht lösliche mineralische Düngemittel, sondern durch Ausbringen von organisch gebundenem Stickstoff, vorwiegend in Form von Mist oder Mistkompost, Gründüngung durch Stickstoff sammelnde Pflanzen (Leguminosen) und Einsatz langsam wirkender natürlicher Düngestoffe. Überdüngung durch leicht löslichen Mineraldünger wird so vermieden. Überdüngung kann zu überhöhten Nitratgehalten führen. Ökologisch erzeugtes Gemüse enthält in der Regel weniger Nitrat. Aus Nitrat können im Körper krebsfördernde Nitrosamine gebildet werden.
- Mit geeigneten Fruchtfolgen, Förderung von Pflanzengemeinschaften und Förderung von Nützlingen geht man im Öko-Landbau gegen Schädlinge vor. So wirtschaftet man ohne chemisch-synthetische Pflanzenschutzmittel.
- In der ökologischen Tierhaltung soll die Tiergesundheit vor allem durch die Förderung der natürlichen Widerstandskräfte erhalten werden. Es wird weitgehend auf Antibiotika verzichtet und falls sie angewendet werden verdoppelt sich im Vergleich zu konventioneller Tierzucht die Wartezeit, nach der ökologische Produkte von Tieren gewonnen werden. Rückstände können dazu führen, dass Antibiotika der gleichen Wirkungsklasse bei einer notwendigen Therapie zur Krankheitsbekämpfung beim Menschen unwirksam sind.
- Einige Untersuchungen weisen auf höhere Trockenmassegehalte ökologischer Erzeugnisse im Vergleich zu konventionellen Produkten hin. Der niedrigere Wassergehalt ergibt höhere Gehalte an wertgebenden Inhaltsstoffen bei Bio-Produkten. Pflanzliche Bio-Produkte haben oft höhere Gehalte an wertvollen sekundären Pflanzenstoffen.
- Im Vergleich zu konventionellen Lebensmitteln ist die Zahl der im Produkt möglicherweise vorkommenden verwendeten Zusatzstoffe erheblich geringer (47 statt der über 300 erlaubten).

Nach **BMELV** 2011:
www.oekolandbau.de ▸ Lehrer ▸ Berufs- und Fachschulen Ernährungswirtschaft ▸ Hauswirtschaft und Ernährung

▲ Gründüngung durch Lupinen

Arbeiten mit den Materialien

Zu **M1** Beschreibt den ökologischen Betriebskreislauf. Zieht dazu Informationen aus dem Schulbuch, S.161 heran.

Zu **M2** Verfolgt die Entwicklung bei Anzahl und Fläche ökologischer Betriebe.

Zu **M4** Vergleicht die Kennzahlen herkömmlicher und ökologisch produzierender Betriebe. Begründet die Abweichungen. (Vgl. S.161 und **M5** S.166.)

Zu **M7** Begründet Ernährungsvorteile ökologisch erzeugter Lebensmittel.

Methode Betriebserkundung

1 Darum geht es

Eine Betriebserkundung gibt euch einen Einblick in die Arbeitswelt. Ihr könnt nach verschiedenen Schwerpunkten erkunden:

- Arbeitsanforderungen, z.B. im Arbeitsablauf an einem Arbeitsplatz
- Arbeits- und Umweltbedingungen bei der Produktion
- Güterangebot, z.B. nach Qualität, Umwelteigenschaften, Preis
- wirtschaftliches Handeln im Unternehmen, z.B.
  - Organisation des Produktionsablaufs
  - Aufbau des Betriebes
  - Einkauf von Werkstoffen, Betriebsmitteln
  - Absatz der Produkte
  - Entwicklung des Unternehmens
- Berufe, die hier gefragt sind

Bereitet euch auf die Schwerpunkte vor. Sucht nach Informationen, z.B.

- auf der Website des Unternehmens,
- durch die Methode Auswertung von Texten im Betrieb durch Beobachtung und die Methode Befragung.

2 So läuft es ab

Vorbereitung

- Ziele festlegen, also klären, warum ihr den Betrieb erkunden möchtet
- Erkundungsschwerpunkt(e) bestimmen (s.o.)
- Informationen zum Schwerpunkt beschaffen und auswerten
- Betrieb auswählen (Branchenverzeichnis, Internet, → Kammer, Verbände, Innungen)
- Kontakte durch Schüler/Lehrer herstellen; evtl. Vorerkundung durchführen, Schwerpunkte, Zeitrahmen, Ablauf vereinbaren, Erlaubnis für Befragung, Fotografieren … einholen
- Aufgaben für die Erkundung auf Einzelne und Gruppen aufteilen
- Verhalten im Betrieb abstimmen
- festlegen, auf welche Weise Informationen gesammelt werden sollen (Befragung, Beobachtung …)
- übernommene Aufgaben vorbereiten, ggf. Technik organisieren (Camcorder)
- Genehmigungen einholen (Schulleitung), Versicherungsfragen klären
- Vorüberlegungen zur Auswertung und *Präsentation* sowie Reflexion des Vorhabens anstellen (siehe Methode Gruppenarbeit), evtl. dazu Experten aus dem Betrieb dazu einladen

Durchführung

- Erkundungsaufgaben erledigen, Ergebnisse aufschreiben, ggf. in Bild und Ton festhalten
- auch ungeplante Eindrücke einbeziehen
- im Abschlussgespräch offene Fragen klären

Auswertung

- Ergebnisse zum Schwerpunkt in der Gruppe ordnen, aufbereiten und auswerten
- noch fehlende Informationen besorgen (auf der Website, im Betrieb, durch Telefonat …)
- Dank an Betrieb aussprechen, evtl. auf Präsentationstermin verweisen und dazu einladen
- Technik zur *Präsentation* einüben
- Präsentation durchführen
- Ergebnisse bewerten (inhaltlich und auf die Darstellung, den Vortrag bezogen)
- Vorbereitung, Durchführung und Auswertung reflektieren (Vorüberlegungen aus der Vorbereitung nutzen, s.o.)

Alles klar?

Auch Bio-Bauern müssen mit Gewinn wirtschaften

1 Nenne fünf Merkmale ökologischen Landbaus.

2 Erkläre, wie Tiere auf einem Biohof gehalten und gefüttert werden.

3 Nenne Vorteile ökologisch erzeugter Lebensmittel für die gesunde Ernährung.

4 Erkläre die folgenden Begriffe aus der ökologischen Landwirtschaft:
- artgerechte Tierhaltung
- vorbeugender Pflanzenschutz
- vielseitige Fruchtfolgen
- flächengebundene Tierhaltung
- organischer Dünger
- betriebseigene Futtermittel

5 Erkläre mithilfe des Öko-Betriebskreislaufs (siehe M1, S.165), warum Bio-Bauernhöfe einen Beitrag zum Umweltschutz leisten.

6 Dirk fährt einmal die Woche mit dem Pkw zum 10 km entfernten Biohof, um 20 Bio-Eier aus Freilandhaltung zu kaufen. Beurteile sein Verhalten.

7 Aus welchen Gründen erstellt ein Betrieb eine Gewinn- und Verlustrechnung?

8 Was ist bei der Übernahme eines Betriebes zu bedenken?

9 Welche Voraussetzungen besitzt Petra Hatz, den elterlichen Hof zu übernehmen?

10 Nenne am Beispiel von Petra Hatz je zwei Chancen und Risiken selbstständiger Arbeit.

11 Ökologisch und herkömmlich produzierende Bauern haben unterschiedlich hohe Kosten bei der Produktion. Erkläre Unterschiede. Wie wirkt sich das auf die Preise aus?

12 Der Öko-Markt wächst (siehe auch Schaubild S. 173). Welche Bedeutung hat das für ökologisch produzierende Bauern?

13 Wegen der höheren Kosten ökologisch erzeugter Lebensmittel gründen Erzeuger und Händler für die Vermarktung gerne Organisationen. Welcher Weg kann gewählt werden? Untersuche dazu das folgende Foto.

Lebensmittelkauf zur ökologischen und gesunden Ernährung

1 Schau in den Kühlschrank und du weißt Bescheid

Gesunde Ernährung ist wichtig für ein gesundes und gutes Leben. In Zeitungen liest man oft, dass Kinder und Jugendliche krank werden, weil sie sich falsch ernähren. Sie essen z.B. zu viele Süßigkeiten. Lust zum Lernen, Konzentration und Spaß an der Bewegung werden von einer abwechslungsreichen Ernährung beeinflusst.

Nicht nur die Auswahl der Lebensmittel, sondern auch ihre Qualität ist wichtig für eine gesunde Ernährung. Qualität hängt davon ab, unter welchen Bedingungen produziert und gelagert wird.

▸ **Leitauftrag** Was fällt euch beim Blick in den Kühlschrank auf?

B Auf einen Blick

Ihr vergleicht das Verhalten beim Kauf und bei der Lagerung von Nahrungsmitteln zwischen Haushaltsformen.

Ihr nennt Gründe für den Kauf von Bio-Obst und -Gemüse.

Ihr erklärt Kennzeichnungen, welche die Auswahl ökologischer Lebensmittel erleichtern.

Ihr setzt euch in der Familie und im Schulunterricht damit auseinander, unter welchen Voraussetzungen eine stärker ökologisch ausgerichtete Ernährung möglich ist.

Ihr begründet darauf bezogene Ernährungsentscheidungen.

Ihr befragt Mitschüler oder Passanten zur Einschätzung ökologischer Ernährung und wertet die Ergebnisse aus.

2 Zwei Haushalte – unterschiedliche Ernährungsgewohnheiten

Beispiel: Ein Familienhaushalt

Wie sich Menschen ernähren, hängt von den Einstellungen und finanziellen Möglichkeiten ab. Die Klasse 7 möchte mehr darüber erfahren. Lars hat eine Idee: „Meine Mutter hat eine Freundin, die ist Ernährungsberaterin und hat eine große Familie. Sie wäre bestimmt einverstanden, wenn wir sie näher befragen. Maren, kommst du mit zum Interview?"

Interview mit Frau Brauer, Lars und Maren

MAREN: „Frau Brauer, wir behandeln in der Schule das Thema ‚Ernährung'. Es wäre schön, wenn Sie uns als Expertin darüber berichten."

FRAU BRAUER: „Das mach ich gerne. Schauen wir dazu mal kurz in den Kühlschrank. Nicht zu lange, denn dann verschwenden wir Energie."

LARS: „Da sind viele Gläser und Flaschen drin. Da haben Sie schwer zu tragen."

FRAU BRAUER: „Das stimmt schon. Aber ich halte Mehrwegflaschen für umweltschonend. Und die Gläser: Sie stammen von gekauften Konserven. Ich nutze sie oft zur Aufbewahrung von Lebensmittelresten."

MAREN: „Und warum sind im Tiefkühlfach viele Kunststoffgefäße?"

FRAU BRAUER: „Da sind Reste von Mahlzeiten drin, die ich einfriere. Dahinter seht ihr noch Tiefkühlgemüse. So habe ich immer einen Vorrat an Gemüse im Haus. Wenn man frisches Gemüse zu lange im Kühlschrank lagert, verliert es an Nährwert. Tiefkühlgemüse wird frisch vom Feld verarbeitet und nährwertschonend eingefroren.
Manchmal kaufe ich selbst Gemüse in großen Mengen und friere es ein. In der Nähe gibt es Bauern, die mir ihre frischen Erzeugnisse preiswert verkaufen."

LARS: „Sie haben aber auch frisches Gemüse und Obst im Gemüsefach."

FRAU BRAUER: „Das ist für den täglichen Verzehr. Obst und Gemüse sollen nicht bei den üblichen Kühlschranktemperaturen gelagert werden. Das Gemüsefach mit der abschließenden Glasplatte schirmt vor Kälte ab. Frisches Obst und Gemüse, richtig gelagert, erhält weitgehend seinen Nährwert. Ich empfehle Bio-Produkte, kaufe sie aber auch nur ab und zu, wegen des Preises."

MAREN: „Auf den Bananen dort im Korb klebt ein Schild. Was bedeutet das?"

FRAU BRAUER: „Das ist das *Transfair-Siegel*. Solche Produkte sind etwas teurer, aber dafür erhalten die Bauern in den Entwicklungsländern einen höheren Lohn und zusätzlich Geld für Bildungsprojekte. Dafür fühle ich mich mitverantwortlich."

LARS: „Ich finde es ganz gut, solche Produkte mit dem Transfair-Siegel zu kaufen. Aber das ist teuer und ich hätte gern mehr Taschengeld."

MAREN: „Wir bedanken uns für das Gespräch. Es wird uns im Unterricht weiterhelfen."

Beispiel: Ein junger Wohngemeinschafts-Haushalt

Julias Bruder Carlo ist 18 Jahre, macht eine Ausbildung und lebt mit zwei Freunden in einer Wohngemeinschaft. „Ich bin mir sicher, dass wir bei denen ganz andere Ernährungsgewohnheiten vorfinden. Wer kommt mit zum Interview?“, fragt Julia in der Klasse. Anja entscheidet sich für die Begleitung.

Interview mit Carlo, Julia und Anja

JULIA: „Carlo, in der Schule nehmen wir das Thema Ernährung durch. Wir möchten deshalb verschiedene Haushalte zu ihren Ernährungsgewohnheiten befragen. Wie sieht das bei euch aus? Dürfen wir dazu mal in den Kühlschrank sehen?“

CARLO: „Kein Problem. Lasst euch Zeit. Es sind keine Geheimnisse drin.“

ANJA: „Im Eisfach sehe ich nur Fertiggerichte.“

JULIA: „Klar, wir haben alle nicht viel Lust zu kochen. Das geht schnell und schmeckt gut.“

JULIA: „Ich sehe nichts mit einem Bio-Siegel.“

ANJA: „Das ist uns zu teuer. Außerdem kann man am Bio-Laden schlecht parken.“

ANJA: „Die Eier im obersten Fach sind noch verpackt. Lass mal sehen, wie die Hühner gehalten wurden.“

JULIA: „Keine Ahnung. Ist mir auch egal. Ich achte nur auf die Größe ‚L‘. Da gibt's mehr fürs Geld.“

JULIA: „Mutter kauft manchmal fair gehandelte Produkte. Bei euch sehe ich keine.“

CARLO: „Darauf haben wir bisher nicht geachtet. Machen wir beim nächsten Einkauf. Sie dürfen aber nicht viel teurer sein.“

ANJA: „Das frische Gemüse im Gemüsefach ist gut verpackt. So trocknet es nicht aus und behält den Geschmack.“

CARLO: „Was du nicht alles weißt. Ich hab's jedenfalls vor einer Woche gekauft und so in das Gemüsefach gelegt. Wir haben eben Vorratshaltung.“

JULIA: „Macht jetzt den Kühlschrank zu. Das kostet Energie – trotz des neuen Energiespar-Kühlschranks.“

ANJA: „Vielen Dank für das Gespräch. Bin gespannt, wie euer Einkaufsverhalten ankommt.“

CARLO: „Erzählt mal davon. Vielleicht können wir noch dazulernen.“

A Aufgaben

1 Notiert die Gründe, die Frau Brauer für Kauf und Lagerung der Lebensmittel nennt. Lest auch **M1**, S.174 und **M3**, S.175. Vergleicht mit den Gründen, die der Wohngemeinschaft wichtig sind.

2 Nehmt Stellung zu Lar's Meinung. Führt evtl. ein *Rollenspiel* durch.

3 Überprüft die Lebensmittel im Kühlschrank zu Hause. Sprecht darüber mit euren Eltern und schlagt evtl. Veränderungen vor.

4 Befragt Mitschüler oder Passanten zur ökologischen Ernährung und wertet die Ergebnisse aus (s. dazu Methode Befragung, S.177, 178).

3 Wo gibt es Bio-Lebensmittel zu kaufen?

Bio-Markt in Bewegung

Bio-Lebensmittel erobern die Supermärkte und Discounter. Viele Produkte tragen das Bio-Siegel (zur ökologischen Produktion siehe S.161). Experten rechnen bei Bio-Produkten mit Wachstum. Die Menschen achten immer öfter auf eine gesunde Ernährung. Die Käuferschicht verändert sich. Bisher kauften vor allem Eltern mit kleinen Kindern und Verbraucher mit höheren Einkommen und einem Wissen über gesunde Ernährung Bio-Produkte. Nun werden auch andere Käufer angesprochen. Immer mehr junge Leute bevorzugen Bio-Produkte. Marketing-Experten nennen sie „Lebensstil-Käufer".

Jeder fünfte Liter Bio-Milch stammt bereits von einem *Discounter*. Nachdem auch Discounter Bio-Produkte anbieten, rechnen Experten mit sinkenden Preisen auch für Bio-Milch.

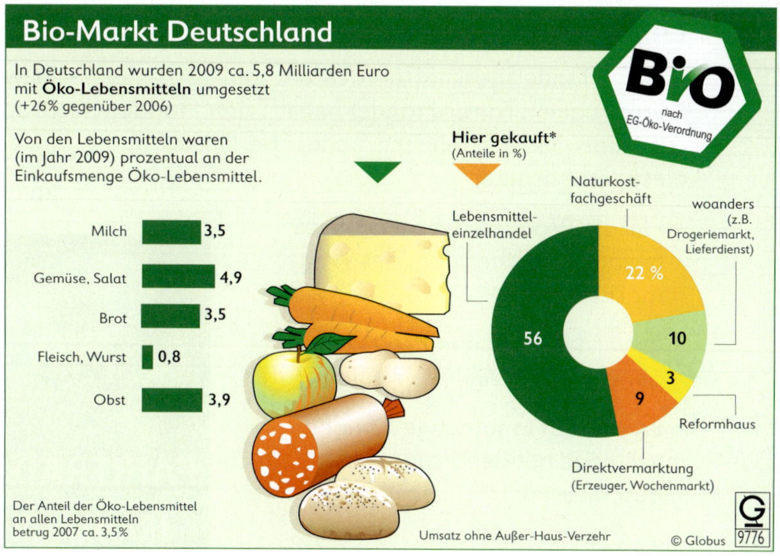

Quelle: **Bund ökologische Lebensmittelwirtschaft e.V.** 2009; Ökolebensmittel – Umsatz in Deutschland 2007 (Aug. 2008), S.2 www.oekolandbau.de ▶ Händler ▶ Marktinformation ▶ Biomarkt Deutschland

Öko-Dschungel!

Auf der Suche nach Bio-Produkten muss man einen Siegel-Dschungel durchforsten: Da gibt es die Zeichen der Anbauverbände (z.B. Demeter, Bioland oder Naturland) oder Öko-Handelsmarken … Um Transparenz zu schaffen, wurde 2001 das einheitliche, staatliche Bio-Siegel eingeführt – nicht als Ersatz, sondern als Ergänzung. Alles, was das Bio-Siegel trägt, entspricht mindestens der EU-Ökoverordnung – laufende Kontrollen inbegriffen.

Aber Achtung: Manche Firma versucht, mit ökologisch klingenden Versprechungen Käuferinnen und Käufer zu locken. Doch hinter den Ausdrücken „alternativ", „kontrollierter Anbau", „umweltverträglich", „unbehandelt", „naturgedüngt" u.Ä. verbergen sich in der Regel keine Öko-Lebensmittel. Die Bezeichnungen „biologisch" und „ökologisch" dürfen nur verwendet werden, wenn die Produkte der EU-Ökoverordnung entsprechen.

Nach **Verbraucherzentrale Nordrhein-Westfalen:** www.checked4you.de ▶ Sport und Körper ▶ Ernährung ▶ Mit Bio und Siegel ▶ Öko-Dschungel

A Aufgaben

1 Warum wollen immer mehr Käufer Bio-Produkte kaufen. Nennt mindestens drei Gründe.

2 Begründet, warum Discounter in den Bio-Markt einsteigen.

3 Was ist unter „Lebensstil-Käufern" zu verstehen und wie ordnet ihr euch selbst ein?

4 Wer hat Recht?
SASCHA: „Ich hätte nicht gedacht, dass fast vier Prozent des gekauften Obstes ‚Bio' ist."
AYLA: „Das ist nicht viel. Gemeint ist doch nur der Anteil für Obst an Öko-Lebensmitteln."

5 Stellt fest, wer in eurer Umgebung Bio-Produkte anbietet. Nennt einige Produkte.

4 Weiterführendes Material

M1 Fairer Handel

Faire Handelsgeschäfte achten auf soziale Gerechtigkeit. Fairer Handel betrifft den Handel mit Entwicklungsländern und berücksichtigt diese Grundsätze:

- Für die Produkte werden Preise bezahlt, die über dem des Weltmarktes liegen.
- Es wird direkt beim Produzenten ohne Zwischenhändler eingekauft.
- Es werden langfristige Abnahmeverträge mit den Produzenten geschlossen.
- Es werden Vorfinanzierungen auf Ernten oder Produkte gewährt.
- International geltende Arbeitsschutz-Richtlinien müssen eingehalten werden.
- Mehreinnahmen aus dem Fairen Handel sollen in Bildungseinrichtungen, medizinische Versorgung oder in den ökologischen Anbau investiert werden. Die Produzenten bestimmen über die Verwendung selbst.

FAIRTRADE TRANSFAIR

◂ Dieses Siegel kennzeichnet Produkte aus Fairem Handel.
Mehr dazu unter www.transfair.org

M2 Kennzeichnung von Eiern

Seit 2004 gilt eine Verordnung zur Kennzeichnung verpackter Eier.
Vorgeschrieben ist darin die Angabe von
- Güte- und Gewichtsklasse
- Anzahl verpackter Eier
- Name, Anschrift und Kenn-Nummer des Verpackungsbetriebs
- Erzeugercode
- → Mindesthaltbarkeitsdatum (MHD)

Vier Gewichtsklassen
- XL : sehr groß (73 g und mehr)
- L : groß (63 – 72 g)
- M : Mittel (53 – 62 g)
- S : Klein (unter 53 g)

Der Erzeugercode
- Die erste Ziffer benennt die **Tierhaltung**:
  0 = Eier aus ökologischer Erzeugung
  1 = Eier aus Freilandhaltung
  2 = Eier aus Bodenhaltung
  3 = Eier aus Käfighaltung

- Es folgt die Angabe des **Herkunftslandes**. Es steht mit einem Kürzel hinter der Ziffer, z. B. DE für Deutschland oder NL für Niederlande.
- Es folgt eine 6-stellige **Betriebsnummer** und zuletzt die einstellige **Stallnummer**.

Werden Eier lose verkauft, muss der Erzeugercode auf jedes Ei gestempelt werden. Die übrigen Pflichtangaben müssen für den Käufer deutlich sichtbar auf einem Schild stehen.

Das → Mindesthaltbarkeitsdatum (MHD) darf die Frist von 28 Tagen nach Legedatum nicht überschreiten. Nach Ablauf des MHD müssen Eier aus dem Verkauf genommen werden.
Die Angabe des Legedatums ist freiwillig.

Mehr dazu im Internet unter www.bmelv.de ▸ Verbraucherschutz ▸ Ernährung und sichere Lebensmittel ▸ Lebensmittel-Kennzeichnung

M3 Lagerung von Obst und Gemüse

Gemüse/Obst	Lagerbedingungen	Lagerdauer
Blattgemüse (Salat, Spinat)	Kühlschrank, Obst- und Gemüsefach	wenige Tage
Paprika, Tomate, Aubergine, Gurke, Erbsen, Bohnen	Kühlschrank, Obst- und Gemüsefach	wenige Tage
Sellerie, Möhren, Kohlrabi	Kühlschrank, Obst- und Gemüsefach	8 Tage
Beerenobst	Kühlschrank, Obst- und Gemüsefach	2–3 Tage
Südfrüchte	Kühl, aber nicht im Kühlschrank	
Äpfel und Birnen	Möglichst nicht über 5 °C, dunkel, luftig	Äpfel: 3–5 Monate Birnen: 1–3 Monate

Obst und Gemüse sollte möglichst bald nach dem Kauf verzehrt werden. Bei längerer Lagerung verringert sich der Nährwert, z.B. der Vitamingehalt.

Nach **aid** (Hrsg.): Lebensmittelvorrat, Bonn 1996, S.6

M4 Das Energielabel

Das Energielabel ist Vorschrift für alle elektrischen Großgeräte im Haushalt. Es informiert über den durchschnittlichen Energiebedarf des Geräts und macht durch die Klasseneinteilung einen schnellen Vergleich möglich. Aufgrund verbesserter Effizienzklassen bei Kühlgeräten gibt es eine weitere Einteilung der Klasse A in A+ und A++.

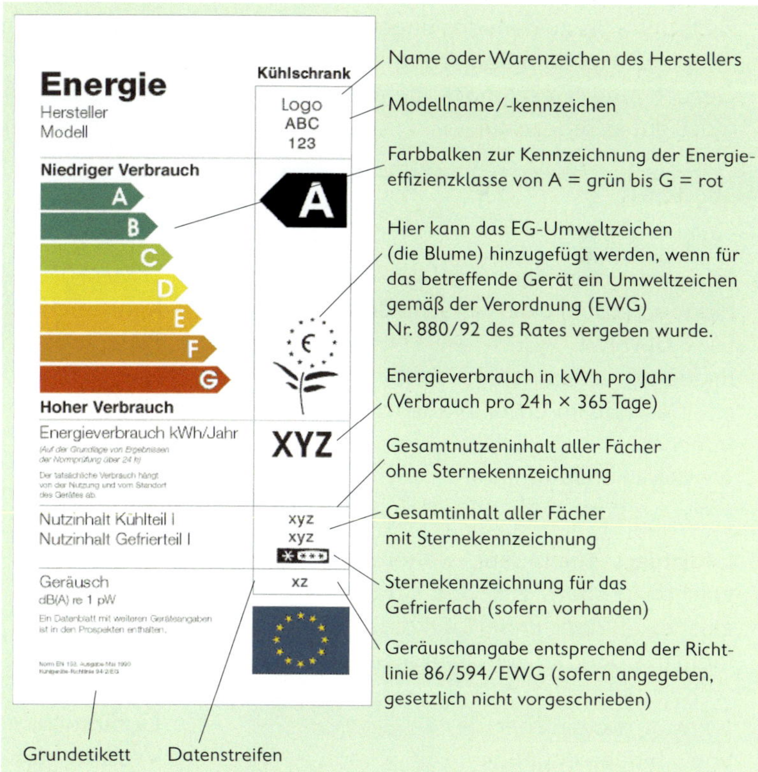

Nach:
SLG Prüf- und Zertifizierungs GmbH

M5 Was muss auf der Verpackung stehen?

Nach der Lebensmittelkennzeichnungsverordnung, Stand 2010, ist vorgeschrieben:

1 Verkehrsbezeichnung
Name des Lebensmittels

2 Herstellerangabe
Name oder Firma und Anschrift des Herstellers, Verpackers oder Verkäufers

3 Füllmenge
Gewicht, Volumen oder Stückzahl der Ware; die Ware darf keine größere Füllmenge vortäuschen, als sie enthält.

4 Zutatenverzeichnis
Zutaten und Zusatzstoffe, die bei der Herstellung verwendet wurden, sind auf dem Etikett so angeordnet, dass die Zutat mit dem größten Anteil zuerst aufgeführt ist.
Bei den Zusatzstoffen muss der Klassenname (z. B. Geschmacksverstärker, Konservierungsstoffe, Farbstoffe) genannt werden.

5 Mindesthaltbarkeitsdatum (MHD)
Zeitpunkt, bis zu dem das ungeöffnete Lebensmittel bei richtiger Lagerung z. B. Nährstoffe, Geruch und Geschmack behält. Das MHD muss gut sichtbar sein.

Darüber hinaus muss eine **Preisangabe** erfolgen. Bei Mengen unterhalb eines Kilogramms oder Liters muss der Grundpreis pro Kilogramm oder Liter genannt werden.

A Aufgaben

Zu **M 1**

1 Informiert euch über Produkte aus dem Fairen Handel. Notiert die verschiedenen Produkte. Es gibt EINE-WELT-LÄDEN, die Transfair-Produkte verkaufen. Schreibt auf, wo solch ein Geschäft in eurer Nähe ist. Sucht auch im Internet:
www.wirhandelnfair.de
www.weltladen.de

2 Informiert euch über weitere Produktkennzeichen (Label), z. B. das staatliche Umweltzeichen „Blauer Engel“, Ökolabel in der Textilindustrie oder im Teppichhandel.
www.label-online.de
www.umweltzeichen.de
www.blauer-engel.de
Notiert drei Beispiele und schreibt in Stichworten die Bedingungen für die Label auf.

Zu **M 2**
Überprüft beim nächsten Kauf von Eiern die Kennzeichnung. Macht eine *Preiserkundung* bei Eiern unterschiedlicher Tierhaltung.

Zu **M 3**
Sprecht mit euren Eltern oder im Hauswirtschaftsunterricht darüber, wie lange Obst und Gemüse aufbewahrt werden kann. Schlagt evtl. Veränderungen vor.

Zu **M 4**
Überprüft, ob euer Kühlschrank energiesparend ist.

Zu **M 5**
Untersucht die abgebildete Verpackung.
Welche notwendige Kennzeichnung fehlt bzw. was kann man nicht sehen?

Methode Befragung (Interview)

1 **Darum geht es**

Durch eine Befragung könnt ihr die Meinungen, Wünsche und Kenntnisse von Menschen besser einschätzen lernen. Ihr könnt die Vielfalt von Beurteilungen eines Sachverhalts feststellen und ordnen und euch selbst mit neuen Sichtweisen auseinandersetzen.

2 **So läuft es ab**

Vorbereitung

Klärt folgende Fragen:
- Was fragen wir?
- Wen und wie viele fragen wir?
- Wo führen wir die Befragung durch?
- Wie führen wir die Befragung durch, z.B. als Einzel- oder Partnerarbeit?
- Welche technischen Hilfen benötigen wir, z.B. Camcorder?
- Wie werten wir die Befragung aus?
- Wie und wo dokumentieren wir die Ergebnisse?

Durchführung

Begrüßt euren Interviewpartner.
Erklärt, wer ihr seid, warum ihr die Befragung durchführt und was ihr mit dem Ergebnis macht. Überlegt evtl. vorher die ersten Sätze. Sie sollen ein gutes Gesprächsklima schaffen und die Bereitschaft des Interviewpartners zum Gespräch wecken.
Teilt mit, wie lange das Gespräch dauern wird.
Wenn ihr ein längeres Gespräch plant, sucht einen ruhigen Platz aus.
Ermutigt euren Gesprächspartner durch Freundlichkeit und Interesse. Die Bereitschaft zu einem offenen Gespräch hängt auch von euren Gefühlen und einer anerkennenden Haltung ab.
Haltet euch mit eurer Meinung zurück und vermeidet Bewertungen wie: „finde ich gut", „schlecht", „langweilig" oder „unüblich".
Bedankt euch am Ende des Gesprächs für die Mitarbeit.

Auswertung

Beantwortet folgende Fragen:
- Wie viele Personen haben eine Befragung abgelehnt?
- Was ist mir schwer gefallen?
- Was war unerwartet?
- Was war besonders überraschend?
- Welche Gegensätze bzw. ähnlichen Meinungen gab es bei den Interviewpartnern?
- Gab es unterschiedliche Sichtweisen bei Männern und Frauen?
- Welche neuen Erkenntnisse habt ihr gewonnen?

Methode Befragung (Fragebogen)

1 Darum geht es

Für eine schriftliche Befragung wird oft ein Fragebogen entwickelt, den die Menschen ohne Nennung ihres Namens (anonym) beantworten. Durch diese Befragungstechnik können viele Menschen zu den gleichen Problemen ihre Meinung sagen. Die Auswertung ist leichter und schneller als bei einem Interview.

2 So läuft es ab

Vorbereitung

Entwicklung des Fragebogens
Die entscheidende Arbeit liegt in der Entwicklung des Fragebogens. Es ist wichtig, möglichst genau zu klären, was gefragt werden soll. Die Fragen müssen verständlich sein.

Offene oder geschlossene Fragen
Bei geschlossenen Fragen werden vorgegebene Meinungen angekreuzt. Bei offenen Fragen müssen die Befragten die Antwort selbst formulieren.

Geschlossene Fragen können leichter und schneller ausgewertet werden. Bei offenen Fragen können leichter die Gründe für eine bestimmte Meinung festgestellt werden. Oft werden beide Arten von Fragen verwendet.

Auswahl der Befragten
Wichtig ist es, zu klären, welche und wie viele Menschen befragt werden sollen.

Beispiel Wenn ihr nicht alle Schüler eurer Schule befragen wollt, so müsst ihr euch über die Auswahl Gedanken machen. Sie soll möglichst gut die Gesamtheit aller Schüler widerspiegeln, z. B. das Alter, die verschiedenen Klassenstufen, Mädchen und Jungen, Schüler aus verschiedenen Stadtteilen.

Beispiel für geschlossene Fragen

	überwiegend	**nie**	**weiß ich nicht**
Ich kaufe Produkte aus Fairem Handel	?	?	?
Ich arbeite gerne im Projekt	?	?	?

Beispiel für offene Fragen
Warum sind so viele Menschen vom Fußball begeistert?

Warum kaufen immer mehr Verbraucher Bio-Produkte?

Organisatorische Entscheidungen
- Wie und wo werden die Fragebögen verteilt?
- Wie wird sichergestellt, dass die Namen der Schüler nicht bekannt werden?
- Sollen die Fragebögen sofort ausgefüllt werden oder später?
- Wie kann man sicherstellen, dass alle oder möglichst viele Fragebögen ausgefüllt und abgegeben werden?
- Wie wird der Fragebogen ausgewertet?
- Wie und wo werden die Ergebnisse dokumentiert?

Auswertung
- Wie war die Zusammenarbeit?
- Wie haben sich die Menschen auf die Bitte nach Ausfüllen des Fragebogens verhalten?
- Wie viele Menschen haben den Fragebogen nicht ausgefüllt und abgegeben?
- Welche Ergebnisse waren unerwartet?
- Was war besonders interessant?
- Welche neuen Erkenntnisse hat die Befragung erbracht?

Alles klar?

Lebensmittelkauf zur ökologischen und gesunden Ernährung

1 Familie Müller legt Wert auf eine gesunde und ökologisch wertvolle Ernährung.
Kannst du das bestätigen? Schau dazu in ihren Kühlschrank (Foto auf S.170) und notiere, was du da siehst.

2 Worüber will das Bio-Siegel Verbraucher informieren?

3 Worüber will das Transfair-Siegel Verbraucher informieren?

4 Frau Müller berichtet:
„Ich finde es sehr wichtig, ökologische Gesichtspunkte beim Kauf von Lebensmitteln zu beachten. Leider habe ich ein geringes Einkommen und muss sehr auf den Preis achten. Da kaufe ich öfter so ein, wie ich es eigentlich nicht möchte."
Notiere, was du antworten würdest.

5 Notiere, welche der Lebensmittel auf dem Foto eine gesunde und ökologische Ernährung fördern. Schreibe auch eine Begründung dazu auf.

6 Notiere, welche Informationen nach der Verpackungsverordnung notwendig sind.

Strategien kluger Verbraucher

1 Kaufstrategien gesucht

Verbraucher brauchen gute Strategien, um sich am Markt zu behaupten. Sie können ihre Interessen nicht so machtvoll vertreten wie Anbieter.

Ein Fahrradhändler kann sich z.B. auf den Konsumbereich Fahrräder spezialisieren. Ein Verband unterstützt ihn durch neueste Informationen. Die Verbände der Hersteller und Händler versuchen, Parlamentarier und Ministerien für ihre Interessen zu gewinnen.

Bei Verbrauchern ist es schwer, ihre Interessen zu bündeln.

Die **Verbraucherzentrale Bundesverband** unterstützt verbraucherpolitische Strategien. Hilfreich für Verbraucher ist auch die **Stiftung Warentest** mit ihren Zeitschriften „test“ und „Finanztest“.

▸ **Leitauftrag** Familie BARTH und SPORTBLITZ planen ihren Einkauf. Nennt Unterschiede.

B Auf einen Blick

Ihr benennt Informationsquellen, die Verbrauchern helfen, ihre Interessen zu berücksichtigen.

Ihr beschreibt Strategien eines vorteilhaften Kaufs von Waren und Dienstleistungen.

Ihr erprobt Preisverhandlungen beim Kauf im Rollenspiel.

Ihr führt eine Kreis- und Qualitätserkundung durch und wertet sie aus.

Ihr erklärt, warum Gesetze zum Verbraucherschutz notwendig sind.

Ihr bewertet Möglichkeiten von Anbietern und Verbrauchern zur Interessenwahrnehmung.

2 Hier werden Einkäufe gut vorbereitet

Gute Einkaufsstrategien sind eine Voraussetzung für erfolgreiche Käufe. Was ist wichtig?

Sich informieren

ALEV: „Ich informiere mich bei Händlern, der Zeitschrift ‚test‘, Fachzeitschriften und der Verbraucherberatungsstelle über die Qualität der Güter. Hab’ ich jetzt die wichtigsten Infos berücksichtigt?“

Preise vergleichen

JONAS: „Wenn ich weiß, was ich kaufen will, vergleiche ich die Preise bei verschiedenen Anbietern. Ich nutze Anzeigen aus der Zeitung und frage in Fachgeschäften nach. So bin ich umfassend informiert, oder habe ich noch etwas vergessen?“

Um Preise handeln

SERGIY: „Ich bezahle nicht jeden Preis. Wenn ich im Internet gesehen habe, dass die Ware weniger kostet als beim Händler hier, versuche ich zu handeln. Meist kommt meine Freundin mit. Dann fühle ich mich stärker.“

Sich engagieren

SOPHIA: „In unserer Klasse engagieren sich viele Schüler beim Kauf von Waren, die **umweltverträglich** hergestellt sind oder **fair** gehandelt werden. Ob wir mit dieser Meldung auch die Lehrer an unserer Schule umstimmen können?“

NRW TRINKT FAIR

Ab sofort wird im Düsseldorfer Landtag wieder fair gehandelter Kaffee getrunken. Erfahrungsgemäß verbrauchen die Abgeordneten rund eine Tonne Kaffee in einem Jahr.

Transfair e.V. / Rugmark (Hrsg.): Extra-Blatt, Ausgabe Juni 2005, www.transfair.org

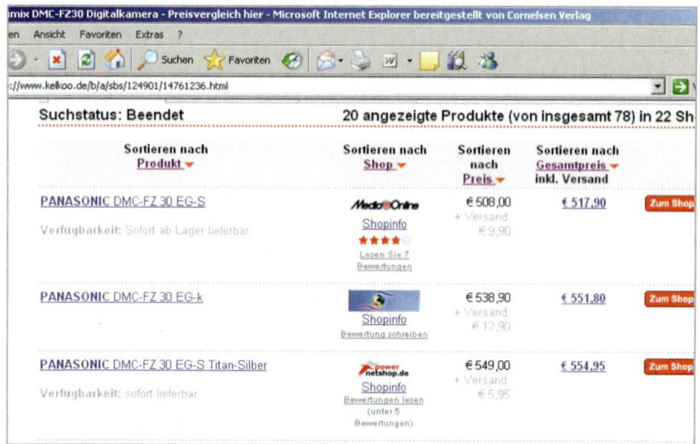

▲ Der schnelle Überblick im Internet, z.B. www.preisvergleich.de

A Aufgaben

1 Was antwortet ihr Alev, Jonas, Sergiy und Sophia?

2 Erprobt im *Rollenspiel*, wie man geschickt und erfolgreich um den Preis verhandelt.

Rollenspieler: Verkäufer, Käuferin

Legt ein Produkt fest. Der Verkäufer hat den Spielraum für eine Preissenkung um 10 Prozent. Er sollte dies aber möglichst vermeiden.

3 Damit keiner übers Ohr gehauen wird …

▲ „Unser Wahnsinnsangebot! Die Super-Crash-Sound-Kompaktanlage für 99 Euro. Doch leider ausverkauft … Überhaupt empfehle ich diesen Komfort-Musik-Center-Block für nur 1375 Euro."

▲ „Bio ist im Trend: Der Kunde soll bekommen, was er möchte. Selbst die Ladenhüter lassen sich so gut verkaufen."

Gesetz gegen den unlauteren Wettbewerb

Am Markt sind Anbieter mächtiger als Verbraucher. Der Staat schützt durch Gesetze die Interessen der Verbraucher gegen die Übermacht der Anbieter.

Ein Beispiel ist das Gesetz gegen den unlauteren Wettbewerb (UWG). Es schützt die Verbraucher, aber auch die Mitbewerber.

Wichtige Bestimmungen des UWG

Unlauterer (unehrlicher) Wettbewerb ist verboten. Es geht u.a. um Folgendes:

- Irreführende Werbung
- Unzumutbare Belästigungen
- Teilnahmebedingungen bei Gewinnspielen
- Bedingungen für Verkaufsfördermaßnahmen
- Schädigende, falsche und herabsetzende Mitteilungen über Mitbewerber

Bei Verstößen gegen das Gesetz kann das Gericht

- eine Unterlassung aussprechen (§ 8),
- zu Schadensersatz verpflichten (§ 9)
- oder die Herausgabe des Gewinns, der mit der unlauteren Wettbewerbshandlung erzielt wurde, verlangen (§ 10).

Mehr dazu im Internet unter
http://bundesrecht.juris.de

Verstöße gegen das UWG

Bei Verstößen gegen das UWG kann der **Verbraucherzentrale Bundesverband** (vzbv) vor Gericht klagen. Als Dachverband aller Verbraucherzentralen der Bundesländer vertritt er die Interessen der Verbraucher. Er macht Öffentlichkeitsarbeit bei Parlamentariern und Ministerien.

Verbraucherzentrale Bundesverband klagt erfolgreich wegen der Verkaufsförderungsaktion „Tony Taler"

Der Bundesgerichtshof hat die an Schüler gerichtete Werbeaktion „Tony Taler" untersagt. (Urteil des BGH vom 15.07.2007, I ZR 82/05)
Danach ist diese Art der Schulwerbung wettbewerbswidrig, weil sie den Gruppenzwang in einer Schulklasse ausnutzt und Kinder und Jugendliche gezielt als so genannte Kaufmotivatoren einsetzt … In einer Werbeaktion hatte ein Hersteller Schüler dazu aufgerufen, als „Tony Taler" bezeichnete Wertpunkte zu sammeln und über ihre Schule gegen Sportgeräte zu tauschen. Für beispielsweise 50 Taler erhielt die Schule ein Badminton-Set, für 300 Punkte eine Beach-Volleyball-Anlage …

Nach **vzbv**: Urteile zum Verbraucherrecht, www.vzbv.de/start/index.php?page=themen&bereichs_id=5&themen_id=24&klag_id=500&subthemen_id=4&task=klagen, v. 12.07.2007

Werbung mit teurem Klingelton in Jugendzeitschriften verboten
In einer Jugendzeitschrift wurde das Herunterladen von Logos und Klingeltönen beworben. In der Anzeige hieß es:

„In 1 Minute auf dem gewünschten Handy".

Der tatsächliche Download für einen Klingelton betrug aber durchschnittlich drei Minuten, was Kosten von 5,58 Euro entsprach. Die im Inland geltenden 0190-Nummern waren fett und groß, die kleinen Buchstaben am Ende der Rufnummer dagegen klein gedruckt.
Ein Berliner Gericht bewertete die Werbung als unlauter im Sinne des Gesetzes gegen den unlauteren Wettbewerb. Es kritisierte vor allem die falsche Angabe der Download-Zeit. Der junge Verbraucher werde über die Dauer des Abrufs und die damit verbundenen Kosten getäuscht.

Nach: **Zentrale zur Bekämpfung unlauteren Wettbewerbs**: www.wettbewerbszentrale.de
▶ Pressemitteilungen 23.8.2005

▲ Mit Klingeltönen wird oft abgezockt. Eine Kurzmitteilung „Klingelton" mit einer Telefonnummer, die in einer Jugendzeitschrift gezeigt wurde, kann schnell drei Euro und mehr kosten.

Aufdecken von Preiserhöhungen durch Mogelpackungen – eine Aktion der Verbraucherzentrale Hamburg
Die Aktion der Verbraucherzentrale „weniger drin – Preis gleich" im Herbst 2005 verfolgte das Ziel, Mogelpackungen aufzudecken. Verbraucher beteiligten sich an der Aktion. Sie nannten Produkte, die plötzlich eine geringere Füllmenge bei gleichem Preis enthielten.

Was sagt das Gesetz?
Eine Veränderung der Füllmenge ist nicht rechtswidrig. Ein Verstoß gegen das Gesetz liegt aber dann vor, wenn das Produkt in **gleicher** Verpackungsgröße, aber mit einer **geringeren** Füllmenge angeboten wird.

Erfolg der Aktion
Eine Reihe von Unternehmen reagierten auf die Aktion der VZ Hamburg. Bei der Babykost „Milasan Pre Säuglingsnahrung" wurde z.B. die Preiserhöhung zurückgenommen. UNILEVER (Langnese Eis, Iglo Tiefkühlware) versprach eine verbesserte Information.

▲ **Fünf weniger**

Unser Leser, Manfred C. ist empört: Er kaufte zwei Packungen Ein-Liter-Toppits-Gefrierbeutel. Größe, Aufmachung und Preis waren gleich. Doch in der alten Packung befanden sich 40, in der neuen nur noch 35 Beutel. Ein klarer Fall von Mogelei und eine versteckte Preiserhöhung von fast 13 Prozent.

Stiftung Warentest: test 2/2006, S.7

Das Gesetz gegen den unlauteren Wettbewerb (UWG)[1] – ausgewählte Paragrafen

§ 3 Verbot unlauteren Wettbewerbs
Unlautere Wettbewerbshandlungen, die geeignet sind, den Wettbewerb zum Nachteil der Mitbewerber, der Verbraucher oder der sonstigen Marktteilnehmer nicht nur unerheblich zu beeinträchtigen, sind unzulässig.

§ 5 Irreführende Werbung
(5) Es ist irreführend, für eine Ware zu werben, die … nicht in angemessener Menge zur Befriedigung der zu erwartenden Nachfrage vorgehalten ist. Angemessen ist im Regelfall ein Vorrat für zwei Tage, es sei denn, der Unternehmer weist Gründe nach, die eine geringere Bevorratung rechtfertigen …

[1] Stand 2010

§ 4 Nr. 2 Beispiele unlauteren Wettbewerbs
Unlauter im Sinne des § 3 handelt insbesondere, wer … 2. Wettbewerbshandlungen vornimmt, die geeignet sind, die geschäftliche Unerfahrenheit insbesondere von Kindern und Jugendlichen, die Leichtgläubigkeit, die Angst oder die Zwangslage von Verbrauchern auszunutzen.

§ 7 Unzumutbare Belästigungen
(1) Unlauter handelt, wer nach § 3 Marktteilnehmer in unzumutbarer Weise belästigt.
(2) Solch eine Belästigung ist anzunehmen … 2. bei einer Werbung mit Telefonanrufen gegenüber Verbrauchern ohne deren Einwilligung …

A Aufgaben

1 Notiert wichtige Bestimmungen des Gesetzes gegen den unlauteren Wettbewerb.

2 Angenommen, bei dem Discounter sei die Digitalkamera einen ganzen Tag lang vorrätig gewesen. Wie hätte das Gericht dann entschieden? Nennt Gründe.

3 Schreibt auf, was ihr beim Herunterladen von Logos und Klingeltönen beachten müsst.

4 Wann handelt es sich bei einer Verpackung um eine so genannte Mogelpackung?

5 Nennt Gründe dafür, dass Unternehmen Mogelpackungen auf den Markt bringen.

6 Gegen welche Paragrafen des UWG wird in den Illustrationen oben verstoßen?

7 Du kaufst im Drogeriemarkt HAARSCHARF deine gewohnte Haarkur für 3,95 Euro.
In deiner alten Flasche ist noch ein Rest und du stellst beide zu Hause ins Regal.

Weil du deine Rechte kennst, willst du dich beschweren. Formuliere ein Schreiben an die Verbraucherzentrale deines Bundeslandes.

4 Weiterführendes Material

M1 Kritik an Mogelpackungen – Verbraucher zahlen Millionen zu viel

Beispiel Erdbeeren:
7,72 Mio. Euro zu viel bezahlt
Laut Füllmengenstatistik 2003 hätten 35,7 Prozent der untersuchten offenen Verpackungen von Obst, Kartoffeln, Gemüse und Nüssen – und auch für Erdbeeren – nicht in den Verkehr gebracht werden dürfen.
Erdbeeren werden meistens in 500-Gramm-Schälchen verkauft. Zulässig sind bei offenen Verpackungen mit einer Füllmenge von 500 Gramm Abweichungen von 3 Prozent, das heißt 15 Gramm.
Im Zeitraum 2002/03 wurden pro Kopf in Deutschland 2,3 Kilogramm Erdbeeren gekauft. Bei 82,5 Mio. Bundesbürgern und einem Preis pro Kilogramm von 3,80 Euro gilt Folgendes:

$$2{,}3\,\text{kg} \cdot 82{,}5\,\text{Mio.} \cdot 3\,\% \cdot 35{,}7\,\% \cdot 3{,}8\,€ = 7{,}72\,\text{Mio.}\,€$$

Aus einer Statistik zur Füllmengenkontrolle für das Jahr 2003 geht hervor, dass bei unverpackten Produkten insgesamt die Abweichungen von der zulässigen Füllmenge bei 7 bis 8 Prozent der Produkte größer als erlaubt waren.
Der Verbraucherzentrale Bundesverband fordert stärkere Kontrollen und höhere Bußgelder.

Nach **vzbv** (Hrsg.): Verbraucherpolitische Korrespondenz Nr. 7 vom 30. Mai 2005

In der Fertigpackungsverordnung aus dem Jahr 1981 (Fassung 2008, Stand 2010) sind Vorschriften und Ausnahmen für verschiedenartige Produkte zu finden. Im § 22 sind die zulässigen Minusabweichungen bei Fertigpackungen – auch bei offenen Produkten, die nach Gewicht oder Volumen zu kennzeichnen sind, aufgeführt.
www.gesetze-im-internet.de
▶ Gesetze/Verordnungen ▶ FertigPackV 1981

▲ Wer die Kontrollwaage nutzt, kann Abweichungen vom Verkaufsgewicht gleich feststellen.

M2 Wegen Schleichwerbung verklagt

Der Verbraucherzentrale Bundesverband (vzbv) hat das Internet-Portal einer weit verbreiteten Boulevardzeitung wegen Schleichwerbung verklagt. Die Zeitung hatte auf ihrer Website für Autos geworben, ohne dies eindeutig als Werbung zu bezeichnen.
Nach dem Gesetz gegen den unlauteren Wettbewerb (UWG) müssen Medien Werbung und redaktionelle Texte deutlich voneinander trennen.

Der konkrete Fall
Im Januar 2005 war ein Artikel auf der Homepage unter der Überschrift „Flitzer für 11 900 Euro: Volks-SEAT – und der Asphalt wird glühen" erschienen. Der Beitrag war wie ein redaktioneller Text gestaltet. Beim Anklicken landete der User auf einer Folgeseite mit verschiedenen Beiträgen rund um das beworbene Auto. Nur ein Teil der Beiträge war mit dem Hinweis „Anzeige" versehen. Der User musste annehmen, dass die übrigen Texte von Journalisten überprüfte Informationen enthielten. Tatsächlich entpuppten sich diese Artikel als Werbung. Sie waren zum Teil mit Finanzierungsangeboten zum Autokauf verbunden.

Nach **vzbv (Hrsg.)**: Verbraucherpolitische Korrespondenz Nr. 7 vom 30. Mai 2005

M3 Surfen im Jugendmagazin der Verbraucherzentrale NRW

Dilara und Sarah sehen sich regelmäßig die News im Online-Jugendmagazin der Verbraucherzentrale Nordrhein-Westfalen an. Sie finden immer wieder spannende Informationen. Mehr dazu erfahrt ihr, wenn ihr Sarah und Dilara beim Surfen begleitet.

1. Schritt
Sie wählen die Internetadresse www.checked4you.de.
Es erscheint die Homepage mit acht Themenbereichen.

2. Schritt
Sie klicken zunächst den Bereich „Sport und Körper" und danach „Trends und Shopping" an.
Es erscheinen verschiedene Problembereiche mit Kurzbeschreibung.

3. Schritt
Den Artikel „Verpackungen, Verschlüsse, Katastrophen" klicken sie an.

4. Schritt
Sie entdecken am Schluss des Artikels das Angebot, im Forum eigene Beiträge zu schreiben. Sie überlegen noch.

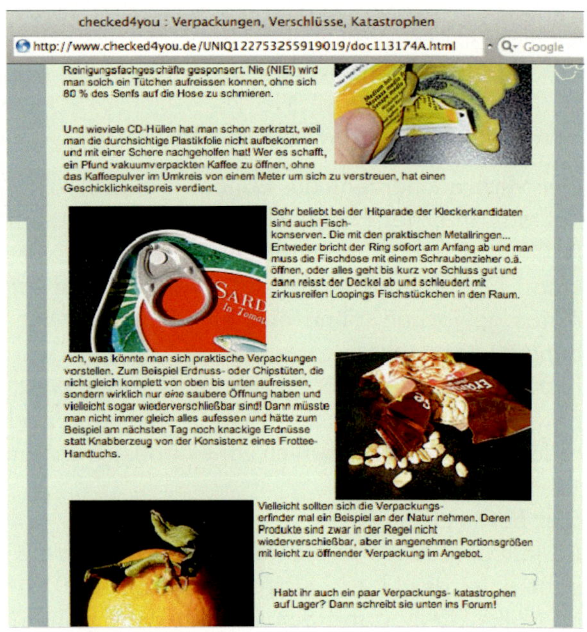

M4 Schutz von Kindern und Jugendlichen vor der Kostenfalle Handy

Ein Gericht in Hannover hat 2004 der Klage vom Bundesverband Verbraucherzentrale gegen einen Anbieter von SMS-Diensten stattgegeben. Es stellte fest, dass Anbieter von Premium-SMS-Diensten in jeder einzelnen SMS die Kosten gut sichtbar aufführen müssen.

Der konkrete Fall
Eine 12-jährige Verbraucherin sollte für ihren dreitägigen Chat 102,60 Euro zahlen. Das hohe Entgelt von 1,99 Euro pro SMS war nur in einer ersten Kontakt-SMS genannt worden. Es erschien erst nach mehrmaligem Scrollen auf dem Display. Es fehlten weiterhin Preisangaben in den unaufgefordert zugesandten Folge-SMS.

Nach **vzbv (Hrsg.)**: Verbraucherpolitische Korrespondenz Nr. 15 vom 20.7.2005

Arbeiten mit den Materialien

Zu **M1**

1 Wie kann man sich beim Einkauf von offen verpackter Ware vor zu geringen Mengen schützen?

2 Schreibe auf, was du Julia antworten würdest. JULIA: „Abweichungen von 7 Prozent bei einer Schale von 500 Gramm Kirschen sind nicht viel. Verbraucher sollten nicht so kleinlich sein."

Zu **M2**

1 Schreibt auf, warum in Medien Werbung und redaktionelle Texte deutlich voneinander zu trennen sind.

2 Schreibe einen Text für das Wochenblatt DER MARKT. Du hast die Aufgabe, etwas zu der Werbung von SCHMITZ-BIKE (S.150, 152, 153) zu sagen und zum 10-jährigen Firmenjubiläum. Neben deinem Text ist die Abbildung von S.152 mit dem folgenden Hinweis abgedruckt: „Wir sind die Besten in der Stadt."

Zu **M3**

1 Beurteilt die Website des Jugendmagazins der Verbraucherzentrale NRW.
Mögliche Gesichtspunkte dabei:
- Ist die Webseite übersichtlich und ansprechend gestaltet?
- Ist die Sprache verständlich?
- Sind die Abbildungen klar und anregend?
- Treffen die Beispiele eure Interessen?

2 Untersucht den Beitrag zu „Verpackungen, Verschlüsse, Katastrophen".
- Kennt ihr Tricks, um die abgebildeten „Katastrophen" zu vermeiden?
- Nennt „Katastrophen" mit Verschlüssen und Verpackungen aus eigener Erfahrung.
- Entwickelt Verbesserungsvorschläge.

3 Untersucht einen weiteren aktuellen Beitrag in der Website checked4you.de. Präsentiert das Ergebnis in der Klasse.

Zu **M4**

1 Erklärt, was eine Premium-SMS ist. Ihr könnt eine Suchmaschine im Internet zu Hilfe nehmen.

2 Was müsst ihr beachten, wenn euch eine Premium-SMS angeboten wird?

Methode Preis- und Qualitätserkundung

1 Darum geht es

Eine Preis- und Qualitätserkundung ist die Voraussetzung für einen klugen, verbraucherorientierten Kauf. Sie kann über eine Erkundung in verschiedenen Geschäften, Recherchen im Internet, in Fachzeitschriften und verbraucherorientierten Zeitschriften (z.B. „test" oder „ökotest") oder durch die Analyse von Prospekten und Erfahrungen von Freunden, Eltern und Nachbarn erfolgen. Eine Preis- und Qualitätserkundung führt oft zu Konflikten zwischen Anforderungen an die Qualität und den vorhandenen Geldmitteln.

Die Zeit kann ebenfalls eine wichtige Rolle spielen. Falls die Qualitätsanforderungen mit dem vorhandenen Geld noch nicht übereinstimmen, kann es sinnvoll sein, den Kauf zu verschieben.

Es kann also wichtig sein, zunächst zu überprüfen, ob der Kauf sofort erfolgen muss oder ob er verschoben werden kann.

Bei einem späteren Kauf sollte man darauf achten, ob evtl. neue Produkte auf den Markt gekommen sind.

2 So läuft es ab

Vorbereitung

Ihr einigt euch auf ein Produkt, das in wenigstens zwei oder drei Geschäften in eurer Umgebung zu kaufen ist – evtl. auch über das Internet, z.B. eine Digitalkamera oder DVD-Rohlinge.
Ihr entscheidet, ob der Kauf sofort erfolgen soll.
Ihr entscheidet weiterhin, ob ihr nur einen bestimmten Geldbetrag ausgeben oder ob ihr von einer bestimmten Spanne ausgehen könnt.

Informationssuche

Ihr informiert euch
- über Erfahrungen von Eltern und Freunden
- in der Zeitschrift „test", ob es einen Test zu dem gewählten Produkt gab
- bei Fachhändlern
- in Fachzeitschriften

Durchführung
Entwicklung eines Erkundungsbogens

Ihr entwickelt einen Erkundungsbogen, der die Produkte enthält, die ihr erkunden wollt.
Berücksichtigt dann Preis und Kriterien für die Bewertung der Qualität.
Nehmt euch hierzu die Stiftung Warentest zum Vorbild (siehe S.155).

Auswertung

Ermittelt, wo die ausgewählten Produkte am billigsten sind, und überlegt, wem, wie und wann ihr die Ergebnisse präsentieren wollt.

Entscheidung über den Qualitätsstandard

Ihr entscheidet darüber, welche Qualitätsanforderungen wichtig sind, listet die Kriterien auf und gewichtet sie.

Ihr trefft eine Auswahl von Produkten, deren Preis ihr in verschiedenen Geschäften und im Internet erkundet.

Verbraucherrecht beim Kauf

1 Alles, was recht ist

In unserer Gesellschaft werden täglich riesige Mengen an Käufen und Verkäufen direkt im Geschäft oder online getätigt. Die Menschen kennen sich meistens nicht, und trotzdem funktionieren die Käufe in der Regel problemlos.

Eine wichtige Grundlage für dieses reibungslose Funktionieren ist unsere Rechtsordnung. Ohne die erforderlichen Gesetze des Staates könnte eine Marktwirtschaft nicht erfolgreich sein.

Das Vertragsrecht im Bürgerlichen Gesetzbuch sichert z.B. ab, dass Anbieter ihre Ware ordnungsgemäß herstellen und liefern und Verbraucher sie erhalten und bezahlen.

Gesetzliche Bestimmungen zur Rückgabe fehlerhafter Waren schützen Verbraucher. Das ist besonders wichtig bei technischen Geräten, deren Funktionsfähigkeit man nicht sofort beim Kauf überprüfen kann.

▸ **Leitauftrag** Beurteilt die Aktionen der Personen auf den Fotos. Notiert Stichworte.

▲ NORA: „Das will ich kaufen. Hier mein Geld."

◀ VERKÄUFERIN: „Dafür möchte ich 2,50 € von dir haben."

▶ MARTIN: „Die tausch ich um. Das ist mein gutes Recht."

B Auf einen Blick

Ihr benennt Voraussetzungen für die Rechts- und Geschäftsfähigkeit.

Ihr erkennt die Bedeutung des Schutzes von Kindern und Jugendlichen beim Kauf von Waren und Dienstleistungen.

Ihr erklärt an Beispielen, was unter einem Kaufvertrag zu verstehen ist.

Ihr erläutert an Beispielen Rechte von Käufern bei der Lieferung fehlerhafter Waren.

Ihr beurteilt gesetzliche Regelungen zum Jugend- und Verbraucherschutz.

2 Rechts- und Geschäftsfähigkeit

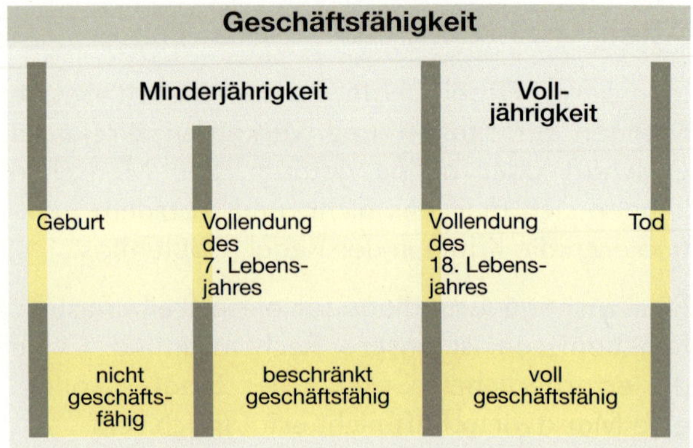

Gesetze bilden die Grundlage unserer Rechtsordnung. Rechtspersonen können natürliche Personen (Bürger) und juristische Personen (Organisationen, Unternehmen) sein.
Jeder Mensch hat von Geburt an Rechte. Die **Rechtsfähigkeit** gehört zu seiner Menschenwürde. Sie ist festgelegt in Artikel 1 des Grundgesetzes.
Die dreijährige Selma kann z.B. Eigentümerin eines Hauses sein.
Zu unterscheiden ist davon die **Geschäftsfähigkeit**. Hier geht es um die Fähigkeit, Rechte und Pflichten durch Rechtsgeschäfte zu erwerben.
Die Geschäftsfähigkeit hängt vom Alter ab.
Die dreijährige Selma ist nicht geschäftsfähig und kann z.B. keinen Kaufvertrag schließen.

Wer ist geschäftsfähig?

Jugendliche, die das 18. Lebensjahr vollendet haben, sind geschäftsfähig. Jüngere sind nicht oder nur beschränkt geschäftsfähig.
Schließen Minderjährige mit vorheriger Zustimmung der gesetzlichen Vertreter (in der Regel der Eltern) einen Kaufvertrag, so ist er rechtswirksam.

Ohne Einwilligung der Eltern ist ein Kaufvertrag Minderjähriger rechtsunwirksam. Stimmen die Eltern dem Kauf nachträglich zu, ist er wirksam.

Der Kaufvertrag Minderjähriger ist ohne Zustimmung der Eltern wirksam, wenn der Kaufpreis im Rahmen des zur Verfügung stehenden Taschengeldes liegt.

VATER:
„Dieses Rad hat mein Sohn gestern hier für 750 Euro gekauft. Ich stimme dem Kauf nicht zu. Nehmen Sie das Rad zurück und geben Sie das Geld heraus."

JENS:
„Ich kann das zahlen. Ich habe mir von Nicolas 300 Euro geliehen. Die zahle ich ihm in den nächsten Jahren bestimmt zurück."

HÄNDLER:
„Der Kauf gilt. Ihr Sohn ist 16 Jahre und weiß, was er will."

A Aufgaben

1 Nennt Gründe für die Notwendigkeit einer Rechtsordnung.

2 Kann Jens Vater die Rücknahme des Fahrradkaufs verlangen? Begründet.

3 Die 10-jährige Julia ist Eigentümerin eines Hauses im Wert von 1,2 Mio Euro. Kann sie sich ohne Zustimmung der Eltern ein Fahrrad für 600 Euro kaufen?
Nennt Gründe.

3 Ein Kaufvertrag kommt zustande

Der Kaufvertrag ist ein zweiseitiges Rechtsgeschäft. Zwei Personen müssen eine Willenserklärung abgeben – mündlich oder schriftlich. Die eine Person macht einen Antrag, die andere erklärt die Annahme.

Ein Kaufvertrag kann mündlich oder schriftlich geschlossen werden, z.B. durch eine Geste oder durch Schriftform. Der Kassenzettel ist ein Beleg für einen Kaufvertrag.

Der Kaufantrag muss so eindeutig sein, dass die Annahme durch ja, nein oder einverstanden bestätigt werden kann.

Aus dem Kaufvertrag ergeben sich Rechte und Pflichten.
Der Käufer hat u.a. die Pflicht, den Kaufpreis zu zahlen. Der Verkäufer hat die Pflicht, die Ware in ordnungsgemäßem Zustand abzugeben.

Nicht gültige Kaufverträge:

- Verbotene und sittenwidrige Verträge, z.B. der Verkauf von Alkohol an den 8-jährigen Jens
- Verträge mit nichtgeschäftsfähigen Personen, z.B. der Verkauf eines Buches an die 4-jährige Lena

Kauf im Internet

Ein Kauf über das Internet wird als Fernabsatzvertrag bezeichnet. Der Verkäufer muss den Käufer u.a. auf sein Recht auf Widerruf und Rückgabe hinweisen. Den Widerruf kann der Verbraucher durch Rückgabe der Sache oder in Textform innerhalb von zwei Wochen erklären. Zur Wahrung der Frist genügt die rechtzeitige Absendung.

Beispiel 1
Der Verkäufer macht einen Antrag

Händler Schreiber:
„Dieses Fahrrad Senta XP kostet 375 Euro."

1. Willenserklärung (Antrag)

Jörg:
„Alles klar, das nehme ich."

2. Willenserklärung (Annahme)

Beispiel 2
Der Käufer macht einen Antrag

Judith: „Ich möchte diesen CD-Player zu 99 Euro kaufen."

1. Willenserklärung (Antrag)

Händlerin Schmitz:
„Gerne, ich lasse ihn einpacken."

2. Willenserklärung (Annahme)

A Aufgaben

Begründet, ob in folgenden Fällen ein Kaufvertrag zustande gekommen ist.

A: MELANIE zu ihrer Freundin im Rock-Center: „Ich kaufe diesen Rock zu 25 Euro."

B: ROBBIE, 20 Jahre: „Ich biete dir diesen Sattel zu 120 Euro." Anja, 18 Jahre: „Den nehme ich."

C: CLAUS: „Ich möchte sofort das Radio LS 18. Hier sind die 50 Euro." Händler Santer: „Ist vielleicht in drei Tagen da."

D: WIEBKE: „Ich möchte den Haarschnitt ohne Waschen für 10 Euro."
Friseurin: „Geht klar."

4 Rückgabe und Umtausch

Die Rechte der Käufer

1 Verkäufer müssen ordnungsgemäße Waren und Dienstleistungen verkaufen. Sie sind verpflichtet, für einen Mangel (Fehler) zu haften. Man nennt das **Gewährleistung**.
Einen Fehler (Mangel) hat z. B. eine verkratzte CD oder ein Buch, bei dem Seiten fehlen.

2 Käufer können fehlerhafte Waren zurückgeben, eine Nachbesserung oder eine Verringerung des Kaufpreises verlangen.

3 Käufer können Schadensersatz für entstandene Aufwendungen verlangen.

4 Die Gewährleistungsfrist beträgt zwei Jahre, für gebrauchte Waren mindestens ein Jahr.

5 Verkäufer müssen fehlerhafte Waren nicht zurückgeben, wenn der Käufer den Fehler beim Kauf kannte.

6 Verkäufer dürfen die Rückgabe einer fehlerhaften Ware nicht ausschließen, z. B. durch ein Schild: „Wir nehmen keine Waren zurück."

7 Verkäufer bieten oft die Rücknahme fehlerfreier Ware (Umtausch) gegen einen Kassenzettel freiwillig an.

Der Fußball platzt aus allen Nähten!

Dirk hat Geld für einen Fußball gespart. Endlich ist es so weit. Er geht zu „Sport-Winter".

Der Händler empfiehlt den Ball „Rondo 3" zu 25 Euro und betont, dass der Ball oft gekauft wird und die Qualität gut ist. Dirk ist froh und lädt sofort ein paar Freunde zum Spielen ein.

Nach zwei Spielen platzen die Nähte. Dirk geht sofort zu „Sport-Winter" und verlangt einen neuen Ball. Der Händler will den Ball nicht zurücknehmen, weil er Kratzer hat. Dirk ist ärgerlich.

Die Hose will ich nicht mehr!

Ronny hat sich eine blaue Jeans gekauft. Die Hose sitzt exakt und kostet wenig. Der Verkäufer weist ihn auf einen kleinen Farbfleck hin. Das ist der Grund für den günstigen Preis.

Ronny ist zufrieden mit dem Kauf. Der Fleck ist kaum zu sehen.

In der Schule findet sein Freund Burak, dass die Hose langweilig ist. Ronny geht am nächsten Tag zu dem Laden und verlangt die Rücknahme der Hose. „Sie hat einen Farbfleck", betont er. Der Verkäufer lehnt die Rücknahme ab.

Regine kauft einen Bikini

Regine geht zum Textilhaus Grote, um sich einen Bikini zu kaufen. Von ihrer Freundin Uta weiß sie, dass es da preiswerte Waren gibt. Sie findet einen schicken Bikini, probiert ihn an und kauft ihn.

Zu Hause zeigt sie ihrer Freundin den Bikini. Uta ist entsetzt. „Wie konntest du nur so ein Teil kaufen? Die Farbe ist nicht mehr modern. Tausch den Bikini schnell um. Meine Mutter hat in der letzten Woche auch einen Bademantel bei Grote umgetauscht. Bei denen steht an der Kasse extra ein Schild, dass Umtausch möglich ist."

Regine geht am nächsten Tag mit dem Kassenzettel zu Grote, um den Bikini umzutauschen. Die Verkäuferin weigert sich.

Rechte beim Umtausch

Viele Geschäfte bieten freiwillig einen Umtausch von Waren an, die keinen Mangel haben.
Der Umtausch muss innerhalb einer bestimmten Frist, z.B. einer Woche, erfolgen. Außerdem muss man den Kassenzettel vorlegen. Man bekommt entweder einen Gutschein für den bezahlten Geldbetrag oder den gezahlten Geldbetrag zurück.
Wird das Recht zum Umtausch freiwillig zugesichert, z.B. durch ein Schild an der Kasse, besteht ein Rechtsanspruch.

Nicht umgetauscht werden in der Regel

- Badekleidung
- Unterwäsche
- Ware zu einem herabgesetzten Preis
- Einzelbestellungen

◄

RICHARD: „Bei uns wird viel umgetauscht. Es gibt Kunden, die kaufen ohne jeden Verstand und tauschen dann am nächsten Tag die Ware um. Mich nervt das enorm."

GABI: „Aber das ist doch für uns super. Durch die Möglichkeit zum Umtausch werden die Kunden leichtsinnig und kaufen, was das Zeug hält. Mit dem Gutschein, den sie bekommen, bleibt das Geld in der Kasse."

RICHARD: „Ich kenne Händler, die beim Umtausch das Geld zurückgeben. Ob sich das lohnt?"

A

Aufgaben

1 Löst die beiden Harry-Potter-Fälle. Nennt Gründe.

2 Kann Dirk einen neuen Fußball verlangen? Begründet.

3 Kann Ronny die Rücknahme der Hose verlangen? Begründet.

4 Kann Regine den Umtausch des Bikinis verlangen? Begründet.

5 Bei vielen Händlern ist ein Umtausch möglich. Nennt Gründe.

6 Informiert euch über aktuelle Fragen zum Verbraucherrecht unter
www.checked4you.de
► Trends und Shopping ► Verbraucherrecht
und
www.verbraucher.de ► Verbraucherrecht

5 Weiterführendes Material

M1 Rechtsgeschäfte

Mehrseitige Rechtsgeschäfte = Verträge			Einseitige Rechtsgeschäfte		
Willenserklärung von mind. zwei Personen			Willenserklärung von einer Person		
Beispiele:	Kaufvertrag Dienstvertrag	Mietvertrag Sparvertrag	**Beispiele:**	Kündigung Schenkung	Mahnung Testament

M2 Dürfen Jugendliche alles kaufen?

Auszug aus dem Jugendschutzgesetz

§ 9 Alkoholische Getränke

(1) In Gaststätten, Verkaufsstellen oder sonst in der Öffentlichkeit dürfen

1. Branntwein, branntweinhaltige Getränke oder Lebensmittel, die Branntwein in nicht nur geringfügiger Menge enthalten, an Kinder und Jugendliche,

2. andere alkoholische Getränke an Kinder und Jugendliche unter sechzehn Jahren weder abgegeben noch darf ihnen der Verzehr gestattet werden.

§ 10 Rauchen in der Öffentlichkeit, Tabakwaren

(1) In Gaststätten, Verkaufsstellen oder sonst in der Öffentlichkeit dürfen Tabakwaren an Kinder oder Jugendliche weder abgegeben noch darf ihnen das Rauchen gestattet werden.

(2) In der Öffentlichkeit dürfen Tabakwaren nicht in Automaten angeboten werden. Dies gilt nicht, wenn …

2. durch technische Vorrichtungen oder durch ständige Aufsicht sichergestellt ist, dass Kinder und Jugendliche Tabakwaren nicht entnehmen können.

§ 12 Bildträger mit Filmen oder Spielen

(3) Bildträger, die nicht oder mit „Keine Jugendfreigabe"… gekennzeichnet sind, dürfen

1. einem Kind oder einer jugendlichen Person nicht angeboten, überlassen oder sonst zugänglich gemacht werden …

www.bmfsfj.de ▶ Gesetze ▶ Jugendschutzgesetz

M3 Das Bürgerliche Gesetzbuch (BGB)

Das **Bürgerliche Gesetzbuch** trat im Jahr 1900 in Kraft und wurde bis heute vielfach verändert.

Das BGB regelt die Beziehungen von Rechtspersonen.

Das können natürliche Personen (Bürger) oder juristische Personen (Organisationen, Unternehmen) sein. Es handelt sich hier um das private Recht.

Im BGB sind z. B. geregelt:
Voraussetzungen und Bedingungen von Kaufverträgen, Rechte und Pflichten beim Kauf und der Nutzung von Eigentum, notwendige Bestimmungen bei Mietverträgen, Rechte und Pflichten bei der Schließung und Scheidung einer Ehe.

Ein stärkerer Schutz der Verbraucher erfolgte durch die Veränderungen im Jahr 2002, z.B. Frist für Verbraucher zum Widerruf von bestimmten Verträgen.

Arbeiten mit den Materialien

Zu **M1**

Verschiedene Meinungen über Rechtsgeschäfte

ANNALENA: „Ich verstehe nicht, dass eine Kündigung ein einseitiges Rechtsgeschäft ist. Das betrifft doch immer zwei Personen."
MATS: „Das stimmt. Ein Mietvertrag ist ja auch ein Vertrag."
AIDIN: „Warum ist das Sparen bei der Bank ein Vertrag? Über die Sparsumme entscheidet doch nur der Sparer."
DORA: „Ich fände es besser, wenn ein Testament nicht nur von den Eltern allein gemacht würde, sondern die Kinder vorher ihre Zustimmung geben müssten. Das würde Ärger zwischen den Erben verhindern."

Beurteilt die Meinungen und schreibt Stichworte auf.

Zu **M2**

1 Richard hatte die Aufgabe, den Großeinkauf für die Familie zu erledigen. Er hat alles im Supermarkt bekommen und ist froh, endlich an der Kasse zu stehen.
Richard denkt: „Da werden die zu Hause zufrieden sein. Der Einkaufszettel ist komplett abgearbeitet."
Kassiererin: „Du …"

Was könnte die Kassiererin einwenden?

2 Lara möchte ihrem Vater zum Geburtstag eine DVD schenken. Sie weiß, dass er Krimis schätzt.
Als der Kassierer ihr die DVD nicht verkaufen will, ist sie ärgerlich. „Ich darf die DVD kaufen, denn sie ist ein Geschenk für meinen Vater. Ich mag Krimis gar nicht. Außerdem bin ich 16 Jahre alt."
Hat Lara Recht?

Zu **M3**

1 Nehmt Stellung zu folgender Meinung:
„Das BGB ist für die Entwicklung unserer Wirtschaft sehr wichtig gewesen. Außerdem trägt es zur Lösung von Konflikten in der Familie bei."
Zieht dazu die Paragrafen im Buch 4 – Familienrecht heran.
http://bundesrecht.juris.de

2 Das öffentliche Recht regelt die Beziehungen des Bürgers zum Staat, z.B. das Strafgesetzbuch, das Jugendschutzgesetz, das Schulgesetz des Landes oder das Straßenverkehrsgesetz.
Sucht Beispiele für gesetzliche Regelungen.
Informiert euch bei

www.wikipedia.org

und schreibt Stichworte auf.

Alles klar?

Strategien kluger Verbraucher

1 Verbraucher haben verschiedene Möglichkeiten, sich vor dem Kauf über Qualität und Preis einer Ware zu informieren.
Schreibe wenigstens drei Möglichkeiten auf.

2 Schreibe wenigstens drei Bestimmungen des Gesetzes gegen den unlauteren Wettbewerb auf.

3 Nimm Stellung zu folgenden Meinungen:

TIM: „Das Parlament sollte nicht so viele Gesetze zum Schutz der Verbraucher erlassen. Da blickt ja keiner durch. Anbieter und Verbraucher können ihre Interessen am Markt selbst regeln."

KATJA: „Anbieter sind viel mächtiger als Verbraucher. Der Staat muss die Verbraucher durch Gesetze schützen und die Einhaltung der Gesetze stärker kontrollieren."

4 Was fehlt in der Werbeanzeige? Schreibe auf.

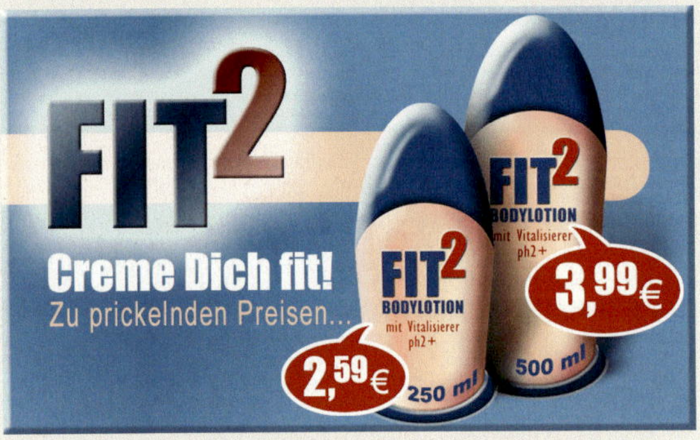

5 Andi sieht in einem Werbeprospekt diese Anzeige und kauft den MP3-Player. Nimm Stellung zu seinem Verhalten.

Verbraucherrecht

6 Menschen sind von Geburt an rechtsfähig. Begründe.

7 Der 15-jährige Miro kauft ein Rad für 450 Euro. Der Vater ist mit dem Kauf nicht einverstanden und fordert vom Händler die Rücknahme des Rades und die Herausgabe des Kaufpreises. Der Händler protestiert und entgegnet, dass Miro bar gezahlt hat.
Wer hat Recht? Begründe.

8 Annalena hat am 15. Juni 2009 eine Kamera gekauft. Da die Belichtung nicht mehr funktioniert, will sie ihre Kamera kostenlos reparieren lassen. Der Verkäufer weigert sich und stellt fest, die Gewährleistungsfrist sei abgelaufen. Nimm Stellung.

9 Umtausch ist immer möglich.
Ist die Aussage richtig? Begründe.

10 Der 15-jährige Richy kauft für die Familie ein. Für den Vater soll er zwei Packungen Zigaretten mitbringen. Die Kassiererin weigert sich, sie ihm zu verkaufen. Darf sie das? Begründe.

Soziale Marktwirtschaft

1 Soziale Marktwirtschaft – unsere Wirtschaftsordnung

In Deutschland leben etwa 82 Mio. Einwohner. Sie benötigen eine große Anzahl von *Waren* und *Dienstleistungen*. Die Auswahl ist riesig.
Die Waren und Dienstleistungen müssen produziert, verkauft und transportiert werden – zur richtigen Zeit und am richtigen Ort.
Damit alles gut funktioniert, sind Abstimmungen zwischen den Unternehmen und ebenso zwischen Unternehmen und Verbrauchern nötig.
Das erfordert funktionierende Regeln, deren Einhaltung kontrolliert wird. All dies macht eine Wirtschaftsordnung aus.
Deutschlands Wirtschaftsordnung ist die **Soziale Marktwirtschaft**.

▸ **Leitauftrag** Die Abbildungen lassen erkennen, dass die Grundlage des Wirtschaftens die Soziale Marktwirtschaft ist. Nennt Gründe.

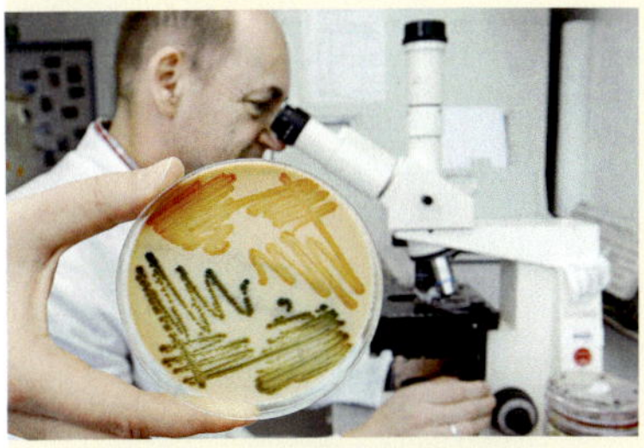

▲ Amtliche Lebensmittelüberwachung: Brotschimmelkulturen werden im Labor eines staatlichen Untersuchungsamtes geprüft.

▲ Wer die Bestimmungen der EG-Öko-Verordnung einhält, darf seine Produkte mit dem staatlichen Bio-Siegel kennzeichnen.

▲ Der Staat schreibt Warnhinweise auf Zigarettenverpackungen vor.

▲ Der Staat unterstützt erwerbsfähige Personen, die bedürftig sind und keine Arbeit finden.

▲ Kennzeichnungspflicht für Eier: Bei losen Eiern muss jedes Ei gestempelt werden.

▲ „Der Staat schreibt Helmpflicht vor. Das ist zu deinem Schutz."

B Auf einen Blick

Ihr begründet, warum eine Wirtschaftsordnung notwendig ist.

Ihr erklärt an Beispielen Grundlagen der Sozialen Marktwirtschaft.

Ihr erklärt die Rollen der Nachfrager, der Anbieter und des Staates in der Sozialen Marktwirtschaft.

Ihr bewertet die Bedeutung einer gerechten Einkommensverteilung.

2 Was heißt Soziale Marktwirtschaft?

1

▲ Kinderarbeit ist verboten. Jugendliche sind bei der Arbeit besonders geschützt.

Artikel 1 Grundgesetz
Die Würde des Menschen ist unantastbar. Sie zu achten und zu schützen ist Verpflichtung aller staatlichen Gewalt.

Artikel 20 Grundgesetz
Die Bundesrepublik Deutschland ist ein demokratischer und sozialer Bundesstaat.

2

▲ „Wir sprechen die Preise ab. Das erhöht den Gewinn!"

3

▲ „Sie sind in der Probezeit und bringen die erhoffte Leistung nicht. Sie sind zum Monatsende entlassen."

4

▲ Kinderarbeit in Bangladesch. Vater und Tochter verdienen durch das Steineklopfen den Unterhalt der Familie.

5

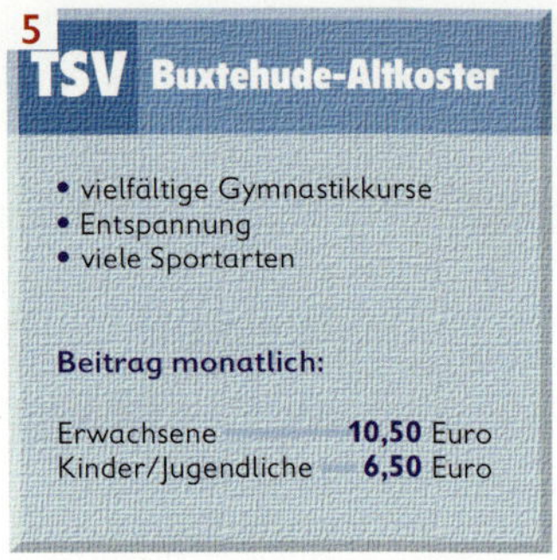

▲ Der Staat unterstützt Sportvereine durch die Bereitstellung von Sportstätten.

6

7

Aus dem Tätigkeitsbericht des Bundeskartellamts:
Das Bundeskartellamt hat bei 8 Unternehmen Preisabsprachen über 5 Jahre hinweg festgestellt.
Ein Gericht hat 1,2 Mio. Bußgeld verhängt.
Verbraucher können mit niedrigeren Preisen rechnen.

8

▲ Nach den gesetzlichen Bestimmungen erhalten Arbeitslose nach ihrer Entlassung Arbeitslosengeld.

A Aufgaben

1 Jeweils zwei Abbildungen gehören zusammen. Findet die Abbildungen, die zusammengehören. Nennt die Unterschiede und begründet, zu welcher Aussage die Abbildungen passen.
Zu einer passt die Aussage:
- Das Wirtschaften erfolgt aus Sicht des Marktes.

Zu der anderen passt die Aussage:
- Das Wirtschaften wird durch Staat und Markt geregelt.

Nachfrager, Unternehmen und Staat in der Sozialen Marktwirtschaft

Nachfrager
entscheiden über den Kauf der Güter, um ihre Bedürfnisse zu befriedigen.
Sie wollen
- niedrige Güterpreise
- gute Qualität der Güter
- ein breites Sortiment
- gute Lieferbedingungen
- gute Beratung

◀ ▶

Produktion und Konsum
Was?
Wie viel?
Wie?
Wo?
Für wen?

◀ ▶

Anbieter
entscheiden darüber, was sie wie, in welcher Qualität, Menge und wo produzieren.
Sie wollen
- einen hohen Umsatz und Gewinn
- viele zufriedene Kunden
- den Bestand ihres Unternehmens sichern

▲
▼

Der Staat
- regelt das wirtschaftliche Handeln von Anbietern und Nachfragern durch Gesetze, z. B. durch das Gesetz gegen Wettbewerbsbeschränkungen
- beeinflusst die Beschäftigung von Arbeitnehmern in Unternehmen, z. B. durch Arbeitsschutzgesetze
- regelt die soziale Sicherung der Bürger, insbesondere durch die gesetzliche Sozialversicherung
- bietet öffentliche Güter an, z. B. Schulen, Schwimmbäder, Büchereien, Parks
- schafft Voraussetzungen für wirtschaftliches Handeln, z. B. durch eine staatliche Verwaltung und Infrastruktur, wie den Bau von Straßen

A
Aufgaben

2 Das obige Schema ist gut zu erklären, wenn ihr es auf Beispiele in verschiedenen Kapiteln des Schulbuches anwendet. Geht auf „Spurensuche“. Notiert Stichpunkte und erklärt sie.

Zum Kasten Nachfrager
S. 180 Strategien kluger Verbraucher

1 Wie können Einkäufe vorbereitet werden?

S. 170 Lebensmittelkauf zur ökologischen und gesunden Ernährung

2 Wie verhält sich Frau Brauer?

3 Findet ein neues Beispiel.

Zum Kasten Anbieter
S. 150 Kauft neue Fahrräder

1 Wie hat sich SCHMITZ-BIKE verhalten, um Verbraucher zum Kauf zu bewegen und einen guten Gewinn zu erwirtschaften?

S. 160 Auch Bio-Bauern müssen mit Gewinn wirtschaften.

2 Wie hat Petra Hatz sich verhalten, den Betrieb zu entwickeln?

3 Findet weitere Beispiele.

Zum Kasten Staat
S. 189 Verbraucherrecht

1 Inwieweit regelt der Staat Rechtsgeschäfte?

S. 180 Strategien kluger Verbraucher

2 Inwieweit regelt der Staat das Handeln von Anbietern und Nachfragern?

3 Findet ein neues Beispiel. Notiert Stichworte.

3 Warum muss der Staat eingreifen?

Warum brauchen wir eine Wirtschaftsordnung?

Wir benötigen Nahrungsmittel, Wohnungen, Kleidung, Autos, Fahrräder, Arzneimittel, Geldinstitute, Versicherungen, Friseure und vieles mehr.

Waren und Dienstleistungen müssen von gut ausgebildeten Menschen produziert, verkauft und transportiert werden. Damit alles gut funktioniert, sind sehr viele Regeln notwendig. Wie diese Regeln gestaltet sind und wie ihre Einhaltung kontrolliert wird, macht die **Wirtschaftsordnung** einer Gesellschaft aus.

Deutschlands Wirtschaftsordnung ist die Soziale Marktwirtschaft.

Soziale Marktwirtschaft – Entwicklung und Grundzüge

Die Wirtschaftsordnung der Sozialen Marktwirtschaft wurde 1948, drei Jahre nach Beendigung des Zweiten Weltkrieges und der Herrschaft der Nationalsozialisten, eingeführt. Entscheidend war die Erfahrung, dass die Wirtschaft durch Partei und Staat zum Zwecke der Kriegsführung und der Vernichtung von Juden, Sinti, Roma und anderen politisch unerwünschten und behinderten Menschen zentral gesteuert wurde. Solch eine Macht des Staates sollte es nicht wieder geben.

Eine Expertengruppe unter Leitung von Ludwig Erhard entwickelte das Leitbild der Sozialen Marktwirtschaft.

Grundlegend für diese Wirtschaftsordnung ist Folgendes:

Anbieter stehen im Wettbewerb zueinander und Nachfrager kaufen ihre Güter dort, wo sie am preiswertesten sind. Die Interessen sind unterschiedlich. Die Abstimmung der Interessen erfolgt über den Markt. Man spricht hier von einer **dezentralen** Abstimmung der wirtschaftlichen Entscheidungen.

Interessengruppen, z.B. Arbeitgeberverbände, Gewerkschaften und Verbraucherverbände, vertreten bestimmte Interessen gegenüber dem Staat.

Der Staat hat die Aufgabe, das Marktgeschehen unter sozialen Gesichtspunkten zu beeinflussen. Dazu gehört bzw. gehören z.B.

- die Lebensgrundlage von Menschen, die krank, behindert, erwerbsunfähig sind oder keine Erwerbsarbeit finden, abzusichern (siehe Kapitel „Ohne Einkommen kein Leben“, S.140)
- eine Verteilungspolitik, die einen gewissen Ausgleich zwischen Armut und Reichtum schafft (siehe Kapitel „Ohne Einkommen kein Leben“, S.140)
- eine Wettbewerbspolitik, die einen funktionsfähigen Wettbewerb zwischen den Unternehmen sichert
- Verbraucherschutzgesetze, die die Verbraucher vor unlauteren Marketingstrategien schützen (siehe Kapitel „Strategien kluger Verbraucher“, S.180)

A Aufgaben

1 Warum ist eine Wirtschaftsordnung notwendig? Notiert und erklärt Gründe.

2 Die Soziale Marktwirtschaft funktioniert durch dezentrale Entscheidungen der Unternehmen und Verbraucher und zentrale Entscheidungen des Staates. Erklärt das am Beispiel des Kapitels: „Lebensmittelkauf zur ökologischen und gesunden Ernährung“ (S.170) oder anderen Beispielen. Notiert Stichworte.

3 Begründet, warum eine möglichst gerechte Verteilung der Einkommen für alle Menschen einer Gesellschaft wichtig ist.

4 „Der Markt allein kennt keine sozialen Gesichtspunkte.“ Erklärt, was damit gemeint ist.

4 Weiterführendes Material

M1 Ludwig Erhard und die Soziale Marktwirtschaft

Nach Ende des zweiten Weltkrieges lag die Wirtschaft am Boden. Die Menschen hungerten und froren, die Geschäfte waren leer. Wer etwas mehr als das Allernötigste haben wollte, der musste auf dem verbotenen Schwarzmarkt einkaufen, sein Tafelsilber bei Bauern gegen Fleisch eintauschen oder sogar stehlen. Wie war da an einen Wiederaufbau zu denken, wenn er nicht von einem starken Staat gelenkt wurde?

Dem Ruf nach einer Staatswirtschaft widersprachen einige Ökonomen heftig. Aus der Katastrophe Deutschlands zogen sie den Schluss, dass Deutschland nicht wieder zentral gelenkt, sondern marktwirtschaftlich organisiert werden sollte. Der Staat sollte nur dafür sorgen, dass die Unternehmen im Wettbewerb zueinander standen. Nach 1945 beauftragten Briten und Amerikaner Ludwig Erhard zur Entwicklung der Währungsreform in den westlichen Besatzungszonen Deutschlands. Die Nationalsozialisten hatten die alte Reichsmark ruiniert. Es war immer mehr Geld in Umlauf gekommen, dem nur wenige Waren gegenüberstanden. Das alte Geld musste durch neues ersetzt werden: die D-Mark.

Alle Bürger der westlichen Besatzungszonen und Westberlins bekamen für den Start ein Kopfgeld von 40 Mark. Das geschah im Juni 1948. Als sie am Morgen des ersten Geltungstages aufwachten, trauten sie ihren Augen nicht. Die Geschäfte, in denen am Abend vorher gähnende Leere geherrscht hatte, waren plötzlich voll. Es gab vieles, was man jahrelang vermisst hatte: Schinken, Schuhe, gutes Mehl, Anzüge, Kleider, Strümpfe. Das Geld war wieder etwas wert.

Dass sich die Regale so wundersam gefüllt hatten, lag aber nicht nur am neuen Geld. Erhard und eine Expertenkommission kamen zu der Überzeugung, dass Westdeutschland sich nur erholen konnte, wenn es möglichst schnell Vorschriften über die Zuteilung von Nahrungsmitteln und Energie außer Kraft setzt, und hob die meisten Preisvorschriften auf. Westdeutschland sollte nicht durch Planung, sondern durch Wettbewerb wieder aufgebaut werden.

Erhard legte die Grundlagen für die **Soziale Marktwirtschaft**. Der Staat sollte nicht nur für einen funktionsfähigen Wettbewerb sorgen. Er sollte außerdem einen Ausgleich zwischen wirtschaftlich Starken und Schwachen schaffen. Er begründete die Notwendigkeit einer aktiven Sozialpolitik des Staates. Für viele Deutsche ist bis heute der Wiederaufstieg ihres Landes untrennbar mit dem Namen Ludwig Erhard verbunden.

Nach **Piper, Nikolaus:** Geschichte der Wirtschaft. Weinheim 2007, S. 167–172, Verlag Beltz und Gelberg

Arbeiten mit den Materialien

Zu **M1**

Erklärt, was unter einer Währungsreform zu verstehen ist. Warum bezeichnen viele Deutsche Ludwig Erhard als den „Vater der Sozialen Marktwirtschaft"?

Alles klar?

Soziale Marktwirtschaft

1 Wo ist festgelegt, dass Deutschland verpflichtet ist, als Sozialstaat zu handeln?

2 Welche Interessen verfolgen Anbieter in der Sozialen Marktwirtschaft? Notiere Stichworte.

3 Welche Interessen verfolgen Nachfrager in der Sozialen Marktwirtschaft? Notiere Stichworte.

4 Was regelt der Staat in der Sozialen Marktwirtschaft? Notiere wenigstens vier Beispiele.

5 Notiere wichtige Güter, die Deutschland
- exportiert,
- importiert.

6 Folgende Beispiele verdeutlichen die Wirtschaftsordnung der Sozialen Marktwirtschaft.

Vervollständige für jeden Beispielsatz: Die Wirtschaftsordnung der Sozialen Marktwirtschaft drückt sich darin aus, dass …

1) Wer in Deutschland seinen festen Wohnsitz hat und Kinder erzieht, hat Anspruch auf Kindergeld. Bei geringen Einkommen kann auch zusätzlich ein Zuschlag zum Kindergeld gezahlt werden.

2)

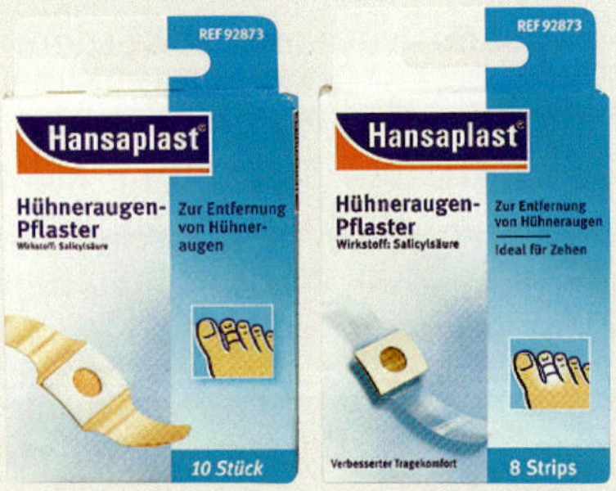

▲ Verbot von Mogelpackungen lt. §7 Absatz 2 Eichgesetz. Fertigpackungen müssen so gestaltet und befüllt sein, dass sie keine größere Füllmenge vortäuschen, als in ihnen enthalten ist.

3) Das Bundeskartellamt hat 2009 wegen Quotenabsprachen Geldbußen in Höhe von insgesamt 1,5 Mio. Euro gegen Transportbetonherstellern sowie ihre Geschäftsführer verhängt. Diese hatten sich von 1990 bis 2004 darüber abgesprochen, welche Menge jedes Unternehmen liefern durfte. Durch das Kartell ist der Wettbewerb um Kunden und Preise in der Regel ausgeschlossen.

4)

▲ Das Betriebsverfassungsgesetz regelt die Mitbestimmung der Arbeitnehmer im Betrieb. Nach §1 kann in Unternehmen mit fünf und mehr ständigen Beschäftigten ein Betriebsrat gewählt werden. Betriebsratswahlen erfolgen alle vier Jahre.

5) Die Gesetzliche Sozialversicherung will über die Gemeinschaft der Versicherten Lebensrisiken abdecken, die einen einzelnen Menschen überfordern würden.

AOK Die Gesundheitskasse.

6) Einkommen werden entsprechend der Höhe zunehmend (progressiv) sozial gestaffelt nach Familienstand besteuert: Erwerbstätiger, 3 Kinder, Frau nicht erwerbstätig:
- Bruttolohn 1000 € + Kindergeld 558 €: Steuer 0 € – Steuersatz 0 %
- Bruttolohn 2000 € + Kindergeld 558 €: Steuer 41,66 € – Steuersatz 2 %
- Bruttolohn 4000 € + Kindergeld 558 €: Steuer 480,16 € – Steuersatz 12 %
- Bruttolohn 6000 € + Kindergeld 558 €: Steuer 1060,16 € – Steuersatz 17,7 %

Erwerbstätiger, ohne Kinder, unverheiratet:
- Bruttolohn 6000 €: Steuer 1579,75 € – Steuersatz 26,3 %

Mein Geld soll seinen Wert behalten!

1 Der Warenkorb: ein Spiegel unserer Verbrauchsgewohnheiten

Die Preise für Waren und Dienstleistungen schwanken im Zeitablauf. Für einige Güter muss man mehr bezahlen, für andere weniger.

Der Verbraucherpreisindex für Deutschland misst die Preisentwicklung der Güter, die für die Lebenshaltung der meisten Haushalte wichtig sind. Man stellt diese Güter in einem Warenkorb zusammen. Er umfasst ca. 700 Güter, in denen sich die Verbrauchsgewohnheiten der Menschen in Deutschland in einem bestimmten Zeitraum widerspiegeln.

Die Entwicklung des Index zeigt an, ob unser Geld an Wert gewonnen oder verloren hat. Das Ergebnis ist z.B. wichtig für Verhandlungen über Arbeitsentgelte und die Entwicklung der Zinsen.

▸ **Leitauftrag** Das Statistische Bundesamt ermittelt alle fünf Jahre einen neuen Warenkorb. Ordnet die Güter neben den Warenkörben unten im Bild den passenden Jahreszahlen zu. Notiert Gründe.

B Auf einen Blick

Ihr beschreibt die Bedeutung des Verbraucherpreisindex für Deutschland.

Ihr erklärt Unterschiede zwischen der Preissteigerung für einzelne Güter und der Steigerung des Preisniveaus.

Ihr setzt euch mit Meinungen zur Bedeutung der Entwicklung der Verbraucherpreise auseinander.

Ihr erklärt die unterschiedliche Höhe der Verdienste für Männer und Frauen sowie in Wirtschaftsbereichen.

2 Was soll ich mit der Preisstatistik anfangen?

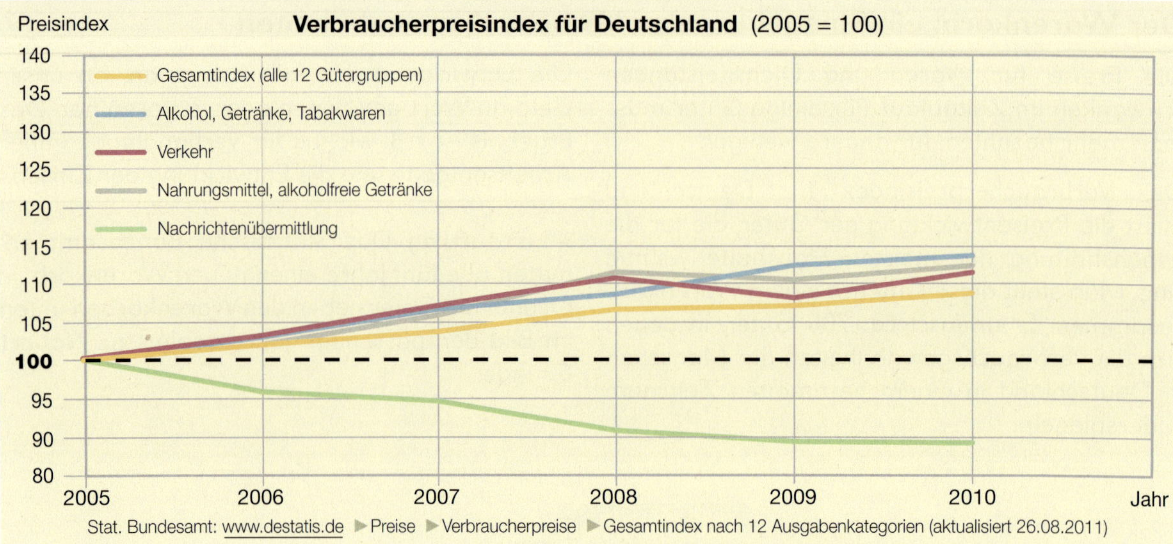

Das Statistische Bundesamt veröffentlicht laufend die Entwicklung der Verbraucherpreise. Die Grundlage bilden die Güter des Warenkorbs.

Der Warenkorb wird alle fünf Jahre den Verbrauchsgewohnheiten in Deutschland angepasst.

Die Preisentwicklung des Warenkorbes beschreibt der **Verbraucherpreisindex für Deutschland.** Für den heutigen Preisindex gilt noch der Warenkorb des Jahres 2005. Von diesem Jahr an wird die Entwicklung der Preise in Prozent gemessen.

Beispiel:
Im Jahre 2005 kostete ein Cityrad im Durchschnitt 500, im Jahre 2006 dagegen 508 Euro. Die Preissteigerung für 2006 betrug 1,6 %, der Index hat den Wert von 101,6.

Wenn die Preise für den gesamten Warenkorb steigen, spricht man von einer Steigerung des Preisniveaus.

Wenn das Preisniveau steigt, spricht man von einer Inflation. Die vorhandene Geldmenge verliert ihren Wert, da man für den gleichen Geldbetrag weniger Güter kaufen kann. Das Geld verliert an Kaufkraft.

Die Verbraucherpreise für einzelne Güter oder Gütergruppen entwickeln sich im Zeitablauf sehr unterschiedlich. Die Entwicklung des Preisindex kann sich deshalb auf die Haushalte verschieden auswirken. Einflussfaktoren sind z.B. die Höhe des Einkommens, Verbrauchsgewohnheiten und das Alter der Haushaltsmitglieder.

Die Entwicklung der Verbraucherpreise ist auch für die Tarifpolitik wichtig.

A Aufgaben

1 Erklärt die Grafiken. Formuliert daraus Aussagen zur Preisentwicklung der vier genannten Gütergruppen.

2 Beurteilt folgende Meinungen:
LINUS, 15 Jahre, Computer- und Internetfreak: „Ich weiß gar nicht, was das Gerede um die starke Steigerung der Verbraucherpreise soll. Ich merke bei meiner Flatrate nichts davon."
ANNIKA, 30 Jahre, Pendlerin mit Auto: „Die Benzinpreise sind stark gestiegen. Das merke ich deutlich."

3 Preisentwicklung kontrovers

neustaedter-bote.de Suche finden

Nachrichten | E-Paper | Immobilienmarkt | Stellenmarkt | Motormarkt | Mediathek | Abo & Service

POLITIK | **WIRTSCHAFT** | FINANZEN | KULTUR | SPORT | LEBEN | GESUNDHEIT | PANORAMA | COMPUTER | WISSEN | REISE | KARRIERE

Preise klettern weiter

Von Jan Nuber

Das Statistische Bundesamt hat neue Daten veröffentlicht. Die Verbraucherpreise klettern Jahr für Jahr und die Verbraucher zahlen und zahlen.

Das Schlimme: Wir alle sind gleichermaßen betroffen – vom Säugling bis zu Oma und Opa.

Wer die Preistreiber sind – das zeigt uns das Schaubild deutlich: Das sind Güter des aktuell gültigen Warenkorbes. Die sind typisch für alle Haushalte. Wie lange sehen unsere Politiker dem noch tatenlos zu? Sie könnten uns alle z.B. durch eine Senkung der Kfz-Steuer und die Mineralölsteuer entlasten.

Die Politiker sind in unserer Wirtschaftsordnung verantwortlich für die Preisentwicklung.

Kommentare

Bitte melden Sie sich an, um diesen Artikel zu kommentieren.

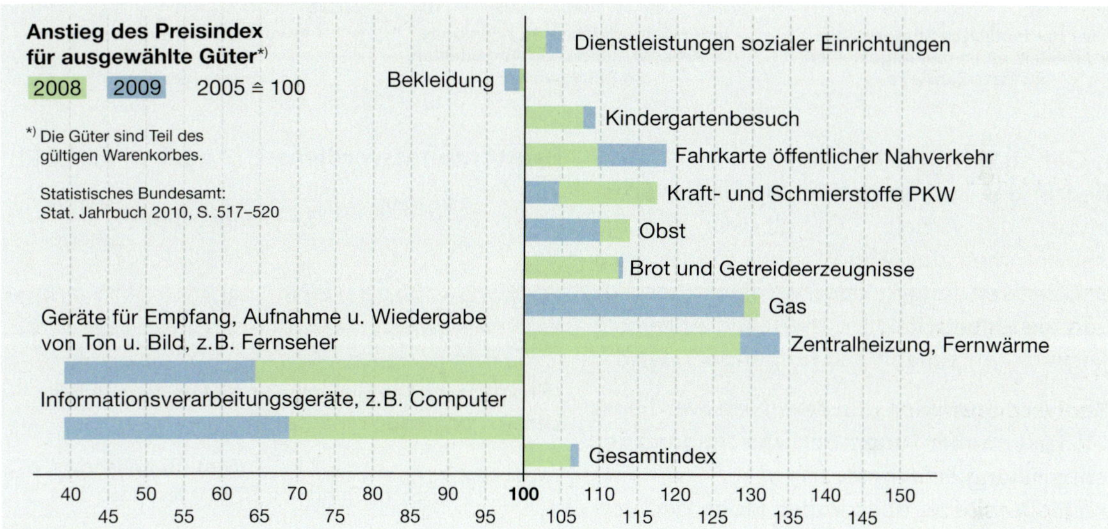

Leserinnen und Leser kommentieren

08.02.2010 11:48 Ben Rüther
Dieser Artikel ärgert mich. Wir sind von der Erhöhung der Verbraucherpreise in den letzten Jahren keineswegs alle gleich betroffen. Hier wird auf Gleichmacherei gemacht, die es nicht gibt.

08.02.2010 10:07 Annika Reger
Der Vorschlag, Kfz-Steuer und Mineralölsteuer zu senken, gefällt mir bestens. Der Staat verplempert sowieso zu viel Geld, z.B. für Arbeitslose. Deutschland ist ein Auto-Land! Das sollen sich mal die Ökos hinter die Ohren schreiben.

07.02.2010 23:12 Ansgar Schmitte
Der Journalist, der den Artikel geschrieben hat, sollte mal deutlich machen, dass die Steigerung der Verbraucherpreise vor allem diejenigen trifft, die alles Geld für die Lebenshaltung ausgeben müssen und nichts sparen können. Das sind die Menschen, deren Einkommen unter dem Durchschnitt liegt, z.B. alleinerziehende Frauen, Empfänger von Harz IV. Die Reichen, die viel sparen können, die trifft eine Steigerung der Preise wenig.

A Aufgaben

1 Erklärt das Balkendiagramm.

2 Beurteilt die Kommentare von Ben, Annika und Ansgar. Notiert Stichworte.

3 Schreibt selbst einen Beitrag zum Balkendiagramm.

4 Index der Verdienst- und Preisentwicklung (2005 = 100)

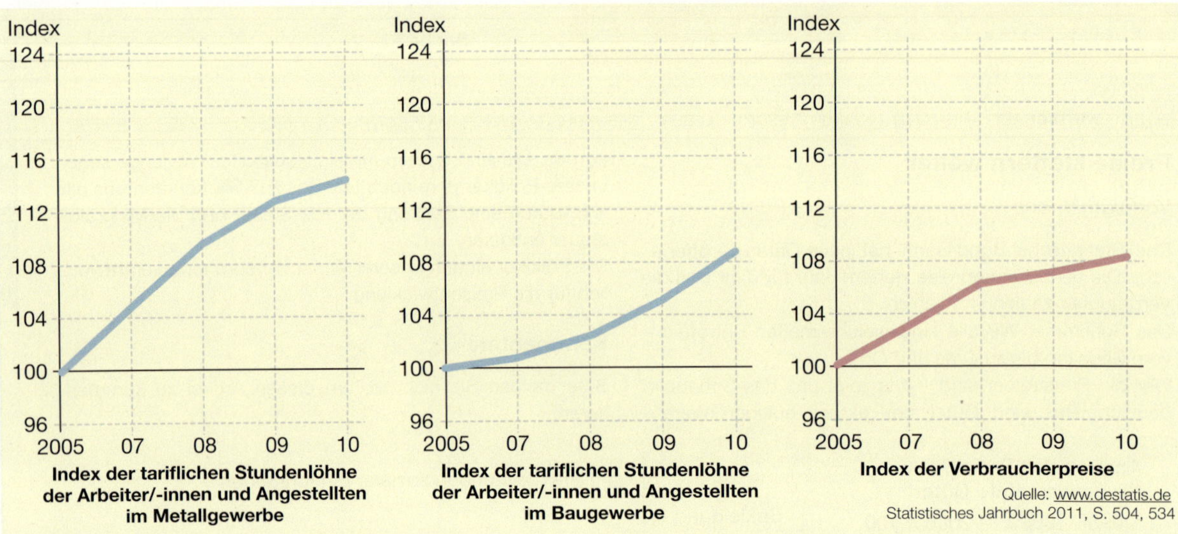

Lohn, Gehalt, Entgelt/Verdienst

Der Begriff des Lohnes galt lange für Erwerbseinkommen der Arbeiter. Gehalt war das Erwerbseinkommen der Angestellten. Heute wird immer öfter von Entgelt oder Verdienst gesprochen, da die Unterscheidung zwischen Arbeitern und Angestellten zunehmend aufgehoben wird.

Der Realverdienst wird aus dem Nettoverdienst (→ Nettoeinkommen) unter Berücksichtigung der Preisentwicklung errechnet.
Unterschiede gibt es aber in der Höhe der Verdienste (siehe auch **M1**, S. 207).

Bruttomonatsverdienste (Angaben für 2010)[1]

	Leistungsgruppen				
	1	2	3	4	5
Männer	6966	4430	3052	2522	2071
Frauen	5258	3730	2692	2094	1872

[1] Produzierendes Gewerbe und Dienstleistungsbereich siehe auch **M2**, S. 147

Stat. Bundesamt (Hrsg.): Statistisches Jahrbuch 2010, Wiesbaden 2011, S. 532

A Aufgaben

1 Erklärt und beurteilt die folgenden Meinungen zur Lohn- und Preispolitik:
HAJO: „Kein Wunder, dass die Verbraucherpreise so stark gestiegen sind. Die Energiepreise hauen in den Index richtig rein. Ich finde, dass die Gewerkschaften eine kräftige Erhöhung der Verdienste durchsetzen sollten. Wenn die Preise stärker steigen als die Löhne, verdienen die Menschen real weniger."
MIKE: „Die Menschen haben auch weniger in der Tasche, wenn die Preissteigerungen genauso hoch sind wie die Lohnsteigerungen. Auf den Nettolohn kommt es an. Denk nur an die Steuern und die Beiträge zur Sozialversicherung."

ANKE: „Ich verstehe nicht, warum die Verdienste für Frauen und Männer so verschieden sind. Woran könnte das liegen?"

5 Weiterführendes Material

M1 Verdienste und Arbeitskosten unter verschiedenen Blickwinkeln

Arbeitskosten je geleistete Arbeitsstunde in ausgewählten Wirtschaftsbereichen 2010

Quelle: **Statistisches Bundesamt** (2011): Arbeitskosten je geleistete Stunde https://www-genesis.destatis.de/genesis/online/link/tabelleErgebnis/62431-0001

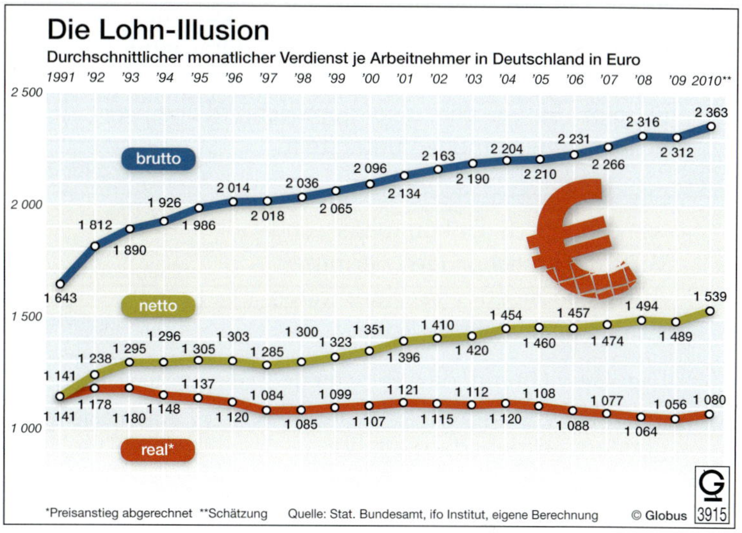

Arbeitskosten
Zu den Arbeitskosten zählen die Bruttoentgelte der Arbeitnehmer, Sozialversicherungsbeiträge der Arbeitgeber, betriebliche Altersversorgung, Kosten der beruflichen Aus- und Weiterbildung.

Durchschnittliche Bruttomonatsverdienste1) der vollzeitbeschäftigten Arbeitnehmer2) 2010

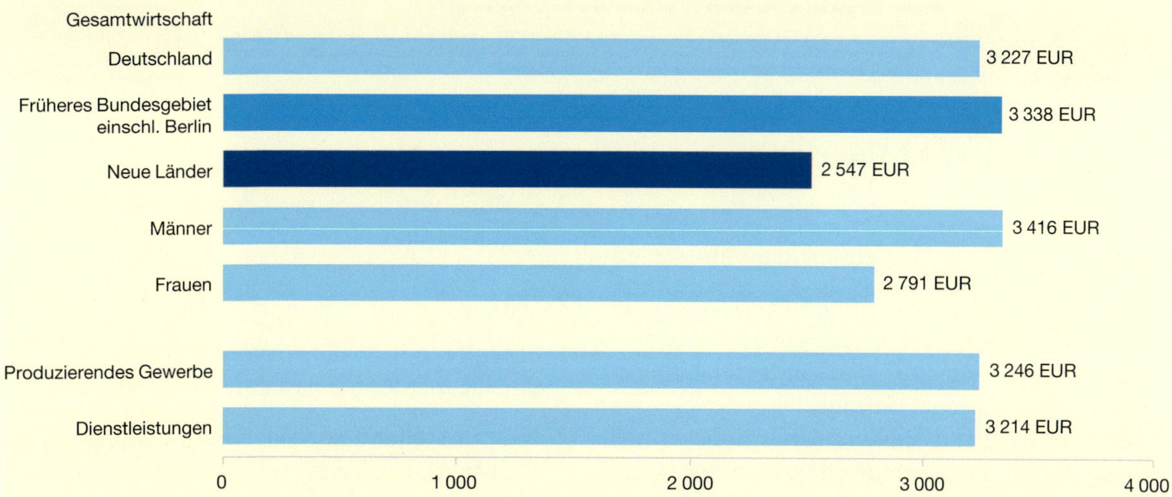

1) Ohne Sonderzahlungen. – 2) Im Produzierenden Gewerbe und im Dienstleistungsbereich

© **Statistisches Bundesamt** 2011, Wiesbaden, Statistisches Jahrbuch 2011, S.533

M2 Der Warenkorb genauer im Blick: Auf die Gewichtung kommt es an!

Der Warenkorb, der die Grundlage für die Berechnung des Preisindex bildet, gewichtet die 700 ausgewählten Güter mit einem bestimmten Faktor. Man geht dabei von einem durchschnittlichen Verbraucher aus, den es nur in der Statistik gibt. Es werden also durchschnittliche Verbrauchsgewohnheiten unterstellt.

Die Verbrauchsgewohnheiten werden durch Einkommens- und Verbrauchsstichproben ermittelt. Aufzeichnungen von Haushalten spielen eine wichtige Rolle.

Die Gewichtung der verschiedenen Warengruppen wird in folgendem Schaubild erkennbar.

Wie sich unterschiedliche Gewichtungen auf die Preisentwicklung auswirken, könnt ihr mit einem interaktiven Internetprogramm des Statistischen Bundesamtes ausprobieren. Das Programm zeigt einen experimentellen Verbraucherpreisindex an, bei dem man beispielhaft einige Gewichte des Warenkorbes verändern kann.

Viel Spaß im Internet!

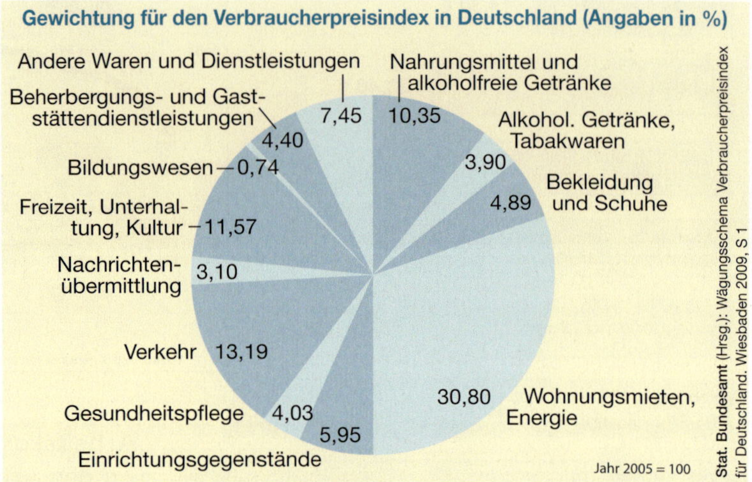

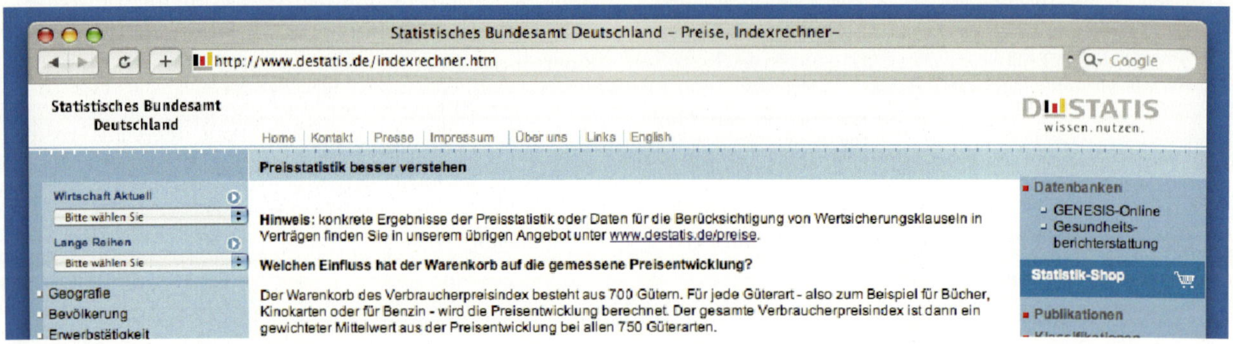

Arbeiten mit den Materialien

Zu **M1**

1 Notiert mögliche Gründe für die unterschiedlich hohen Arbeitskosten in den Wirtschaftsbereichen.

2 Nehmt Stellung zu den unterschiedlichen Meinungen. Notiert Gründe.
JENNY: „Warum gehen nicht mehr Unternehmen in die ostdeutschen Bundesländer? Da sind die Arbeitskosten doch so niedrig.“
Siehe dazu auch das Schaubild S. 209.

3 Erklärt, was beim Verdienst brutto, netto und real bedeutet.

Zu **M2**

1 Schreibt auf, welche Warengruppe euch bei der Gewichtung besonders aufgefallen ist.

2 Nehmt Stellung zu folgenden Meinungen:
ROLF: „Die Preisentwicklung berücksichtigt nicht die Qualitätsverbesserungen. Das verzerrt den Blick.“

Alles klar?

Mein Geld soll seinen Wert behalten!

1 Was versteht man unter einem Warenkorb?

2 Schreibe auf, worüber der Verbraucherpreisindex für Deutschland informiert.

3 Beurteile folgende Meinungen:
RONALD, Computerfreak:
„Die Erhöhung des Verbraucherpreisindex trifft Computernutzer schwer."
JUDITH: „Ich gehe nicht mehr so oft in eine Kneipe. Die Preise sind zu stark gestiegen."

4 Beurteile folgende Meinung:
„Man sollte die Entgelte an die Entwicklung des Verbraucherpreisindex anpassen. Das ist für alle Haushalte gleich gut."

5 Welche Bevölkerungsgruppen werden bei einer Inflation besonders benachteiligt?

6 Nehmt Stellung:
a) Die Arbeitskosten sind in Hamburg ca. 50 % höher als in Thüringen. Unternehmen können dort immer günstiger produzieren.
b) Die Arbeitskosten sind nur ein Faktor. Ich produziere Dienstleistungen in Hamburg. Dort sind zahlungskräftige Kunden.

Bruttoarbeitskosten[1] je Arbeitsstunde im Produzierenden Gewerbe und Dienstleistungsbereich 2008

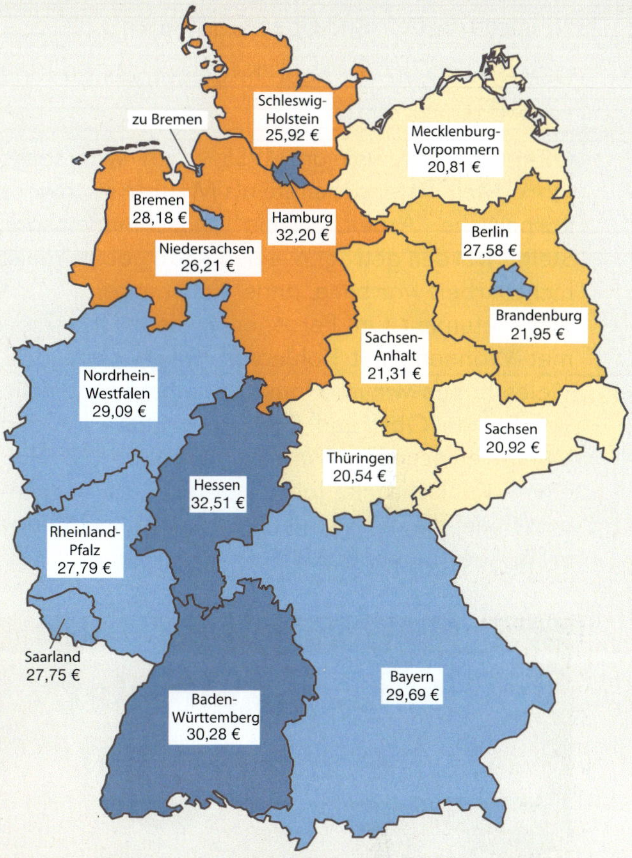

[1] Bruttoarbeitskosten abzüglich Lohnsubventionen
Quelle: Stat. Bundesamt 2010

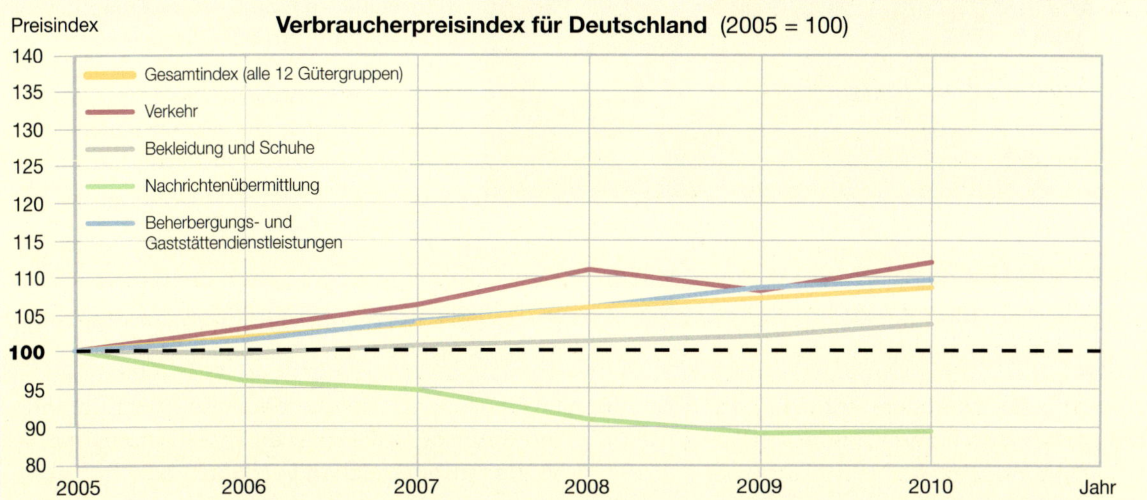

Stat. Bundesamt: www.destatis.de ▶ Preise ▶ Verbraucherpreise ▶ Gesamtindex nach 12 Ausgabenkategorien (26.08.2011)

Technischer und wirtschaftlicher Wandel

1 Opa, wie war das früher?

Dennis hat für den Unterricht ein Interview zum technischen und wirtschaftlichen Wandel durchzuführen. Er befragt seinen Großvater.

DENNIS: „Opa, wie habt ihr gelebt, als du Kind warst?"

OPA: „Ja, das war um 1955 – ich war sechs Jahre. Mein Vater arbeitete als Maurer – schwere körperliche Arbeit, wenig Maschineneinsatz. Steine wurden getragen, einen Kran gab es meist nicht. Arbeit war billig, anders als heute.
Wir lebten mit fünf Personen in einer Drei-Zimmer-Wohnung mit Kohleofen, lange ohne Bad. Vieles haben wir im Haushalt selbst hergestellt. Vorräte an Obst und Gemüse wurden für den Winter eingekocht. Wir bekamen dann um 1960 einen Kühlschrank, Jahre später eine Waschmaschine, die auch schleudern konnte, 1965 das erste Auto, einen ‚Käfer'."

DENNIS „Und als du selbst im Beruf gearbeitet hast?"

OPA: „Ich habe 1964 Elektriker gelernt. Unser kleiner Betrieb hat Elektroinstallationen gemacht. Im Geschäft wurden Haushaltsgeräte verkauft und repariert – alles Mechanik. Heute ist vieles elektronisch, repariert wird kaum noch – Arbeit ist zu teuer. Auch mein Beruf hat sich geändert. Ich muss mich dauernd weiterbilden."

DENNIS: „Ist das denn gut, dass sich alles so schnell ändert?"

OPA: „Den technischen Fortschritt genießen heute die meisten Menschen. Wer etwas gelernt hat und Arbeit hat, der kann sich relativ viel leisten, z.B. Urlaub. Aber die anderen ... ? Wenn im Ausland billiger produziert werden kann, verlagern immer mehr Betriebe die Produktion dorthin. Dadurch verlieren hier die Menschen ihre Arbeit. Besonders die angelernten Mitarbeiter dürften es schwer haben, eine neue Arbeit zu finden."

▸ **Leitauftrag** Führt eigene Interviews zum technischen Wandel durch. Ihr könnt daraus gemeinsam eine kleine „Technikgeschichte" machen.

◂ Um die Verlagerung der Produktion nach Ungarn zu verhindern, stimmten die Mitarbeiter im Handy-Werk Kamp-Lintfort 2004 längeren Arbeitszeiten und Lohnkürzungen zu. 2005 verkaufte Siemens das Werk an das taiwanesische Unternehmen BenQ. 2006 ging das Werk trotzdem in Konkurs, weil der Absatz sank. Januar 2007 wurde die Produktion eingestellt.

B **Auf einen Blick**

Ihr beschreibt, wie die technische Entwicklung das Wirtschaften beeinflusst.

Ihr begründet, wie sich Anforderungen an die Berufsarbeit durch den Wandel ändern.

Ihr erklärt, wer von Veränderungen besonders betroffen ist.

Ihr begründet, wie sich der Anteil der Beschäftigten sowie der Waren und Dienstleistungen in den Wirtschaftsbereichen verändert hat.

2 Ein Blick in die Geschichte von Technik und Wirtschaft

Technische → Erfindungen haben immer Einfluss auf das Wirtschaften gehabt. Sie bestimmen Art, Menge und Preis der verfügbaren Güter.

Ab 1850

Die → Industrialisierung begann. Die Produktion der Sachgüter erfolgte in Fabriken unter Einsatz der Dampfmaschine. Diese wurde durch Kohle angetrieben und ersetzte die Muskelkraft von Mensch und Tier. Es war der Schritt zur → Mechanisierung. Auch als Beförderungsmittel konnte diese Maschine genutzt werden. Die Eisenbahn und ein Schienennetz entstanden.

Ab 1880

Neue Antriebsquellen für Maschinen wurden entdeckt: Elektrizität und Mineralöl. Ihre Nutzung veränderte die Lebensbedingungen erheblich. Waren wurden arbeitsteilig am Fließband gefertigt. Jeder verrichtete nur noch wenige Handgriffe. Das führte zu einer Steigerung der → Arbeitsproduktivität und sinkenden Preisen.
Haushalte konnten elektrischen Strom nutzen. Das Automobil verbreitete sich.

Ab 1945

Kunststoff, ein chemischer Werkstoff, ersetzte zunehmend Holz und Metalle. Haushaltsgüter konnten damit preiswert hergestellt werden.
Mit der Erfindung des Transistors wurde die technische Möglichkeit für die Herstellung elektronischer Geräte zur Unterhaltung (z.B. Radio, Fernsehen) und Kommunikation (Telefonverbindungen) geschaffen. Es entstand eine Unterhaltungsindustrie, die diese Produkte zu bezahlbaren Preisen herstellte. Der Transistor ermöglichte auch die Entwicklung leistungsfähiger Computer.

Ab 1970

Mit der computergestützten Maschinensteuerung wird die → Automatisierung der Produktion möglich. Sie ersetzt Muskel- und Denkarbeit.
Moderne Haushaltsgeräte, Fahrzeuge und Telefone werden durch Elektronik leistungsfähiger.
Immer weniger menschliche Arbeit ist zur Herstellung notwendig. Auch kleine Stückzahlen lassen sich computergesteuert fertigen.

Blick in die Zukunft

Ohne Einsatz von Energie ist keine technische Anwendung möglich. Mit der Verbreitung stieg der Energiebedarf. Die heute am meisten genutzten Energieträger (Kohle, Erdöl, Erdgas) werden knapp und teuer. Die Entwicklung sparsamer Energienutzung und erneuerbarer Energiequellen sind eine Antwort auf weltweit steigende Nachfrage und Preise.

▲ Solarkraftwerk in Süddeutschland, seit 2005 in Betrieb

A Aufgaben

1 Worin bestand die technische Entwicklung in den Zeiträumen? Welchen Einfluss hatte sie auf das Wirtschaften der Menschen?

2 Begründet, wodurch Mengenproduktion möglich wurde.

3 Nennt Folgen der steigenden Arbeitsproduktivität (siehe auch S.46).

4 Die technische Entwicklung ermöglichte auch Versorgungseinrichtungen für Transport, Energie und Information. Nennt Beispiele zu den einzelnen Zeiträumen.

5 Erklärt den Zusammenhang zwischen steigenden Energiepreisen und dem Vordringen erneuerbarer Energien (siehe **M5**, **M6**, S.218).

3 Beispiele zum Wandel von Technik, Wirtschaft und Arbeit

3D-Technik auf dem Vormarsch

3D-Bildschirme unterstützen Arbeit der Ärzte

Das Bild vom Herz schwebt auf dem Monitor mitten im Raum. Eine Mikrokamera filmt durch ein Loch im Brustkorb im Körper des Patienten. Bei der Operation blickt der Arzt auf einen 3D-Bildschirm, während er mit den Operationsinstrumenten hantiert. „Das ist nicht zu vergleichen mit einem flachen Kamerabild", schwärmt der Herzchirurg der Universitätsklinik Dresden. Er setzt als einer der ersten Ärzte auf dreidimensionale Bildschirmtechnik. „Man kann genau erkennen, welche Struktur vor der anderen liegt und wie tief die einzelnen Teile sind", sagt der Chirurg. Nicht nur Organe, auch Zellen können Mediziner mit 3D-Bildschirmen erheblich besser untersuchen …

Ein Massenmarkt kann erst entstehen, wenn sich die Technik weiterentwickelt hat und 3D-Bildschirme preisgünstiger werden. Für Fernsehen und Videospiele ist das ein großes Zukunftsthema …

Nach **dpa-Meldung** v. 30.01.2004/Arno Schütze

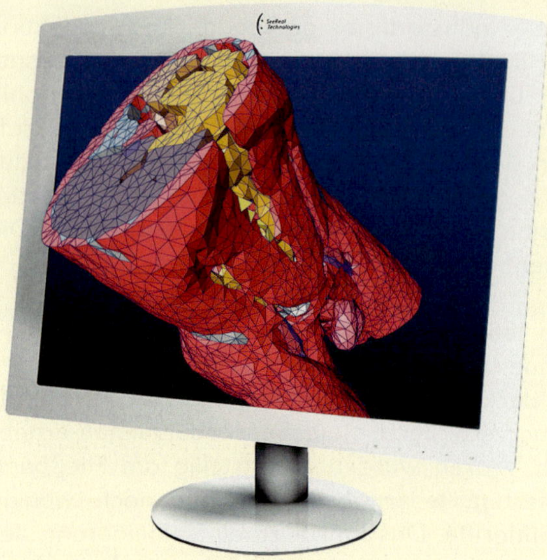

▲ Eine Firma aus Dresden hat für die medizinische Anwendung diesen Bildschirm entwickelt. Eine spezielle Maske vor dem Bildschirm ermöglicht den Augen, das Bild dreidimensional wahrzunehmen. Die übliche 3D-Brille wird dadurch überflüssig.

Die Abbildung der Wirklichkeit wird dreidimensional

Schnelle, berührungslos und exakt arbeitende 3D-**Scanner** können in 10–20 Sekunden Menschen und Objekte in drei Dimensionen vermessen, nach Wunsch auch mit Farboberfläche …

Die gewonnenen Daten werden genutzt von

- Automobilherstellern, um den Innenraum der Autos für den Menschen optimal zu gestalten.
- Bekleidungsherstellern, um Kunden zu vermessen. So kann die Bekleidung nach Körpermaß passend angefertigt werden.
- Bildhauern, um anhand der Daten Skulpturen zu erstellen.

VITRONIC Bildverarbeitungssysteme:
„3D-Bodyscanner" www.vitronic.de

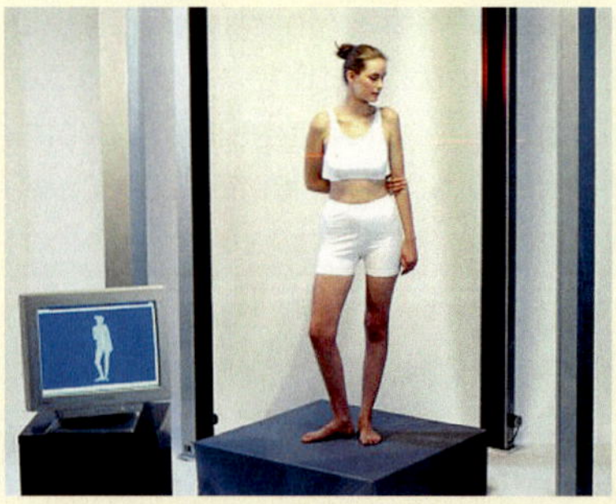

▲ Dieser kleine Bodyscanner kann direkt in einer Umkleidekabine eines Bekleidungsgeschäftes die Kundin vermessen. Lichtstrahlen tasten den Körper ab und verwandeln die Informationen in elektrische Impulse. Ein Computer verarbeitet die Daten weiter. Ein dreidimensionales Abbild der Wirklichkeit entsteht.

Können Nähautomaten die Verlagerung der Bekleidungsfertigung ins Ausland aufhalten?

Go East, die Lohnkarawane deutscher Unternehmen

Der Bochumer Textilunternehmer Steilmann schloss 2004 seine letzte deutsche Produktionsstätte. Näherinnen sind zu teuer, die Produktion wandert ab nach Ost-Europa. Die Näherin in Cottbus verdient 900 Euro, ihre rumänische Kollegin in Craiova 150 Euro im Monat. Ein gutes Geschäft für den Unternehmer. Und trotzdem: Den rumänischen Arbeiterinnen sitzt die Angst im Nacken, dass auch ihr Billiglohnland bald zu teuer sein wird. Gewerkschafter in Bukarest erzählen uns von Drohungen deutscher Unternehmer.

Steilmann und die Lohnkarawane können es jetzt schon billiger. Wir folgen ihr ins Billiglohnland hinter dem Billiglohnland: Moldawien ist das Armenhaus Europas, elender geht's kaum. Und wo die Armut groß und Jobs selten sind, wird Arbeit noch billiger. Wir sind in der Fabrik BALTEANCA. 600 Frauen und Männer nähen, schneidern und bügeln hier. Und für die gleiche Arbeit wie in Cottbus oder Craiova gibt's wieder weniger Geld. Wer sich anstrengt, kommt auf 80 Euro im Monat. Auch die Arbeitsbedingungen, z.B. Arbeitsschutz, Schutz bei Krankheit und Arbeitslosigkeit, sind in Niedriglohnländern schlecht. Die Importpreise für Textilien sanken in den letzten Jahren.

Nach **Andreas Maus** „Monitor/WDR“ (25.03.2004)
http://www.attac.at/959.html

Lohnen halbautomatische Nähmaschinen?

Wegen der hohen deutschen Lohnkosten erfolgt die Bekleidungsfertigung meist in Niedriglohnländern mit einfacherer Technik. Lässt sich der Lohnkostennachteil Deutschlands durch arbeitssparende Technik ausgleichen? Schon jetzt gibt es Nähautomaten.

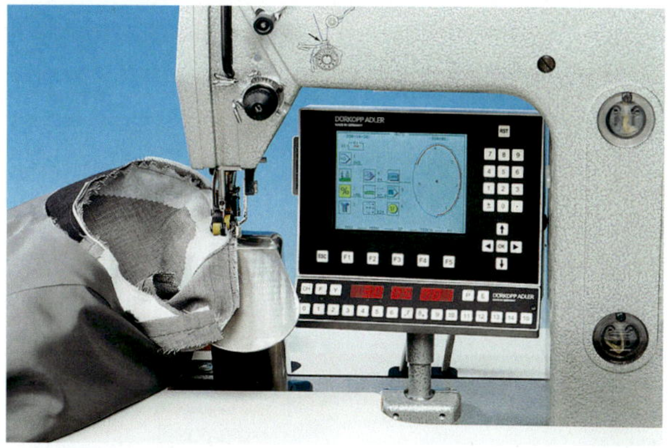

Das Nähprogramm wird z.B. für das Einnähen eines Ärmels in einer bestimmten Größe erstellt. Der Halbautomat kann schnell auf Armweiten programmiert werden. Die Umstellung auf linker–rechter Ärmel erfolgt durch Tastendruck. Die Modenäherin wird beim Programmieren mit Hinweisen geführt. Das geht schnell bei kurzer Anlernzeit. Die Näharbeit ist einfacher geworden – die EDV stellt aber neue Anforderungen. Eine solche Maschine lohnt nur bei hochwertiger, hochpreisiger Bekleidung.

A

Aufgaben

1 Erklärt, was mit der „3D-Technik“ gemeint ist.

2 Findet in den Texten auf S.212 Anwendungsmöglichkeiten für diese Technik.

3 Vergleicht das Maßnehmen mit Maßband und per Scanner. Wann lohnt es sich, diese Technik einzusetzen? Lest dazu auch **M3**, S.218.

4 Nennt Gründe für die Verlagerung der Bekleidungsfertigung ins Ausland.

5 Erkundet in Geschäften die Herkunftsländer der Bekleidung. Nennt Gründe dafür.

6 Warum kann im Ausland Bekleidung so billig produziert werden? (Nutzt auch **M2**, S.217. Bezieht ein, wie sich geringe Arbeitskosten auf die Einkommen auswirken [siehe dazu 3. Deckel, Bruttoinlandsprodukt je Einwohner]).

7 „Mit Nähautomaten kann die Bekleidung wieder in Deutschland gefertigt werden.“ Diskutiert diese These in einer *Pro- und Kontra-Debatte*.

4 Informations- und Kommunikationstechniken leisten Dienste

Familie Herz – ein Dienstleistungshaushalt

Herr und Frau Herz bilden mit Nico (11 Jahre) und Merle (14 Jahre) eine Familie. Die Eltern sind beide erwerbstätig. Die Kinder besuchen eine Ganztagsschule. Familie Herz nimmt viele Dienstleistungen in Anspruch: (Schul-)Kantine, Friseur, Arzt, Kellner, Nachhilfelehrer, Reinigung, Reisebüro, Versicherungsvertreter, Reinigungshilfe. Frau Herz kann ihre pflegebedürftige Mutter nicht selbst pflegen. Das übernimmt eine *Sozialstation*.

Servicefahrer: ein neuer Beruf

Vermehrt werden → Dienstleistungen nachgefragt und auch angeboten. Dadurch entstehen auch neue Berufe, wie z.B. der Servicefahrer.

Servicefahrer sind in den Bereichen Berufsbekleidungsservice, Hygienedienstleistung, Lebensmittelversorgung, Technikservice sowie Kurier-, Express- und Postdienstleistung tätig.

Mehr dazu unter www.bibb.de ▸ Berufe ▸ Suche nach Berufen

Dienstleistungen bei der Warenproduktion

Auch bei der Warenproduktion werden vermehrt Dienstleistungen erbracht. Im produzierenden Gewerbe entfallen darauf inzwischen mehr als 40% aller Tätigkeiten. Es betrifft insbesondere die Beschaffung von Gütern, die Verwaltung im Betrieb und den Transport von Gütern. Teilweise werden Dienstleistungen durch andere Unternehmen erledigt, z.B. Büroreinigung, Buchhaltung.

Einsatz der Informations- und Kommunikationstechnologien (IKT)

Der Dienstleistungsbereich nutzt verstärkt die → IKT. Das verändert manche Dienstleistung. Vielfach können Unternehmen dadurch auch den hohen Arbeitskosten ausweichen.

Anbieter
- stellen auf Selbstbedienung um, z.B. bei Backwaren oder im Fahrkartenverkauf
- lassen die Leistung von ausländischen Unternehmen erbringen, z.B. Speditionen

Verbraucher
- kaufen im Internet, z.B. Reisen
- nutzen den schnellen Preisvergleich im Internet, z.B. www.geizkragen.de
- erledigen die Arbeit selbst, z.B. digitale Fotobearbeitung am PC
- kaufen im Ausland, z.B. Zahnprothesen, Kuren

A Aufgaben

1 Welche Dienstleistungen fragt Familie Herz nach? Warum macht sie das?

2 Nennt Dienstleistungen, die bei der Warenproduktion zu erledigen sind.

3 „Die Zukunft für Erwerbstätigkeit in Deutschland liegt im Dienstleistungsbereich.“ Begründet diese Behauptung mithilfe von M1, M2, S.217.

4 Nennt Bespiele für Anwendungen der IKT bei Dienstleistungen.

5 Aus welchen Gründen sparen Anbieter und Nachfrager Dienstleistungen ein, erledigen sie selbst oder lassen sie im Ausland erbringen (mehr dazu in M2, S.218)?

6 Die IKT machen es Verbrauchern möglich, auf den Kauf von Dienstleistungen zu verzichten. Nennt Beispiele.

7 Welche Dienstleistungen sind erst durch die Entwicklung der IKT möglich geworden?

5 Beispiele aus der Dienstleistungsgesellschaft

Wandel im Handel

Seit 1996 bietet ein Einkaufszentrum in Oberhausen, das CentrO, auf 70 000 m^2 Verkaufsfläche das umfassende Einkaufserlebnis. Neben vielfältigen Geschäften bietet es Einrichtungen für Gastronomie, Freizeit und verschiedene Servicebetriebe mit Dienstleistungen aller Art.

Aus dem Internetauftritt

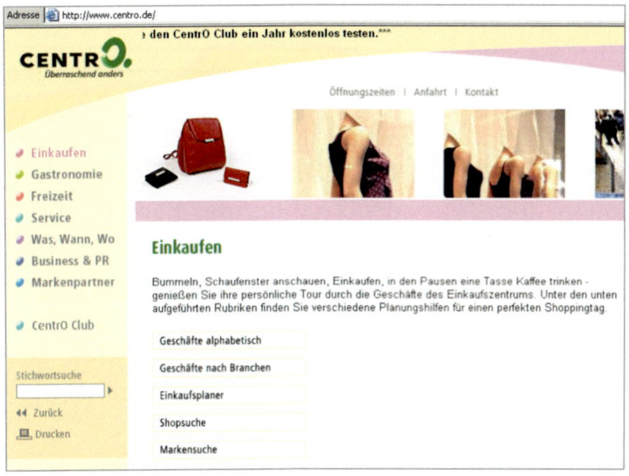

Erlebniskauf auf der „grünen Wiese“

Was in Oberhausen mit dem „CentrO“ entstanden ist, zeigt einen allgemeinen Trend beim Angebot von → Konsumgütern. Nach den Fachmärkten und Einkaufszentren drängen zusätzliche Freizeit- und Unterhaltungsangebote auf den Markt. Sie werden z.B. in Verbindung mit Gastronomie, Kinos, Aquarien, Multi-Media-Shops geplant. Man setzt auf eine konsumfreudige, kaufkräftige und (auto-)mobile Kundschaft. Diese soll dort ihre Freizeit verbringen. Solche Einkaufsmöglichkeiten werden meist für die Stadtrandlage geplant.

Dieser Wandel fand in einer Zeit statt, in der der Einzelhandel erhebliche Umsatzeinbußen hatte. Während die Nachfrage sank, wuchs das Angebot. Der Konkurrenzkampf um die Kundschaft ist härter geworden. Darunter leiden besonders Geschäfte in wenig attraktiven Lagen.

Innenstädte und Stadtteilzentren sind durch neue Einkaufszentren, auch vor der Stadt, bedroht.

Leer stehende Ladenlokale sind Zeichen dafür, dass die Kunden die Innenstädte seltener nutzen.

Verliert der Einzelhandel dort an Bedeutung, leiden auch andere Branchen (z.B. Gastronomie). Eine verantwortungsbewusste Planung der Gemeinden hilft, dass diese für ihre Bewohner und Investoren attraktiv und lebensfähig bleiben – oder wieder werden.

Nach **Bezirksregierung Düsseldorf:** www.bezregduesseldorf.nrw.de/BezRegDdorf/hierarchie/themen/Planung_und_Kommunales/Inter-kommunale_Zusammenarbeit/wandel.php

▲ Im Freizeit- und Erlebnispark haben die Besucher die Möglichkeit, sich im Grünen oder bei Sport und Spiel zu entspannen.

Internetnutzung

Ende 2010 nutzten ca. 70 % der Bevölkerung Deutschlands das Internet; der Anteil steigt weiter. Experten sehen auf Dauer den Anteil des Internethandels am Einkauf zwischen 10 und 20 %.

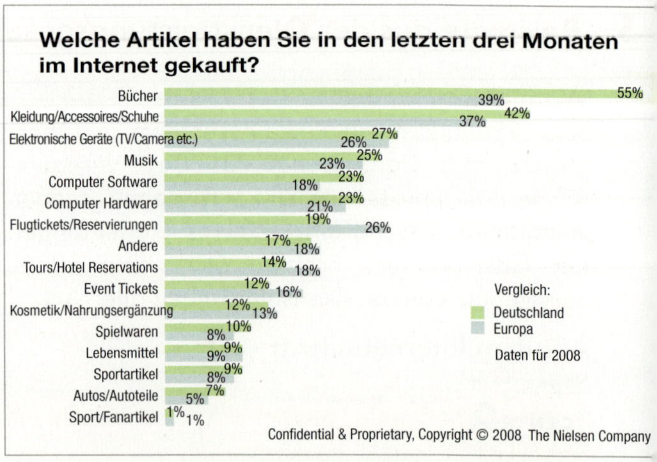

Online-Versandhandel boomt

Für den deutschen Versandhandel wird das Internet immer wichtiger. Ca. 15 Jahre nach dem Start der ersten Online-Shops trägt der elektronische Einkauf weit mehr als die Hälfte zum Gesamtumsatz bei – Tendenz stark steigend …
Waren im Wert von 18,3 Milliarden Euro werden die deutschen Versandhandels-Unternehmen im Jahr 2010 über das Internet verkaufen – etwa ein Drittel mehr als noch 2009. Während sich das Geschäft mit den klassischen Katalogen eher mäßig entwickelt, verzeichnen die Online-Bestellungen einen Boom: Am gesamten Umsatz der Branche von mehr als 30 Milliarden Euro hat der Internethandel einen Anteil von ca. 60 %. Dieser Anteil steigt weiter. Die Mehrumsätze im Internet fehlen dem Handel an anderer Stelle. Vor allem der stationäre Fachhandel kommt durch das Internet unter Druck …

Nach: **Westdeutscher Rundfunk**: Wirtschaft (21.11.2005), aktualisiert 2010
www.wdr.de/themen/wirtschaft/wirtschaftsbranche/versandhandel/051121.jhtml?rubrikenstyle=wirtschaft

A Aufgaben

1 Welche Veränderungen im Einzelhandel werden beschrieben? Vergleicht das mit Entwicklungen in eurer Gemeinde.

2 Erstellt für euch eine Einkaufsplanung im CentrO. Nutzt dazu das Internet.

3 Stellt Dienstleistungen zusammen, die im CentrO angeboten werden.

4 Erörtert folgenden Konflikt im *Rollenspiel*:

In der Stadt ÜBERALL will ein Handelsunternehmen ein Einkaufszentrum bauen. Die Stadtverordneten erörtern den Antrag.
BÜRGERMEISTER: „Das ist für unsere Stadt eine große Chance. Wir ziehen damit viele Besucher an. Das schafft zusätzliche Arbeitsplätze und auch noch Steuereinnahmen."
SPRECHER STADTMARKETING: „Das bedeutet für viele kleine Geschäfte den Tod."
SPRECHER BÜRGERINITIATIVE: „Wir möchten nicht durch Lärm, Abgase und verstopfte Straßen noch mehr gestört werden. Einkaufsmöglichkeiten gibt es hier bereits genug."

5 Nennt Veränderungen im Versandhandel durch die Möglichkeiten der Internetnutzung (siehe dazu auch **M4**, S. 218).

6 Die Firma Google hat eine starke Stellung im Internethandel. Ermittelt angebotene Dienstleistungen. www.google.de

Google-Kennzahlen 2010	
Umsatz in Mrd. Dollar	29,3
Gewinn (nach Steuern) in Mrd. Dollar	8,5

finanzen.net
www.finanzen.net/bilanz_guv/Google
(19.11.2011)

7 Befragt Verbraucher zur Internetnutzung beim Kauf. Aspekte könnten u.a. sein:
- Zeitbedarf im Vergleich zum Einkauf im „normalen" Handel;
- Informationen über Produkt, Beratung.

Zieht dazu die Ausführungen zur Methode: Befragung heran.

6 Weiterführendes Material

M1 Erwerbstätige, Waren und Dienstleistungen in Wirtschaftsbereichen

Erwerbstätige insgesamt in Mio.	**1991** 38,4	**2010** 40,6
Anteile an den Bereichen, gerundet	(in Prozent)	
Land- und Forstwirtschaft	4	2
produzierendes Gewerbe ohne Bau	29	19
Baugewerbe	7	6
Handel, Gastgewerbe und Verkehr	24	23
Finanzierung, Vermietung und Unternehmensdienstleistungen	10	17
öffentliche und private Dienstleister	25	31

Statistisches Bundesamt (Hrsg.): (2011) www.destatis.de ▶ Arbeitsmarkt ▶ Erwerbstätige und Arbeitnehmer nach Wirtschaftsbereichen

Waren und Dienstleistungen in jeweiligen Marktpreisen* insgesamt 2152 Mrd €	**1991**	**2010**
Anteile an den Bereichen	(in Mrd. €)	
Land- und Forstwirtschaft	19	19
produzierendes Gewerbe ohne Bau	427	532
Baugewerbe	84	92
Handel, Gastgewerbe und Verkehr	249	386
Finanzierung, Vermietung und Unternehmensdienstleistungen	325	682
öffentliche und private Dienstleister	290	528

* Marktpreise: erzielte Preise im genannten Jahr

www.destatis.de ▶ volkswirtschaftliche Gesamtrechnungen ▶ Inlandsprodukt ▶ Bruttowertschöpfung nach Wirtschaftsbereichen

M2 Arbeitskosten im Vergleich

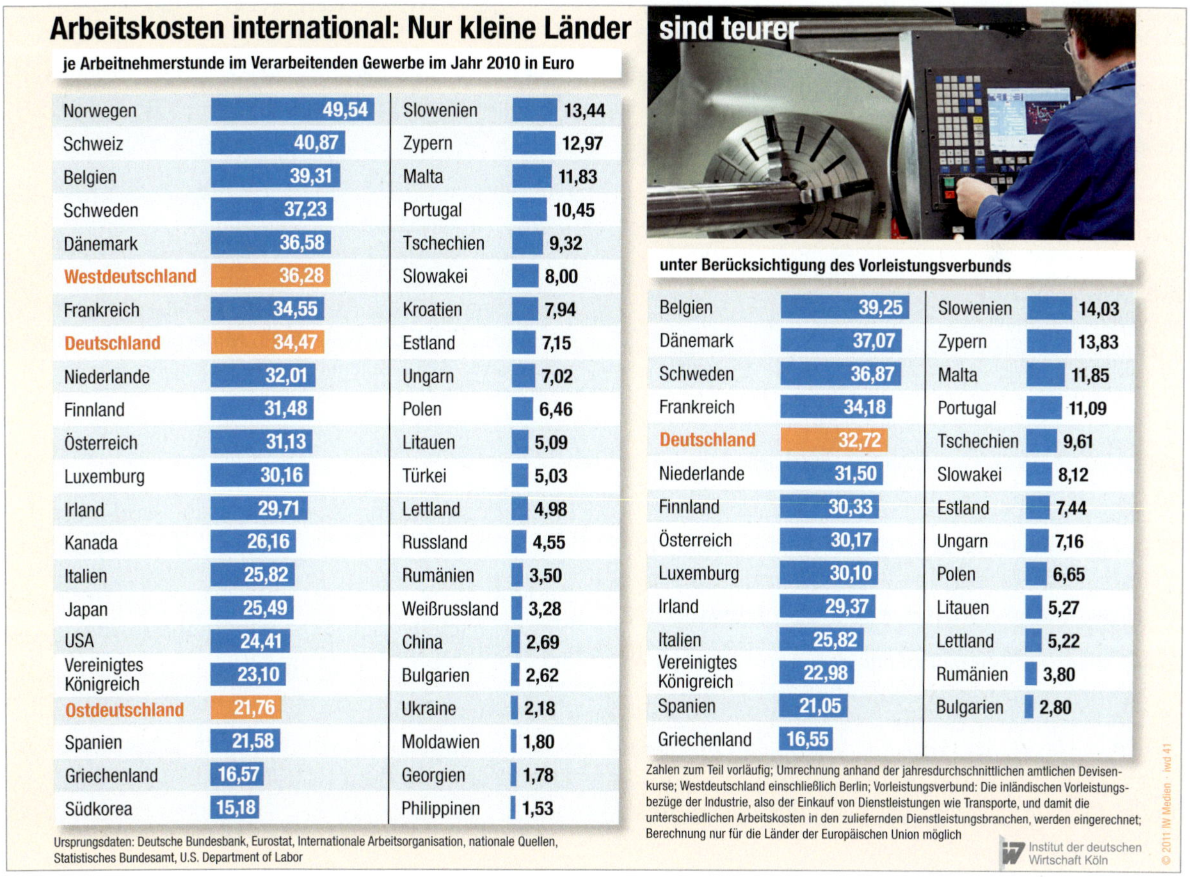

M3 Zur schnellen Maßbekleidung

Dreidimensionale (3D) Scanner erfassen die Person und liefern Daten für ein genaues Abbild. Dabei fahren Kameraköpfe den Körper ab und registrieren die 3D-Koordinaten aus den Reflexionen eines Laserstrahls. Die so entstehende Punktehülle wird in ein Flächenmodell überführt. Nun können Längen- und Umfangsmaße abgenommen werden. Diese sind Grundlage der Schnittkonstruktion. Es können sogar Maße abgetragen werden, die mit dem Maßband in die Intimsphäre des Kunden eingreifen.
Die Maße werden online an den Kleidungshersteller übertragen, um individuelle Maßbekleidung herzustellen und auszuliefern.

Nach **Human-solutions**: www.bekleidung-nach-mass.de ▸ Technik ▸ Technologie

M4 Bestellweg Versandhauskäufer 2010

	Umsatzangaben in Mrd. Euro	Umsatzanteil in Prozent
telefonisch oder schriftlich	10,8	35,6
per Internet	18,3	60,4

bvh: TNS-Studie 2010
www.versandhandel.org
▸ Zahlen und Fakten ▸ Zahlen, Fakten und Grafiken

M5 Erneuerbare Energieträger

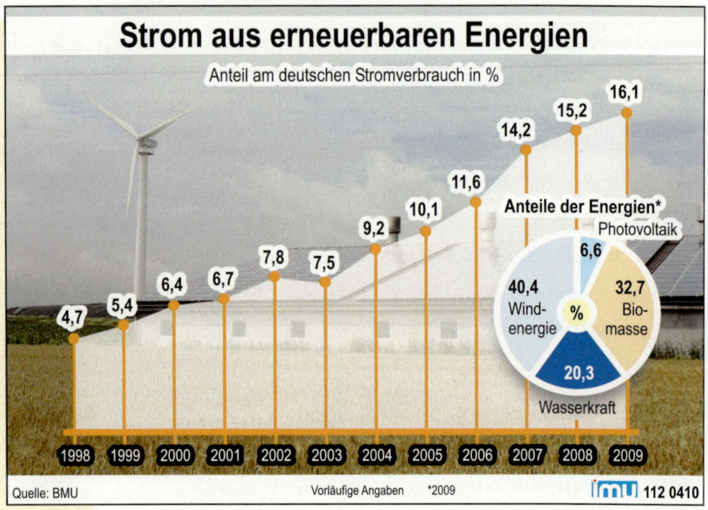

Der Staat fördert die Stromerzeugung aus regenerativen Energiequellen. Bei steigendem Rohölpreis wird diese wettbewerbsfähiger.

M6 Preisentwicklung für ausgewählte Rohöle der OPEC[1)]

Jahr[2)]	in $ pro Barrel (159 l)	Jahr[2)]	in $ pro Barrel (159 l)
1960	1,63	2000	27,60
1975	10,43	2008	94,10
1980	35,52	Juli 2011	111,62
1990	22,26		

[1)] OPEC (Organisation Erdöl exportierender Länder)
[2)] Jahresdurchschnitt (1960–2008) **Mineralölwirtschaftsverband:** OPEC Bulletin, Petroleum Intelligence Weekly (PIW) www.mwv.de ▸ Statistiken ▸ Mineralölstatistik

Arbeiten mit den Materialien

Zu **M1**

1 Vergleicht die Anteile der Erwerbstätigen 1991 und 2009. Errechnet Veränderungen bei produzierendem Gewerbe und Dienstleistungen.

2 In welchen Wirtschaftsbereichen nahmen angebotene Güter besonders zu?

Zu **M2**

Was gehört zu den Arbeitskosten? Nennt die Bedeutung im Wettbewerb. Erklärt Zusammenhänge zwischen Arbeitskosten und Bruttoinlandsprodukt je Einwohner (s. 3. Deckelseite).

Zu **M3**

Nennt Vorteile der 3D-Scanner beim Einsatz in der Bekleidungsfertigung.

Zu **M5** und **M6**

Stellt Bezüge her zwischen der Erzeugung von Ökostrom und dem Rohölpreis.

Alles klar?

Technischer und wirtschaftlicher Wandel

1 Henry Ford, Firmengründer des heute (2006) drittgrößten Automobilherstellers der Welt hinter General Motors und Toyota, träumte von einem billigen, zuverlässigen Auto für die breite Masse. 1913 führte er das Fließband ein und verdoppelte bald darauf die Löhne seiner Arbeiter auf fünf Dollar pro Tag. Ford konnte mithilfe der Fließbandproduktion die Preise senken und gleichzeitig den Autoabsatz steigern. Der Autopreis betrug bei Beginn der Fließbandproduktion 600 Dollar und vier Jahre später 360 Dollar. Begründe, warum die Fließbandproduktion die Verbreitung des Autos förderte.

2 „Technische Erfindungen bestimmen Art, Menge und Preis der angebotenen Güter."
Begründe diese Behauptung durch Beispiele aus der Technikgeschichte.

3 Fragt in der Altersgruppe eurer Eltern und Großeltern nach, an welche technischen Neuigkeiten sie sich erinnern können.
Stellt daraus in der Klasse eine kleine Technikgeschichte zusammen.

4 Begründe, warum ein steigender Rohölpreis die Verbreitung der Solartechnologie fördert.

▲ Neueste Technik zur Verbesserung der Solar-Stromerzeugung: Trägersystem, das die Solarzellenmodule der Sonne nachführt. Die erzeugte Sonnenenergie steigt, denn so werden alle Sonnenstunden effektiv genutzt.

5 Erkläre, unter welchen Voraussetzungen neue Technik in der Produktion eingesetzt wird.

▲ Arbeiter an einem Fließband der Ford Motor Company, Foto um 1935

6 Frage nach, welche Dienstleistungen in eurer Schule angeboten werden und von wem.

7 Nenne mindestens drei Gründe dafür, warum Dienstleistungen vermehrt angeboten werden.

8 Aus welchen Gründen werden Dienstleistungen im Ausland nachgefragt bzw. erbracht?

9 Nenne Folgen der steigenden Lebenserwartung der Bevölkerung für das Angebot bestimmter Dienstleistungen.

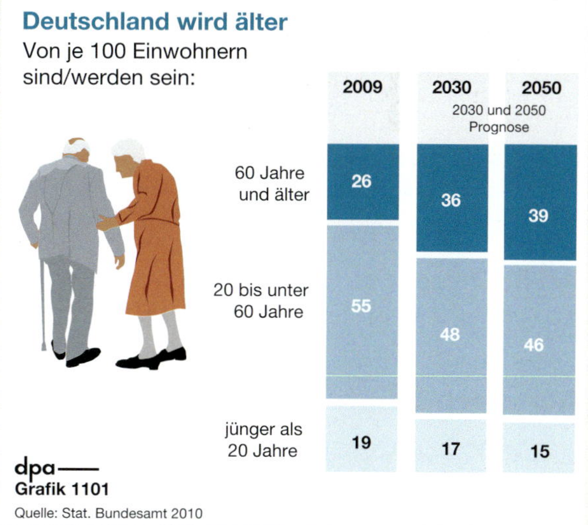

10 Schreibt mindestens fünf Dienstleistungen auf, die im Internet angeboten werden.

11 Schreibt drei Gründe für den „Wandel im Handel" auf.

Arbeit, Beschäftigung und Berufsbildung im Wandel

1 Wohin entwickelt sich die Arbeit?

Bildungspolitikerin:
Berufsarbeit fordert verstärkt Team- und Kommunikationsfähigkeit. Meist geht es um ein Bündel von Fähigkeiten. So sollte der Monteur heute vor einer Reparatur den Kunden beraten können, ob ein Neukauf lohnender ist. Zur Chancengerechtigkeit gehört eine gute Allgemeinbildung und Berufsbildung für alle.

Moderatorin:
Meine Damen, meine Herren, willkommen bei ‚Talk zu Arbeit und Beruf'.
Ich freue mich, hier einen Vertreter eines Unternehmens, eine Gewerkschafterin, einen Wissenschaftler und eine Bildungspolitikerin zu begrüßen …
Bitte nehmen Sie doch zuerst Stellung zur Leitfrage.

Wissenschaftler:
Die Beschäftigung nach Auftragslage wird zunehmen. Neue Arbeitsformen, wie Telearbeit, befristete Anstellung für ein Projekt, werden für viele normal sein – leider auch Zeiten von Arbeitslosigkeit. Am Arbeitsplatz gewinnt selbstständiges Handeln und Weiterbildung an Bedeutung. Unqualifizierte finden schwerer bezahlte Arbeit.

Gewerkschafterin:
Der Druck durch Rationalisierung und Automatisierung nimmt zu. Wir sollten flexibel arbeiten – sind aber auch Mütter und Väter! Der Profit und nicht der arbeitende Mensch steht im Mittelpunkt. Unternehmen müssen mehr in Aus- und Weiterbildung investieren. Wir brauchen selbstständig arbeitende Fachkräfte.

Unternehmer:
Selbstständig arbeitende Mitarbeiter müssen gut ausgebildet sein und sich weiterbilden – auch in der Freizeit. Der Arbeitsablauf ist rationeller zu gestalten. Sie müssen, je nach Arbeitsanfall, flexibel in ihrer Arbeitszeit sein. Nur so sind wir auch in Zukunft wettbewerbsfähig. Es geht um den Standort Deutschland.

▸ **Leitauftrag** Welche Interessen werden deutlich? Wie schätzt ihr die Antworten ein? Spielt den Talk im Rollenspiel weiter.

B Auf einen Blick

Ihr beschreibt Arbeitsanforderungen, die selbstständiges Handeln erfordern und erklärt, wie Ausbildung darauf vorbereiten kann.

Ihr begründet Forderungen zur Flexibilisierung der Arbeit und zu neuen Tätigkeitsformen.

Ihr begründet die Bedeutung einer qualifizierten Berufsbildung für alle Jugendlichen.

Ihr reflektiert Zusammenhänge zwischen Ausbildung, Beschäftigungssituation und Verdienst.

Ihr begründet staatliche Maßnahmen zur Verbesserung der Ausbildungssituation.

Ihr bewertet die Stellung der Arbeitnehmer im Kontext von mehr Flexibilität und weniger geschützten Arbeitsverhältnissen.

2 Organisation der Arbeit fordert handlungsfähige Mitarbeiter

Betriebe müssen ihre Güter nach dem → wirtschaftlichen Prinzip erstellen. Dazu gehört auch die passende → Betriebsorganisation. Diese ist unterschiedlich, je nachdem, ob z.B.

- Küchenmöbel nach individuellem Kundenauftrag gefertigt werden (siehe ab S.51),
- die Isolierung in einem Altbau verbessert wird,
- eine Telefonanlage repariert wird,
- ein Kranker versorgt wird.

Entsprechend haben sich die Anforderungen an die Beschäftigten geändert.

Früher wurde stärker vorgegeben, was der Mitarbeiter wie und wann zu tun hat. Er musste direkt nach Anweisungen arbeiten. Die Erstellung eines Gutes dauerte oft lange, weil die Fertigung an verschiedenen Arbeitsplätzen erfolgte. Der Mitarbeiter hatte nicht gelernt, einen Auftrag selbstständig zu planen, flexibel durchzuführen und zu prüfen, ob das Ergebnis der geforderten Qualität entspricht.

Heute ist die Fähigkeit zum eigenverantwortlichen Handeln wichtiger, um anspruchsvolle Güter günstig zu erstellen. Darauf wird die → Arbeitsorganisation und die Berufsbildung ausgerichtet. Der Einzelne ist – teilweise im Team – verantwortlich für die Tätigkeiten im Aufgabenbereich.

Beispiel 1: Integrierte Facharbeit bei der Produktion von Metallpulver

MECHANIKER: „Diese Produktionsanlage wurde im letzten Jahr in Betrieb genommen. Damit wird Metallpulver zur Beschichtung von Elektronik-Bauteilen hergestellt. Die Arbeit bei der Überwachung und Steuerung ist schon anspruchsvoll. Früher haben wir bei einer Störung den Meister benachrichtigt. Der beauftragte dann den Betriebshandwerker. Dieser besorgte die Ersatzteile und erledigte die Reparatur – wenn er es konnte und Zeit hatte. Das gab lange Pausen, die wir uns heute nicht erlauben können. Heute tauschen wir vorsorglich Verschleißteile aus. Störungen können wir einschätzen und schnell beseitigen. Die Anlage steht selten still. Wir sind auch Dienstleister bei Wartung und Reparatur. Die Arbeit ist abwechslungsreicher, aber oft stressiger."

Beispiel 2: Integrierte Sachbearbeitung bei der Haftpflichtversicherung

KUNDE: „Ich habe da noch eine Rückfrage. Die Reparatur meines durch Unfall beschädigten Autos dauert eine Woche. Kann ich für diese Zeit einen Leihwagen nehmen?"

SACHBEARBEITER: „Bei der Reparatur können wir wahrscheinlich nur drei Tage zahlen. Das entscheidet der Gutachter. Ansonsten regele ich alles für Sie – von der Schadensaufnahme bis zur Prüfung und Abrechnung Ihrer Ansprüche."

Beispiel 3: Arbeit bei der ganzheitlichen Pflege auf einer Krankenhausstation

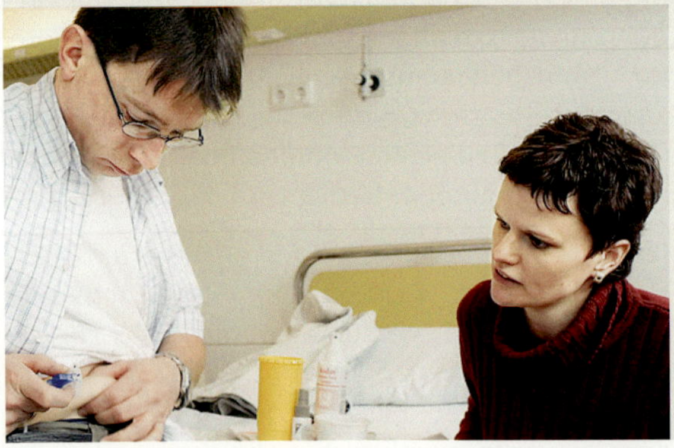

KRANKENPFLEGERIN: „Guten Morgen. Ich heiße Sonja Baum. Ich bin für Sie hier im Krankenhaus in allen pflegerischen und beratenden Angelegenheiten zuständig. Für die Zeit danach empfehle ich Ihnen die Betreuung durch ein ambulantes Diabeteszentrum. Den Kontakt dahin kann ich bereits jetzt herstellen. Hier bei uns lernen Sie mit meiner Unterstützung das Spritzen von Insulin und die regelmäßige Blutzuckerkontrolle."

PATIENT: „Und wie sieht das zukünftig mit dem Essen aus? Vermitteln Sie mir doch bitte eine Ernährungsberatung."

Was zur beruflichen Handlungskompetenz gehört

Als kompetent gilt, wer über persönliche Voraussetzungen verfügt, sich auf neue Anforderungen einzustellen und die erforderlichen Qualifikationen anzueignen.

- Zunächst einmal ist es das Fachwissen und Können, also **Fach- und Sachkompetenz**.
- In der Regel ist eine Zusammenarbeit mit anderen Menschen erforderlich. Dazu ist Teamfähigkeit, die **Sozialkompetenz** gefragt.
- Eine kritische Betrachtung der eigenen Persönlichkeit beim beruflichen Handeln ist ebenfalls notwendig. Wer das schafft, an sich arbeitet und Verantwortung für sich übernimmt, zeigt **Humankompetenz**.
- Um sich in diesen Bereichen zu entwickeln, helfen Lernmethoden und Lerntechniken sowie sprachliche Fähigkeiten. Wer darüber verfügt, hat **Methoden-** und **Lernkompetenz** sowie **kommunikative Kompetenz.**

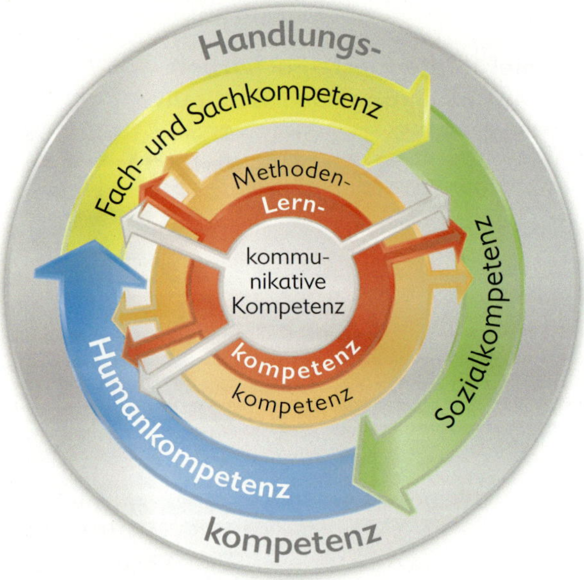

A Aufgaben

1 Erklärt am Beispiel 1
a) den Begriff Arbeitsorganisation;
b) wie sich die Arbeit verändert hat;
c) Auswirkungen integrierter Facharbeit auf
· Qualität und Kosten der Waren und Dienstleistungen,
· die Befriedigung/Belastung durch die Arbeit.

2 Erklärt für Beispiel 2 den Begriff der Überschrift. Begründet erforderliche Kompetenzen.

3 Nennt Vorteile einer Pflege, die wie im Beispiel 3 organisiert ist. Welche Fähigkeiten fordert diese?

4 Sprecht mit jemandem, der Patient im Krankenhaus war, über Anforderungen an Pflegekräfte. Ordnet diese den Teilkompetenzen zu.

5 Das Leitziel im Beruf Kellner/-in ist gastorientiertes Handeln. Erklärt am Schaubild Kompetenzen, einen Gast zu bedienen.

3 Ziel: der flexible Arbeitnehmer

Zahlen zur Arbeit in Deutschland 2009

3,6 Mio. Betriebe
40,3 Mio. Erwerbstätige (davon 27,4 Mio. sozialversicherungspflichtige Arbeitnehmer) davon:
9 Mio. **Teilzeitbeschäftigte**
in 61 % der Betriebe
2,6 Mio. **befristet Beschäftigte**
in 20 % der Betriebe
0,6 Mio. **Leiharbeitnehmer** in 3 % der Betriebe

Viele Betriebe bauten in den letzten Jahren Personal ab. Sie rationalisierten, um Kosten zu sparen, und erwarteten steigende Leistungen. Zur Rationalisierung wurde die **Flexibilisierung der Arbeitszeit** genutzt (siehe auch Betriebsvereinbarung S.57). Entsprechend der Auftragslage wird mehr oder weniger gearbeitet und ein Arbeitszeitkonto geführt. Dieses nutzen viele Branchen, z.B. Bauunternehmen: Im Sommer wird mehr als im Winter gearbeitet.
Flexible Arbeitszeiten sind Eltern wichtig, die Kinder betreuen. Viele Betriebe ermöglichen familienfreundliche Arbeitszeiten.
Zunehmend werden Mitarbeiter zunächst befristet eingestellt. Dies ist gesetzlich für eine Dauer von bis zu 2 Jahren möglich.

Arbeitsort nach Auftragslage

Auf kurzfristigen Bedarf reagieren die Betriebe neben der Anordnung von Überstunden mit der Beschäftigung von Leiharbeitnehmern. Diese stehen in einem Arbeitsverhältnis bei Zeitarbeitsunternehmen und werden nach Bedarf an Kundenbetriebe ausgeliehen. Sie verdienen oft nur wenig mehr als die Hälfte des Entgelts der Stammbelegschaft. Nur ein kleiner Teil der Leiharbeitnehmer wird übernommen. Die Praxis zeigt, dass solche Arbeitsverhältnisse auch auf Kosten der Mitarbeiter missbraucht werden, um Verdienste im Betrieb zu drücken.

DGB-Studie zur Leiharbeit: Trotz Vollzeitjob nur halbes Einkommen

Gleiche Arbeit, halber Lohn: Nach einer DGB-Studie verdienen Leiharbeitskräfte nur knapp halt so viel wie andere Vollzeitbeschäftigte. Und jeder Achte sei auf Hartz IV angewiesen.

ZDF, 07.02.2011
http://www.heute.de/ZDFheute/inhalt/22/0,3672,8207742,00.html

▲ Gewerkschafter und Politiker haben am 23. Februar 2011 vor dem Bundeskanzleramt in Berlin für die Gleichbehandlung von Leiharbeitern demonstriert
http://www.dgb.de/themen/++co++4b09567c-3f5d-11e0-4466-00188b4dc422

A Aufgaben

1 Befragt Eltern und Bekannte nach ihren Erfahrungen mit Leiharbeit.

2 Stellt zu flexibler Arbeitszeit die Interessen von Arbeitnehmern und Arbeitgebern gegenüber.

3 Vergleicht die Situation befristet beschäftigter Mitarbeiter mit fest angestellten.

4 Nehmt Stellung: Befristung der Arbeit umgeht den Kündigungsschutz.

5 Wann kann Leiharbeit Sinn machen? Welche Arbeitnehmerrechte sind dabei in Gefahr? Bezieht dazu das Plakat der Gewerkschaft mit ein.

4 Gibt es qualifizierte Berufsbildungsmöglichkeiten für alle?

Ausbildungskosten tragen der Staat und Unternehmen. Für einen Teil der Betriebe lohnt sich die Arbeit der Auszubildenden. Wegen der Wirtschaftslage strichen viele Unternehmen Ausbildungsstellen. Sie meinten, nicht selbst ausbilden zu müssen. Bei Bedarf waren ja Arbeitslose verfügbar. Viele Jugendliche erhielten deshalb keinen Ausbildungsplatz. 2009 kamen auf 100 Bewerber im Durchschnitt 83 Ausbildungsstellen. Es fehlen auch genügend Wahlmöglichkeiten für die Berufe. 2009 standen in Westdeutschland z.B. 753 nicht vermittelten Bewerbern für Metallberufe 861 unbesetzte Stellen gegenüber.

Viele Jugendliche fanden keinen Ausbildungsplatz. Von ausländischen Jugendlichen, die sich im Frühjahr 2008 für eine betriebliche Ausbildung interessierten, sind im Herbst nur 26% in Ausbildung, bei den deutschen 58%. Ein großer Teil Jugendlicher besucht schulische Bildungsgänge (BGJ, BFS, BVJ), um die Chancen auf Ausbildung oder Arbeit zu verbessern. Seit Jahren bleiben mehr als 10% der Jugendlichen ohne Berufsausbildung; 75% davon auch ohne Schulabschluss. Staatliche Programme sollen Benachteiligte fördern (siehe **M2**, S.226).

Absolventen allgemeinbildender Schulen und Anfänger/-innen in Berufsbildungsgängen	**Jahr**	
(Angaben in 1000)	**1999**	**2009**
Absolventen allgemeinbildender Schulen	918	886
Neue betriebl. Ausbildungsverträge	550	513
Neue außerbetriebl. Ausbildungsvertr.	81	55
vollqualifizierende schul. Bildungsgänge	137	154
(davon Gesundheitsberufe)	44	57
Berufsgrundbildungsjahr (BGJ)	40	32
Berufsfachschule (BFS)	142	142
Berufsvorbereitung (BVJ)	69	42
Fachoberschule, Klasse 11	44	68
berufsvorbereitende Maßnahmen außerschulischer Träger	138	98
Studienanfänger	291	423
Arbeitslose unter 20 Jahren	101	66

BIBB (Hrsg.): Datenreport 2011, Bonn 2011, S.237, 238

Von allen ausbildungsberechtigten Betrieben bildeten aus	**Jahr**	
(Angaben in %)	**2000**	**2009**
1 bis 9	38	41
10 bis 49	70	72
50 bis 499	84	87
500 und mehr	93	97

BIBB (Hrsg): Datenreport 2011, S.197

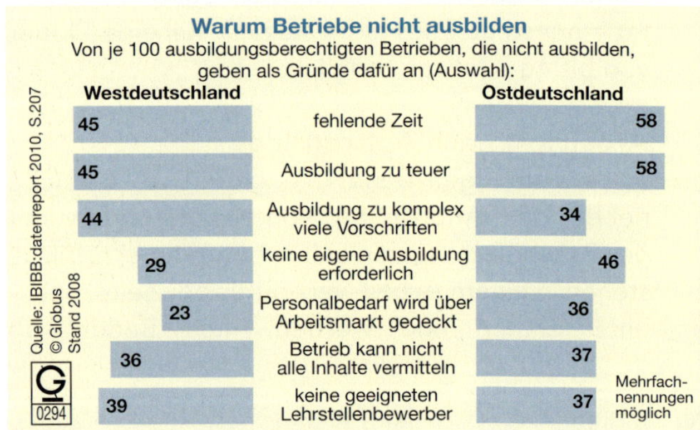

A Aufgaben

1 Aus welchen Gründen bilden Betriebe aus?

2 Wovon hängen die Ausbildungsplätze im Betrieb/der Region ab? Wie ist die Situation bei euch?

3 Warum fehlen besonders für ausländische Jugendliche Ausbildungsmöglichkeiten?

4 Setzt den Anteil von vollqualifizierenden schulischen Berufsbildungsgängen sowie Maßnahmen außerschulischer Träger in Beziehung zu neuen betrieblichen Ausbildungsverträgen.

5 „Die Ausbildung ist für die Unternehmen zu teuer. Diese sollte der Staat bezahlen und Ausbildungsvergütungen senken." Erörtert diese These in einer Pro- und Kontra-Debatte.

5 Ausgebildet und was dann?

In manchen Berufen wird über den Bedarf ausgebildet, z. B. bei Köchen oder Friseuren. Dafür gibt es verschiedene Gründe:

- Nicht alle Ausgebildeten wollen später im erlernten Beruf arbeiten. Sie wechseln wegen des Verdienstes oder der Arbeitsbedingungen.
- Betriebe verringern die Anzahl der Arbeitsplätze bzw. übernehmen Auszubildende nicht.
- Betriebe beschäftigen einen geringen Anteil Fachkräfte und nutzen Auszubildende als günstige Arbeitskräfte.

Von 100 Auszubildenden wurden 2009 vom Ausbildungsbetrieb übernommen

Beschäftigte (in %)	**West-deutschland**	**Ost-deutschland**
1–9	42	45
10–49	56	53
50–499	62	46
500 und mehr	76	57

BIBB (Hrsg.):
Datenreport 2011, Bonn 2011, S.197

Anteil Auszubildender, die sich nach Ausbildungsabschluss arbeitslos meldeten

in Prozent	**2005**	**2008**	**2009**
Westdeutschland	32	27	31
Ostdeutschland	47	47	48

BIBB (Hrsg.):
Datenreport 2011, S.263

Ausgebildete, deren Ausbildung in vollzeitschulischen Berufsbildungsgängen bzw. außerbetrieblich erfolgte (siehe S.224), finden schlecht Arbeit, weil Betriebe diese Bildungsgänge oft als nicht ausreichend praxisnah ansehen.

Verdienste in ausgewählten Berufen

Beim Verdienst nach der Ausbildung gibt es zwischen den Berufen erhebliche Unterschiede. Gründe dafür sind berufliche Anforderungen, die wirtschaftliche Lage der Branche und die Nachfrage für einen Beruf am Arbeitsmarkt. Die Statistik unten bestätigt dies am Beispiel für das Tarifgebiet NRW.

Die angegebenen Verdienste bei den Berufen setzen teilweise berufliche Erfahrungen voraus. Laut Tarifvertrag ist oft nach einer bestimmten Zeit eine Erhöhung vorgesehen.

Zusätzlich zahlt ein Teil der Betriebe Leistungszulagen (Prämien).

Beruf	**Jahr Tarif-vertrag**	**Brutto-monats-verdienst[1] in Euro**
Alleinkoch/-köchin	2010	2029
Arzthelfer/-in	2009	1495–2237
Bäckereifachverkäufer/-in	2010	1475–1843
Betonbauer/-in	2010	2570–2663
Elektroniker/-in (Industrie)	2010	2311
Florist/-in	2009	1461–1538
Friseur/-in	2010	1745
Industriekaufmann/-frau	2010	1715–2103
Kfz-Mechaniker/-in	2009	1887
Maler/ Lackierer/-in	2005	2016–2241
Meister/-in (Kfz-Gewerbe)	2010	3470
Tischler/-in	2010	2365
Verkäufer/-in (Einzelhandel)	2009	1483–2108

[1] bei Arbeitern auf Monatslohn umgerechnet

Ministerium für Arbeit, Gesundheit und Soziales NRW (Hrsg.): Tarifinformationen. Düsseldorf 2010
www.tarifregister.nrw.de/
▶ Tarifinformationen ▶ Grundvergütungen nach Berufen

A Aufgaben

1 Nehmt Stellung:
A: Unternehmen müssen mehr ausbilden!
B: Ausbildung über den Bedarf bringt nichts.
C: Die geringe Übernahmequote ist ein Skandal.

2 Vergleicht die Verdienste. Sind Unterschiede gerechtfertigt? Begründet.

6 Weiterführendes Material

M1 Ausbildungsmisere

Tut endlich was

Erneut gehen Zehntausende von Jugendlichen bei der Suche nach einem Ausbildungsplatz leer aus. Die IG Metall nennt die Namen von Betrieben, die nicht ausbilden. Bei den aufgespürten 140 Betrieben, die nicht ausbilden, sind 18 000 Arbeitnehmer tätig. Die Liste ist nicht vollständig. Das darf kein Dauerzustand bleiben. Wir sind gefordert, die Unternehmen nicht aus der Verantwortung für die jungen Menschen zu lassen.

Nach **IG Metall**: metall 11/2006, S. 12,13

M2 Ausbildungsoffensive der Bundesregierung

Diese hat das Ziel, die Ausbildungsplatzsituation zu verbessern. Die Wirtschaft soll bei der Schaffung von Ausbildungsplätzen unterstützt werden. Dies gilt vor allem in Regionen mit schlechtem Verhältnis zwischen Angebot und Nachfrage an Ausbildungsplätzen. Z.B. sollen Ausbildungsstellen erschlossen werden bei ausbildungsmüden Betrieben, die sich aus der Verantwortung zurückgezogen haben, ausbildungsunerfahrenen Betrieben, die bislang noch gar nicht ausgebildet haben, sowie Betrieben, die zusätzliche Ausbildungsstellen zur Verfügung stellen könnten. Mehr Ausbildungsstellen sollen in Zukunftsbranchen geschaffen werden. Erneut wurde ein Bund-Länder-Programm für 13 000 zusätzliche Ausbildungsplätze in den neuen Ländern aufgelegt.

BMBF (2008): www.bmbf.de/de/ausbildungsoffensive.php

M3 Koordinierungsstelle Ausbildung – Berufsorientierung und Ausbildungsplatzvermittlung für Hamburger Schüler mit Hauptschulabschluss

Weil die Stärken und Interessen der Schülerinnen und Schüler bedeutender für die passende Berufsausbildung sind als ihre schulischen Leistungen, wurde das 3-Pfeiler-Modell der Berufsorientierung entwickelt und erprobt:

1. Einschätzung der Stärken und Interessen der Schüler durch Lehrer und Mitschüler
2. Berufsberatung und Vermittlung durch die Berufsberater der Agentur für Arbeit
3. Überprüfung der Berufswahl, Beratung und Vermittlungsunterstützung durch Personalreferenten aus Hamburger Betrieben

- Wir unterstützen die ausbildungswilligen Schüler sehr individuell bei der Suche nach einem passenden Ausbildungsplatz.
- Unternehmen des Hamburger Netzwerks stellen zudem jährlich viele Ausbildungsplätze für Hauptschulabgänger zur Verfügung.

Für Ausbildungsbetriebe ist dieses Konzept besonders interessant, weil als Bewerber Schulabgänger vorgeschlagen werden, die sich nach einer Prüfung ihrer Stärken und Interessen für die gemeldeten Ausbildungsplätze eignen.

In den letzten Jahren konnte die Quote der Jugendlichen, die im Anschluss an die allgemeinbildende Schule eine ungeförderte betriebliche Ausbildung aufnahmen, verdoppelt werden.

Nach **Arbeitsstiftung Hamburg**: www.arbeitsstiftung.de/pages/Start.htm

Arbeiten mit den Materialien

Zu **M1**, **M2** Sprecht darüber, was die Initiativen der IG Metall und der Bundesregierung bewirken sollen und können.

Zu **M3** Worin bestehen die Hilfestellungen des Netzwerkes? Wie schätzt ihr diese ein? Besorgt euch dazu vertiefende Informationen im Internet.

Alles klar?

Arbeit, Beschäftigung und Berufsbildung im Wandel

1 Nenne jeweils zwei Gründe für die Bedeutung einer guten Ausbildung aus Sicht der
a) Betriebe,
b) Beschäftigten.

2 Entwirf eine Stellenanzeige für eine integrierte Sachbearbeitung einer Kraftfahrzeugversicherung.

3 Welche Bedeutung hat integrierte Facharbeit für die Berufsbildung?

4 Erkläre am Beispiel deines Wunschberufs den Begriff Sozialkompetenz.

5 Was muss ein Berufstätiger können, wenn er handlungskompetent sein soll?

6 Nenne und begründe je zwei Vorteile der flexiblen Arbeitszeit für den
a) Betrieb,
b) Arbeitnehmer.

7 Erläutere für Berufstätige ein Problem durch vom Betrieb geforderte flexible Arbeitszeit.

8 Erkläre den Zusammenhang zwischen Wirtschaftslage und Zahl der Ausbildungsplätze.

9 Welche Gruppen haben Probleme bei der Suche eines Ausbildungsplatzes und warum?

10 Führe drei Gründe dafür an, dass nur ein Teil der Betriebe ausbildet.

11 Begründe, warum Auszubildende nur teilweise nach dem Abschluss übernommen werden.

12 Warum sind Verdienste unterschiedlich?

13 Warum sind Ausbildungsvergütungen unterschiedlich (siehe Schaubild rechts unten)?

14 Was kannst du tun, um ein gutes Einkommen zu erreichen? Berücksichtige die Tabelle.

Schulabschluss und Nettoeinkommen

Ein monatliches Nettoeinkommen* in Höhe von … hatten … Prozent der Erwerbstätigen mit …					
Schulabschluss \ Euro	unter 900	900 bis 1300	1300 bis 2000	2000 bis 3200	3200 und mehr
Haupt- und Volksschulabschluss	28	20	33	16	3
Realschul- oder gleichwertiger Abschluss	26	21	31	17	5
Fachhochschul- bzw. Hochschulabschluss	17	13	25	27	18

*Alle Einkommensarten, z.B. auch Zinsen, Kindergeld; neueste verfügbare Zahlen

Stat. Bundesamt: Befragung unter Erwerbstätigen, Mikrozensus 2010, Fachserie 1, Reihe 4.1.2 Wiesbaden, 2010, S.22

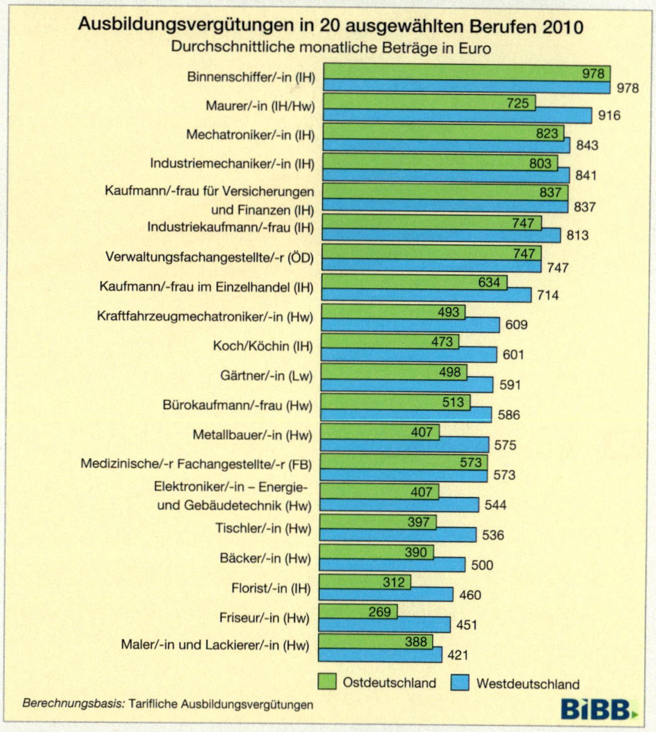

BIBB (Hrsg.): Pressemitteilung vom 05.01.2011

Arbeitsmarktpolitik: Ein starker Sozialstaat ist notwendig

1 Was kennzeichnet den Arbeitsmarkt?

Der Arbeitsmarkt braucht den Staat. Der Mensch, der seine Arbeitskraft auf dem Markt anbietet, braucht staatlichen Schutz.

Das freie Spiel von Angebot und Nachfrage, das zum Teil auf Gütermärkten herrscht, genügt nicht.

Es geht um Menschenwürde und Existenzsicherung, um ein Mindestmaß an Einkommen, gesunde Arbeitsbedingungen und befriedigende soziale Beziehungen am Arbeitsplatz.

▸ **Leitauftrag** Notiert Unterschiede zwischen dem Arbeits- und dem Gütermarkt.

B Auf einen Blick

Ihr begründet Unterschiede zwischen Arbeits- und Gütermärkten.

Ihr beschreibt die aktuelle Lage auf dem Arbeitsmarkt und begründet, warum der Arbeitsmarkt einen starken Sozialstaat braucht.

Ihr beschreibt Maßnahmen des Staates zur Verbesserung der Lage auf dem Arbeitsmarkt.

Ihr setzt euch mit Argumenten für und gegen einen Mindestlohn auseinander.

Ihr informiert euch über Regelungen des EU-Arbeitsmarktes und globale Einflüsse auf die Entwicklung der Arbeitsbedingungen.

Ihr reflektiert und bewertet die Bedeutung der staatlichen Absicherung von Arbeitsmarktrisiken.

2 Der Arbeitsmarkt: Fakten und Eindrücke

Der Arbeitsmarkt: Ein besonderer Markt

Das Besondere besteht darin, dass hier **menschliche Arbeitskraft** angeboten und nachgefragt wird. Auf Gütermärkten geht es um den Tausch von Waren und Dienstleistungen gegen Geld. Der Kaufpreis richtet sich dabei nach Angebot und Nachfrage. Die menschliche Arbeitskraft wird nicht als ein Gut gesehen, das nach Marktgesetzen beliebig getauscht werden kann. Es geht um menschliche Würde, und deshalb sichert der Staat durch Gesetze die Menschenwürde.

Was ist anders beim Arbeitsmarkt?

Arbeitnehmer müssen ihre Arbeitskraft anbieten, um ihre Existenz zu sichern. Ihre Arbeitsfähigkeit ist eng mit ihrer Persönlichkeit verbunden. Sie bringen unterschiedliche Fähigkeiten und Bedürfnisse mit. Sie sind flexibel, aber nicht beliebig von Ort zu Ort zu verschieben. Sie leben in Familien und mit Personen, für die sie vor Ort verantwortlich sind.
Da die meisten Arbeitnehmer unbedingt auf Erwerbsarbeit angewiesen sind, haben sie eine schwache Stellung gegenüber den Arbeitgebern. Das betrifft sowohl das Entgelt als auch die Arbeitsbedingungen. *Gewerkschaften* verfolgen das Ziel, diese Nachteile so weit wie möglich auszugleichen. Sie bilden eine Gegenmacht (siehe Kap. Arbeitsbedingungen ... ab S. 96).
Das Risiko, keine oder eine unzureichende Erwerbsarbeit zu finden oder durch Krankheit, Behinderung und Schwäche nicht gegen Entgelt arbeiten zu können, ist groß.

Ein starker Staat muss den Arbeitsmarkt ergänzen, z. B. durch *Arbeitsschutzgesetze*, die *gesetzliche Sozialversicherung*, das Arbeitsförderungsgesetz und das *Betriebsverfassungsgesetz*.

Arbeit

Man unterscheidet Arbeit, die gegen Entgelt verrichtet wird, und Arbeit, für die es kein Entgelt gibt.

Erwerbsarbeit
ist Arbeit gegen Entgelt. Die Höhe des Entgelts wird entweder im Rahmen von Tarifverträgen ausgehandelt oder frei vereinbart.

Haus- und Familienarbeit, Eigenarbeit oder Bürgerarbeit (ehrenamtliche Arbeit)
erfolgt ohne Entgelt und soziale Sicherung. Bürgerarbeit ist z. B. Arbeit als Jugendtrainer bei allgemeinen Sportvereinen, Arbeit bei sozialen Einrichtungen wie in Suppenküchen.
Wenn in der Statistik von Arbeit die Rede ist, so ist in der Regel die Erwerbsarbeit gemeint.

Erwerbsquoten 2009[1] (Angaben in %)
Weiblich 14 959; Männlich 19 679

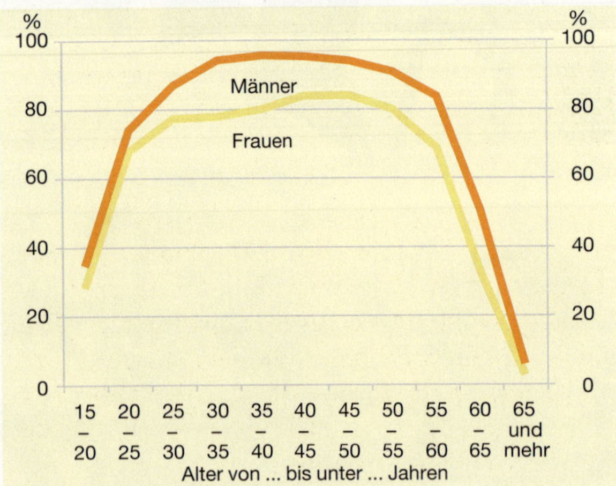

[1] Mikrozensus, Anteil der Erwerbspersonen an Bevölkerung
Statistisches Bundesamt, Wiesbaden:
Statistisches Jahrbuch 2010, S. 91

Erwerbstätige 2005*

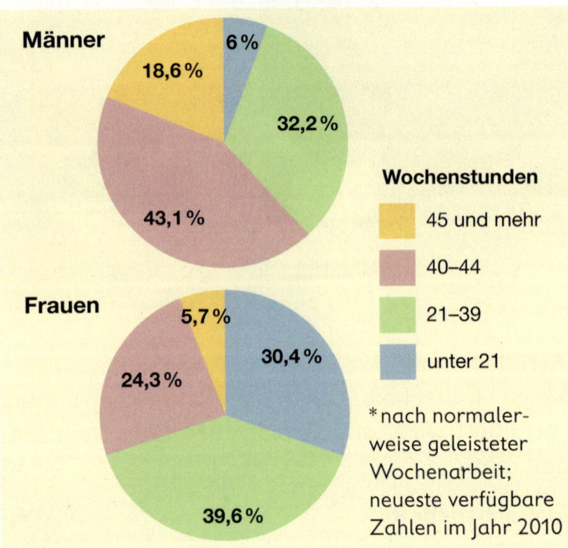

* nach normalerweise geleisteter Wochenarbeit; neueste verfügbare Zahlen im Jahr 2010

Statistisches Bundesamt: Statistisches Jahrbuch 2006, S. 85

Arbeitslose (in 1000) nach ausgewählten Berufsbereichen (jeweils September)

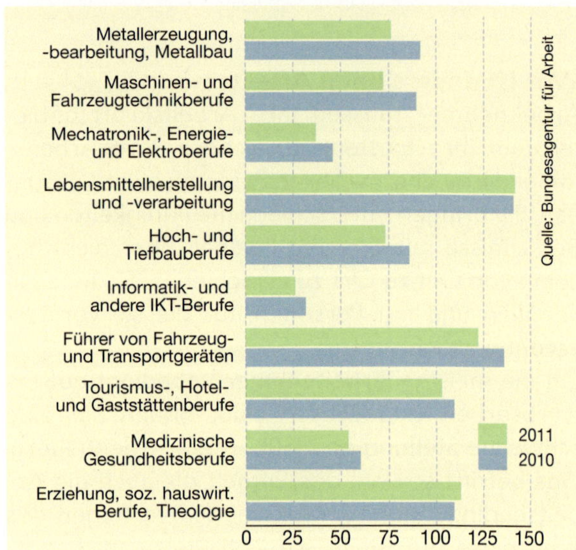

Bundesagentur für Arbeit 2011
http://statistik.arbeitsagentur.de

A Aufgaben

1 Kennzeichnet die Lage auf dem Arbeitsmarkt.

2 Begründet die Besonderheiten des Arbeitsmarktes gegenüber den Gütermärkten.

3 Notiert Unterschiede zwischen Erwerbsarbeit und Hausarbeit.

4 Ordnet den Fotos die Art der Arbeit zu und begründet eure Entscheidung.

5 Beschreibt die Lage auf dem Arbeitsmarkt in eurer Gemeinde. Nutzt das Internet.

6 Schreibt zu dem Transparent (S. 229) eine Geschichte.

3 Der Markt allein genügt nicht: der Staat muss regulieren

Es gibt viele Gesetze und Maßnahmen. Sie sollen sichern, dass der Arbeitsmarkt menschenwürdig funktioniert. Für junge Erwachsene bietet das Bundesministerium für Arbeit und Soziales gezielte Unterstützung an:

Fördermaßnahmen für junge Erwachsene

- Berufsberatung und Ausbildungsvermittlung
- Mobilitätshilfen zur Aufnahme einer Ausbildung
- Unterstützung der Beratung und Vermittlung von Arbeits- oder Ausbildungsplätzen
- Berufsausbildungshilfen
- Besondere Maßnahmen für Menschen mit Migrationshintergrund
- Besondere Maßnahmen für Menschen mit Behinderung

Teilhabe behinderter Menschen
Dazu zählt die Initiative „Jobs ohne Barrieren". Dadurch sollen behinderten Jugendlichen Ausbildungsplätze angeboten werden.
Mehr dazu unter
www.bmas.de
▸ Teilhabe behinderter Menschen
▸ Initiative Jobs ohne Barrieren

Dienstleistungen der Bundesagentur für Arbeit

Maßnahmen für Jugendliche und junge Erwachsene unter 25 Jahren werden auf die Bedürfnisse und Interessen junger Erwachsener zugeschnitten.
Mehr dazu unter
www.bmas.de
▸ Arbeitsmarkt ▸ Aus- und Weiterbildung
▸ Arbeitsförderung

Eine besondere Fördermaßnahme im Rahmen des Ausbildungspakts ist die Einstiegsqualifizierung (siehe rechte Spalte). Hier vermitteln die Arbeitsagenturen.

Betriebliche Einstiegsqualifizierung (EQ) – eine Brücke in die Berufsausbildung

Jugendliche, die bis zum 30. September eines Jahres noch keinen Ausbildungsplatz gefunden haben, vermittelt die Bundesagentur für Arbeit an Ausbildungsbetriebe für ein Betriebspraktikum im Umfang von 6 bis 12 Monaten. Die Übernahme in ein Ausbildungsverhältnis sollte vom Betrieb angestrebt werden.

Zielgruppe

- Jugendliche, die noch nicht in vollem Umfang über die notwendige Befähigung zur betrieblichen Ausbildung verfügen
- Lernbeeinträchtigte und sozial benachteiligte Jugendliche

Beginn der Förderung
Am 1. Oktober

Vertragsverhältnis
Mit dem Praktikanten wird ein Qualifizierungsvertrag nach § 26 Berufsbildungsgesetz geschlossen. Es handelt sich um ein sozialversicherungspflichtiges Beschäftigungsverhältnis.

Vergütung
Die Vergütung beträgt 212 Euro.

Betriebliches Zeugnis
Am Ende des Praktikums erhält der Jugendliche eine Bescheinigung über die vermittelten Kenntnisse und Fertigkeiten.

Weitere Informationen
www.arbeitsagentur.de
www.pakt-fuer-ausbildung.de

A Aufgaben

1 Begründet die Notwendigkeit staatlicher Regulierung auf dem Arbeitsmarkt. Berücksichtigt das Kapitel Soziale Sicherung, S. 120 ff.

2 Nennt wichtige Maßnahmen.

3 Recherchiert im Internet über den aktuellen Stand von Fördermaßnahmen für Jugendliche.
- Bundesministerium für Arbeit: www.bmas.de
- Arbeitsagentur: www.arbeitsagentur.de

4 Staatliche Aktivitäten gegen Niedriglöhne

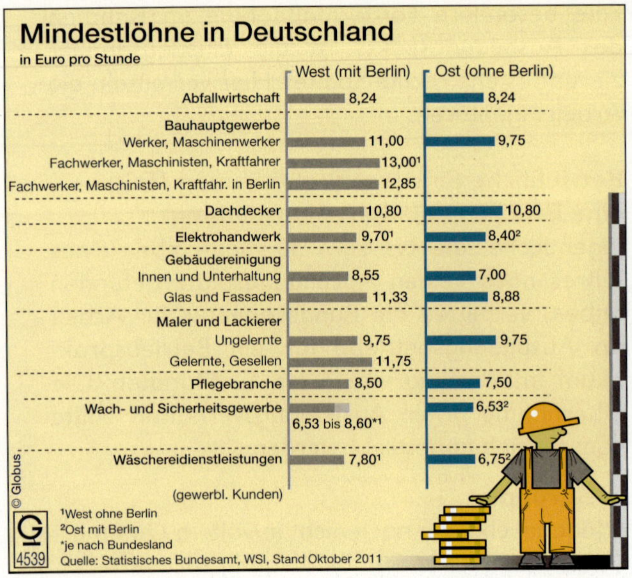

Mindestlöhne

führte der Staat für wenige Branchen durch Gesetz ein. Die Tarifvertragsparteien handeln weiter Entgelte aus, sind jedoch an den Mindestlohn gebunden.

Dieser soll sicherstellen, dass Erwerbsarbeit die Existenz sichert. Ende 2011 fordern Teile der Regierungsparteien und die Opposition generelle Regelungen. Arbeitgebernahe Teile der CDU/CSU und FDP fürchten den Wegfall von Arbeitsplätzen. Beschlüsse wurden noch nicht gefasst. Als Kompromiss könnte der Mindestlohn nur für bestimmte Branchen gelten, z.B. Gastronomie. Im Entsendegesetz (siehe M3, S.233) hat der Staat, z.B. für das Bauhauptgewerbe, einen Mindestlohn festgelegt (s. Schaubild). Dieser war von den Tarifvertragsparteien ausgehandelt worden. Er soll auch Niedriglöhne für Arbeitnehmer aus anderen Staaten, die in Deutschland arbeiten, verhindern.

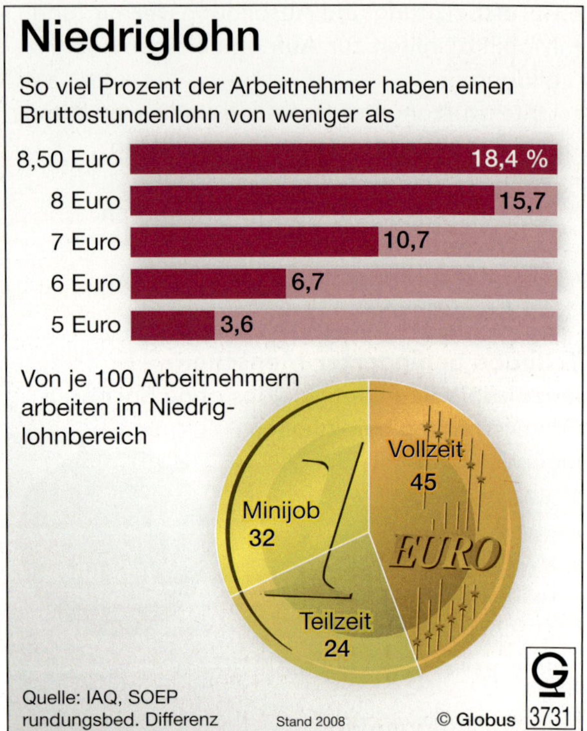

Insgesamt 6,6 Mio. Beschäftigte erhalten Niedriglohn. ¾ haben eine abgeschlossene Berufsausbildung, ⅔ sind Frauen.

A Aufgaben

1 Nennt Gründe für die geringen Stundenlöhne der genannten Branchen.

2 Sprecht über folgende Meinungen:
A: „Mindestlöhne verhindern, dass der Verdienst geringer ist als das Arbeitslosengeld."
B: „Dass durch Mindestlöhne Arbeitsplätze wegfallen, ist nicht belegt. Die meisten EU-Staaten haben Mindestlöhne vereinbart."
C: Ein Lohn sollte bei Vollzeitarbeit die Exsistenz sichern.

3 Recherchiert die Diskussion zu Mindestlöhnen in den Medien. Diskutiert Vor- und Nachteile.

5 Weiterführendes Material

M1 Mindestlöhne in ausgewählten Ländern

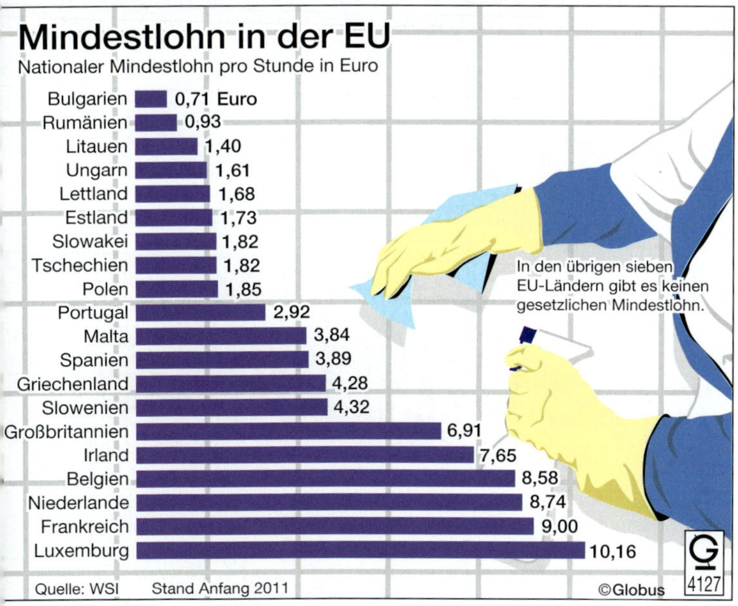

M2 Saisonarbeiter in Deutschland (Januar–Juli 2010) in 1000

Polen	145
Rumänien[1]	81
Kroatien	4
Slowakei	3
Bulgarien[1]	2,9
Tschechien	0,6

Bundesagentur für Arbeit,
Brief v. 23.8.2010

[1] Arbeitnehmer aus diesen Ländern brauchen bis 2014 eine Arbeitserlaubnis.

M3 Das Arbeitnehmerentsendegesetz

Das Gesetz regelt Arbeitsbedingungen bei grenzüberschreitenden Dienstleistungen. Arbeitgeber, die ihren Sitz in der EU ahben, dürfen nach Deutschland entsendeten Arbeitnehmern keine Dumpinglöhne zahlen. Sie sollen soziale Mindeststandards einhalten wie ihre deutschen Mitbewerber.

Dazu zählen Mindestlöhne, Urlaubsregelungen sowie Sicherheits- und Gesundheitsschutz am Arbeitsplatz.

Das Gesetz gilt u.a. für das Baugewerbe, die Seeschifffahrt und Gebäudereiniger. Es wird diskutiert, auch weitere Branchen einzubeziehen.

Mehr dazu unter:
www.bundesrecht.juris.de und
www.wikipedia.de

Inzwischen sind die Verdienste für viele Saisonarbeiter nicht mehr attraktiv, weil sie im Herkunftsland bessere Bedingungen finden. Ihre Stellen nehmen Bewerber aus anderen osteuropäischen Staaten ein.

Arbeiten mit den Materialien

Zu **M1**

1 Notiert Gründe für die unterschiedlichen Entgelte in den EU-Staaten.

2 Nehmt Stellung zu folgender Meinung: „Auch bei uns gibt es ungleiche Lebensverhältnisse – vor allem zwischen Ost- und Westdeutschland. Da kann man nichts ändern."

Zu **M2**

Die Arbeitnehmer aus den genannten Staaten brauchen zurzeit eine Arbeitserlaubnis. Wann können sie mit voller Freizügigkeit rechnen?

Zu **M3**

Nennt Ziele des Arbeitnehmerentsendegesetzes. Wen schützt es?

Grenzenlos wirtschaften

1 Auswirkungen der Globalisierung

Informations- und Kommunikationstechnologien ermöglichen weltweite und zeitnahe wirtschaftliche Beziehungen. Globale Handelsbeziehungen werden durch schnelle Transportmittel erleichtert. Die Unternehmen müssen sich mit Mitwettbewerbern auf dem Weltmarkt messen. Multinationale Konzerne beherrschen immer häufiger das wirtschaftliche und politische Geschehen. Zunehmende wirtschaftliche Aktivitäten beanspruchen immer stärker die Umwelt.

Die 10 a auf Klassenfahrt in Berlin – Gespräche mit Blick auf die Weltzeituhr auf dem Alexanderplatz:

EVA: „Ich fange nach der Schule eine Ausbildung zur Hotelfachfrau an. Das heißt für mich, Arbeitsmöglichkeiten in ganz Europa."

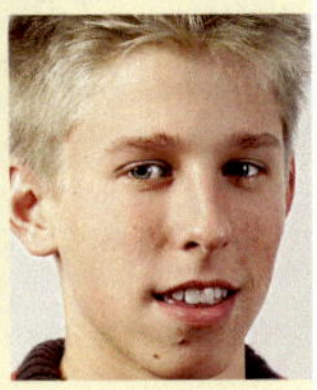

MARTIN: „Meine Mutter hat eine Arbeit in Amsterdam gefunden. Besser so, als arbeitslos in Gelsenkirchen."

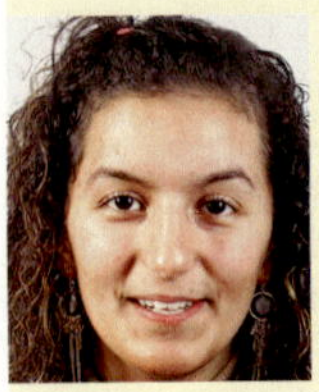

ALIDA: „Und mein Vater ist jetzt arbeitslos. Das Unternehmen produziert jetzt in Thailand."

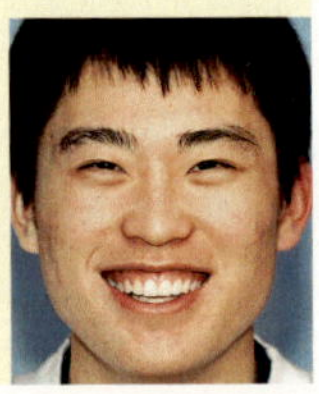

HAO: „Ich komme aus China und lebe für ein Jahr als Austauschschüler in Deutschland. Das hilft mir später, in meinem Heimatland beruflich erfolgreich zu sein."

▸ **Leitauftrag** Nennt Kennzeichen der → Globalisierung und entdeckt Chancen und Risiken für die Lebensqualität der Menschen weltweit.

B Auf einen Blick

Ihr benennt wichtige Bereiche globaler wirtschaftlicher und sozialer Veränderungen und erklärt diese an Beispielen.

Ihr beschreibt die weltweite Arbeitsteilung bei der Produktion und verdeutlicht Auswirkungen für Unternehmen, Arbeitnehmer und Verbraucher.

Ihr begründet Strategien, mit denen ein Unternehmen sein Dienstleistungsangebot interkulturell und nachhaltig ausrichtet.

Ihr bewertet Auswirkungen der Globalisierung auf Betroffene.

2 Warum die ganze Welt an einem Rasierer baut

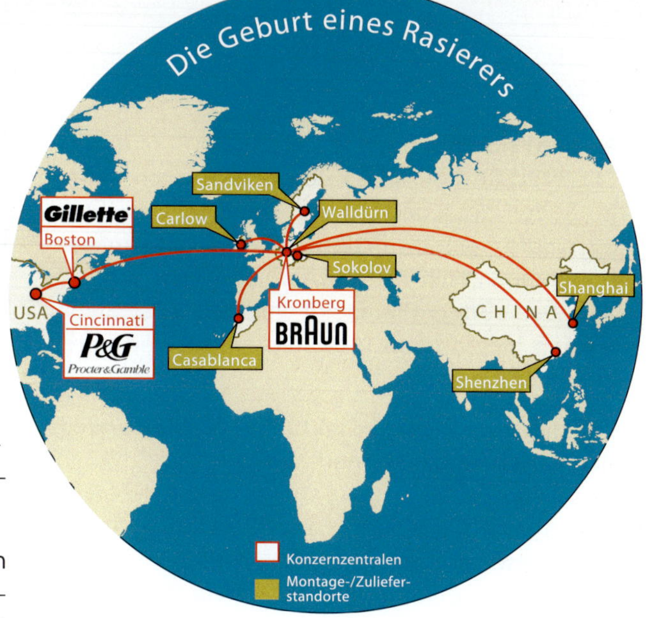

Die Firma BRAUN, ein deutsches Unternehmen mit Tradition, hat ein neues Rasierermodell entwickelt. ACTIVATOR heißt das Spitzenmodell, ein Name, der auf der ganzen Welt verstanden wird. Mit einer neuen Scherfolie können Haare von verschiedenen Seiten gründlich abgeschnitten werden. Auf dem Gehäuse steht „Made in Germany" – doch die Bauteile kommen aus der ganzen Welt.

Zwei Redakteure haben die Produktion des ACTIVATORS weltweit aufgespürt und in der Wochenzeitung „Die Zeit" veröffentlicht. Auf den folgenden Seiten könnt ihr Auszüge daraus lesen.

Die Motorkontakte – eine deutsch-tschechische Produktion

Die Firma SCHATZ mit Sitz in Lauterhofen in Franken liefert diese Motorkontakte, eine Spezialität, hier konstruiert. Im Hochlohnland Deutschland arbeiten inzwischen nur noch 22 Mitarbeiter, im Niedriglohnland Tschechien 100. Bis vor 10 Jahren wurde nur in Deutschland produziert. SCHATZ konnte steigende Kosten über die Preise an seine Großkunden weitergeben. Dann spielten Konzerne, die in Asien produzieren ließen, beim Preispoker mit. BRAUN zwang SCHATZ, die Preise zu senken.

SCHATZ verlagerte die Arbeit nach Sokolov in Tschechien. Inzwischen sind die Mitarbeiterinnen dort teilweise Slowakinnen, die sind noch billiger.

Netzstecker: Made in China

Sie werden im BRAUN-Werk in Shanghai am Fließband zusammengebaut, u.a. von Frau TU.

Am Anfang verdiente sie ungefähr 60 Euro im Monat, knapp 40 Cent in der Stunde. Nie war sie der Meinung, dass ihre Hände schlecht bezahlt würden, im Gegenteil. Es wurden ja bald 50 Cent, dann 60, weil Frau TU sehr fleißig war und sehr geschickt …
Am Anfang glaubte man bei BRAUN, China würde die Apparate nicht nur billig zusammenbauen, sondern auch massenhaft kaufen. Ein Irrtum … Wer im Monat 100 Euro verdient, gibt nicht 50 für einen Rasierapparat aus …"

Henning Sußebach, Stefan Willeke:
Operation Lohndrücken.
In: Die Zeit vom 10. März 2005, S. 15

Es geht noch billiger

Die Netzstecker sollen demnächst noch billiger im Süden des Landes hergestellt werden. Dank eBreviate, einem Programm für Einkaufsverhandlungen, schreibt BRAUN im Internet (wie z.B. bei eBay) alle Elektronikteile aus. Sieben Firmen bieten beim Netzstecker mit und unterbieten sich gegenseitig.

Die deutsche Firma FRIWO im Münsterland hat den Zuschlag bekommen.

Das ist eine Täuschung. FRIWO kalkulierte nicht mit deutschen Kosten, sondern mit chinesischen. Der Auftrag geht an FRIWO-China in Shenzhen …
An einem Checkpoint vor der Stadt kontrollieren Beamte Wanderarbeiterinnen, die ihre Familien in Dörfern zurückließen, Tage in überfüllten Bussen verbrachten und sich an ihrem Ziel anheuern lassen von den Fabrikherren der Welt. Die Frauen sind höchstens zwanzig, 16-Jährige versuchen es mit gefälschten Papieren …
Sobald die Frauen ein Werkgelände betreten, unterhalten sie sich nur noch leise. Während der Arbeit flüstern sie …
Zehntausend von ihnen haben bei FRIWO angefangen … Sie kosten nicht viel, sind zehn Cent pro Stunde billiger als die von BRAUN in der Metropole Shanghai … Sie leben in einfachen, kleinen Zimmern in gigantischen Wohnheimen aus Beton … Auf Hunderten Einheitsbalkonen schaukelt Wäsche im Wind, die Wäsche der Arbeiterinnen. Kleine Zimmer, dunkle Flure, ein Asphaltplatz, ein einsamer Basketballkorb, alles nur Kulisse für die Halle der billigen Hände. Rein in die Hallen, schweigen, raus aus den Hallen, waschen, schlafen …
10 500 Kilometer westlich, im Münsterland, sagt ein Geschäftsführer von FRIWO: „Wenn wir China nicht hätten, gäbe es uns heute nicht mehr. Die Arbeit unserer 250 deutschen Arbeitsplätze wäre im Ausland billiger. Man braucht ein soziales Gewissen, um den Rest hier zu behalten.
Wer weiß, wie lange China noch lohnt? Dann vielleicht Vietnam."
… So wandert die Arbeit von Land zu Land.

Henning Sußebach, Stefan Willeke: a.a.O., S.16

▲ Wanderarbeiterinnen passieren die Kontrollstation eines Werkgeländes vor der Stadt Chongqing.

Endmontage im Odenwald

Das Zentrum jener hektischen Welt, die den ACTIVATOR baut, liegt in Walldürn im Odenwald. Hier lässt BRAUN seit mehr als 50 Jahren Rasierapparate bauen, von immer mehr Maschinen und immer weniger Menschen; 500 Arbeitsplätze sind in den letzten zehn Jahren verloren gegangen. Hier, wo die Teile aus dem Ausland mit denen aus Deutschland verbunden werden, sitzt am Ende der Endmontage … eine deutsche Arbeiterin, die rechte Hand in einem weißen Baumwollhandschuh, in der Linken einen kleinen Lappen. Sie staubt den ACTIVATOR ab … In Fünferreihen … rücken die Apparate … auf dem Band voran, ein Roboterarm greift diese einzeln heraus, taucht sie in einen Stahlkasten, darin tanzt ein grünes Licht – mit Laser wird „Made in Germany" in den Rücken der Geräte gebrannt. … Noch werden viele Teile … in Deutschland gemacht. Gehäuse, Scherkopf, Folien.

Henning Sußebach, Stefan Willeke: a.a.O., S.17

Die Zukunft von Braun wird neu verhandelt

Januar 2005 kaufte der US-amerikanische Konzern PROCTER & GAMBLE das Unternehmen GILLETTE, zu dem auch BRAUN gehört. Jetzt geht es BRAUN wie seinen Zulieferern.

Etwas war schon vorher bei BRAUN durcheinandergeraten. Ein schärferer Wind kam vor wenigen Monaten auf. Der Mutterkonzern GILLETTE war nicht mehr damit zufrieden, dass es BRAUN nur gut geht. Glänzend soll alles sein. Noch mehr Rendite. BRAUN-Manager drängten Betriebsräte zu einem ersten Gespräch. Die Chefs brachten Papiere mit, in denen oft das Wort „China" auftauchte. Exakt 121 Leute könne man im Werk Walldürn einsparen, wenn man einen Teil der Produktion verlagere. Man könne aber auch anders, ohne „China": Zulagen weg, 40-Stunden-Woche statt 35, ohne Lohnausgleich. Gewerkschafter sagen: BRAUN sei kerngesund! Man müsse verhindern, antworten Vorstände, dass BRAUN in zehn Jahren ein Sanierungsfall werden könnte. „Der Druck ist brutal", meint BRAUN-Chef Wild, „ich werde vom Kunden getrieben." Die chinesische Arbeiterin TU hat sich zu fügen, ihr Boss auch, der deutsche Chef fühlt sich von Handelsketten gehetzt, der amerikanische GILLETTE-Chef glaubt, den Erwartungen seiner Aktionäre gehorchen zu müssen. Globalisierung …

Henning Sußebach, Stefan Willeke: a.a.O, S.17

Alltag einer Wanderarbeiterin in China

Mein Name ist LAKASIA. Ich bin wegen Arbeitsplatzmangel hierhin gezogen. In meiner Heimat herrscht Armut. Mit dem Verdienst unterstütze ich meine Familie. Diese sehe ich nur ein- bis zweimal im Jahr. Nach Hause sind es 1300 km. Das dauert mit Bahn und Bus 30 Stunden. Es gibt wenig Urlaub, kaum Unterstützung bei Krankheit, wenig Arbeitnehmerrechte. Der Betrieb wünscht nicht, dass wir in der Gewerkschaft sind. Das winzige Zimmer im Wohnheim ist an den Arbeitsplatz gekoppelt. Verliere ich meine Arbeit, ist auch das Zimmer weg. Aber dieses Leben ist immer noch besser als auf dem Land.
Nach der langen Akkordarbeit bin ich müde. Es gibt kaum Freizeitmöglichkeiten. Hier dürfte mich nicht einmal mein Freund besuchen. Mal sitze ich mit Freundinnen zusammen beim Essen. Aber bald sind wir müde. Aber ich habe Arbeit und kann mich ernähren und kleiden. Es tut oft weh, meine Eltern und Geschwister und die Freunde nicht sehen zu können.

Wanderarbeiterinnen werden in einem Schlafbus in die Wirtschaftszone Shenzhen transportiert. ▸

A Aufgaben

1 Aus welchen Gründen hat die Firma SCHATZ die Produktion nach Tschechien verlagert?

2 Warum war Frau TU mit der Bezahlung und ihrer Lebenssituation zufrieden?

3 Beschreibt die Lebensbedingungen von LAKASIA. Warum lässt sie sich darauf ein?

4 Die Aufträge werden weltweit ausgeschrieben. Was bedeutet das für die Produktionskosten und die Beschäftigten?

5 Was meint der Chef von FRIWO mit „sozialem Gewissen"?

6 Wodurch sind auch die Arbeitsplätze in Deutschland bedroht?

7 Warum haben die Beteiligten das Gefühl, sich nur anpassen zu müssen? Was heißt das für die Vertretung der Arbeitnehmerinteressen durch die Gewerkschaften?

8 Welche Bedeutung kann der globale Wettbewerb für euch als Verbraucher, z.B. beim Kauf von Sportschuhen, haben?

3 Willkommen im EINE-WELT-HOTEL – Dienstleistungen kulturbezogen und nachhaltig gestalten

Eine Delegation der Firma LAPTOP ETCETERA möchte für künftige Seminare mit japanischen Geschäftspartnern das EINE-WELT-HOTEL kennen lernen. Die Direktorin (**D**) und die Marketingleiterin (**M**) begrüßen die Gäste und stellen ihnen das Unternehmenskonzept vor.

D: „Unser Unternehmen trägt den Namen EINE-WELT-HOTEL, weil unsere Grundsätze von der → Nachhaltigkeit geprägt sind, von internationalem Denken und kultureller Vielfalt.
Wir haben viele Gäste und Mitarbeiter, die aus dem Ausland kommen, anderen Kulturen und unterschiedlichen Religionen angehören. Vor zwei Jahren wurde begonnen, die **Gastorientierung** stärker auch auf die Nationalität und Kultur wichtiger Gästegruppen auszurichten. Dadurch sollten neue Gästegruppen angesprochen, die Auslastung und damit die → Produktivität erhöht werden.
Wir bieten unseren Gästen ein Wohngefühl, bei dem jeder mit seinen Bedürfnissen und Lebensgewohnheiten im Mittelpunkt steht. Dabei ist unser Ziel, Mensch und Natur in Einklang zu bringen. Dies ist besonders wichtig für beruflich belastete Geschäftsreisende zur Erhaltung ihrer Gesundheit und Leistungskraft."

M: „Die **Ausstattung** im Empfangsbereich, in den Gästezimmern, im Restaurant und in den Seminarräumen wurde aus heimischen Nutzhölzern wie Birke, Eiche, Buche und Fichte gefertigt. Natürlich wurden bei der Beschichtung nur unbedenkliche Lacke verwendet."

D: „Wir legen in unserem Hause Wert auf eine **international zusammengesetzte Belegschaft.** Diese wählen wir bewusst aus. Wichtig ist uns eine Offenheit unserer Mitarbeiter gegenüber Gästen. Vorurteile bringt jeder von uns mit, das ist ganz normal – wir problematisieren diese in der Weiterbildung. Da unsere Mitarbeiter dafür sensibilisiert sind und unterschiedliche kulturelle Erfahrungen mitbringen, können sie auf die Wünsche unserer Gäste eingehen. Dabei wurde auch bedacht, die **Arbeitszufriedenheit** zu fördern. Wir achten darauf, dass die Mitarbeiter einander mit persönlicher Wertschätzung begegnen.

Sie möchten japanische Geschäftspartner empfangen. Deshalb haben Sie bereits mit unserem japanischen Mitarbeiter, Herrn SUWAKI, die Gestaltung des Besprechungszimmers abgestimmt, haben geklärt, welche Speisen und Getränke bereitstehen sollen und welche Möglichkeiten Ihre Gäste haben, den Abend zu verbringen."

M: „Unsere Zimmer sind so eingerichtet, dass sich Ihre Gäste dort auf die Geschäftsverhandlungen vorbereiten können. Dort können Sie auch eine erfrischende Dusche nehmen und das Duschgel ‚Bergamotte' nutzen. Es kommt aus umweltfreundlicher Herstellung in Italien.
Möglich ist auch, sich mit einer Tasse **fair gehandeltem** Tee oder Kaffee in Schwung zu bringen – in jedem Zimmer steht neben Wasserkocher und Geschirr ein Sortiment für den Gast bereit.
Sie werden in den Zimmern fast nur Materialien vorfinden, die unter **umweltfreundlichen Bedingungen** hergestellt wurden.

Ein Teil der Einrichtung ist in Kooperativen in Mosambik hergestellt. Die Verkaufspreise enthalten Beträge, die Schulen und Gesundheitsstationen mitfinanzieren. Wir wollen Solidarität zeigen. Wer uns beliefert und welche Projekte Sie durch Ihren Aufenthalt unterstützen, steht in den ausliegenden Informationsmappen."

D: „Wir schlagen Ihnen ein Abendessen vor, das regionale Züge trägt, aber auch asiatische Elemente enthält. So verbinden Sie mit der Auswahl kulturelle Elemente, die Ihre Handschrift tragen. Ihre Gäste werden sich nicht fremd fühlen oder Verlegenheit spüren."

M: „Manchmal holen wir uns über Botschaften das Wissen. Ihnen und Ihren japanischen Gästen bieten wir für den späteren Abend eine kleine Teezeremonie an. Danach sorgen wir dann für die Getränke und Unterhaltung, die bei Geschäftsbeziehungen mit Japanern wichtig sind."

D: „Die meisten **Rohstoffe im Restaurant** stammen aus ökologischem Anbau, meist von regionalen Obst- und Gemüsebauern und Saftereien. Bei der Auswahl der Fleischerei und Bäckerei achten wir auf hochwertige Produkte. Milchprodukte liefert ein Bio-Bauernhof. Unsere Lieferverträge sind langfristig zu festen Preisen – sind wir mit der Qualität unzufrieden, reden wir mit den Lieferanten."

M: „Unser **Frühstückssortiment** ist relativ schmal. Auf dem Buffet: Tee, Kaffee und Kakao aus fairem Handel, saisonale Säfte und Orangensaft aus einer spanischen Kooperative, vollwertige Brot- und Brötchensorten, Konfitüren und Honig aus der Region. Dazu zwei Käsesorten, eine Schinken, eine Wurstsorte und Bio-Eier. Die bereitstehenden Mengen sind gering. Nach Bedarf wird nachgelegt. Das senkt den Abfall. Extrawünsche unserer Gäste erfüllen wir gern."

D: „Unsere **Auszubildenden und Mitarbeiter** können über die Herkunft und Produktion der Waren Auskunft geben. Sie stehen hinter den Grundsätzen unseres EINE-WELT-HOTELS. Alle sprechen mindestens eine Fremdsprache. Für viele Sprachen haben wir Muttersprachler.
Unsere Auszubildenden für Hotel, Restaurant und Küche fühlen sich anerkannt und können ihre Fähigkeiten entwickeln. Aber es ist mehr als das: Sie haben ihren Ausbildungsplatz bei uns gewählt – und wir haben sie ausgewählt –, weil sie mehr wollen als in ‚irgendeinem' Betrieb zu arbeiten. Im EINE-WELT-HOTEL können sie eigene Lebensvorstellungen im Kontakt zu anderen Kulturen weiterentwickeln. Leider können wir nur einen kleinen Teil der Bewerbungen berücksichtigen."

M: „Nun noch zu den **Preisen**. Unsere Ausstattung sowie die ökologisch angebauten und fair gehandelten Produkte sind teilweise teurer als herkömmliche. Weil wir aber bei den Nahrungs- und Genussmitteln saisonale und regionale Produkte verarbeiten, sparen wir hohe Kosten für importierte Waren, wie Erdbeeren im Winter oder exotische Früchten als Tellergarnitur. Auch unser Wein- und Spirituosensortiment ist schmal – das begrenzt die Lagerkosten."

D: „Ich hoffe, wir konnten Sie überzeugen. Wir würden uns freuen, wenn wir Sie mit Ihren Geschäftspartnern bei uns verwöhnen dürfen."

Nach: **Heinrich Meyer & Barbara Toepfer:**
Nachhaltigkeit im Hörspiel:
„Willkommen im EINE WELT HOTEL".
In: H. Meyer & B. Toepfer (Hrsg.):
Bildung für eine nachhaltige Entwicklung in den
Gastronomie- und Ernährungsberufen.
Bielefeld 2004, S. 9–21, wbv

A Aufgaben

1 Lest das Gespräch mit verteilten Rollen.

2 Nennt Überlegungen für die Ausrichtung des Hotels.

3 Was wird im Hotel unter Nachhaltigkeit verstanden?

4 Erklärt Merkmale der Gastorientierung.

5 Was ist das Besondere
- an der Ausstattung der Zimmer und Räumlichkeiten?
- am Speisenangebot?

6 Welche besonderen Anforderungen stellt die Arbeit in diesem Hotel? Begründet, was daran interessant sein kann.

7 Welche Standortbedingungen sind wichtig, damit die Ausrichtung angenommen wird?

8 Führt eine Befragung bzw. Erkundung in einem Hotel unter einem Schwerpunkt durch, z. B.
- Marketing/Ausrichtung auf Gästegruppen,
- Nachhaltigkeit,
- Anforderungen an Auszubildende.

9 Beschafft euch nähere Informationen zu einem der oben genannten Ausbildungsberufe.

Ausgewählte Ausbildungsberufe im Hotel- und Gaststättengewerbe
- Hotelfachmann/-frau
- Restaurantfachmann/-frau
- Koch/Köchin
- Fachkraft im Gastgewerbe

Informationen unter:
www.berufenet.de
▶ Beruf auswählen ▶ Ausbildung

10 Nehmt Stellung zu den Aussagen:
A: „Ich will eine Ausbildungsstelle im EINE-WELT-HOTEL. Mein Traum ist, später im Ausland zu arbeiten. Dafür habe ich dann gute Voraussetzungen."
B: „Ich werde Restaurantfachfrau. Ich muss noch ganz viel über die Kultur, Religion und Gebräuche unserer Gäste lernen. Oft bin ich beim Bedienen noch unsicher. Aber ich habe Kollegen, die mir zeigen, wie es geht. Es macht Spaß, in einem internationalen Team zu arbeiten. Nebenbei lerne ich Chinesisch."
C: „Ich gehe für drei Monate nach Paris. Dort mache ich einen Teil der Ausbildung. Die EU fördert den → EUROPAPASS. Über die *IHK* habe ich Näheres erfahren."

4 Weiterführendes Material

M1 Warum die Produktion nach Deutschland zurückkommt

▲ Blick durch die rosa Brille: Bei Arbeitsplatzverlagerung werden oft nur Lohnkosten betrachtet.

150 Arbeitsplätze wollte TEREX-DEMAG nach Osteuropa verlagern. Doch dann änderte sich die Verlagerungsrichtung. Nach Jahren der Ostwanderung heißt es nun: Go west. Ein Teil der Produktion kommt zurück ...

Ende der 90er-Jahre verlagerte TEREX-DEMAG Teile des Stahlbaus nach Osteuropa – aus Kostengründen. Kranteile wurden dort zusammengeschweißt und in Zweibrücken montiert. Fast 400 Arbeitsplätze gingen hier verloren ...
Der Betriebsrat hatte die Kostenrechnung immer bezweifelt. Nur Löhne miteinander vergleichen, das erschien ihm zu einfach. Schließlich lief die Fertigung nach der Verlagerung längst nicht mehr so reibungslos. Die Produktion stand oft still, weil Teile fehlten. Früher konnten Fehler auf kurzem Weg zwischen Stahlbau und Planung ausgebügelt werden. Nun lagen viele hundert Kilometer dazwischen. „Bei uns in Zweibrücken waren 20 Leute ständig damit beschäftigt, Teile nachzuarbeiten", erzählt Metzger.
Der Betriebsrat drängte auf einen echten Kostenvergleich und schlug vor, Teile der Produktion zurückzuholen. Mit Erfolg ... und der Betrieb bildet auch wieder Schweißer aus ...

Zwar geht weit mehr als die Hälfte der Unternehmen aus Kostengründen ins Ausland. Aber mehr als die Hälfte davon kommt auch aus Kostengründen wieder zurück ... Viele schauten nur, was Arbeitskräfte oder Grundstücke kosten. Sie prüften aber nicht, ob sie Fachkräfte oder Material vor Ort auch bekommen ...

Brenzlig wird es häufig, weil unter der Verlagerung auch die Qualität leidet ... Auch kann die Alternative, den heimischen Standort zu modernisieren, die billigere Variante sein, wie etwa die Firma Jungheinrich in Norderstedt ... feststellte: In Deutschland kostet sie die Produktion mit Schweißrobotern rund 93 000 Euro weniger pro Jahr als die Handarbeit in Tschechien. Seit letztem Jahr wird wieder in Norderstedt geschweißt ... Aber ... es zählt noch etwas anderes: „Unsere Produktion ist stabiler geworden. Wir müssen nicht mehr darauf warten, ob der Lkw mit den Teilen kommt oder nicht."

Fabienne Melzer:
In: metall 10/2006, S.17–19, Auszug

Gründe für die Rückverlagerungen der Produktion

Angaben in %	2003	2009
Verfügbares qualifiziertes Personal	27	19
Qualität	43	68
Flexibilität	38	43
Koordinationskosten	37	20
Infrastruktur	29	32

Quelle: **Fraunhofer ISI** (Hrsg.):
– Modernisierung der Produktion 2006
– Produktionsverlagerung und Rückverlagerung in Zeiten der Krise 2009
www.isi.fraunhofer.de/pi/mitteilung-pi.htm

Arbeiten mit den Materialien

Zu **M1**
Produktionskosten hängen nicht nur von den Stundenlöhnen, sondern auch von der Arbeitsproduktivität ab. Was heißt das für die Arbeitsplätze in Deutschland?

Alles klar?

Arbeitsmarktpolitik: Ein starker Sozialstaat ist notwendig

1 Nenne Unterschiede zwischen Arbeits- und Gütermarkt.

2 Welche Ziele verfolgen die Gewerkschaften auf dem Arbeitsmarkt?

3 Auf beiden Fotos arbeiten Menschen. Nenne die Unterschiede.

Grenzenlos wirtschaften

4 Erkläre an einem Beispiel zwei Gesichtspunkte, durch welche die Verflechtung der Weltwirtschaft erleichtert wird.

5 Nenne für folgende Unternehmensentscheidungen je zwei Gesichtspunkte.
a) Worauf kommt es bei der Ware an?
b) An wen vergeben wir die Aufträge?

6 Nenne Gründe für die Verlagerung von Arbeitsplätzen ins Ausland (siehe Schaubild). Begründe Auswirkungen im Ausland.

7 Erkläre zwei Risiken, die auf Arbeitnehmer durch die Globalisierung zukommen.

8 Wie können Arbeitnehmer Risiken der Globalisierung begegnen?

9 Beschreibe an einem Beispiel, wie die Globalisierung auf Verbraucher wirken kann.

10 Begründe, warum das EINE-WELT-HOTEL
a) bei seinen Dienstleistungen die Kultur der Gäste berücksichtigt,
b) Wert darauf legt, dass die Beschäftigten aus verschiedenen Ländern kommen,
c) Nachhaltigkeit beim Einkauf von Waren, der Ausstattung der Räume und dem Angebot an Dienstleistungen berücksichtigt.

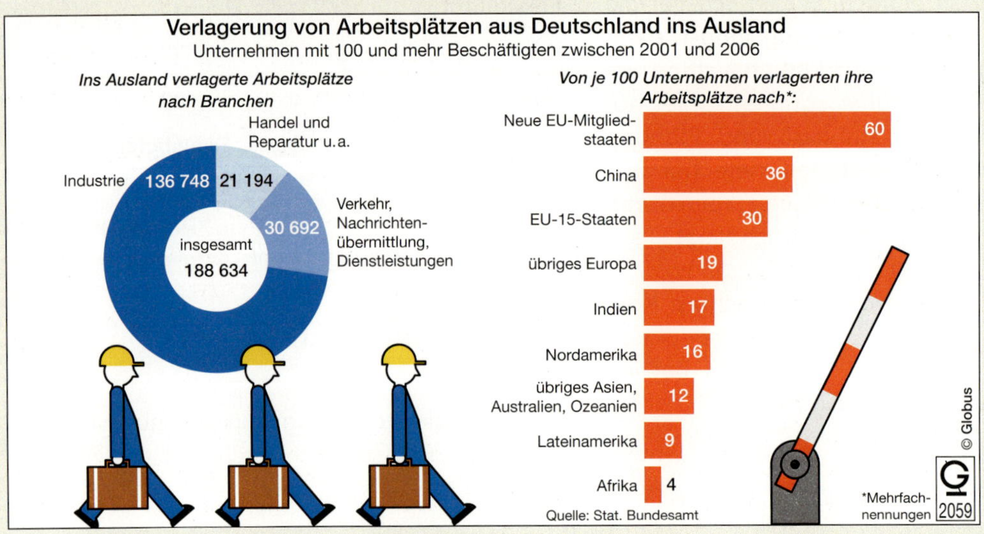

Sachwortverzeichnis

Vorbemerkung:
Sachwörter, die im Schulbuch erklärt sind, werden hier nicht aufgeführt. Die Definition ist über das Stichwortverzeichnis aufzufinden.

Ablauforganisation legt fest, wo und wann die einzelnen Aufgaben im → Betrieb zu erledigen sind.

Akkordlohn Art der Entlohnung einer Arbeit, die abhängig von der persönlich erbrachten Leistung ist. Das kann auf zwei Wegen geschehen: Beim Stückgeldakkord wird für eine bestimmte erledigte Stückzahl ein fester Lohnsatz gezahlt. Beim Stückzeitakkord wird für eine bestimmte Arbeitsmenge eine Zeit vorgegeben, die ein Arbeiter bei normaler Leistungsfähigkeit benötigt, und ein Lohnfaktor pro Minute. Daraus wird der Lohn berechnet.

Allgemeine Geschäftsbedingungen (AGB) regeln Verkaufs- und Lieferbedingungen der Anbieter und den Vertragsabschluss. Damit die Bedingungen Verbraucher gegenüber Anbietern nicht benachteiligen, ist im → Bürgerlichen Gesetzbuch festgelegt, was erlaubt ist.

Angestellter Arbeitnehmer, der ein festes Entgelt bekommt, unabhängig von der Anzahl der gearbeiteten Tage. Man spricht auch von Gehalt.

Arbeit Diese umfasst die Erwerbsarbeit (Arbeit gegen Entgelt) sowie die Hausarbeit und ehrenamtliche Arbeit (Arbeit ohne Entgelt). Wenn in der Wirtschaftsberichterstattung von Arbeit die Rede ist, ist in der Regel Arbeit gegen Entgelt gemeint.

Arbeiter Arbeitnehmer, der meist nach Anzahl der gearbeiteten Stunden (Stundenlohn) oder → Akkordlohn bezahlt wird.

Arbeitgeberverbände sind Organisationen der Arbeitgeber einer bestimmten → Branche zu deren Interessenvertretung. Der Dachverband der A. ist die Bundesvereinigung der Arbeitgeberverbände (BdA).
Diese vertritt die wirtschaftlichen, sozialen und politischen Interessen der Arbeitgeber.
Tätigkeitsfelder der A. sind u.a. → Tarifverträge, Berufsbildung, Beratungstätigkeit in steuerlichen, rechtlichen und allgemeinen wirtschaftlichen Fragen.

Arbeitskampf Auseinandersetzung zwischen den Vertretungen der Arbeitnehmer und Arbeitgeber zur Überwindung von Interessengegensätzen bei der Verhandlung von Löhnen und anderen Arbeitsbedingungen, z.B. durch → Streik und → Aussperrung.

Arbeitskosten Dazu zählen Bruttoentgelte an die Arbeitnehmer, Sozialversicherungsbeiträge der Arbeitgeber, betriebliche Altersversorgung, betriebliche Kosten der beruflichen Aus- und Weiterbildung.

Arbeitsorganisation ist Teil der → Betriebsorganisation. Sie regelt, wie welche Arbeit an den einzelnen Arbeitsplätzen verrichtet wird und welche Anforderungen sich daraus für die Beschäftigten ergeben. Siehe auch
→ Aufbauorganisation, → Ablauforganisation und → Informationsorganisation.

Arbeitsplatzgestaltung, ergonomische schützt Personal vor körperlichen Schäden auch bei langfristiger Ausübung ihrer Tätigkeit.

Arbeitsproduktivität drückt sich im Verhältnis (Quotient) des Produktionsergebnisses (in Stück, Menge, Volumen o.ä.) zur eingesetzten Arbeitszeit (z.B. in Minuten, Tagen, Jahren) aus.
Die Produktivität steigt, wenn die gleiche Stückzahl in geringerer Zeit hergestellt oder in der gleichen Zeit mehr produziert wird.

Arbeitsschutz bezieht sich darauf, die Arbeitsbedingungen sicher zu gestalten, die Gesundheit der arbeitenden Menschen zu schützen und den Schutz von (werdenden) Müttern und Jugendlichen (→ Jugendarbeitsschutz) zu gewährleisten. Die Kontrolle der Gesetze und Verordnungen erfolgt durch staatliche Ämter zur Gewerbeaufsicht, die in den Bundesländern unterschiedliche Namen haben, z.B. Staatliches Amt für Arbeitsschutz und Sicherheitstechnik Frankfurt, bzw. Berufsgenossenschaften, die im staatlichen Auftrag tätig werden. Verstöße können verfolgt werden, z.B. durch Bußgelder.

Aufbauorganisation regelt, welche Abteilung im → Betrieb mit welchen Aufgaben bei der Arbeit (→ Arbeitsorganisation) wie zusammenarbeitet und geleitet wird.

Ausbildungsberufe sind Berufe, für die nach dem Berufsbildungsgesetz oder der Handwerksordnung eine bundeseinheitliche Ausbildungsordnung gilt. Die Ausbildung findet in → Betrieben oder Verwaltungen sowie teilweise in überbetrieblichen Ausbildungseinrichtungen und in der Schule statt (duales System der Berufsausbildung). Zunehmend wird der Erwerb von beruflichen Handlungskompetenzen bedeutsam. Ein bestimmter Schulabschluss ist für A. i.d.R. nicht gefordert, die Betriebe können aber eigene Einstellungsvoraussetzungen festlegen. Neben A. gibt es landesrechtlich geregelte berufliche Ausbildungsgänge. Diese finden häufig in Berufsfachschulen statt.

Aussperrung bezeichnet die vorübergehende Freistellung von (nicht am Streik beteiligten) Arbeitnehmern von der Arbeitspflicht durch einen Arbeitgeber im Rahmen eines → Arbeitskampfes ohne Fortzahlung des Arbeitslohnes.
A. ist die Antwort der Arbeitgeberseite auf einen → Streik und soll die Kosten des Streiks für die → Gewerkschaft erhöhen.

Automatisierung Vollständige Technisierung der Produktion, bei der keine menschliche Arbeitskraft mehr notwendig ist.

Bankkarte → Girocard

Beruf → Ausbildungsberufe

Berufsgenossenschaft Träger der → Sozialversicherung, die für die gesetzliche Unfallversicherung zuständig ist. Sie versichert Erwerbstätige gegen die Folgen von Arbeitsunfällen und Berufskrankheiten.

Betrieb Dieser erstellt → Waren und/oder erbringt Dienstleistungen und bietet diese am → Markt an. Wird der Begriff Betrieb verwendet, geht es vor allem um die Erbringung von Leistungen. Wird der Begriff Unternehmen gewählt, ist die rechtliche, wirtschaftlich selbstständige Stellung gemeint.

Betriebsmittel Maschinen und Werkzeuge, die zur Produktion benötigt werden.

Betriebsorganisation besteht aus → Aufbauorganisation und → Ablauforganisation sowie → Informationsorganisation.

Betriebsrat vertritt die Interessen der Arbeitnehmer im → Betrieb. Er muss in Betrieben mit mindestens fünf Arbeitnehmern eingerichtet werden, sofern einer der Arbeitnehmer bereit ist, diese Aufgabe zu übernehmen. Rechte und Pflichten regelt das → Betriebsverfassungsgesetz.

Betriebsverfassungsgesetz regelt die Rechte der Arbeitnehmer auf → Mitbestimmung, → Mitwirkung und Information im Betrieb beim Zusammenwirken des → Betriebsrates mit der Betriebsleitung.

Bio-Siegel Umweltzeichen für Lebensmittel, das garantiert, dass die Produkte durch eine Landwirtschaft erzeugt werden, die nach ökologischen Gesichtspunkten produziert. Das Bio-Siegel unterliegt staatlicher Kontrolle. Es erfüllt die Bestimmungen der EG-Öko-Verordnung.

Branche meint einen Wirtschaftszweig, z.B. Bauwirtschaft, Metallindustrie.

Branchentarifverträge beziehen sich auf die Arbeitnehmer einer → Branche eines Tarifgebiets.

Bruttoeinkommen → Einkommen ohne Abzug von → Steuern und/oder Abgaben für die → Sozialversicherung.

Bruttoinlandsprodukt (BIP) Wirtschaftsleistung einer Volkswirtschaft (z.B. von Deutschland) in einem bestimmten Zeitraum (Jahr). Es bezieht die Werte aller im Inland produzierten → Waren und → Dienstleistungen ein.

Bruttoverdienst → Bruttoeinkommen

Bundesagentur für Arbeit Bundesbehörde, die zuständig ist vor allem für Arbeitsvermittlung und -beratung, Berufsberatung, Förderung der Berufsausbildung, berufliche Weiterbildung sowie Zahlung von Arbeitslosengeld und → Kurzarbeitergeld.

Bürgerliches Gesetzbuch (BGB) regelt Beziehungen von Rechtspersonen. Das können private Personen (Bürger) oder juristische Personen sein (Unternehmen oder Organisationen). Geregelt sind u.a. Rechte und Pflichten beim Kauf, bei der Miete einer Wohnung und bei einer Scheidung. Das BGB trat 1900 in Kraft und wurde vielfach verändert.

CO_2 ist ein → Treibhausgas.

Dienstleistungen sind produzierte Güter, die man nicht lagern kann. Sie können personenbezogen sein, z.B. durch den Friseur, der Haare schneidet. Sie können sachbezogen sein, z.B. der Mechatroniker, der ein Auto repariert.

DIN Das deutsche Institut für Normung e.V. hat ein Regelwerk auf nummerierten Blättern (z.B. DIN-15 – Linienarten) herausgegeben, das durch Vereinheitlichung eine zweckdienliche Ordnung herstellt. Diese Normen sind bewährte Lösungen für häufig wiederkehrende Aufgaben.
Durch die → Globalisierung sind in den letzten Jahren vielfach DIN-ISO-Normen (ISO – International Organisation for Standardisation) aufgenommen worden, in der das deutsche Institut für Normung e.V. Mitglied ist. Dies führt dazu, dass sinnvolle Vereinheitlichungen auch international anwendbar sind.

Eigenkapital ist der Anteil am Vermögen einer Unternehmung, der dem Eigentümer bzw. den Eigentümern der Unternehmung gehört. Meist ist bestehendes Eigenkapital auch eine Voraussetzung für die Zusage eines Darlehens (Fremdkapital).

Einkommen Es gibt verschiedene Einkommensarten: Einkommen aus Erwerbsarbeit, z.B. Einkommen aus nicht selbstständiger Arbeit (Lohn, Gehalt, Entgelt), und Einkommen aus selbstständiger Arbeit (z.B. Gewinn, Honorar); Einkommen aus Vermögen (z.B. Zinsen, Mieten) und Transfereinkommen (z.B. Kindergeld, Arbeitslosengeld). Unterschieden wird weiterhin nach → Bruttoeinkommen und → Nettoeinkommen.

Einstandspreis Preis, zu dem ein Händler sich → Waren und → Dienstleistungen beschaffen kann.

Emissionen Von Produktionsanlagen und Produkten an die Umwelt abgegebene Schadstoffe.

Energieeffizienz Maß für die Ausnutzung eingesetzter Energie.

Erfindung Plan zum technischen Handeln, das neue Anwendungen ermöglicht (z.B. die Dampfmaschine von James Watt). Zum Schutz der geistigen Leistung des Erfinders gibt es die Möglichkeit, auf die Erfindung ein Patent anzumelden. Wer eine patentierte Erfindung nutzen möchte, muss das Recht besitzen.

Ersatzinvestition → Investition

EUROPASS-Berufsbildung beschreibt die erworbenen Kenntnisse und Arbeitserfahrungen. Er bestätigt, dass ein Teil der Ausbildung im europäischen Ausland abgeschlossen wurde. Nähere Informationen durch das Nationale Europass Center www.europass-info.de.

Fairer Handel Handel mit förderungswürdigen Produzenten aus Entwicklungsländern. Die Produzenten erhalten Preise, mit denen sie ihre Lebenshaltung decken können. Der Schulbesuch der Kinder wird sichergestellt. Kinderarbeit ohne Schulbesuch ist verboten. Soziale Projekte werden gefördert. Die Waren werden direkt bei den Produzenten gekauft.
Um Preisschwankungen zu vermeiden, werden langfristige Handelsbeziehungen vereinbart.
Die Produktion erfolgt möglichst nach ökologischen Gesichtspunkten.

Fertigungsverfahren Technologische Vorgänge, bei denen ein formloser Werkstoff oder ein Werkstück in Form, Größe, Genauigkeit und/oder Werkstoffeigenschaften zielgerichtet verändert wird.

Firmentarifverträge beziehen sich auf die Arbeitnehmer eines Betriebes.

Fremdgewerke → Gewerke

Gentechnik Gezielter Eingriff in das Erbgut und/oder biochemische Steuerungsvorgänge von Lebewesen. Die Anwendung gentechnischer Verfahren in der Pflanzenzüchtung zielt auf die Nutzung gentechnisch veränderter Pflanzen in der Landwirtschaft und der Lebensmittelwirtschaft. Gentechnik darf von ökologisch wirtschaftenden Betrieben nicht angewandt werden.

Geschäftsfähigkeit Fähigkeit, rechtlich bindende Willenserklärungen (Rechtsgeschäfte) abzugeben, z.B. bei einem Kauf. Es gibt einseitige Rechtsgeschäfte, z.B. eine Schenkung oder Kündigung, und mehrseitige Rechtsgeschäfte, z.B. einen Kaufvertrag oder Mietvertrag. Jugendliche ab dem vollendeten 18. Lebensjahr sind voll geschäftsfähig. Minderjährige sind nicht oder nur beschränkt geschäftsfähig. Siehe auch → Rechtsfähigkeit

Getriebe übertragen Drehbewegungen und passen diese technischen Erfordernissen an.

Gewerbesteuer ist eine Steuer, deren Höhe vom Gewinn der Unternehmungen und den von Gemeinden festgelegten „Hebesätzen" abhängig ist. Die G. ist eine Gemeindesteuer und die wichtigste Einnahmequelle der Kommunen.

Gewerke nennt man bestimmte handwerkliche und bautechnische Arbeiten im Bauwesen, z. B. Dach decken. Arbeiten, die ein Handwerksbetrieb für einen anderen ausführt, werden als Fremdgewerke bezeichnet.

Gewerkschaft Vereinigung der Arbeitnehmer. Der Dachverband der Gewerkschaften auf Bundesebene ist der Deutsche Gewerkschaftsbund (DGB; 2010: 6,2 Mio. Mitglieder). Er vertritt die wirtschaftlichen, sozialen und politischen Interessen der Mitglieder und der Arbeitnehmer insgesamt. Im DGB sind verschiedene Einzelgewerkschaften zusammengeschlossen.
Daneben gibt es als weiteren Dachverband den „dbb beamtenbund und tarifunion" (2010: 1,3 Mio. Mitglieder) mit kleineren Einzelgewerkschaften.

Gewinn wird u.a. verwendet als Ausdruck für den Überschuss einer Unternehmung. Ein Überschuss wird erzielt, wenn die Erträge der erstellten Waren und Dienstleistungen höher sind als der Aufwand (= Aufwendungen) bei der Herstellung und Verteilung.

Girocard wurde früher EC-Karte genannt. Sie ermöglicht Geld vom Konto abzuheben. Das kann erfolgen an jedem Geldautomaten in Verbindung mit einer Geheimzahl (PIN), ggf. am Schalter eines Geldinstituts in Verbindung mit Ausweis und Unterschrift. Oft hat die Girocard eine Geldkartenfunktion. Daneben gibt es reine Bankkarten, die nur bei der jeweiligen Bank Barabhebungen am Geldautomaten und Schalter ermöglichen.

Globalisierung Prozess der zunehmenden internationalen Verflechtung in den Bereichen Politik, Wirtschaft, Gesellschaft, Kommunikation und Ökologie.
Die globalen Beziehungen betreffen die Ebene von Individuen, Gesellschaften, Institutionen, Staaten und lokalen Einheiten. → Nachhaltiges Handeln soll Maßstäbe für die Gestaltung der Beziehungen liefern.

Güter → öffentliche Güter, → private Güter; → Waren, → Dienstleistungen

Haushalt, privater Gemeinschaft von Menschen, die zusammenleben und gemeinsam wirtschaften. Sie können miteinander verwandt sein, z. B. Eltern, Kinder, Großeltern (Familienhaushalt), oder bekannt bzw. befreundet (Wohngemeinschaft). Es gibt verschiedene Formen von Haushalten, z. B. Familienhaushalte, Einpersonenhaushalte, Mehrpersonenhaushalte.

Hilfsstoffe Kleinmaterial, z. B. Leim, Dübel zur Produktion von → Waren.

IKT (Informations- und Kommunikationstechnologien) Technische Fähigkeiten zur Informationsverarbeitung und Kommunikation.

Immobilie ein Grundstück einschließlich darauf befindlicher Gebäude und deren Zubehör.

Industrialisierung Ersatz von Handarbeit durch Fabrikarbeit mit Maschinen sowie die Verbreitung dieser Produktionsweise in den Wirtschaftsbereichen.

Informationsorganisation legt fest, wie innerbetrieblich und nach außen Informationen ausgetauscht werden.

Interkulturalität bezeichnet Beziehungen zwischen zwei oder mehr Kulturen z. B. bei der Zusammenarbeit an Arbeitsplätzen, im grenzüberschreitenden Handel verschiedener Kulturkreise.

Investition ist die Anlage von → Kapital zur Erhaltung, Verbesserung und Vermehrung von Produktionsmitteln. Die Erhaltung wird Ersatzinvestition genannt. Das ist die Aufwendung für den Ersatz verbrauchter Produktionsmittel, z. B. Maschinen. Der Teil der Investition, der zur Ausweitung der Produktionsmittel dient, heißt Nettoinvestition. Investiert werden kann auch in Lagerbestände (Vorratsinvestition) oder in die Qualifikation von Menschen (Bildungsinvestition).

Jugendarbeitsschutz ist geregelt durch das Jugendarbeitsschutzgesetz. Es dient als Gesetz des sozialen Arbeitsschutzes dem Schutz von arbeitenden Kindern und Jugendlichen. Zur Kontrolle des Gesetzes siehe → Arbeitsschutz.

Jugend- und Auszubildendenvertretung ist die Interessenvertretung der jugendlichen Arbeitnehmer im Betrieb. Rechte und Aufgaben sind im → Betriebsverfassungsgesetz geregelt.

Kalkulation Ermittlung der Kosten und Verkaufspreise von → Dienstleistungen und → Waren.

Kammer Vertretungen u.a. des Handwerks (Handwerkskammer), der Industrie, des Handels, von Banken und Versicherungen (Industrie- und Handelskammer). Sie nehmen Interessen der Wirtschaft und öffentliche Aufgaben wahr. So sind sie u.a. zuständig für die betriebliche Berufsausbildung und die Abschlussprüfung.

Kapital → Produktionsfaktor in Form von Geld (Geldkapital) oder Produktionsanlagen (Sachkapital).

Kartellamt Bundeskartellamt und Landeskartellämter wachen darüber, dass der → Wettbewerb im Sinne des „Gesetzes gegen Wettbewerbsbeschränkungen" (GWB) funktionsfähig ist. Sie haben u.a. die Aufgabe, die Einhaltung des Verbots von → Preisabsprachen (Preiskartellen) zu überwachen. Sie prüfen, ob Zusammenschlüsse von Unternehmen (Fusionen) nicht zu einer marktbeherrschenden Stellung führen, und können Fusionen verbieten. Bei grenzüberschreitenden Kartellen ist die Kommission der Europäischen Gemeinschaft zuständig.

Kartelle Absprachen zwischen Unternehmen. Das Ziel kann z.B. ein möglichst hoher Preis und → Gewinn zu Lasten der Käufer sein. Absprachen sind nach dem „Gesetz gegen Wettbewerbsbeschränkungen" (GWB) verboten. Die Einhaltung des Gesetzes wird vom → Kartellamt überwacht.

Kaufvertrag ist ein zweiseitiges Rechtsgeschäft. Zwei Personen müssen eine übereinstimmende Willenserklärung abgeben – mündlich oder schriftlich. Eine Person macht einen Antrag, die andere erklärt die Annahme.

Kennzahlen im Unternehmen sind ermittelbare Zahlen, z.B. Umsatz, Materialkosten, Gewinn, Auftragsbestand, die Auskunft z.B. über die wirtschaftliche Lage geben.

Kilowattstunde (kWh) = 1000 Wattstunden. Eine Wattstunde (Einheitenzeichen: Wh) ist eine Maßeinheit der Arbeit und damit eine Energieeinheit. Eine Wattstunde entspricht der Energie, welche eine Maschine mit einer Leistung von einem Watt in einer Stunde aufnimmt oder abgibt. In kWh werden vor allem Strom-, aber auch Heizwärmekosten abgerechnet.

Kohlenstoffdioxyd (→ CO_2) Gas, das in der Erdatmosphäre zunimmt und einen Treibhauseffekt hat, weil es einen großen Teil der Wärmestrahlung aufnimmt und die Erwärmung fördert.

Konkurrenz → Wettbewerb

Konsumgüter Waren und Dienstleistungen für den privaten Ge- oder Verbrauch.

Kosten In Geld bewerteter Verbrauch an → Produktionsfaktoren, welche zur Erstellung der betrieblichen Leistung notwendig sind.

Kredit Vorübergehende Inanspruchnahme von geliehenem Geld unter vertraglich festgelegten Bedingungen, z.B. Zinshöhe, Laufzeit.

Kreditwürdigkeit (Bonität) Einschätzung der Sicherheit, dass ein Kredit zurückgezahlt wird.

Kupplungen verbinden Wellenenden (→ Wellen) oder unterbrechen Drehbewegungen.

Lebensstandard Art und Weise der Befriedigung von → Bedürfnissen. Dieser hängt von der Höhe des → Einkommens und den Konsumwünschen ab. Der Lebensstandard wird beeinflusst von technischen und wirtschaftlichen Neuerungen und Veränderungen der Bedürfnisse.

Marketing Maßnahmen eines Unternehmens, die daran ausgerichtet sind, dass Kunden die produzierten bzw. erbrachten/gehandelten Güter kaufen. Gleichzeitig sollen die Unternehmensziele gut erfüllt werden, z.B ein möglichst hoher → Gewinn, langfristige Sicherung des → Unternehmens und Eroberung zusätzlicher Marktanteile sowie Ziele des → Nachhaltigkeitsmanagement. Bei den Marketingmaßnahmen handelt es sich z.B. um die Festlegung der Qualität der Produkte, die Preisgestaltung, die Verkaufsförderung, die Werbung und die Gestaltung des Service. Marketingmaßnahmen zielen auch darauf, Bedürfnisse zu wecken und neue Güter auf den → Markt zu bringen.

Markt Zusammentreffen von Angebot und Nachfrage zum Kauf bzw. Verkauf von Waren und Dienstleistungen. Der Markt ist an keinen Ort gebunden. Ein Kauf kann z.B. über das Internet erfolgen oder über das Telefon.

Maschinen technische Systeme, mit deren Hilfe der Mensch → Stoff, Energie oder Information umwandeln, transportieren, umformen und speichern kann.

Massentierhaltung Technisierte und konzentrierte Form der Nutztierzucht und Viehhaltung. Sie wird genutzt zur massenhaften Erzeugung tierischer Produkte wie Fleisch, Milch oder Eiern durch Haltung einer großen Zahl von Tieren auf begrenztem Raum. Der Raum pro Tier und die Art der Haltung werden von Tierschützern teilweise als nicht artgerecht angesehen. Die Fütterung ist i.d.R. einseitig. Es bestehen Gesundheitsrisiken durch die Ansteckungsgefahr der Tiere. Umweltprobleme können durch die Ausscheidungen der Tiere, z.B. große Mengen stickstoffhaltiger Gülle, entstehen.

Mechanisierung Ersatz von menschlicher Arbeitskraft durch technische Hilfsmittel. Führt oft zur Arbeitserleichterung, Verbesserung der Arbeitssicherheit, Steigerung der Arbeitsproduktivität und → Qualität.

Mehrwertsteuer → Umsatzsteuer

Methan Kohlenwasserstoff, Hauptbestandteil von Erdgas und Biogas, bedeutendes → Treibhausgas (→ Kohlenstoffdioxyd).

Mindesthaltbarkeitsdatum Zeitpunkt, bis zu dem ein ungeöffnetes Lebensmittel bei richtiger Lagerung (evtl. Kühlung) z.B. seine Nährstoffe, den Geruch und den Geschmack behält und genutzt werden kann. Das Mindesthaltbarkeitsdatum (MHD) muss gut sichtbar sein.

Mineraldünger Düngemittel in Form von Salzen, die meist chemisch hergestellt werden, z.B. Phosphat. Es besteht ein großer Energiebedarf bei der Herstellung.

Mitbestimmung ist im → Betriebsverfassungsgesetz und in anderen Mitbestimmungsgesetzen geregelt. Insbesondere der Betriebsrat und die Arbeitnehmervertreter im Aufsichtsrat haben Mitbestimmungsrechte. Eine nach Betriebsverfassungsgesetz mitbestimmungspflichtige Maßnahme der Betriebsleitung wird nur dann rechtsgültig, wenn der Betriebsrat zugestimmt hat bzw. bei Konflikten eine Einigungsstelle entschieden hat.

Mitwirkung der Arbeitnehmer ist im → Betriebsverfassungsgesetz geregelt. M. bedeutet, dass der Betriebsrat bei bestimmten Fragen von der Betriebsleitung unterrichtet und angehört werden muss. Diese kann solche Maßnahmen auch durchführen, wenn der Betriebsrat widerspricht.

Mobilität, Verkehr meint Transportmöglichkeiten für Menschen und Güter auf Straßen, Schienen, zu Wasser und in der Luft. Dabei entstehen insbesondere Umweltprobleme durch verbrauchte Flächen, Ressourcennutzung mit Auswirkungen auf das Klima und Unfälle.

Nachhaltiges Handeln (N.H.) ist ein Verhalten, bei dem die Konsequenzen des menschlichen Handelns, ob durch die Produktion oder durch den Konsum, sozialverträglich sind und allen Ländern und Kulturen ökonomische und soziale Entwicklungschancen bieten. Damit verbunden ist die gerechte Verteilung von Lebenschancen aller Menschen, welche jedoch nicht zu Lasten der Umwelt und Tierwelt erfolgen darf. N.H. sichert so die Lebensgrundlagen zukünftiger Generationen.

Nachhaltigkeit → Nachhaltiges Handeln

Nachhaltigkeitsmanagement umfasst ein → Qualitätsmanagement, das bei der Erstellung der Güter → Nachhaltiges Handeln gewährleisten soll.

Nettoeinkommen → Bruttoeinkommen abzüglich der staatlichen → Steuern und Beiträge zur gesetzlichen → Sozialversicherung.

Neue Technologien Technologien, die die elektronische Datenverarbeitung und -steuerung nutzen. Anwendung finden diese in den Bereichen Leistungserstellung (z.B. durch computergesteuerte Maschinen, PC), Kommunikation (z.B. Mobilfunk, E-Mail) und Information (Internetdienste wie www).

NGO Abkürzung für Non Governmental Organisation, → Nichtregierungsorganisationen

Nichtregierungsorganisationen (NRO) Nicht staatliche Organisationen, die keinen Gewinn erzielen wollen und unabhängig von politischen Parteien und der Regierung gesellschaftliche Interessen vertreten, z.B in den Bereichen Menschenrechte, Umweltschutz, Tierschutz. Beispiele für NRO: Amnesty International, Greenpeace, Aktion saubere Kleidung, Germanwatch. Häufig findet man auch die Abkürzung → NGO.

NRO → Nichtregierungsorganisationen

OECD (Organisation for Economic Cooperation and Development) Auf Deutsch: Organisation für wirtschaftliche Zusammenarbeit und Entwicklung. Fast alle der 34 Mitgliedsstaaten sind Industrieländer. Ziele der OECD sind, eine gute Wirtschaftsentwicklung und einen steigenden Lebensstandard in den Mitgliedstaaten zu fördern sowie in diesen und den Entwicklungsländern das Wirtschaftswachstum und eine Ausweitung des Welthandels zu fördern. Dazu werden Vereinbarungen getroffen, die z.B. den Handel erleichtern sollen.

Öffentliche Güter Diese werden vom Staat (Gemeinden/Städten, Ländern, Bund) angeboten. Er legt die Bedingungen für die Nutzung fest. Zum Teil ist die Nutzung kostenlos, z.B. der Aufenthalt in Parks, auf Spielplätzen oder der Besuch von Schulen. Für andere → Güter müssen Gebühren bezahlt werden, z.B. für das Ausstellen eines Personalausweises, für die Anmeldung eines Autos oder den Besuch eines Schwimmbades. Die Höhe der Gebühren ist zum Teil für Kinder und Arbeitslose geringer als für andere Menschen.
Das Angebot der öffentlichen Güter soll allen Bürgern ein menschenwürdiges Leben ermöglichen und zu mehr Chancengerechtigkeit beitragen.

Ökologie Lehre von den wechselseitigen Beziehungen zwischen Menschen, Tieren und Pflanzen sowie den Beziehungen der Menschen untereinander.
Diese Beziehung soll durch → nachhaltiges Handeln gestaltet werden.

Offene Handelsgesellschaft (OHG) Rechtsform eines meist kleinen oder mittleren Betriebes, bei dem sich Kaufleute zusammenschließen, um gemeinsam ein Unternehmen zu führen, zu dem sie das → Kapital und ihr Können und Wissen beisteuern. Jeder Gesellschafter haftet unbeschränkt mit seinem Privat- und Betriebsvermögen.
Für die Gewinn- oder Verlustverteilung gibt es meist vertragliche Regelungen. Fehlen diese, bekommt jeder Gesellschafter jährlich vom Gewinn mindestens vier Prozent des eingebrachten Kapitals.
Der Rest des Gewinns wird nach Köpfen aufgeteilt.
Die Firma ist im Handelsregister eingetragen.
Als Gewerbebetrieb ist eine OHG verpflichtet, → Gewerbesteuer zu zahlen. Ausgeschüttete Gewinne müssen von jedem Gesellschafter als → Einkommen versteuert werden.

Pestizide Pflanzenschutzmittel, insbesondere Mittel zur Schädlingsbekämpfung.

Pflegeversicherung sichert das Risiko der Pflegebedürftigkeit ab, ist für alle Personen, die Mitglieder einer Krankenversicherung sind, gesetzlich vorgeschrieben.

Preisabsprachen → Kartelle

Primärenergieträger insbes. nicht erneuerbare fossile Brennstoffe (Erdgas, Erdöl, Kohle und Torf sowie Kernbrennstoffe), erneuerbare (regenerative) Energie wie Sonne, Wind, Wasser und Brennstoffe, z.B. Holz und Rapsöl.

Private Güter → Güter, die von privaten Unternehmen produziert und am → Markt angeboten werden.
Hersteller und Händler (Anbieter) legen Preis und → Qualität selbstständig fest. Sie müssen bei ihren Entscheidungen über den Preis der Güter ihre → Kosten und die Preise ihrer Mitbewerber (→ Konkurrenz) berücksichtigen. Außerdem ist die Kaufbereitschaft der Verbraucher (Nachfrager) wichtig. Private Unternehmen wollen einen → Gewinn erzielen.

Produktfamilie Produkte eines Herstellers, die einander ergänzen. Sie sollen den Verbraucher anregen, nicht nur ein einzelnes Produkt, sondern die gesamte Produktfamilie des Herstellers zu kaufen. Beispiele: Körperpflege, Sportartikel.

Produktionsfaktoren sind (in der Volkswirtschaftslehre) menschliche Arbeit (Erwerbsarbeit), → Kapital sowie Boden (Grundstücke, Bodenschätze). Angesichts der Verknappung von Wasser und Luft, wird statt Boden auch vom Produktionsfaktor Natur oder Umwelt gesprochen.

Produktionsgüter alle → Güter, die von Unternehmen für den Einsatz und zum Verbrauch im Betrieb gekauft werden.

Produktivität Verhältnis des Produktionsergebnisses zur Menge der dafür eingesetzten → Produktionsfaktoren. Meist wird darunter die → Arbeitsproduktivität verstanden.

Prototyp Vorab-Exemplar eines Gutes einer späteren Serienanfertigung. Es dient zur Erprobung des Produktionsprozesses und von Eigenschaften des Gutes.

Qualität bezieht sich auf Beschaffenheit bzw. Eigenschaften von → Gütern. Es werden Merkmale bestimmt, an denen die Güte gemessen werden kann, z.B. Haltbarkeit von Fußballschuhen. Durch → Qualitätsmanagement wird versucht, eine bestimmte Qualität zu sichern.

Qualitätsmanagement soll eine gleichmäßige, an den Wünschen der Kunden orientierte → Qualität (Beschaffenheit) der Waren und Dienstleistungen durch entsprechende Maßnahmen fördern und durch Selbst- und Fremdkontrolle der erstellten Güter sichern (Öko-Audit der Prozesse und Güter durch Umweltbetriebsprüfung).
Dazu bedarf es einer entsprechenden → Betriebsorganisation und beruflichen Handlungskompetenz der Mitarbeiter.

Qualitätssicherung → Qualitätsmanagement

Rechnungswesen Erfassung und Überwachung der durch den betrieblichen Leistungsprozess bei p Waren und → Dienstleistungen entstehenden Geld- und Leistungsströme. Die Nutzung der Informationen erfolgt für die Gewinnung von → Kennzahlen für betriebliche Entscheidungen. Sie sind auch Grundlage z.B. für die Zahlung von → Steuern.

Rechtsfähigkeit Jeder Mensch hat in Deutschland von Geburt an Rechte und Pflichten.
Die Rechtsfähigkeit gehört zu seiner Menschenwürde (Artikel 1 Grundgesetz). Das kann z.B. das Recht sein, ein Erbe zu erhalten, aber auch die Pflicht, Steuern zu zahlen.

Ressourcen Gesamtheit aller natürlichen Rohstoffe, Hilfs- und Produktionsmittel für die wirtschaftende Tätigkeit des Menschen.

Ruß Entsteht bei der Verbrennung. Er kann Krebs erregend wirken.

Sachgüter Waren in der Form von → Konsumgütern und → Produktionsgütern.

Schwellenland Land, dessen Wirtschaft sich auf dem Weg von einer traditionellen Landwirtschaft zu einer stärkeren Industrialisierung befindet. Schwellenländer sind oft geprägt von einem starken Gegensatz von Arm und Reich und politischen Unruhen. Umweltstandards und → Sozialstandards sind meistens sehr niedrig.

Sekundärenergie Insbesondere elektrische Energie, die aus → Primärenergieträgern umgewandelt wurde.

Selbstständige → Unternehmer

Sohle Bodenplatte beim Bau eines Hauses. Auf diese wird das Mauerwerk aufgebaut.

Soziale Marktwirtschaft Wirtschaftsordnung der Bundesrepublik Deutschland. Wichtige Elemente sind ein funktionsfähiger → Wettbewerb vieler privater Unternehmen, auf der Basis einer Steuerung des Staates.
Der Staat soll sicherstellen, dass der Wettbewerb gut funktioniert und soziale Gesichtspunkte berücksichtigt werden, z.B. beim Verbraucherschutz, der Steuerpolitik und der Absicherung der Existenzgrundlage bedürftiger Menschen. Zunehmend soll damit nachhaltiges Wirtschaften verbunden sein. Dann wird auch von ökologisch-sozialer Marktwirtschaft gesprochen.

Sozialstandards beschreiben die Verantwortung von Unternehmen und Organisationen gegenüber ihren Beschäftigten, Lieferanten, Geldgebern, Kunden und der Gesellschaft. Die Verantwortung besteht darin, die Menschenwürde aller Beteiligten zu wahren. Kernpunkte sind z.B. das Verbot von Kinder- und Zwangsarbeit, das Verbot, Beschäftigte und Kunden nach Religion, Hautfarbe oder Geschlecht zu diskriminieren. Weiterhin gehört dazu, existenzsichernde Löhne zu zahlen, für Sicherheit am Arbeitsplatz zu sorgen und das Recht, Gewerkschaften zu gründen.

Sozialversicherung, gesetzliche Dazu gehören die Krankenversicherung, Unfallversicherung, Rentenversicherung, Arbeitslosenversicherung und Pflegeversicherung. Arbeitnehmer (Arbeiter und Angestellte) bis zu einer festgelegten Einkommensgrenze sind Pflichtmitglieder. Die gesetzliche Sozialversicherung will über die Gemeinschaft der Versicherten Lebensrisiken abdecken, die einen einzelnen Menschen überfordern würden.

Steuern Abgaben an den Staat zur Finanzierung staatlicher Aufgaben. Unterschieden werden Steuern, die direkt auf → Einkommen erhoben werden (z.B. Einkommensteuer) bzw. indirekt auf den Umsatz (→ Umsatzsteuer) und/oder Verbrauch (z.B. Tabaksteuer).

Stoff Material, aus dem alle belebten und unbelebten Teile der Natur bestehen. Die Technik unterscheidet Rohstoffe (aus der Natur gewonnen) und technische Stoffe (→ Werkstoffe, → Betriebsmittel)

Streik ist die kollektive Verweigerung der Arbeit in einem → Arbeitskampf, um Forderungen der Arbeitnehmer Nachdruck zu verleihen. Die entstehenden Kosten sollen die Arbeitgeber zum Eingehen auf die Forderungen der Arbeitnehmerseite bewegen.

Strukturpolitik Staatliche Maßnahmen im Zusammenhang des → Strukturwandels, um Standortnachteile und regionale Entwicklungsunterschiede auszugleichen, das Wirtschaftswachstum und wettbewerbsfähige Arbeitsplätze zu fördern.

Strukturwandel bezeichnet Veränderungen in Wirtschaftszweigen und Regionen. Er kann ausgelöst sein durch neue Technologien, → Globalisierung, veränderte Verbrauchsgewohnheiten und → Strukturpolitik des Staates.

Tarifverträge sind Verträge in Schriftform, abgeschlossen zwischen den Tarifvertragsparteien, → Gewerkschaft und → Arbeitgeberverband. Sie werden z.B. für einen Wirtschaftszweig: → Branchentarifverträge oder für ein Unternehmen: → Firmentarifverträge abgeschlossen.

Technischer Fortschritt Verbesserung technischer Einrichtungen, z.B. von → Maschinen, mit dem Ziel, eine höhere bzw. qualitativ bessere Leistung (→ Produktivität) zu erreichen.

Technologische Neuerungen Entwicklungen, die ein technisches Verfahren von Grund auf verändern, z.B. elektronischer Rechner statt mechanischer Rechenmaschine.

Treibhausgase spielen bei der Erwärmung des Klimas eine Rolle, u.a. CO_2 (→ Kohlenstoffdioxyd), Methan, Lachgas, Fluorkohlenwasserstoffe.

Übertragungselemente → Kupplungen, → Wellen und → Getriebe.

Umsatz Produkt aus verkaufter Menge und Preis der → Güter; → Kennzahl im Unternehmen.

Umsatzsteuer auch Mehrwertsteuer genannt. Sie wird auf den Handelsstufen auf den Mehrwert von → Waren und → Dienstleistungen (Differenz von Einkaufs- und Verkaufspreis: Handelsspanne) erhoben.

Umweltschutzinvestitionen fördern den Schutz vor schädlichen Einflüssen der Produktionstätigkeit auf die Umwelt. Unterschieden werden nachsorgende (additive), z.B. Staubfilter, und vorbeugende (integrierte) Maßnahmen, die Umweltbelastungen verhindern sollen.

Unternehmer Inhaber eines Unternehmens beziehungsweise eines → Betriebes, den er als Selbstständiger eigenverantwortlich führt.

Verbraucherzentralen Interessenorganisationen der Verbraucher. Sie informieren die Verbraucher über gesetzliche Bestimmungen und vorteilhafte Kaufstrategien. In jedem Bundesland gibt es eine Verbraucherzentrale (VZ), der wiederum Verbraucherberatungsstellen in verschiedenen Städten angehören. Die Verbraucherzentralen der Länder sind zusammengeschlossen in der Verbraucherzentrale Bundesverband (vzbv). Sie vertritt vor allem die Interessen der Verbraucher gegenüber Unternehmen und ihren Verbänden, den politischen Parteien und dem Staat.

Verkehrsinfrastruktur Verkehrswege, siehe → Mobilität, Verkehr

Verlust Die Aufwendungen eines Unternehmens übersteigen die Erträge. Es entsteht ein Fehlbetrag: Gegenteil von → Gewinn (Überschuss).

Vermögen, privates umfasst u.a. das Geldvermögen (Spar- und Barguthaben, Wertpapiere, Aktien, Lebensversicherungen) und den Wert von Immobilien (Grundstücke und Häuser).

Volkswirtschaft abgegrenztes Gebiet, z.B. Schweiz, in dem Unternehmen, Verbraucher, Arbeitnehmer in wirtschaftlichen Beziehungen stehen, z.B. kaufen, verkaufen, arbeiten. Voraussetzung sind eine Wirtschaftsordnung und Gesetze, die wirtschaftliches Handeln regeln.

Waren → Sachgüter

Warenkorb umfasst ca. 700 Güter, die die Verbrauchsgewohnheiten der Menschen in Deutschland widerspiegeln. Der Verbraucherpreisindex misst die Preisentwicklung dieser Güter.

Wellen übertragen Drehbewegungen.

Werbung Maßnahmen von Herstellern und Händlern, → Güter bekannt zu machen und zum Kauf der Güter anzureizen. Werbung erfolgt durch Schrift, Bild und Ton – vor allem in den Druckmedien, elektronischen Medien, Online-Medien und der Außenwerbung. Werbung will Aufmerksamkeit erregen, bestimmte Gefühle erzeugen, bestimmte Gedanken auslösen sowie Meinungen und Einstellungen hervorrufen, die den Kauf der Güter fördern.

Werkstoffe Basismaterial, aus dem → Waren hergestellt werden. Sie werden in metallische (z.B. Stahl, Aluminium, Kupfer). nichtmetallische (z.B. Holz, Stein, Plexiglas, Glas, Textilien) und Verbundwerkstoffe (z.B. Beton) eingeteilt.

Wettbewerb Wettstreit um die beste Leistung. In der Wirtschaft spricht man auch von → Konkurrenz. Sie betrifft z.B. den Preis, die Lieferbedingungen, den Vertrieb, den Service und die → Qualität. Das Ziel des Wettbewerbs ist es, eine möglichst gute Versorgung der Verbraucher zu günstigen Preisen mit → Waren und → Dienstleistungen sicherzustellen.
Ein funktionsfähiger Wettbewerb ist für die Wirtschaftsordnung der → Sozialen Marktwirtschaft sehr wichtig.

Wirkungsgrad (bei der Energienutzung) Anteil der → Primärenergieträger, der bei der Umwandlung in → Sekundärenergie genutzt werden kann, z.B. wird bei der Verbrennung von Benzin nur ein Teil der Energie für die Fortbewegung des Autos verwendet. Andere Teile gehen als Abwärme des Motors verloren.

Wirtschaftliches Handeln überlegtes Handeln mit dem Zweck, möglichst viele → Güter für einen bestimmten Geldbetrag zu erhalten oder eine bestimmte Menge Güter für einen möglichst geringen Geldbetrag zu erwerben.

Wirtschaftliches Prinzip → Kosten und Nutzen des Kaufs oder der Produktion eines Gutes werden abgewogen. Der Verbraucher handelt wirschaftlich, wenn er mit einer bestimmten Summe Geld einen möglichst hohen Nutzen (z.B. Kauf eines bestimmten Sportschuhs) erzielt. Es kann auch so ausgedrückt werden: Der Verbraucher handelt dann nach dem wirtschaftlichen Prinzip, wenn er einen bestimmten Nutzen (z.B. ein bestimmtes Fahrrad) mit möglichst wenig Geld kauft.

Wirtschaftsförderung Maßnahme des Staates, z.B. finanzielle Förderung und Beratung durch → Strukturpolitik.

Lösungen zu den Aufgaben S. 32, 33

A1: *Rechnen:* 1. 120 m^3; 2. 36 m;
Rechtschreibung: 1 b, 2 a, 3 b, 4 b, 5 a, 6 a, 7 b

A2: *Karteikarten sortieren:* 1. in 24; 2. in 32; 3. in 22; 4. in 5; 5. in 34; 6. in 29; 7. in 13; 8. in 19; 9. in 25;
Buchstaben durchstreichen: 1. Zeile: 4 d; 2. Zeile: 3 d; 3. Zeile: 5 d; 4. Zeile: 8 d; 5. Zeile: 1 d;
Rechenkonzentration: a:6/b:2/c:7/d:5;
Genaues Beobachten: 1 b/2 c/3 b/4 a/5 a/6 c

A3: *Wortbedeutungen:* 1.e) 2.b);
Wortverhältnisse: a) 2B b) 2C

Stichwortverzeichnis

Bildquellen

Die Zuordnung der Bilder (1), (2) usw. erfolgt pro Seite von links oben nach rechts unten.

A & F Stahl- und Maschinenbau GmbH, Würzburg: 219 (links);
agrar-press, Koblenz: S. 164 (miglbauer), S. 166 (1) (krick), S. 169 (2) (ziechaus);
akg-images: 120 (3);
Arche Berlin: 145 (1–2);
Wolfgang Becker, Arnsberg: 181 (unten rechts);
H. W. Berghoff, Lübeck: 70 (4);
Anima Berten, Hamburg: 92, 179 (oben rechts);
Christoph Berten, Berlin: 82, 104, 183 (oben rechts), 191 (4);
Bosch Hausgeräte: 46 (2);
BP Solar: 211;
Braun GmbH/cms @ fischerappelt.de: 235 (oben links);
Andreas Brendel, Dresden: 70 (3);
Bundesagentur für Arbeit, Nürnberg: 10, 12;
Bundesministerium für Arbeit und Soziales (BMAS)/ Klare Sache: 198 (1);
Bundesministerium für Arbeit und Soziales (BMAS): 231;
CentrO, Oberhausen: 215 (1–3);
Corbis/zefa: Titelfoto;
Cornelsen Verlagsarchiv: 44 (1), 76, 120 (1–2), 152 (oben), 195;
DGB Bundesvorstand, Abt. Kommunikation und Öffentlichkeitsarbeit, Berlin: 223;
DIE ZEIT/Brevern, Hamburg: 235 (unten links),235 (oben rechts);
Dürkopp Adler AG, Bielefeld: 213;
fahrrad.de: 150 (1–2), 152 (unten links, rechts oben und unten), 153 (1–2);
Fotolia.com/ © pb press: 44 (3);
Fotostudio Kaup, Warendorf: 60, 106;
Ganztagsschule Am Altonaer Volkspark, Hamburg: 131 (1–3), 132, 134, 135 (1–3), 136, 137;
Jerzy Goscinski, Ulm: 70 (2);
Matthias Hamel, Berlin: 46 (1);
Hans-Böckler-Stiftung: 111 (unten);
Hartmut Henschel, Klein Fredenwalde: 66 (2), 67;
Nicole Hollatz, Wismar: 97 (3);
IG Metall/Grafik Julia Buschmann (aus: Die Metallzeitung 9/2010, S. 8): 42;
© 2011 IW Medien · iwd 41: 217 M2;
Franz Klöckener, Sundern: 89, 91 (1–2), 94 (1–3),95 (1–5), 98 (2);
Krüper, Bielefeld: 222 (links);
Walter Kurowski, Oberhausen: 122;
Laif, Köln: 154 (mitte rechts), 154 (unten rechts);
Michael Lenk, Dippoldiswalde: 44 (4), 48, 49, 70 (1),70 (5), 71 (1), 72 (1);
Henning Lüders, Berlin: 87 (2), 93 (1–3), 151, 159, 160, 185;
Olaf Neidhardt, Berlin: 234 (links, Abb. 4);
Jörg Neumann, Hamburg: 236 (2);
picture-alliance: 64 (Helga Lade/© Hans Brinek), 112 (1) (IMAGNO/Austrian Archives), 112 (2) (akg-images), 162 (chromorange), 169 (1) (Arco Images GmbH), 201 (akg-images), 219 (oben rechts) (akg-images), 234 (rechts) (akg-images/Dieter E. Hoppe);
picture-alliance/dpa © dpa-Bildarchiv: 44 (2), 65 (1), 66 (1), 127, 154 (oben links), 154 (unten links), 229 (unten rechts);
picture-alliance/dpa © dpa-Fotoreport: 154 (oben rechts), 210, 241;
picture-alliance/dpa © dpa-Report: 113, 221 (1);
picture-alliance/dpa/dpaweb © dpa: 197 (oben links);
picture-alliance/dpa/dpaweb © dpa-Report: 142, 197 (unten links), 198 (4), 198 (8), 236 (1);
picture-alliance/ZB © dpa-Bildarchiv: 187;
picture-alliance/ZB © dpa-Report: 202 (rechts), 229 (mitte rechts), 233;
picture-alliance/ZB © ZB-Fotoreport: 47 (1–2), 65 (2), 101, 166 (2);
picture-alliance/ZB © ZB FUNKREGIO OST: 141 (2);
Henrik Pohl, Berlin: 119;
Project Photos: 7, 140, 141 (1);
Sebastian Runge, Berlin: 239;
Heiko Sakurai, Köln: 118;
Anette Schamuhn, Berlin: 7 (Foto Project Photos), 9, 54 (2–4) (Fotos Wirtz), 55 (Fotos Wirtz), 79, 100, 106 (Foto Fotostudio Kaup), 141 (1) (Foto Project Photos), 150 (1–2) (Foto www.fahrrad.de), 151 (Foto Lüders), 152 (Fotos Cornelsen Verlagsarchiv/www.fahrrad.de), 153 (1–2) (Fotos www.fahrrad.de), 171 (2) (Foto Wirtz), 180 (Fotos Wirtz), 184 (unten rechts), 194 (2) (Foto Wirtz), 196 (Foto Wirtz), 198 (5, 6), 203, 220 (Foto Wirtz), 222 (rechts), 228, 229 (links), 229 (rechts) (Fotos Wirtz/picture-alliance), 238 (1) (Foto Weiße Wolke);
Bernd Schirok, Zossen: 167;
Schroe GmbH/Audi: 72 (2);
Detlev Schüler, Berlin: 30, 31, 40, 96 (1–4), 109, 130 (1), 143 (oben, Abb. 1–4), 165 (oben links), 176, 182 (1–2), 184 (oben rechts), 192 (1–2), 198 (2, 3);
SeeReal Technologies, Dresden: 212 (oben rechts);
sinopictures, Berlin: 237;
Staatliches Amt für Arbeitsschutz, Dortmund: 97 (1–2);
Stiftung Haus der Geschichte, Bonn/Jupp Wolter (Künstler): 116;
Stiftung Warentest, Berlin: 183 (unten rechts), 202 (links);
TransFair e. V., Köln: 174 (oben);
Vario Press/Härtel, Hamburg: 214;
VITRONIC Bildverarbeitungssysteme/Dr. Stein, Wiesbaden: 212 (unten rechts);
Weiße Wolke, Damshagen: 238 (1);
Stefan Willeke, Dortmund: 235 (unten rechts);
Peter Wirtz, Dormagen: 8 (1–2), 16, 20, 24, 26, 36, 38, 50, 53 (1–3), 54 (1–4), 55 (1–7), 57 (1–2), 58, 59, 78, 80 (1–3), 81, 83 (1–3), 84 (1–3), 87 (1, 3, 4), 88 (1–2), 90 (1–2), 98 (1), 99 (1–5), 108 (1–4), 124, 130 (2), 143 (5), 168, 170, 171 (1–2), 172, 174 (unten rechts), 177, 180 (1–2), 181 (oben rechts), 188, 189 (1–3), 190, 191 (1–3), 193, 194 (1–2), 196 (3), 197 (mitte unten), 197 (oben rechts), 197 (unten rechts), 206, 220, 221 (2), 229 (oben rechts), 234 (links, Abb. 1–3), 238 (2), 242 (1–2);

Nicht in allen Fällen war es möglich, die Inhaber von Rechten an einzelnen Abbildungen zu ermitteln. Sollten berechtigte Ansprüche bestehen, wenden Sie sich bitte an den Verlag.